국가전략이 없다

요미우리가 공개한

충격의

일본 위기보고서

국가전략이 없다

요미우리가 공개한 충격의 일본 위기보고서

원전 検証国家戦略なき日本

요미우리신문 정치부 저 / 김연빈 옮김

발행처 도서출판 귀거래사
발행인 김연빈
기 획 김연빈
편 집 박종면
디자인 ㈜베토
인 쇄 유성드림

등록 2019년 7월 5일 (등록번호 186-96-00743))
1판1쇄 발행 2023년 12월 20일

주 소 경기도 성남시 분당구 장미로 139 207-704
대표전화 010-9294-2022
팩시밀리 0504-158-9370
블로그 http://blog.naver.com/palma59
E-mail palma59@naver.com
ISBN 979-11-970856-3-5(03300)

국가전략이 없다

- 요미우리가 공개한 충격의 일본 위기보고서 -

원전 検証国家戦略なき日本

요미우리신문 정치부 저
김연빈 옮김

이 책의 원전인『검증 국가전략 없는 일본検証国家戦略なき日本』은 2005년 1월 1일부터 2006년 6월 25일까지 요미우리신문에 연재된「국가전략을 생각한다国家戦略を考える」를 제목을 바꾸고, 추가 취재하여 증보한 것이다. 직위나 연령은 당시대로 했다. 2006년 11월 신초사新潮社에서 간행되고, 2009년 3월 문고판으로 다시 간행되었다. 문고판에는 각 장에「추기」가 추가되고,「이 나라에 내재된 '화기禍機'의 재검증-문고판 후기에 갈음하여-」와「해설」이 추가되었다.

『검증 국가전략 없는 일본』은 2007년 한국해양전략연구소에서 같은 이름으로 번역·출판(김연빈·박형구 공역)되었고, 이 책은 2009년 발행된 문고판을 도서출판 귀거래사에서 제목을『국가전략이 없다』로 바꿔 새로 간행하는 것이다.

오오 붓을 잡은 자여 위대한 심장의 파수병이여!

돌이켜보면 온 세계를 공포로 몰아넣은 코로나19 팬데믹을 비롯한 각종 감염병의 창궐을 이 책은 이미 15년 전에 예고했다. 중국의 동중국해 개발과 중국에 의존하는 레어 메탈 수급의 위험성을 이 책은 이미 예견했다. 한·일 양국의 군사적 갈등이 드러난 소위 '자위대 초계기 사태'도 요미우리신문은 예상했다. 특허정보 누설과 기술 인력 해외 유출을 기자는 벌써 내다보고 있었다.

이 책을 발간하는 이유는 왜 우리나라에는 이런 유형의 책이 없는가? 하는 아쉬움 때문이다. 왜 우리 사회에는 이런 기획을 하는 언론이 없는가? 왜 우리 주변에는 이런 비판을 냉철하게 받아들이는 공무원과 정치인이 없는가?

그래서 15년도 더 된 책을 새롭게 발간하는 이유는 국가정책을 체계적으로 검증하는 언론이 있었으면 하는 기대와 함께, 이런 기획물을 바탕으로 국회에서 정곡을 찌르는 대정부 질의를 하고 정직하고 성실하게 답변하는 깨어 있는 국회의원과 책임 있는 국무위원이 있었으면 하는 간절함 때문이다.

일본의 사례를 반면교사, 타산지석으로 삼아 우리 정부와 지방정부의 각성을 촉구하고, 정책 결정권자인 공무원과 국회의원·지방의회의원의 책임을 강조하고, 국가정책에 대한 국민의 관심을 불러일으키고, 지원찰미知遠察微[1]하는 자세로 정부를 감시하고 비판하는 언론의 기능과 사명감을 일깨우기 위한 뜻이 함께 담겨 있다.

『국가전략이 없다』의 원전은 2006년 12월 요미우리신문 정치부가 발간한 『검증 국가전략 없는 일본検証国家戦略なき日本』 新潮社이다. 2005년 1월 1일부터 2006년 6월 25일까지 1년 6개월에 걸쳐 요미우리신문에 연재된 「국가전략을 생각한다国家戦略を考える」가 기본이다. 국가전략 부재, 특히 국가의 성쇠를 좌우할 만큼 중요하면서도 정치권으로부터 외면 받고 있는 과학기술, 해양정책, 자원·에너지, 지적 기반, 안전분야에서 '일본이 얼마나 뒤처져 있는지'를 극명하게 추적·검증하여, 통렬히 비판하고 정치권의 대응을 추궁했다. 이 기획의 영향으로 몇 년째 지지부진하던 해양기본법이 2007년 여야 만장일치로 제정되었다. 아카마츠 마사오赤松正雄 중의원 의원(당시, 공명당)은 이 책의 출간을 "정치를 현실로 움직인 귀중한 일이었다"고 하면서 "이와 같이 정치 현장에 영향을 준 신문연재도 진기한 느낌이 든다"고 말했다. 일본선장협회 모리모토 야스유키森本靖之 회장(당시)은 "국가전략을 수립해야 할 공무원과 국회의원들이 꼭 읽어야 할 책"이라고 갈파하기도 했다. 한국해양전략연구소가 2007년 7월 같은 이름으로 번역·출간했다.

---

1) 『史記』「五帝本紀」에 나오는 사자성어로 원문은 '聽以知遠, 明以察微'이다. 총명한 지혜로 심오하고 원대한 사고를 하고, 맑은 마음으로 매우 작은 부분까지도 전면적으로 고려한다는 뜻이다(김영환 남서울대학교 중국학과 명예교수 해석). 언론의 기능과 상통하는 부분이 있다.

요미우리신문은 단행본 간행 2년 후 국가전략 부재에 대해 개선된 점이 있는지를 재검증했다. 이렇게 해서 재검증 내용을 추가하고 새로 후기와 해설을 덧붙인 것이 문고판 『검증 국가전략 없는 일본』(2009, 이하 『검증 일본』)이다. 『국가전략이 없다』는 바로 이 『검증 일본』의 제목을 바꾸어 이번에 다시 한글판으로 발간한 것이다.

고바야시 요시아키小林良彰 게이오대 교수(당시)는 "일본이 안고 있는 다양한 문제점을 날카롭게 파헤친 본서를 관통하는 것은 정책 결정권자에 대한 기자들의 초조함과 현재 상황을 어떻게든 변혁해 보려고 하는 보도의 양심이다"라고 했다. 또 일본에 내재된 문제의 본질을 광범위하고 예리하게 지적하고 있는 『일본 위기보고서』로서 후세에 전해지게 될 것이라며 요미우리신문 정치부의 식견과 정열에 경의를 표했다.

취재진의 일원인 다나카 다카유키田中隆之 요미우리신문 정치부 차장(당시)은 이 책을 "세계 각국과의 치열한 경쟁에서 탈락할 위기에 처하여 갈팡질팡하고 있는 일본의 모습을 그린 것"이라고 하면서, 이 책의 진정한 목적은 국민의 각성을 이끌어내기 위해 "쇠퇴의 사실을 숨김없이 전하는 것"이라고 말하고 있다.

국가 전체적 관점에서 일본의 현상과 장래에 대한 위기의식을 공유하는 것도 이 책이 노리는 목적 중의 하나이다. 국가전략은 고사하고 정책도 없이 정쟁에만 혈안이 된 현재의 한국 사회에도 그대로 들어맞는 말이다.

이 책의 주요 대상은 공무원과 국회의원, 지방의회의원이다. 정책 아이디어를 제공하는 국공립 연구기관의 연구원이나 대학 교수, 장차 국가경영을 꿈꾸는 학생들, 국가정책에 관심을 갖는 NGO(비정부기구)나 NPO(비영리단체) 등도 마찬가지다. 국가정책은 누구에

게나 영향을 미치고 누구나 이해관계자로서 관심을 가질 수밖에 없기 때문에 결국 의식 있는 국민 모두가 독자층인 셈이다.

자매서적이라 할 『바다로 열린 나라 국토상생론(원전 日本列島再生論)』(2022)도 함께 읽어보기를 권한다. 이 역시 요미우리신문이 장기간에 걸쳐 취재·연재한 기획물을 바탕으로 한 것으로, 저출산·고령화 시대에 처한 지방자치단체의 생존전략을 소개하고 있다.

『국가전략이 없다』는 원전과는 17년의 시간적 괴리가 있다. 새로운 한글판을 출판하는 과정에서 이런 시간적 격차를 메우고 내용의 이해를 돕기 위해 몇 가지 새로운 노력을 했다.

첫째, 『검증 일본』에서 소개된 정책과 사례들이 그 후 어떻게 추진되었는지를 추적해서 역자 주석을 통해 가능한 한 현재의 상황과 자료로 정리했다.

둘째, 역자 주석은 발간 후에도 새롭게 변동되는 내용을 파악할 수 있게 QR코드(『국가전략이 없다』 역자 주석)를 통해 주기적으로 업데이트해서 보여드리도록 했다. 이번 역자 주석에서 미처 다루지 못했던 사안에 대해서도 QR코드 역자 주석란을 통해 수시로 보완하도록 하겠다. 독자 여러분께서도 새로운 정보나 의문사항을 알려주시면 조사하고 검토해서 수정·보완하겠다.

셋째, 각장 끝에 본문 내용과 관련하여 우리의 현실을 살펴볼 수 있는 역자 칼럼을 부기했다.

넷째, 평소 생각해온 정책 아이디어 중 『국가전략이 없다』의 내용과 어울리는 몇 가지 정책과제를 역자 후기를 통해 간단히 소개했다. 특히 최근 빈발하고 있는 안전사고를 통해 대두되고 있는 국가의 책무와 관련해서 1980년 동해 거진 앞바다에서 침몰하여 승조원 17명 모두가 수장된 '해경 72정' 인양을 정부와 국회에 요청한다.

『상록수』와 「그날이 오면」을 쓴 독립운동가 심훈(1901~1936)의 자경시 「필경筆耕」[2] 몇 구절을 소개하며 발간사를 마친다. 「필경」은 언론의 자유가 만개(?)한 이 시대의 언론인이 진정 자유를 만끽하면서 그 역할과 사명을 다하고 있는지 돌아보게 한다.

> 우리의 붓끝은 날마다 흰 종이 위에 갈며 나간다.
> 한 자루의 붓, 그것은 우리의 쟁기요, 유일한 연장이다.
> 비바람이 험궂다고 역사의 바퀴가 역전할 것인가
> 마지막 심판날을 기약하는 우리의 정성이 굽힐 것인가
> 창끝같이 철필촉을 베려 모든 암흑면을 파헤치자.
> 샅샅이 파헤쳐 온갖 죄악을 백주에 폭로하자!
> 오오 붓을 잡은 자여 위대한 심장의 파수병이여!

2023년 12월
역자 겸 발행인
도서출판 귀거래사 대표
팔마八馬 김연빈

---

2) 심훈이 1930년 7월 쓴 시로, "쟁기로 논·밭을 일구듯 붓으로 조선인들의 마음을 일구어보고자 하는 선생의 의지와 함께 언론인으로서의 자각이 진하게 배어 있는 작품"이다. 시 전문은 xiv쪽에 게재했다. 이 시의 이름을 딴 필경사(筆耕舍, 충남 당진)에서 1935년 소설『상록수』를 집필했다.

일본이 고생하며 걸어온 길은 한국에도 참고가 된다

신각수
법무법인 세종 고문, 전 주일한국대사

이번에 도서출판 귀거래사 김연빈 대표가 개정·증보한 역서『국가전략이 없다』의 출간을 진심으로 축하드립니다. 이 책은 원래 2006년 요미우리신문 정치부가 발간한『검증 국가전략 없는 일본』을 김 대표가 한국해양전략연구소를 통해 2007년 7월 번역·출간한 서적입니다. 역자는 그동안 동 서적이 일본 사회의 정책 변화에 미친 점들을 살펴보고 시간의 흐름에 따라 변화한 국내외 여건을 반영하여 새롭게 단장하여 발간하게 되었습니다.

이 책이 세상에 나왔을 때 일본은 '잃어버린 10년'이 '잃어버린 20년'으로 연장되어 가고 정치권이 여러 문제로 큰 혼란을 겪고 있던 시기였습니다. 경제는 버블 붕괴 이후 시작된 디플레이션이 끝날 기미 없이 지속되고, 매년 총리가 뒤바뀌는 정치적 혼돈으로 일본 사회가 어려움과 좌절에 빠져들고 있었습니다. 이런 시대적 배경에서 일본 최대 발행부수를 자랑하는 요미우리신문은 1년 6개월에 걸친 장기 연재를 통해 일본 재생을 위한 목적으로 일본의 '국가전략 짜기'를 일본 사회에 큰 화두로 던졌습니다.

이 책은 앞에서 역자가 밝힌 것처럼 국가의 생로병사生老病死를 좌우하는 과학기술, 해양, 자원·에너지, 지력, 안전 등 광범위한 분야에 걸쳐 '일본이 세계에 얼마나 뒤처져 있는가?'를 추적·검증함으로써, 일본이 당면한 문제점들을 통렬히 비판하고 정치권의 대응을 촉구하고 있습니다. 출간 당시 일본 정계·경제계·관계·언론계로부터 일본의 국가전략 부재를 잘 분석하여 일본 사회에 상당한 충격을 주었다는 평가를 받았습니다.

지금 우리는 역사의 변곡점을 지나고 있습니다. 탈냉전 이후 유일한 초강대국 미국이 주도한 자유주의 국제질서가 중국의 부상과 미국의 상대적 쇠퇴로 크게 흔들리고 있습니다. 이로 인한 미·중 격돌의 심화와 충돌위험은 투키디데스 함정의 그림자를 지구촌에 드리우고 있습니다. 국제질서의 근간을 구성하는 사회경제적 기초도 큰 변혁을 겪고 있습니다. 코로나19가 국제사회에 미친 영향은 팬데믹이 전염병으로 바뀌었지만 지금도 현재진행형이고 앞으로 바이러스의 서식처인 자연환경의 오염으로 더욱 빈발하면서 국제사회를 혼란스럽게 할 것입니다. 그리고 '지구비등(Global Boiling)'으로 표현될 만큼 탄소에너지 사용으로 초래된 기후변화를 억제하기 위해 각국에 탄소제로 정책의 시행을 재촉하고 있으며, 이에 따른 녹색에너지로의 전환도 에너지 지정학을 크게 변화시키고 있습니다. 여기에다 4차 산업혁명을 촉발한 디지털 전환은 인공지능을 필두로 국제 경제와 안보에 심대한 영향을 미치고 있습니다. 동시에 저출산·고령화에 따른 인구절벽 문제도 아프리카를 제외한 지구촌을 강타하고 있는 상황입니다.

이러한 다양한 대형 변화(mega-Change)가 동시 진행되면서 국제질서는 초불확실성과 초변동성의 늪에 빠져들고, 다양한 복합위기가 동시다발적으로 일어나고 있습니다. 최근 러시아의 우크라이나 침공, 아제르바이잔의 나고르노카라바흐 침공, 가자지구 하마스의 이스라엘 공격 등은 이런 현상의 일단이라 할 수 있습니다.

이제 막 시작한 포스트 탈냉전 질서는 안정될 때까지 상당 기간 혼돈의 세계로 평화를 위협하고 번영을 위태롭게 할 것으로 예상됩니다. 한국은 지난 60년간 산업화, 민주화, 세계화, 정보화를 통해 개도국에서 선진도상국으로 세계사상 유례없는 빠른 발전을 이룩한 덕분에 세계 10위권으로 발돋움하였습니다. 한류로 대표되는 소프트웨어는 중견국가로서는 발군의 역량을 보여주었습니다. 제조업 5대 강국 가운데 하나로 우뚝 섰고, 세계 7대 무역국가로 성장하였습니다. 분단국으로 자원과 에너지자원이 거의 없는 어려운 환경 속에 이룩한 쾌거입니다. 우리 국민들의 뛰어난 역량과 함께 우리에게 시장·기술·자본을 제공해준 자유주의 국제질서에 힘입은 바 큽니다.

그러나 혼돈의 세계에 진입한 역사의 변곡점에서 우리는 격동하는 세계질서의 변화 가운데 다양한 변수가 우리의 평화와 번영의 여건에 미치는 영향을 다시 한번 점검하고 이에 대처할 집단지성과 지혜를 모아야 합니다. 국가생존에 중요한 사안들에 관하여 우리의 정체성과 주변 환경에 맞는 국가전략을 추출하여 민관협력으로 강력히 추진함으로써, 우리 국가과제인 한반도 평화정착과 통일 그리고 선진국 진입을 달성해야 합니다. 위기는 응전하는 자의 지혜와 용기에 의해 기회로 바뀌는 만큼 모두가 한마음으로 신발 끈을 동여매어야 합니다.

양극화된 사회, 분열과 갈등으로 부담만 되는 정치, 과거에만 머무르는 퇴행적 사회 담론, 유례없이 낮은 출생률, 북핵 위협으로 불안한 안보 등 국내적으로도 성숙한 선진사회로 가는 길에는 많은 장애물이 놓여있습니다.

이렇듯이 국내외적으로 어려운 상황에서, 일본이 정치·경제·사회적으로 어려웠던 시절 일본 재생을 위해 국가전략을 짚어보았던 경험을 알려주는 이 책은 우리의 새로운 도약 노력에 많은 도움이 될 것입니다. 특히 역자는 국가공무원으로서 해양 분야 공직에 오래 봉사하고 은퇴 후에는 국가와 사회 발전에 도움이 되는 다양한 공헌을 계속해 왔다는 점에서, 이 책에는 그의 오랜 경륜과 지혜가 담겨져 있습니다.

동시에 역시 요미우리신문이 기획·취재하여 발간하고 역자가 혼신의 힘을 다하여 번역한『바다로 열린 나라 국토상생론』(2022)도 함께 읽으면 더욱 의미가 클 것입니다. 여기에서 역자는 우리나라가 '삼면이 바다로 둘러싸인' 나라가 아니라 '삼면이 바다로 열린 나라'라고 하고, 일본 역시 '사방이 바다로 둘러싸인 섬나라'가 아니라 '사방이 바다로 열린 섬나라'라고 하면서, 일본에 상생의 메시지를 전하고 있습니다. 한국과 일본의 우호와 협력이 어느 때보다 중요한 지금, 매우 시의적절하고 의미 있는 메시지라 생각됩니다. 섬나라 사고의 탈피와 발상의 전환은 이 두 권의 책이 추구하는 이상이고 지향점이기도 합니다.

입술이 없으면 이가 시립니다. "일본이 고생하며 걸어온 길은 한국에도 참고가 될 것입니다." 일본의 국가발전 전략을 다룬 이 책이 한국 사회에서도 널리 읽혀 불확실성의 시대를 사는 우리에게 미래를 향한 발걸음에 많은 도움이 되기를 기원합니다.

2023년 12월

필경(筆耕)

우리의 붓끝은 날마다 흰 종이 위에 갈耕며 나간다.
한 자루의 붓, 그것은 우리의 쟁기犁요, 유일한 연장이다.
거치른 산기슭에 한 이랑畝의 화전火田을 일려면
돌뿌리와 나무 등걸에 호미끝이 부러지듯이
아아 우리의 꿋꿋한 붓대가 몇 번이나 꺾였었던고?

그러나 파랗고 빨간 잉크는 정맥과 동맥의 피
최후의 한 방울까지 종이 위에 그 피를 뿌릴 뿐이다.
비바람이 험궂다고 역사의 바퀴가 역전할 것인가
마지막 심판날을 기약하는 우리의 정성이 굽힐 것인가
동지여, 우리는 퇴각을 모르는 전위前衛의 투사다.

'박탈', '아사', '음독', '자살'의 경과보고가 우리의 밥벌이냐?
'아연활동俄然活動', '검거', '송국送局', '판결언도',
'5년', '10년'의 스코어를 적는 것이 허구한 날의 직책이란 말이냐
창끝같이 철필鐵筆촉을 베려 모든 암흑면을 파헤치자.
샅샅이 파헤쳐 온갖 죄악을 백주에 폭로하자!

스위치를 제쳤느냐, 윤전기가 돌아가느냐?
깊은 밤 맹수의 포효와 같은 굉음과 함께
한 시간에도 몇만 장이나 박아 돌리는 활자의 위력은,
민중의 맥박을 이어주는 우리의 혈압이다.
오오 붓을 잡은 자여 위대한 심장의 파수병이여!

(1930. 7. 심훈)

[출전: 『심훈 그날이 오면』, (사)심훈상록문화제집행위원회, 2021]

[지명·인명 등의 한자 표기와 자료출처]

1. 지명, 인명, 기관·단체명, 제도명칭 등은 기본적으로 한자를 함께 표기했다. 두 번째 이후에는 한자 표기를 생략했다.

2. 역자 주석에 인용된 내용은 특별히 표시한 것을 제외하고는 일본 위키피디아, 일본 국토교통성 홈페이지 등을 주로 참고했다. 자료의 검색과 확인은 2023년 10~11월 중에 하였다. 출처에서 자료 검색일은 생략한다.

3. 역자 주석의 내용 중 일부 항목은 제도·정책의 진전과 변화 또는 시간의 경과 등에 따라 수정·변경될 수 있다. 수정·변경·보완된 내용을 QR코드를 통해 확인할 수 있게 했다.

국가전략이 없다-역주

국가전략이 없다

- 요미우리가 공개한 충격의

일본 위기보고서 -

원전 検証国家戦略なき日本

목차

제3장

자각 없는 무자원국 135

제4장

안전대국의 환상 195

『지구의 미래를 그린다』(Mapping the Global Future)는 제목의 보고서가 미국에서 발표된 것은 2005년 1월 중순의 일이었다.

국가정보회의(CIA 국장의 자문기관)가 2020년의 세계를 전망한 것으로서, "중국과 인도가 19세기의 독일이나 20세기의 미국과 같이 새로운 대국으로 올라설 것이다"라고 예측했다. 그 때쯤에는 중국의 GNP(국민총생산)가 일본을 상회한다고도 기록되어 있었다.

보고서는 일본에 대해서도 한 항목을 설정하고 있었다.

"일본은 노동력의 고령화에 따라 동북아시아나 중국에 대한 대외투자와 경제통합에 의존하지 않을 수 없을 것이다……어느 시점에서 중국에 대항할 것인지 영합할 것인지 하는 선택을 강요당하게 될 것이다."

항목의 표제는 「노화하는 대국」(The 'Aging' Powers)이었다.

이 보고서가 나오기 조금 전인 2005년 1월 1일부터 요미우리신문讀売新聞 정치부는 대형 연재기획 「국가전략을 생각한다」를 시작했다.

우리들의 문제의식은 다음과 같은 것이었다.

"일본은 중국의 대두와 인구감소사회라고 하는 시대의 큰 변화에 직면하고 있다. 중장기적 전략이 결여되면 국력은 서서히 쇠약해질 수밖에 없는 것이 아닐까? 그러나 '전략을 갖는 것이 중요하다'고 총론을 설파해도 구체적인 처방전을 발견할 수 없다. 개개 정책분야가 안고 있는 과제를 찾아내서 각론으로부터 국가전략을 생각해볼 필요가 있다."

거론된 테마는 과학기술, 에너지, 지적 기반, 안전·안심, 해양문제로 다양했다. 취재처에서는 반드시라고 해도 좋을 만큼, "정치부 기자가 왜 영역이 다른 분야를 취급하는가?"하는 질문을 받았다. 우리들은 이렇게 대답하기로 했다.

많은 정책이 관료 주도로 형성되어 가지만, 정치적으로 큰 문제로 부각되면 정치가가 '등장'하고, 바로 정치권의 판단으로 국가의 방침이 정해진다. 그것은 뒤집어보면 국가의 기반에 관련된 정책분야라도 정치가의 관심이 낮으면 정치의 주제가 되기 어렵다고 하는 것이기도 하다. '정치부재' 때문에 방치되어 있는 문제를 정치부 기자의 시점에서 거론하면 정치권의 주도로 시정을 도모할 수 있는 계기가 되는 것이 아닐까?

나가타쵸永田町*를 주 무대로 하는 우리들에게는 취재에 어려움이 많았다. 그때까지 손에 들어본 적도 없는 전문서적을 읽지 않으면 안 되었고, 그래도 취재에 응해준 연구자와 학자들로부터 "이런 초보적인 것도 알지 못한단 말인가?"하고 어이없다는 취급을 받은 때가 한 두 번이 아니었다. 그렇지만 그들도 "이대로 가면 일본은 큰 문제가 된다. 왜 일본 정치가는 이렇게도 무관심할 수 있을까?"하고 욕구불만을 토로했다. 우리들이 갖고 있는 문제의식을 설명하자 제

---

* 일본 국회의사당이 있는 곳으로 일본 정가를 의미한다.

방을 터뜨린 것처럼 현재 상황에 대한 위기감을 호소했다.

우리들도 곧 문제의 심각성을 알아챘다. 개개의 문제점은 본서에서 다루기로 하고, 사태를 보다 심각하게 하는 것은 전문분야가 세분화된 나머지 전체를 조감해서 문제의 소재를 찾아내는 것이 어렵게 되어 있다는 것이었다.

각 분야의 전문가가 자기 주변에서 이상한 일이 일어나고 있다는 것을 알게 되어도, 전문이 아닌 것은 잘 모르기 때문에 말을 꺼내기 어려워 속으로만 이상하다고 하는 정도로 그치고 만다. 그 결과, 개별적으로 일어나고 있는 현상이라도 문제의 소재를 추적해보면 같은 원인에서 파생하고 있을지도 모르는데, 국가 전체적으로 위기감을 공유하는 것도 위기의 전체적인 상황을 파악하는 것도 매우 곤란하게 되어 있는 것이다.

예를 들면, 해양분야에서는 세계 각국이 빈번하게 국제회의를 열고 있는데도 불구하고 일본은 바다를 관장하고 있는 부처가 확실하지 않아 일본 정부 관계자가 한 사람도 참석하지 않은 회의가 속출했다. 해양학자들은 "일본을 빼고 착착 바다에 관한 협약을 만들어버린다"고 우려하고 있었다. 지적재산 분야에서는 중국과 한국이 특허청 홈페이지에 대량으로 접속해서 특허출원정보를 검색하고 있었다. 특허청의 전 담당자는 "일본의 원천기술이 지적재산을 보호하는 구조를 통해서 유출되고 있다"고 걱정하고 있었다. 그러나 그들의 문제의식이 정부 전체에서 진지하게 논의된 흔적은 없었다.

거듭되는 취재를 통해 이 나라에 잠재된 위기의 전체상이 드러남에 따라, 러일전쟁 직후인 1909년에 출판된 경세經世의 서書를 떠올리지 않을 수 없었다. 아사카와 간이치朝河貫一 1873~1948의 『일본의 화기禍機』이다.

예일대학에서 역사를 가르치던 아사카와는, 일본이 러일전쟁 이전에는 청나라의 독립보전과 열국의 기회균등을 주창했으면서, 전후에는 대륙을 무대로 한 권익확보 신장으로 기울어 가는 것은 "정의의 반역자, 진보평화 파괴자의 지위로 떨어지는"것이라고 논지를 폈다. 애국교육과 일본인의 국민성에 대해서도 "일시적인 국가이익을 중시한 나머지, 영구적인 국가해악을 논하는 사람조차 비애국자로 간주하는 경향이 있다"고 비난했다. 그리고 그와 같은 자세를 계속하고 있으면 세계에서 고립되는 것은 물론, 도의를 중시하는 미국과 격돌할 염려가 있다고 하면서, "때문에 나는 감히 오늘을 가리켜 일본의 최대 위기라고 하지 않을 수 없다"고 경고하였던 것이다(『일본의 화기』 고단샤講談社 학술문고).

책 이름은 메이지明治 1868~1912 시대의 문호 츠보우치 쇼요坪内逍遙가 명명했다. "아사카와의 논지가 장래에 걸린 일본의 위기(crisis)의 원인을 지적한 것이었기 때문에, 쇼요는 이것을 단지 '위기'라고 하지 않고 넓은 의미를 나타내는 '화기'라는 단어를 선택했다고 한다(아베 요시오阿部善雄 『최후의 「일본인」 - 아사카와 간이치의 생애』, 이와나미서점岩波書店).

우리들도 이 연재를 취재하는 중에 "이것은 위기라고 하는 수준을 훨씬 넘어서 있다"고 경악하는 장면을 몇 번이나 만났다. 본서를 읽어 가는 중에 많은 구체적인 사실과 증언의 행간行間으로부터 우리들이 놀람과 불안과 초조로 애태우는 마음을 느낄 수 있을 것이다.

일본의 미래는 미국의 보고서가 예측한 '중국에 추월당할 날'이 처음부터 정해져 있는 것이 아니다. 지금부터 얼마든지 벗어날 기회는 있는 것이다.

그러나 아사카와의 걱정이 32년 후인 1941년, 태평양전쟁이라고 하는 형태로 현실이 된 것처럼, 일본이 앞으로도 명확한 비전이나 전략을 그리지 못하고 시간을 무의미하게 보낸다든지, 잘못된 판단을 반복한다든지 하면, 국력의 쇠퇴는 피할 수 없고, 다다를 곳은 역시 '노화하는 대국'일지도 모른다. 일본이라는 나라는 지금, 그와 같은 커다란 기로에 서 있는 것이 아닐까?

연재를 계기로 개선이나 재검토를 하려는 움직임도 일부에서는 시작되고 있다. 우리들과 같은 문제의식이나 위기감을 안고 있는 사람은 결코 적지 않을 것이다.

아직 시간은 있다. 지금부터라도 늦지는 않다—. 그랬으면 좋겠고, 그만큼의 잠재력을 이 나라는 가지고 있다고 생각하는 것이다.

본서가 많은 사람에게 읽힘으로써 일본이 직면한 새로운 '화기'를 극복하는 길로 연결된다면 이보다 더한 행복은 없을 것이다.

2006년 10월

요미우리신문 도쿄본사 논설위원(전 정치부차장)

나가하라 신永原伸

한국 독자 여러분에게(2007)

이 책이 다루고 있는 것은 세계 각국과의 격렬한 경쟁에서 탈락하여 갈팡질팡하고 있는 일본의 모습이다. 한국에서는 잘 알려져 있지 않은 일본의 한 면이라고 할 수 있다. 알지 못하는 것도 당연할 것이다. 일본에서조차 관계자 외에는 파악하고 있지 않았으니까.

요미우리신문이 이 책의 기본이 된 연재를 시작한 것은 2005년 1월부터 2006년 6월까지였다.

연재에서는 해양정책과 과학기술 개발, 자원에너지 확보, 위기관리 등을 취급해 왔다. 어느 것이나 국가의 흥망성쇠를 좌우하는 중요한 분야이다. 민간만으로는 대응할 수 없기 때문에 국가가 주도하지 않으면 안 되는 면이 크다.

그럼에도 불구하고, 취재반이 보고 들은 것은 국가로서의 전략 결여와 각 성청省庁, 부처의 울타리 의식, 변화에 대응하지 못하는 관공서의 체질 등이었다. 국가 운영에 책임을 지는 정치가도 관료도 이러한 사실에 눈을 감고 오랫동안 방치해 왔다.

우리들은 세계 제2위의 경제대국인 일본의 취약함을 통감했다. 눈을 가리고 싶어지는 것이 많았다. 국가의 실책과 서투름을 속속 거론함으로써 관계자를 의기소침하게 하고, 개혁의 싹조차 제거해 버리는 것이 아닐까 하고 걱정한 적도 있었다.

그러나 우리들이 문제를 제기한 것은 결코 잘못되지 않았다고 생각한다. 햇수로 1년 반의 연재를 계기로 새로운 움직임이 일어나고 있기 때문이다.

그 하나는 2007년 4월 해양기본법이 국회에서 제정된 것이다. 해양정책은 지금까지 7개 성청에 걸쳐 제각각 추진되어 왔다. 이 법률에 의해 국가가 일원적으로 추진하는 체제가 갖추어졌다.

해양기본법을 근거로, 정부에 수상을 본부장으로 하는 종합해양정책본부가 설치되고, 해양정책 사령탑의 역할을 수행한다. 임명되는 해양담당 장관은 각 성청의 정책을 조정한다.

한국은 1996년 해양수산부를 설치한 이래 해양대국을 향해 착착 지반을 다져왔다. 일본은 11년 늦게 한국과 거의 어깨를 겨룰 수 있는 체제를 갖추었다.

해양기본법을 심의한 국회에서는 여야 의원이 "일본은 주변국가에 비해 해양정책이 뒤처져 있었다", "일본은 해양에 대한 종합적인 정책의 제정을 소홀히 해 왔다"는 등의 발언을 했다. 정치권이 지금까지 무작위로 방치했다는 것에 대한 반성이다.

해양정책뿐만이 아니다. 연재에서 지적한 위기관리의 문제점에 대해서도 개선의 움직임이 나타나고 있다. 일본에는 위험한 병원체를 취급할 수 있는 P4시설(별명 BSL4)이 두 곳 있지만, 사실상 가동되지 않고 있다. 병원체의 유출을 염려하는 주변 주민의 반대로 정부가 위험한 병원체 취급을 미루어 왔기 때문이다.

연재에서 P4시설이 사실상 가동되고 있지 않기 때문에 일본은 신형 인플루엔자 등에 대한 대비가 충분하지 않다는 것을 지적했다. 그 후 감염증 전문가들의 활동으로 정부가 무거운 몸을 일으켰다. P4시설의 조기 가동을 목표로 조사·연구를 시작한 것이다.

이러한 예는 아직 일부에 지나지 않는다. 일본은 쇠퇴로 이어지기 쉬운 많은 문제점을 안고 있는 채다.

한국은 2000년 이후, 첨단기술에서도 일본을 위협하게끔 되었다.

거국적으로 국익을 추구하는 자세를 일관해왔다. 그러나 언젠가 쇠퇴의 징후가 다가온다.

그 때, 어떻게 하면 좋을까?

일례가 되는 것이, 1979년부터 1990년에 걸쳐 수상으로서 혼란스런 경제를 재건한 대처 영국 수상이다. 대처 수상은 자서전에서 당시 영국 국민의 모습을 이렇게 기록하였다.

"(국민은) 활력에 넘쳐, 자주독립의 기개를 갖고, 국가의 쇠퇴를 걱정하며, 쇠퇴를 역전시키기 위해 필요한 힘든 수단을 받아들일 각오가, 많은 국회의원 이상으로 갖추어져 있었다."(『대처 회고록』 일본경제신문사)

국민의 각오를 이끌어내기 위해서는 쇠퇴의 사실을 숨김없이 전할 필요가 있다. 이 책의 진정한 목적은 거기에 있다. 일본이 고생하며 걸어온 길은 한국에게도 참고가 될 것이다.

2007년 6월

요미우리신문 정치부 차장

다나카 다카유키田中隆之

제1장

과학기술 입국의 위기

일본이 '과학기술 창조입국'을 국가목표로 내건 것은 1995년의 일이었다. 선두주자인 미국을 급히 쫓아가기 위해서는 '모방' 중심에서 '창조' 중시로 개선할 필요가 있다는 판단 때문이었다. 그로부터 10여 년, 미국에 접근하기는커녕, 당시는 안중에도 없었던 중국에 격렬하게 쫓기고 있는 것이 현실의 모습이다. 어디에 과오가 있었던 것일까? 우주개발과 바이오, 나노테크 등 첨단과학에 종사하고 있는 과학자들을 방문하여 문제의 소재를 찾아보았다.

하이꿰이파이海亀派가 견인하는 '창신創新'

2005년 1월, 영하의 베이징北京 인민대회당 앞에서 중국과학원 장레이江雷 화학연구소 교수가 하얀 입김을 내뿜으면서 자랑스럽게 말했다.

"이것이 지금 직접 다루고 있는 프로젝트입니다."

배후에는 겨울 햇살을 받아 은색으로 빛나는 거대한 계란형 돔이 모습을 보이고 있었다. 중국이 '세계 제일의 다목적 국립극장을 건설한다'는 구호를 내걸고 건설을 서두르는 중국 국가대극원國家大劇院이다.

본체 건설은 거의 종료되고 급속도로 내장공사가 진행되고 있다. 콘서트홀, 오페라하우스 등 4개의 홀로 구성되고 총 좌석수는 약 6,000석. UFO가 호수면에 내려앉은 것 같은 디자인의 설계는 프랑스의 세계적 건축가 폴 안드류가 담당했다. 2008년 베이징올림픽에 대비하여 베이징 시내는 각지에서 건설 공사가 한창인데, 국가대극원 건설현장은 그 거대함으로 한층 더 눈에 띄었다.

장레이 교수는 유창한 일본어로 "돔 지붕 유리는 우리들이 개발한 셀프 클리닝 글라스가 채택되었습니다"하고 말을 이었다.

장 교수는 중국 나노테크놀로지 연구의 제일인자로 알려져 있다. 1992년 27세 때에 일본에 유학하여, 광촉매에 관한 화학반응을 발견한 후지시마 아키라藤島昭 도쿄대東京大 교수 밑에서 수학했다. 1999년에 귀국하여 34세의 젊은 나이로 중국과학원 교수에 임용되고 유학 성과를 살려서 광촉매를 응용한 상품을 속속 개발하고 있다.

광촉매란 빛이 닿으면 화학반응을 촉진시키는 물질을 말한다. 대표적 물질인 산화티탄은 자외선이 닿으면 물질의 표면을 물에 잘 융합하는 성질로 바꾼다. 글라스를 산화티탄으로 코팅하면 글라스의 오물이 빗물로 간단히 씻겨나간다. 이것이 셀프 클리닝 글라스의 원리다.

2002년에 중국을 방문한 부시 미국 대통령에게 장쩌민江澤民 국가주석이 '더러워지지 않는' 것을 판매전략으로 한 넥타이를 증정한 일이 있다. 그것도 광촉매를 응용하여 장레이 교수가 개발한 것이었다. 도쿄대학을 퇴임한 후, 가나가와神奈川 과학기술아카데미 이사장을 역임하고 있는 후지시마 씨도 제자의 활약상에 "그는 중국의 젊은 연구자 중에서 제1인자다"라고 웃음을 지었다.

중국의 과학기술을 견인하고 있는 것은 '하이꿰이파이海亀派'다.

하이꿰이海亀 거북이는 태어난 모래사장에 돌아와서 산란한다. 선진국에서 공부하고, 그 성과를 중국에 돌아와서 연구나 기업의 형태로 살리고 있는 전前 해외유학생을 하이꿰이파이라고 부른다. 장레이 교수도 그 중의 한 사람이다.

하이꿰이의 증식을 중국은 국가정책으로 추진하고 있다. 해외유학생을 인재자원으로 지정하여 자금원조나 창업지원 등으로 귀국을 장려하고 있는 것이다. 지금까지 15만 명 이상이 귀국했고, 그 대부분이 미국유학파라고 한다.

"중국은 1960년대의 문화대혁명으로 약 10년간에 걸쳐 대학 졸업생이 거의 없는 시기가 있었다. 내가 귀국했을 때, 문혁 이전의 대학 졸업생이 막 교수가 되었을 무렵이었다. 그래서 우리들 젊은이들에게도 기회가 돌아왔다."

장 교수는 이렇게 회고하면서 중국 과학기술의 현상을 다음과 같이 분석했다.

"질은 아직 멀었다. 지금은 미국, 일본, 유럽 각국이 높다. 그렇지만 중국이 최고 수준에 있는 분야도 나왔고, 전체 수준도 세계에서 3, 4번째의 위치에 다다랐다고 생각한다."

중국의 움직임을 과학기술대국 미국도 주시하고 있다.

미국의 산업계와 학계 대표로 구성된 경쟁력평의회가 2004년 12월, '이노베이트 아메리카'(미국을 혁신하자)라고 이름 붙인 보고서를 작성했다. 작성의 중심인물이었던 IBM 최고경영책임자(CEO) 사뮤엘 팔미사노(Samuel Palmisano)의 이름을 따서 팔미사노 보고서(Palmisano Report)라고 불린다.

그 보고서는 중국과 인도 등을 '기술혁신의 신흥세력'으로 지목한 것이 최대의 특색이다. 특히 중국에 대해서는 "세계 각국의 직접투자처는 2003년에 중국이 미국을 제치고 수위가 되었다"고 지적하고, 미국 정부에 위기의식을 갖도록 압박하고 있다.

2001년 9월에 발생한 동시 테러 이후, 미국에서는 유학생 수용제한이나 이민규제 등으로 우수한 인재가 타국으로 유출되는 경향이 강해지고 있다. 보고서에서 팔미사노 회장은 이렇게 역설했다.

"경쟁 상대가 극적으로 힘을 늘리고 있는 시기에 미국은 경쟁력을 떨어뜨리는 정책을 취하고 있다."

성장하는 중국과 위기감을 고조시키고 있는 미국. 그러한 미국과 중국의 과학기술 경쟁이 격화되면 일본은 매몰되기 쉽다.

과학기술분야에서의 중국의 대두는 진정한 것일까?— 일본도 무관심할 수는 없다.

2005년 1월, 중국 베이징 서우뚜首都국제공항에 문부과학성 과학기술시찰단이 내려섰다. 과학기술·학술정책국장인 아리모토 다테오有本建男 씨를 단장으로 하는 일행은 베이징의 호텔에서 수속을 마치자마자 시간을 아까워하듯이 자동차에 올라탔다.

"쫑꽌촌中関村으로!"

자동차에 흔들리기를 약 30분. 주택가를 빠져나가자 현대적인 중고층 빌딩과 거대한 건물이 늘어서 있는 이질적이고 지적인 분위기를 풍기는 공간이 펼쳐져 있었다.

"여기가 중국 최고의 과학자들이 모이는 쫑꽌촌인가?"

아리모토 국장의 가슴은 울렁거렸다.

쫑꽌촌 과기원구科技園區는 총면적 약 368㎢. 도쿄 23구의 반 이상 넓이에 베이징대北京大, 칭화대清華大, 중국과학원 등 300개 이상의 대학·연구기관과 1만 5천 개에 달하는 첨단기업이 모여 있다. 별명으로 중국의 실리콘밸리라고 한다.

쫑꽌촌의 기술, 공업, 무역수입은 2조 엔[1]을 넘고, 베이징시 산업발전에 대한 기여율은 60%에 달한다고 한다.

2003년 10월 유인 우주비행선 '선저우神舟 5호' 발사에 성공한 것으로 상징되는 것처럼, 과학기술분야에서의 중국의 활약이 눈에 띄게 되었다.

"일본은 과학기술 분야에서 중국과 어떻게 마주해야 할 것인가? 그 방안을 찾기 위해서도, 우선 내 눈으로 확인하고 싶다"는 것이 아리모토 국장을 비롯한 시찰단의 목적이었다.

아리모토 국장을 맞이한 중국과학원 리쯔강李志剛 비서장은 "일본은 속속 노벨상을 타고 있다. '원시적 창신元始的 創新'이 매우 부럽다"고 말했다.

원시적 창신이란 누구도 해본 적이 없는 혁신이라는 의미다.

아리모토 국장은 생각했다.

"중국은 아직 따라오고 있는 단계라고 생각했었는데, 창조적인 연구·개발을 의식하기 시작했다. 그만큼 자신을 갖고 있다. 이러한 사고방식이 중국과학원 최고 간부로부터 나왔다는 것은 매우 주목해야만 할 것이고, 일본에 있어서는 용이하지 않은 것이다."

아리모토 국장이 쭝꽌촌을 시찰하고 있을 무렵, 취재반도 베이징을 방문하여 중국 과학기술분야 관계자에게 이야기를 듣고 있었다. 그들이 한결같이 입에 담은 것도 '창신'이었다.

중국과학기술촉진발전연구센터의 쩌우웬周元 부주임은 2005년 수립한 중장기과학기술발전계획의 기본적인 개념에 대해 설명해주었다.

"지금까지는 선진국을 쫓아가는 '추주追走'가 주목적이었지만, 새로운 계획은 '자주창신自主創新'을 중시했다."

이 계획은 2020년까지 실현을 목표로 하는 과학기술정책을 망라한 것으로, "첨단기술에 관해, 기초연구의 응용단계와 기술의 결합을 강조하는 내용이다"라고 쩌우 부주임은 말했다.

계획 작성을 주도한 것은 원자바오溫家寶 수상. 초안 작성작업은 2003년 6월에 시작되어, 관계부처와 중국과학원, 대학, 연구기관, 기업의 전문가 2,000여 명이 참가했다.

중국현대국제관계연구원의 루즁웨이陸忠偉 원장은 "세계적으로 과학기술혁명이 일어날 상황이 되게 되면, 미국을 위시한 선진국으로부터의 기술수입도 어려워진다. 그렇기 때문에 자주적인 창신 시스템이 중요한 것이다"라고 강조했다.

취재반은 귀국 후, 스나미 아츠시角南篤 정책연구대학원대학 조교수 연구실을 방문했다. 스나미 교수는 중국 과학기술연구의 국내 제1인자다. 과학기술 세계에서도 중국은 위협이 되고 있는 것일까? 우리들의 질문에 스나미 교수는 이렇게 대답했다.

"위협이 될 정도의 중국 독자적인 연구개발능력을 갖고 있는 수준에는 이르지 않았지만, 그것을 축적하기 시작했다. 중국의 과학기술정책에 관여하고 있는 사람들은, '중국은 아직 멀었다, 지금부터다'라고 생각하는 것이 주류파이며, '중국은 대단하다'는 소리를 듣는 것을 부끄러워한다. 그렇지만 자신을 갖게 된 것은 사실로, 지도자층은 2020년에는 선진국과 어깨를 나란히 할 것을 강하게 의식하고 있다."

스나미 교수는 이렇게 분석한 다음 말을 덧붙였다.

"그렇지만 진정한 위협은 일본 안에 있지요."

그 말의 이면에는 스나미 교수의 기억에 지금도 선명한 쭝꽌촌에서 겪은 다음과 같은 체험이 있었다.

2002년, 중국 과학기술동향조사에 나섰을 때의 일이다. 발을 내디딘 쭝꽌촌의 빌딩은, 밖에서는 확실히 훌륭해 보였지만 내부는 간단히 만들어져 정밀한 기술을 갖고 있는 것처럼은 느낄 수 없었다. 전력 공급이 불안정한 것인지 어둠침침한 인상으로 차를 끓이는 주전자도 옛날과 다름없는 중국제였다.

왠지 안도하고 있을 때, 모습을 드러낸 연구원을 보고 깜짝 놀랐다. 자신의 상대가 T셔츠 차림에 10살 이상 젊었기 때문만은 아니었다. 미국에서 몸에 익힌 유창한 영어로 전문용어를 구사하며, "중국은 아직 멀었어요"하고 아무렇지도 않게 단언한 것이 스나미 교수에게는 충격이었다.

스나미 교수는 이렇게 계속했다.

"왜 그들이 여기에 있는 것일까? 그것은 '여기라면 뭔가를 할 수 있다'고 중국을 평가하고 있기 때문일 테지요. 그러한 그들이 중국에서 기술개발을 직접 다룬다고 하는 것은 절대적으로 좋은 방향으로 나가게 될 것이라고 생각하지 않나요? 중국의 전략성, 중국인의 활력과 비교해서, 일본에서는 거의 같은 부류의 사람들이 대답을 알고 있는 논의를 질질 끌고 있어요. 내재한 위협을 깨닫지 못하고 그저 멍하게 있을 뿐이라면, 일본의 장래는 어둡지요."

정치활동을 위시하여 자유에 제약이 큰 중국의 시스템을 그대로 일본에 적용할 수는 없다. 그러나 급성장하는 중국의 현실에 팔짱을 끼고 있으면 일본은 '지知'의 국제경쟁에서 탈락하기 쉽다.

일본은 최근 10년, 과학기술 창조입국을 슬로건으로 내걸어 왔다. 1996년도부터는 과학기술 진흥책과 중점분야 등을 정하는 과학기술기본계획을 5년마다 수립하여, 2006년도부터는 제3기 계획이 시작되었다.[2)]

그러나 산학제휴는 용이하게 진척되지 않고, 정치를 포함한 국가 전체적인 체제 구축은 전혀 추진되지 않고 있다.

"중국은 일본을 칭찬했지만, 일본은 노벨상급 연구·개발을 스스로의 국제경쟁력 강화로 연결시키는 전략을 그리지 못하고 있다." 중국 시찰을 마친 아리모토 국장의 감상이다.

'원시적 창신'

중국과학원 리쯔강 비서장의 말을 아리모토 국장은 잊지 않기 위해 대학노트에 기록해 두고 있다.

우주개발도 외교수단

런던 교외에 소형인공위성 연구로 세계에 이름을 날리고 있는 대학이 있다. 서리대학(University of Surrey)이다.

학내의 학술성과를 상업적으로 이용하기 위해 1985년에 대학이 95%를 출자한 회사 '서리 새틀라이트 테크놀로지'(SSTL; Surrey Satelite Technology Ltd)를 설립했다.

서리대학이 주목을 받고 있는 것은 위성기술을 배우기 위해 오는 해외 유학생을 통해서 그들의 조국과 소형위성 수주를 연결시키고 있기 때문이다. 20년간 23개의 소형위성 프로젝트를 다루었다. 소형위성 분야에서는 독주 상태에 있다.

크레이그 언더우드 박사는 "학생들은 위성을 공부하고, 설계하고, 그리고 실제로 조립하고, 발사를 경험할 수 있다. 이것이 SSTL의 매력이다"라고 말했다.

서리대학과 SSTL에서는 중국, 인도, 말레이시아, 파키스탄 등 많은 아시아의 젊은이들이 배우고 있다.

그 중의 한 사람인 말레이시아의 시티 유하니즈 씨는 학비와 생활비를 말레이시아 정부로부터 전액 지급받는다. 유하니즈 씨의 정부에 대한 의무는 연구내용을 매년 한 번 보고하는 것과 유학 수료 후에는 정부기관에서 7년 이상 근무하는 것. 즉, 국가정책으로 파견된 엘리트이다.

2004년 12월 일어난 인도양 쓰나미는 자신에게 부과된 역할의 크기를 통감하게 했다. 쓰나미가 덮친 스리랑카 연안부의 참상을 세계에서 최초로 찍은 위성화상은 SSTL이 개발한 소형위성을 이용한 재해감시위성군이 촬영한 것이었다.

"위성에 의한 재해감시의 중요성을 새롭게 실감했다. 빨리 기술을 습득해서 국가에 도움이 되고 싶다."

유하니즈 씨는 그렇게 말하고 눈을 반짝였다.

아시아 국가들이 위성에 주목하는 것은 무엇 때문일까?

위성은 군사적 이용뿐만 아니라 통신, 방송, 교통, 기상관측 등 민간분야의 용도도 폭넓다. 산업경쟁력을 높이는 데 빼놓을 수 없는 기술인 것이다. 경제적으로 힘을 쌓은 아시아 각국에서 '자체 위성을 갖고 싶다'는 의욕을 갖는 나라가 적지 않은 이유도 여기에 있다.

이러한 나라들에 손을 뻗치고 있는 것이 중국이다.

"이 위에 사무소가 있는데 보러 가지 않겠습니까?"

자민당의 오노 신야小野晋也 중의원 의원은 2002년 베이징을 방문했을 때, 면담 상대인 로끄羅格 중국 항공우주국 외사국장으로부터 이런 권유를 받았다.

"외국인 제1호 손님이에요"라며 안내를 받아서 들어간 곳은 고층 호텔의 한 방을 개조한 아시아태평양우주협력기구(APSCO=Asia-Pacific Space Cooperation Organization)의 본부 사무소였다.

"아시아 각국과 협력하면서 추진해 나가고 싶다. 우주분야에서의 국제협력을 확립하고 싶다. 그렇게 생각하고 분발하고 있습니다."

로 국장은 APSCO의 의의를 열정적으로 설명했다.

"중국에 있어서 우주개발은 국위선양이나 군사목적뿐만이 아니다. 외교 수단으로서도 우주개발을 사용하려고 움직이고 있다." 오노 의원은 이렇게 강하게 느꼈다.

APSCO는 중국이 주도하고 있는 우주개발에 관한 다국간 기구이다. 1992년부터 각국에 참가를 타진하여, 2003년 10월 유인우주비행선 '선저우 5호'의 성공으로 단숨에 구체화했다.[3)]

타이, 파키스탄, 이란, 인도네시아 등 8개국이 2005년 10월 협정에 서명했다. 참가국은 공동으로 위성을 개발·발사하는데, 10년간 8기의 위성을 발사할 계획이라고 한다.

일본 정부 관계자는 타이와 말레이시아의 우주기관 간부가 "중국은 돈도 대주고, 데이터도 주겠다고 한다. 중국의 제안을 받아들이지 않을 명분이 없다"고 털어놓았다고 증언한다.

APSCO가 중국의 계획대로 추진해 나간다면, APSCO를 통해서 위성 데이터나 해석 소프트웨어가 중국제로 규격이 통일될 우려가 있다.

우주항공연구개발기구(JAXA)의 마쓰우라 나오토松浦直人 주임개발부원은 "중국은 명확하게, 우주분야에서 패권을 잡을 생각으로 여러 가지 이야기를 아시아 각국에 끄집어내고 있다. 일본이 팔짱을 끼고 있으면, 10년 후에는 '아시아는 중국제가 표준'이 되고 만다"고 지적했다.

마쓰우라 주임개발부원은 솔직히 말했다.

"일본과 비교하면 중국은 기술적으로는 약간 뒤져 있지만, 자원을 투입하는 단위가 다르기 때문에 어딘가에서 추월당하겠구나 하는 이미지가 머리 한 쪽 구석에 있다. 그런 가운데 일본은 어떻게 해서 살아남을까? 일본의 지위를 어떻게 유지해나갈 것인가가 포인트다."

일본도 아무것도 하지 않았던 것은 아니다.

아시아의 우주관계 국제적 조직인 '아시아태평양지역 우주기관회의'(APRSAF= Asia-Pacific Regional Space Agency Forum)는 일본이 1992년에 제창하여 발족된 것이다. 1993년부터 거의 매년 개최되고 있다.[4)]

그러나 위성개발이나 발사를 공동으로 실시하는 것까지 염두에 두었던 것은 아니고, 회의(Forum)란 이름대로 현재 실태는 정보교환의 장에 지나지 않는다.

"APRSAF에서 독자적인 위성을 갖고 싶다고 강한 욕구를 보이고 있는 아시아 각국을 붙잡아 놓을 수 있을까? 중국으로부터 함께 위성을 만들자고 권유를 받으면 그쪽으로 쏠려버리는 것이 아닐까?"

중국의 우주개발에 정통한 히에다 히로오稗田浩雄 미래공학연구소 이사는 이렇게 의문을 던졌다.

아시아 각국에서는 중국의 영향력이 너무 강해지는 것을 경계하여 일본과의 제휴를 바라는 목소리도 있다. 실제 아시아 각국으로부터 "함께 위성을 개발하고 싶다"는 요청이 일본으로 밀려온 시기도 있었다. 그렇지만 "일본의 세금을 써야 할 의미가 있는 걸까?"하는 의견이 정부 내에서 나와 아무런 조치도 이루어지지 않았다. 그런 것도 아시아 각국이 중국이나 서리대학으로 눈을 돌린 한 요인이 되었다.

JAXA에서는 2004년경, 아시아 각국에 대한 위성개발 협력 가능성을 찾아본 적이 있다. "그러나 서리대학이 이미 상당 부분 잠식하고 있어서, 새삼스럽게 해봐야 별 성과를 기대할 수 없다고 하여 다른 아이디어를 찾자는 결론에 이르렀다"고 마쓰우라 주임개발부원은 말한다.

2001년에는 이런 '실책'도 있었다.

"위성화상을 보관하는 센터를 각국 공동으로 만들면 어떨까? 그때는 꼭 우리나라에 유치하고 싶다."

타이가 위성화상보관센터 구상을 제창한 것은 2001년 5월 동남아시아국가연합과 한·중·일(ASEAN+3) 경제담당장관회의 석상에서였다.

중국은 그 자리에서 지지를 표명했다. 일본에서는 이마노 히데히로今野秀洋 경제산업심의관이 참석했는데, 우주개발 소관은 경제산업성이 아닌 문부과학성이었다. 이마노 심의관은 태도를 유보했다.

더구나 이 타이의 구상이 문부과학성에 전해진 것은 회의 후 반년 이상이나 지나서였다. 문부과학성에 설치되어 있는 우주개발위원회에서 문부과학성 담당자는 다음과 같이 변명했다.

"핑계가 되겠습니다만, 경제산업성 쪽에서는 우선순위가 높은 다른 계획이 있었기 때문에, 타이의 제안에 대해서는 조치가 취해지지 않고 남아 있었습니다. (2001년) 12월쯤, 우리들에게 상세한 정보가 들어와 ……." (2002년 4월 24일 의사록에서)

부처 이익을 중시하는 좁은 시야와 변하지 않는 할거주의 행정. 전략 부재를 논하기 이전의 문제이다.

2년 만에 전락한 최고속 슈퍼컴퓨터의 지위

2005년 1월 19일, 도쿄 이치반쵸一番町에 있는 영국 대사관 대사 관저. 화려한 장식이 설치된 대공간은 엄숙한 분위기에 싸여 있었다.

정연하게 배열된 약 150개의 좌석에 앉은 사람들은 영·일 양국의 연구자들. 그 시선의 끝에는 그 날의 주역, 영국의 잭 스트로(Jack Straw) 외무장관이 서 있었다.

"우리들이 이렇게 모인 것은 기후변동의 과학에 관한 새롭고 또 중요한 영·일 협력프로젝트를 출발시키기 위해서입니다."

스트로 장관이 언급한 것은 세계기후변동 모델의 영·일 공동개발계획이었다. 지구규모로 기후변동을 시뮬레이션하고 온난화 등의 영향을 예측한다. 영국 하들리 기상연구센터(HCCPR : Hadley Centre for Climate Prediction and Research) 등이 운영하는 최신 지구 시스템 모델을 해양연구개발기구 요코하마연구소(요코하마시)의 슈퍼컴퓨터 '지구시뮬레이터(Earth Simulator)'로 연산처리하는 계획이다.

스트로 장관은 연설에서 지구시뮬레이터를 격찬했다.

"세계에서 가장 강력한 슈퍼컴퓨터의 하나로, 복잡한 지구시스템 모델을 고해상도로 작동시켜줄 것입니다. 정말로 흥미로운 계획으로, 영국과 일본의 탁월한 과학기술을 반영하여 기후변동의 장기적인 위협에 양국이 힘을 합하여 매진할 의지를 더욱 강하게 하는 것입니다."

지구시뮬레이터는 2002년 2월에 완성되었다. 연산처리속도는 1초당 35조 회 이상. 당시 세계 최고속도를 자랑하던 미국제 슈퍼컴퓨터의 5배의 처리능력이었다.

이전의 슈퍼컴퓨터는 지구 전체를 경도·위도·수직 3방향으로 각각 100㎞ 정도로 분할한 입방체별로 계산하여 시뮬레이션을 했다. 이에 비해 지구시뮬레이터는 10㎞의 입방체까지 세분화하여 계산하는 능력을 갖는다. 인공위성에 의한 화상의 해상도에 비유하면, 약 3m의 자동차 외형을 겨우 알 수 있는 위성들 가운데, 일거에 30㎝의 자동차 번호판 숫자까지 판독할 수 있는 위성이 나타난 것과 같은 것이다. 지구시뮬레이터의 출현은 그 정도로 획기적인 것이었다.

지구시뮬레이터 탄생의 아버지로 불리는 미요시 하지메三好甫 씨는 항공우주기술연구소(현 우주항공연구개발기구)에서 계산기 기술 연구에 오랫동안 종사해 온 인물이다. 일본 컴퓨터업계가 양산화로 내달리는 것을 보고, "이대로는 기술이 쇠퇴일로를 걷게 된다"고 걱정하여 1990년대 초부터 과학기술청(현 문부과학성) 등에 시뮬레이션 연구와 슈퍼컴퓨터 개발의 중요성을 역설하고 다녔다. 그러나 지구시뮬레이터 완성 직전인 2001년 11월 병으로 쓰러져 작고했다.

지구시뮬레이터의 출현에 경악한 것은 미국이었다.

2002년 4월 20일자 『뉴욕 타임즈』는 1면에서 지구시뮬레이터를 다루었다.

"미국의 컴퓨터 과학자에게 있어서, 일본의 슈퍼컴퓨터가 성취한 것은 1957년 구소련이 이룩한 스푸트니크 인공위성 발사 성공을 방불하게 할 정도의 충격을 주고 있다 ……."

우주에 대한 선취경쟁으로 미국이 구소련에 패배한 사건에 필적한다고 보도했던 것이다. 기사 속에서 테네시대학의 과학자는 "컴퓨트니크"라고 표현했다.

미국은 왜 지구시뮬레이터에 이런 정도의 충격을 받았던 것일까?

슈퍼컴퓨터에 의한 시뮬레이션의 이용 범위는 기후변동의 예측만이 아니다. 산업에 직결되는 신소재 개발에도 활용할 수 있다. 미국의 경우는 더 나아가, 슈퍼컴퓨터가 핵무기 개발이나 암호해독 등 군사 분야에서 매우 중요한 역할을 하고 있다.

미국 에너지부는 2003년 11월 발표한 「과학시설 20년 계획」에서 슈퍼컴퓨터 개발의 우선순위를 핵융합에 이어 두 번째로 두었다. 에브라함 장관은 "일본은 컴퓨터 과학에 새로운 지평을 열었다"면서 지구시뮬레이터를 칭찬하고, "그러나 미국은 그것을 대체하지 않으면 안 된다"고 역설했다.

거국적으로 반격에 나선 미국에 대해 일본의 대응은 무뎠다.

사토 데츠야佐藤哲也 지구시뮬레이터센터장은 "기술의 진보는 빠르다. 본래 계획이라면 개발을 마치는 것과 동시에, 다음 계획 수립에 착수했어야 했다"고 말한다. 그런데 실제로 차세대 슈퍼컴퓨터 논의가 일본에서 시작된 것은 2004년 8월부터. 지구시뮬레이터가 완성된 때부터 이미 2년 반이 지나 있었다.

슈퍼컴퓨터의 연산처리속도 순위는 연 2회 발표된다. 2004년 11월 발표에서 지구시뮬레이터는 수위에서 3위로 전락. 1위와 2위는 미국제가 탈환했다.[5)]

"뉴욕 타임즈의 '컴퓨트니크' 보도는 컴퓨터의 성능 경쟁이 시작되었다는 것에서 옳았다."

지구시뮬레이터와의 공동연구에 종사하는 하들리 기상연구센터장 데이비드 그리그스는 미국의 수위 탈환을 이렇게 평가했다.

지구시뮬레이터가 최고속도의 자리에서 몰락한 배경을 찾으면, 일본은 극소수의 전문가 이외에는 과학기술에 대체로 무관심한 것을 알게 된다.

2004년 2월, 사토 센터장은 한 내방자로부터 질문공세를 받고 있었다. 내방자는 하워드 베이커 주일미국대사로 그의 질문은 '포스트 지구시뮬레이터'에 관한 것이었다.

이 시점에서 일본에 구체적인 구상은 존재하지 않았다. 사토 센터장은 전부터 구상하고 있던 "성격이 다른 슈퍼컴퓨터를 연결한다"는 생각을 말을 흐리면서 설명했다.

대사는 납득하지 않았다. "어떤 형태로 구체화할 것인가?", "좀 더 자세하게 말해주지 않겠는가?"하고 반복했다. 지구시뮬레이터의 기본적인 구조나 연산능력, 용량 등을 사전에 이해한 뒤에 요점을 날카롭게 질문해왔다. "당신이 일본에서 그런 것을 만들고 싶다고 하면 협력하겠다", "뭔가 고이즈미 수상에게 전하고 싶은 것이 있으면 내가 말씀드리겠다." 대사의 말에서는 뭔가 정보를 끌어내려고 하는 생각이 강하게 전해져 왔다.

1시간의 방문예정시각이 지났을 무렵, 사토 센터장이 "다음 일정이 있지 않습니까?"하고 관심을 다른 곳으로 돌리자, 대사는 "아니,

괜찮아요. 관계없어요"라며 제지하고 질문을 계속했다. 사토 센터장이 '해방'된 것은 2시간 후의 일이었다.

사토 센터장은 대사의 탐구심에 감동하면서 이렇게 지적했다.

"이 정도로 지구시뮬레이터에 관심을 가진 정치가는 일본에는 없다. 일본의 각료도 몇 명인가 시찰하러 왔는데, 20분 정도 있었을 뿐, 서둘러 돌아간 사람도 있었다."

하지만, 포스트 지구시뮬레이터에 대한 논의가 일본에서 저조했던 것은 정치가의 낮은 관심만이 이유는 아니다. 차세대 슈퍼컴퓨터의 필요성에 대한 인식이 산업계와 부처 등에 별로 퍼지지 않은 탓도 크다.

사토 센터장은 지구 시뮬레이터의 산업이용을 촉진하려고 산업계에 여러 가지로 힘을 썼다. 그러나 공동연구에 이른 것은 자동차 충돌 시뮬레이션에 관심을 보인 일본자동차공업회 등에 그쳤다.

이 배경에는 거품 붕괴 후의 경기악화도 영향을 끼쳤다. "고성능 슈퍼컴퓨터를 자유자재로 사용할 수 있는 기술자가 맨 먼저 구조조정 대상이 되어, 기업이 사용하고 싶어도 사용할 수 없는 상황일 것이다"라고 사토 센터장은 추측한다.

문부과학성은 2005년도 예산 개산요구에 지구시뮬레이터와 방사광을 이용한 세계 최고 성능의 분석·해석시설 '스프링 에잇(SPring-8)'(효고현 사요쵸) 등의 산업이용을 촉진할 조성비 42억 엔을 포함시켰다.[6] 그러나 재무성은 "필요성이 약하다"며 3분의 1로 깎았다.

세계에 자랑하는 슈퍼컴퓨터가 있으면서 산업계에 그것을 적극적으로 활용하려고 하는 의욕이 낮다. 그것이 필요성이 빈약하다는 정부 내부의 목소리를 낳는다. 그 결과 산업계와의 제휴 가능성이 한층 낮아진다. 바로 부負의 악순환이다.

지구시뮬레이터가 수위에서 전락한 것은 관계자에게 있어서는 유감스러운 것이었다. 그렇지만 일본 과학기술의 문제점을 명확히 했다고 하는 점에서 국내에 좋은 의미에서의 자극을 주었는지도 모른다.

2005년 1월 14일, 도쿄도내에서 열린 나카야마 나리아키中山成彬 문부과학성 장관과 경단련(일본경제단체연합회) 간부와의 간담회 자리에서 문부과학성은 이런 표제의 자료를 배부했다.

「국가가 전략적으로 추진해야 할 기간기술에 대해」

이 자료에는 지구시뮬레이터와 스프링 에잇의 차세대 기종 등 정부가 앞으로 자원을 집중하려고 생각하는 10개의 기간기술이 열거되어 있었다.

"기간기술은 중요하다. 꼭 중장기적인 시점에서 이끌어갔으면 한다."

재계 간부는 입을 모아 찬성의 뜻을 표시했다. 2006년 3월에 정식으로 결정된 국가기간기술은 5개 프로젝트로 조정되었는데, '세계 제일의 계산속도를 목표로 하는 차세대 슈퍼컴퓨터'는 살아남았다.

전략이 얼마나 중요한가. 지구시뮬레이터의 수위 전략에서 얻은 교훈이다.

무너지는 첨단기술의 기반

지치부秩父산맥을 바라보는 사이타마현埼玉県 하토야마쵸鳩山町. 도부토죠선東部東上線 다카사카역高坂駅에서 승용차로 15분 정도 달리는 산간부에 히타치日立기초연구소가 있다.

취재반은 그곳으로 히타치제작소 펠로 도노무라 아키라外村彰씨를 방문했다.

도노무라 씨는 전자현미경 분야에서 세계적인 업적을 올리고 있는 인물이다.

전자현미경은 빛 대신에 전자선을 사용한다. 빛보다 파장이 짧기 때문에 보통의 광학현미경보다 작은 물질을 관찰할 수 있다. 도노무라 씨는 2000년에 완성한 전자현미경으로 폭 49.8피코(1조분의 1)미터의 금 분자 격자상을 촬영하는 데 성공했다.

취재반이 찾아간 이유는 도노무라 씨가 과학기술전문대학원으로 개학준비가 진행되고 있는 오키나와沖縄 과학기술대학원대학에 설치 예정인 전자현미경 개발에 매진하고 있다고 들었기 때문이었다.

도노무라 씨는 사전에 보내놓은 취재요청문을 바탕으로 편지지 4장 분량의 소감을 준비해 놓았다. 그것을 손에 들고 이렇게 역설했다.

"마치 원자모형을 보고 있기라도 하는 것처럼 원자의 배치까지 입체적으로 보인다. 그런 최첨단 전자현미경을 만들고 싶다. 왜냐하면, 광학현미경 개발로 세균을 볼 수 있게 된 것이 의학의 진보로 이어진 것처럼, 전자현미경으로 나노(10억분의 1)의 세계를 상세하게 볼 수 있게 된다면, 나노테크놀로지나 바이오테크놀로지 분야에서 다양한 발견의 가능성이 높아지기 때문이다."

특히 나노테크는 다양한 산업영역에 기술혁신을 가져올 가능성을 내재하고 있다.

예를 들어, 대표적인 나노테크 소재로 후라렌(fullerene)이 있다. 60개의 탄소원자가 가운데가 빈 축구공 모양으로 결합한 것이다. 이 후라렌에 항암제를 넣어서 암세포에 직접 도달하게 할 수 있다면 부작용을 일으키지 않고 암세포만을 치료할 수 있다. 나노테크는 '21세기의 산업혁명'이라고도 불리고 있다.

그러나 도노무라 씨는 개발준비에 들어가 보고 깜짝 놀랐다.

전자현미경에는 100만 볼트의 전압에도 견딜 수 있는 특수 케이블이 필요하다. 고압 콘덴서로는 특수 종이를 쓴다. 이들 부품을 갖추려고 했을 때, 기술자가 이미 은퇴하고 없거나 제조중지 된 상태였다.

도노무라 씨는 탄식했다.

“이대로는, 전자현미경이라고 하는 일본이 자랑하는 기술이 무너지게 된다.”

나노테크와 같은 첨단과학에서 연구·개발을 추진하기 위해서는 고성능 계측분석장치를 빼놓을 수 없다. 전자현미경은 그 하나다.

“그렇지만 전자현미경은 아직 좋은 편으로, 다른 장치는 근본부터 무너져내리고 있는 것이 현실이다”라고 니헤이 요시마사二瓶好正 도쿄이과대학 종합연구기구장은 지적했다.

니헤이 기구장은 2003년, 문부과학성이 설립한 첨단계측분석기술·기기개발검토회 좌장을 역임, 각계의 연구자들로부터 실정을 청취했다.

그 결과, DNA(디옥시리보핵산)의 단편에 레이저광을 조사해서 염기배열을 해석하는 DNA자동해독장치 등 일본에서 사용되고 있는 많은 계측분석장치가 구미기업 제품이었다.

다나카 고이치田中耕一 시마즈제작소島津製作所 펠로의 노벨상 수상으로 이어진 기술을 이용한 레이저이온화 비행시간형 질량분석장치.[7] 2005년 1월 7일, 현장을 시찰한 고이즈미 준이치로 수상이 “얼마나 과학기술이 중요한가. 이만큼의 기술이 우리가 모르는 곳에서 생활을 개선하고 있다고 다시금 느꼈다”고 칭찬한 장치조차 일본제품의 국내 점유율은 40%에 이르지 못했다.

니헤이 기구장 자신이 연구에 관여해왔던 2차 이온질량분석장치

(SIMS)[8]도 예외는 아니다. 시료 표면에서 나오는 이온을 기본으로 질량을 분석하는 SIMS는 극미량의 시료로도 분석이 가능하기 때문에 반도체산업에는 필수적인 장치이지만, 일본기업은 어느 곳도 다루고 있지 않다. 미국은 항공우주국(NASA)이 아폴로계획으로 달에서 가져오는 시료를 분석하기 위해 연구개발을 공모하였고, 이를 계기로 미국 기업이 1967년에 개발한 장치가 세계적으로 보급되었다. "미국이 국가 프로젝트로 취급, 기반시설로 계속 유지하고 있는"(니헤이 기구장) 것과는 대조적이다.

검토회가 2003년 8월 작성한 보고서는, "해외기업이 생산한 계측 분석기기의 도입으로 많은 연구비(분야에 따라서는 60~70%)가 해외로 유출되고 있다는 염려도 있다"며, 계속 증가하는 과학기술관계 예산이 유출되는 악순환에 강한 위기감을 표명했다.

왜 일본의 대학·연구기관에서는 국산 장치가 이런 정도로까지 사용되고 있지 않는 것일까?

원인을 찾아보면, 과거 일본의 외교정책이 그림자를 드리우고 있는 것을 알게 된다.

일본 정부는 1980년대 후반, 미국제품 우선구입 운동을 추진했다. 이른바 '바이 아메리칸' 캠페인이었다.

당시는 일본의 대폭적인 대미 수출 초과로 심각한 미·일 무역마찰이 일어난 시기였다. 사태 해결을 위해 1985년에는 나카소네 야스히로中曽根康弘수상이 직접 텔레비전에 출연하여, 국민 한 사람당 100달러의 외국제품 구입을 호소한 적도 있었다.

니헤이 기구장은 이렇게 회고했다.

"일본 기업이 거액을 투자하여 첨단장치를 개발해도, 바이 아메리칸 정책 때문에 팔리지 않는다. 그 때문에 기업이 독창적인 장치를 개발·산업화할 의욕을 잃어 갔다. 기업 내 우수 기술자는 개발부문에서 양산품 제조로 유출되고, 대학 연구자들도 모처럼 싹이 틀만한 연구가 있어도 지원해 줄 기업이 적기 때문에 용두사미가 된다. 바로 악순환에 빠졌다."

또 하나, 일본 과학기술에 커다란 영향을 준 것이 미국의 슈퍼301조(불공정 무역국·관행의 인정과 제재조항)였다.

미국은 이 조항을 적용하여 관세인상 등의 제재를 내걸고 양국 간 교섭을 요구, 시장개방을 압박했다. 일본에서는 인공위성과 슈퍼컴퓨터 등이 슈퍼301조의 대상이 되었다.

위성에 대해서는, 연구개발 목적 이외의 통신·방송위성 등 실용위성이 미국의 요구로 1990년에 시장을 개방하지 않을 수 없게 되었다. 관수에 의지해 온 일본 위성 제조업체는 경쟁력에서 앞서는 미국 업체에 대항하지 못하고 커다란 타격을 입었다. 일본 제조업체가 국제 수주에 겨우 성공한 것은 슈퍼301조의 합의로부터 9년 후인 1999년의 일이다.

"미국은 비록 동맹국이라 할지라도, 일본 우주산업이 쑥쑥 성장하는 것을 경계했을 것이다"라고 일본항공우주공업회 간부는 말했다.

슈퍼컴퓨터도 같은 때에 연구개발 목적 이외는 시장개방 대상이 되었다. 사토 데츠야 지구시뮬레이터센터장은 핵융합과학연구소에 근무하고 있을 당시의 경험을 이렇게 말했다.

"1990년대 전반에 핵융합 시뮬레이션을 위해 슈퍼컴퓨터를 도입하게 되었는데, 일본 정부는 당초, '(미국의) 크레이사 제품이라면 자금을 대겠다'는 자세였다."

2004년 가을까지 세계 최고속도를 자랑했던 지구시뮬레이터가, 개발 시에 지구환경변동의 연구를 주목적으로 한 것도, "미국으로부터 슈퍼301조 위반이라고 제소당해 개발이 중단되는 것을 염려했던 것이 이유의 하나"(정부관계자)라고 한다.

일본은 1995년에 과학기술기본법을 제정하고, 1996년도부터 5년에 한 번 과학기술기본계획을 수립하게끔 되었다.

기본법 제정을 주도했던 자민당의 오미 고지尾身幸次 전 과학기술정책담당 장관은, '바이 아메리칸' 시대를 회고하면서, "지금 생각하면, 경쟁력의 근간에 관련된 기초적 연구분야는 좀더 분발했어야 했다고 생각한다. 그렇지만 솔직히 말해서 거기까지 앞일이 보이지 않았다"고 말한다.

무역마찰 완화는 당시, 미·일 관계 안정을 위해 빼놓을 수 없는 정책이기는 했지만, 장래 일본 과학기술에 어떠한 영향을 미칠 것인지 진지하게 검토된 흔적은 보이지 않는다.

20년 전의 정책판단이 일본 과학기술에 지금도 무거운 후유증을 남겨 놓고 있다. 여기서 헤아려야 할 것은 정책결정에 있어서의 중장기적 관점의 중요성이다.

저조한 일본의 ES세포 논의

교토대京都大 재생의과학연구소 나카츠지 노리오中辻憲夫 소장은 편지를 읽고 그만 눈물을 머금고 말았다.

B5 용지 크기로 수십 매. 펜을 입으로 물고 썼는지, 커다란 히라가나로 이렇게 씌어 있었다.

"계속해서 살아갈 희망이 생겼습니다. 감사합니다."

전신의 운동기능이 마비되는 신경의 난치병, 근위축성측색경화증(ALS) 환자로부터 온 것이었다.

나카츠지 소장은 2003년 5월, 국내 최초로 인간의 'ES세포'(배성줄기세포)를 만드는 데 성공했다. 그날 이래, 나카츠지 소장 앞으로는 ES세포를 사용한 재생의료에 최후의 희망을 거는 난치병 환자와 그 가족으로부터 수많은 편지가 밀려들고 있다.

"자식이 사고로 척추를 손상하여 일생 낫지 않을 것이라는 말을 들었다. 나(모친)는 40세 가까우니까, 지금 난자를 동결 보존해서, 장래 치료에 도움이 되었으면 하는데", "ALS로 몸 아랫부분으로부터 마비가 올라오고 있다. 마비는 지금, 가슴 부근. 나를 실험용으로 써줄 수 없는가?" …….

어느 편지에나 비통한 절규가 배어 있다고 한다.

배胚(수정란이 세포분열을 시작해서 얼마 되지 않은 상태)의 일부에서 떼어낸 배성胚性줄기세포는 모든 조직과 장기로 분화하는 능력이 있다. 배성줄기세포를 배양해서 간세포를 만드는 것이 가능하면, 다른 사람으로부터의 장기이식을 기다릴 수밖에 없는 중증 간경변환자에게는 무엇보다도 반가운 낭보가 된다. 배성줄기세포로 만든 신경세포가 파킨슨병 치료에 도움이 될 가능성이 있는 것도 원숭이 실험으로 명확하게 밝혀져 있다. 배성줄기세포가 'ES세포(Embryonic Stem Cell)=만능세포'로 불리는 까닭이다.

나카츠지 소장은 이렇게 호소했다.

"절실히 연구를 기다리는 환자들이 있는데, 언제까지고 연구를 지연시켜서 좋을 리가 없다. 일본도 인간배아복제(히토클론배) 연구에 일각이라도 빨리 착수해야만 한다."

인간배아복제란 난자의 핵을 제거해서 인간 체세포의 핵과 바꿔 넣은 것이다.

나카츠지 소장이 제작한 ES세포는 수정배로부터 떼어냈다. 배양해서 장기세포를 만들 수 있다고 해도, 타인의 세포로 만든 장기로는 이식하면 거부반응을 일으킨다. 그렇지만 환자 자신의 세포핵으로 인간배아복제를 만들어, 거기에서 ES세포를 떼어내면, 거부반응의 염려가 없는 장기세포가 생길지도 모른다.

한편으로 신중론도 뿌리 깊다. 인간배아복제를 모태에 옮기면, 많은 나라가 금지하고 있는 '클론인간'이 탄생할 위험성이 있다. 종교계 등에서는 '생명의 싹萠芽'으로 불리는 배에 인간이 손을 대는 것 자체에 대한 반발도 있다.

해외에서도 대응은 나뉘어 있다.

영국은 2004년 8월, 파킨슨병 등에 대해 인간배아복제를 사용한 치료계획 착수를 인정했다. 2004년 5월에는 재생의료 연구에 도움이 되도록 하기 위해 '줄기세포은행'을 세계에서 처음으로 개설했다. 영국 정부의 의료연구심의회 등이 운영하고, 줄기세포 비축과 연구자에 대한 공급을 한다. 보건부의 워너 차관은 "훨씬 더 혁명적인 연구가 나올 가능성이 있다"고 기대한다.

한편, 같은 유럽이라도 독일과 같이 법률로 연구를 금지하고 있는 나라도 있다.

미국은 복잡하다. 부시 정권은 인간의 ES세포 배양에 대한 정부의 지원을 금지하고 있다. 그것에 대한 시비가 2004년 대통령 선거의 쟁점이 되었다. 부시 대통령의 재선으로 규제는 유지되었지만, 같은 공화당의 슈와르츠제네거 캘리포니아 주지사는 연구를 추진할 자세를 취하고 있다.

공화당의 정책 혼란으로 받아들이는 경향도 있지만, 문부과학성 간부는 다른 견해를 갖고 있다.

"여론에 대한 배려와 국제적인 연구경쟁에 뒤지지 않기 위한 지혜다."

영국과 나란히 배아복제(클론배) 연구에 적극적인 한국에서는, 2004년 2월 황우석 서울대 교수 등의 연구그룹이 인간배아복제로부터 ES세포를 만드는 것에 세계 최초로 성공했다는 논문을 미국의 과학지『사이언스』에 발표했다.

황 교수를 가장 격려한 사람이 노무현 대통령이다. 대통령은 기초연구분야에서 구미와 일본을 따라잡으려고 과학기술입국 정책을 추진하고 있으며, 한국인 연구자로서 노벨상을 처음으로 수상할 가능성이 높다고 지목 받고 있던 황 교수에 대한 지원은 특히 두드러졌다. 2004년 6월에는 황 교수를 약 40명의 연구원과 함께 청와대에 초청, 황 교수에게 "인간의 기본적인 윤리를 침해하지 않는 범위에서 난치병 치료에 도움이 되어야 한다"고 연구를 촉구했다.

그렇지만 2005년, 황 교수의 연구에 대해 공동연구자가 "날조였다"고 내부고발을 하여 서울대의 내부조사 결과, ES세포는 하나도 존재하지 않았던 것이 판명되었다. 서울대는 2006년 3월, 황 교수를 면직하는 처분을 내렸다.

적극적으로 연구를 추진해 갈 것인가, 생명윤리적 관점에서 신중한 자세를 계속 취할 것인가? 어느 쪽이나 어려운 문제인 것은 틀림없다. 그렇다면 더욱더 국민적인 논의가 필요하다.

일본에서는 내각부에 설치되어 있는 종합과학기술회의가 2004년 7월, 생명윤리전문조사회에서 한 3년에 걸친 논의를 거쳐, "연구목적으로 제작·이용하는 것을 한정적으로 용인한다"고 결정했다. 그렇지만 다른 나라와 크게 다른 것은 논의가 전문가 수준에 한정되어 있었다는 것이다.

조사회 위원을 역임한 이화학연구소의 니시카와 신이치西川伸一 줄기세포 연구그룹 디렉터는, "국회에서 논의하면 국민의 관심도 높아진다. 법률로 규정할지 어떨지에 대한 논의는 별개로 하더라도, 여론을 형성하는 의의가 크다. 일본도 국민의 위임을 받은 국회의원 간에 논의하여 결론을 냈어야 했다"고 지적했다.

하지만 연구자 중에는 정치가의 관심이 낮은 것을 '환영'하는 사람들도 적지 않다.

니시카와 디렉터는 생명윤리전문조사회가 2004년 2월에 개최한 공개 심포지엄 등에서 "국회에서 논의하라"고 호소했다. 그렇지만 다른 위원 중에는 얼굴을 찌푸린 사람도 있었다고 한다. "전문가도 아닌 사람이 무엇을 알 것인가라든지, 정치가에게 말참견을 듣고 싶지 않다고 생각하기 때문일 것이다"라고 니시카와 디렉터는 보고 있다.

생명윤리전문조사회가 이례적인 채택으로 인간배아복제 연구의 일부해금을 결정한 것은 2004년 6월 23일의 일이다. 다수의견을 바탕으로 한 보고서를 작성한 것은 7월 13일이었다.

전자는 참의원선거 공시일 전일, 후자는 투표일로부터 2일 후이다. 그 시기, 정당도 정치가도 선거 일색이었다.

정치 부재 속에서 일본은 재생의료와 생명윤리에 관련된 중요한 문제에 첫발을 내디뎠던 것이다.

게놈 패배에서 무엇을 배웠는가?

세계 과학잡지 중에서 가장 권위 있다고 하는 영국의 『네이처』. 그 잡지 2005년 1월 13일호에 일본에서만 출판되는 일반서적의 서평이 게재되었다.

취급된 책은 경제 저널리스트인 기시 노리히토岸宣仁 씨의 저서 『게놈 패배』(다이아몬드사). 인간게놈(전유전정보) 해독의 국제 프로젝트 '인간게놈(Human Genome) 계획'을 다룬 논픽션이다.

서평은 「일본은 게놈 패배에서 배우지 않으면 안 된다」는 제목 아래, 이렇게 씌어 있었다.

"창조적인 인간과 그 업적은, 서양에서 높이 평가되고 나서야 비로소 일본국내에서 인식되고, 평가의 대상이 되는 것이 과거 몇 번이나 있었다. 일본은 전통적인 보수주의를 배척하고, 관용을 배우며, 개성적인 정신을 평가하도록 해야 한다."

『네이처』에 영역되지 않은 책의 서평이 게재되는 것도 이례적인 일이지만, 서평의 형식을 취하면서 일본의 과학기술정책에 쓴 주문을 한 문장이 게재되는 것도 진기하다.

게놈 패배란 무엇인가?

인간의 세포핵에는 46개의 염색체가 있다. 염색체는 DNA(디옥시리보핵산)가 꼬여서 다발처럼 된 것으로, 이중나선구조인 DNA는 염기로 불리는 아데닌(A), 티민(T), 구아닌(G), 시토신(C)이라고 하는 4종류의 화학물질의 조합으로 이루어져 있다. 이 염기의 배열에 의해 유전정보가 기록되어 있다.

인간의 모든 유전정보를 파악할 수 있으면 유전성 난치병의 해명으로 이어질지도 모른다. 또는, 침팬지의 유전정보와 인간의 유전정보를 비교하여 어디가 다른가를 연구하면, 인간을 인간답게 하는 것은 무엇인가를 알게 될지도 모른다. 게놈 해독은, 생명의 수수께끼로부터 새로운 약이나 치료법의 개발까지, 모든 가능성을 내포하고 있는 연구인 것이다.

그 게놈 해독을 위한 고속자동장치 구상을 1979년 세계에서 가장 먼저 고안한 사람이 도쿄대 교수였던 와다 아키요시和田昭允 씨였다.

그럼에도 불구하고, 당시의 일본 학계와 관료들은 와다 교수의 독창성을 이해하지 못하였고, 결국 그것은 인간게놈계획이 미국 주도로 진행되는 결과를 초래했다. 인간 게놈 해독은 2003년에 종료되었다. 해석결과에 대한 공헌도는 미국 59%, 영국 31%에 대해 일본은 6%였다.

2000년 6월, 클린턴 미국 대통령은 몸소 전 세계를 향해 해독결과의 개요판 완성을 발표했다. 대통령은 "많은 병의 치료와 예방, 진단에 혁명을 가져올 것입니다"라고 자랑스럽게 선언했다. 블레어 영국 수상도 위성중계로 참가했다. 그렇지만 일본의 모리 요시로森喜朗 수상의 모습은 없었다. 게놈 패배를 상징하는 광경이었다.

왜, 와다 교수의 독창적 연구를 살릴 수 없었던 것일까?

일본학술회의 회장 구로카와 기요시黒川清 도카이대東海大 종합과학기술연구소 교수는 "와다 교수는 물리학이 전공이었다. 그래서 와다 교수가 게놈 해독의 중요성을 제창했을 때, 생물학계에서는 '왜 물리학을 하는 사람이 참견을 하는 거야' 하고 모두가 싫어했다"고 말했다.

이화학연구소의 사카키 요시유키榊佳之 게놈과학종합연구센터장은 "일본의 과학기술예산을 생각하면 6%는 결코 '패배'는 아니다"고 지적하면서 이렇게 계속했다.

"와다 선생의 아이디어를 살리지 못하고, 이길 기회를 놓친 점은 부정하지 않는다. 과학기술정책에 전략성이 없었기 때문이다."

『네이처』에 서평을 집필한 사람은 싱가포르 분자세포생물학연구소 교수 이토 요시아키伊藤嘉明씨였다.[9]

교토대 교수시절에 백혈병과 위암 발병에 관한 유전자를 발견했던 이토 교수는 2002년, 정년퇴임으로 연구가 중단되는 것을 꺼려 조교수와 조수, 대학원생 등 9명과 함께 연구실 통째로 싱가포르로

옮겼다.

싱가포르는 바이오입국을 국가목표로 내걸고 있다. 이토 교수가 적을 둔 분자세포생물학연구소는 '바이오폴리스'[10]로 명명된 연구소군의 하나로, 소장은 영국에서 초청되었다. 암 억제 유전자 발견으로 유명한 데이비드 렌 박사였다.

이토 교수는 "세계적 수준의 연구자와의 교류를 통해 지적, 문화적 자극, 특히 다른 문화로부터의 자극을 받아, 흥분으로 가득찬 생활을 즐기고 있다"고 말하면서, 일본에 대해 이렇게 주문했다.

"독창적인 사람은 가끔 조직 속에서는 이질적으로 보여 왕왕 배제된다. 이것은 조직의 중심에 있는 사람들이 자신이 없는 것을 반영하고 있는 것처럼 생각된다. 책임 있는 입장에 있는 사람들은 남들과 다른 사람을 본질적인 부분에서 평가하는 용기를 가져야 하며, 이것이 환영받는 풍조가 되어야 한다."

『네이처』의 서평 속에서 이토 교수가 가장 말하고 싶었던 것도 이 점이었다.

게놈 해독에서 패배한 일본에게 중요한 것은 향후의 대응이다. 해명된 게놈 정보를 기반으로 병을 일으키는 구조를 해명하고, 신약과 치료기술로 연결시키는 것이다. 경쟁은 이미 시작되었다.

그렇지만 도쿄대 퇴임 후 요코하마어린이과학관 관장을 역임하고 있는 와다 씨는 이렇게 지적했다.

"연구의 중점을 어디로 압축할 것인가, 전략을 다듬는 것이 매우 중요하게 된다. 그러나 일본은 지금 그 '참모본부'가 없다. 이래서는 이길 리가 없다."

패배는 반복될 것인가?

게놈 신약개발 경쟁에 이길 수 있을까?

인간게놈 해독이 끝나고, 선진 각국은 '게놈 신약개발' 경쟁 시대에 들어갔다고 말한다.

병원균을 격퇴하는 면역항체, 몸의 상태를 조정하는 호르몬, 몸속의 반응을 효율 좋게 하는 효소 등의 단백질을 체내에서 언제, 얼마만큼, 어느 정도 만들까? 이러한 지시정보는 유전자에 담겨 있다.

단백질과 유전자의 차이에 의해 인간 한 사람 한 사람의 체질 차이가 생긴다. 예를 들어, 알코올을 분해하는 효소의 능력이 약한 사람은 술에 약하다. 유전자의 변이를 원래대로 되돌리는 움직임이 약한 사람은 암에 걸리기 쉽다.

인간게놈은 약 30억 개의 염기대가 있는데, 이 중 유전자에 관련되는 부분은 약 2만 수천 개소에 달한다. 유전자 부분의 게놈을 기반으로, 단백질이 체내에서 구체적으로 어떠한 역할을 수행하고 있는가를 밝혀낸다. 그러면 효율적으로 신약을 개발한다든지 한 사람 한 사람의 체질에 맞는 약을 조합하는 것이 가능하게 된다. 이것이 게놈 신약개발의 개념이다.

해독된 게놈 자체는 특허의 대상으로 하지 않기로 하였다. 그렇지만 게놈을 참고로 해서 개발한 신약은 특허의 대상이 된다. 선진 각국이 민관의 힘을 합쳐 연구를 서두르는 것도 "의료에 혁신을 가져올 분야에서 특허를 먼저 따놓을 수 있다면, 산업에 미치는 파급효과는 절대적"(정부 관계자)이기 때문이다.

2003년에 맹위를 떨친 신형폐렴(중증급성호흡기증후군=SARS). 그 치료약으로 연결되는 화합물을 2003년 9월에 이화학연구소 게놈과학종합센터(요코하마시)가 발견한 것도 게놈 신약개발 수법을 활용한 것이었다.

SARS 바이러스의 게놈은 해외 연구 그룹이 해독을 추진하여 5개월 전인 2003년 4월에 끝냈었다. 그 정보를 바탕으로, 바이러스 증식에 불가결한 단백질의 활동을 방해하는 화합물(약)을 찾을 수 있다면, 바이러스는 증식할 수 없게 되어 곧 사멸한다. 요코야마 시게유키橫山茂之 프로젝트 디렉터 등은 그렇게 생각했다.

화합물 구조에 관한 대학·연구기관의 데이터베이스를 검색해서, 이 단백질에 결합하기 쉬울 것 같은 화합물을 가려냈다. 그런 후에, 컴퓨터를 사용해서 단백질과 화합물의 결합을 구체적으로 시뮬레이션하여, 후보를 약 130종류로 압축했다. 원숭이의 배양세포를 사용하여 실험했더니 그 중 하나가 실제로 SARS 바이러스의 증식을 억제했기 때문에, 발견 1년 후인 2004년 9월에 정식으로 발표했다.

불과 5개월 만에 치료약으로 이어지는 화합물을 발견할 수 있었던 배경에는, 체질을 해명하기 위한 게놈의 개인차에 관한 해독과, 단백질을 인공적으로 대량 생산하는 기술 등에서 일본이 세계를 주도하고 있는 점을 들 수 있다.

요코야마 씨는 이렇게 말했다.

"의약 세계에서는, 닥치는 대로 약의 후보가 되는 것을 찾는 전래의 방법에서 벗어나, 해독된 게놈을 바탕으로 약이 될 화합물을, 대상을 압축해서 추려내는 게놈 신약개발 수법이 주류가 될 것이다. 일본은 단백질 해석에서 국제적으로 우위에 있다. 국가정책으로 그 강점을 게놈 신약개발로 연결시켜야 한다."

그러나 연구자들의 노력과는 달리 약점도 눈에 띈다. 그 대표적인 것이 데이터베이스이다.

"게놈 관련 데이터베이스가 일본은 제각각이다. 사용하기가 나쁘다"라고 일본제약공업협회의 나카니시 노리유키中西憲之 연구개발전문 부위원장은 지적한다.

왜 데이터베이스가 중요한 것일까?

나카니시 부위원장은 "아무리 고속으로 달리는 자동차를 만들어도 고속도로를 정비하지 않으면 어찌할 도리가 없다. 데이터베이스는 게놈을 빨리 신약개발로 연결시키기 위한 인프라 정비에 해당된다"고 설명했다.

데이터베이스가 편리한 것은 검색기능이다. 세계에서 가장 이용자 수가 많다는 미국 국립바이오테크놀로지정보센터(NCBI)의 데이터뱅크는, DNA의 염기배열과 단백질의 정보, 나아가서는 의학·생물학 잡지의 논문까지 망라하고 있다.

한편, 일본 국내의 데이터베이스는 여러 갈래로 나누어져 있다.

문부과학성 소관 국립유전학연구소는 일본DNA데이터뱅크(DDBJ), 경제산업성 등 4성이 공동관리하는 바이오산업정보화컨소시엄은 에이치 인비테이셔널 데이터베이스(H-InvDB), 문부과학성 소관 과학기술진흥기구는 인간게놈정보 통합데이터베이스(HOWDY)를 제각각 운영하고 있다.

이 외에도, DNA뱅크(농업생물자원연구소), 게놈 메디신 데이터베이스 오브 재팬(국립암센터), 제이 스니프 데이터베이스(도쿄대 인간게놈해석센터, 과학기술진흥기구), 시스템 바이올로지 앤드 메디신 데이터베이스(도쿄대 시스템생물의학 래버러토리), 게놈네트(교토대 화학연구소) 등이 있다.

바로 난립상태다.

더구나 구미의 데이터베이스와 정보를 공유하고 있고, 일본의 기간적 데이터베이스로 지정되어 있는 DDBJ의 경우, 검색전문 엔지니어가 불과 한 사람 체제로 운영되고 있었다. 2001년에 도입한 슈퍼컴퓨터도 계속 사용한 결과, 2005년에는 용량이 한계에 도달했다. "검색 대기시간이 아무래도 길어지므로, NCBI에서 조사한 다음에 일본어를 아는 DDBJ에 문의하러 오는 기업조차 있다"고 DDBJ의 고죠 호리타카五條堀孝 연구센터장은 밝혔다.

그러나 해외 데이터베이스를 의존하는 것은 위험하다.

나카니시 부위원장은 "일본 제약기업이나 연구자가 어떤 단어를 검색하고 있는가에 미국의 NCBI가 주의를 기울이면, 일본으로서는 극히 감추어두고 싶은 신약개발의 타겟을 미국에 들키고 만다. 지금은 무료로 이용할 수 있지만, 갑자기 유료화로 바뀔 가능성도 버릴 수 없다"고 말했다.

데이터베이스의 통합이 늦어지고 있는 것은 "중앙성청 간에 어느 데이터베이스를 기간으로 할 것인가에 대해 이야기가 진척되지 않는 것이 최대의 이유"(정부 관계자)라고 한다.

이대로는 국제경쟁력을 떨어뜨릴 뿐이라는 위기감에서 국립유전연구소, 국립암센터 등의 대표가 2005년 12월 모여, 통합을 위한 시스템 설계를 3년에 걸쳐 추진할 것을 결정했다. 문부과학성과 농림수산성은 각 성내 연구기관과 대학의 데이터베이스를 2006년도부터 5년간에 걸쳐 통합할 계획이다. 통합을 향해 드디어 무거운 몸을 일으켰다고 할 것이다.

성청의 벽은 데이터베이스 통합 이외에도 있다.

정부는 2002년도부터 5년간에 걸쳐서 3,000종류의 단백질 형태와 기능 해석을 목표로 하는 '단백3000프로젝트'[11]를 추진하고 있다. 단백질의 기본구조는 약 1만 종류라고 하므로, 그 3분의 1의 구조를 특정하면, 신약개발 등에 활용할 수 있는 정보가 비약적으로 증대할 것으로 기대되고 있다. 이화학연구소를 비롯하여, 각 대학·연구기관의 그룹이 분담해서 해석에 도전하고 있는데, 이 프로젝트를 진행하고 있는 것은 문부과학성이다.

이에 대해, 실제로 개발된 의약품을 인가하는 곳은 후생노동성이고, 산업진흥의 관점에서 제약업계를 지원하고 있는 것은 경제산업성이다. 연구자 측에는 "문부과학, 후생노동, 경제산업 3개 부처는은 연구분야의 중복을 피한다든지, 연구성과를 공유한다든지 하는 제휴가 불충분하다"고 하는 불만이 강하다.

게놈 패배의 전철을 밟지 않기 위해서는 어떻게 하면 좋을까? 요코야마 씨는 이렇게 역설했다.

"각 성청 연계체제를 만들 수 있다면 일본이 단백질 해석에서 세계적으로 우위에 있는 것을 살릴 수 있게 된다. 이것이야말로 국가전략으로 추진해야 할 것이다."

추월당한 분자이미징

양전자방사단층촬영(PET ; Positron Emission Tomography)에 의한 암진단이 한때 붐이었다.

원리는 이렇다.

암세포에는 당분을 다량으로 소비하는 특성이 있다. 그래서 양전자를 방출하는 당물질을 환자에게 투여하면 암세포에 모이기 때문에 PET 모니터에서는 암세포가 빛나 보인다. 5㎜ 정도의 암도 발견할 수 있는 획기적인 장치다.

투여하는 물질을 분자 프로브(probe)라고 부르는데, 이것과 PET를 조합하여 응용하면 살아 있는 인간의 체내에서 생기는 다양한 반응을 화상화할 수 있다. 이 기술을 분자이미징(Molecular

Imaging)이라고 한다.

방사선의학종합연구소(지바시) 스하라 데츠야須原哲也 특별상석 연구원은 "뇌 안의 이상상태를 가시화할 수 있는 분자이미징은 정신질환 해명에 매우 유효하다"고 말했다.

방사선의학종합연구소는 2004년, PET를 이용하여 항우울제를 본떠 만든 분자 프로브가 환자의 뇌에 도달하는 양을 관찰하고, 항우울제의 최적 복용량을 설정하는 데 성공했다.

"현재는 환자의 반응을 보아가면서 적정량을 찾지 않을 수 없다. 분자이미징을 활용하면, 아침 저녁 2회 복용하라고 한 것이 1일 1회로 충분하다든지, 거꾸로 아침 낮 저녁 3회 복용하지 않으면 효과가 없다고 하는 것을 눈으로 직접 확인할 수 있다. 신약개발 프로세스의 구조개혁으로 이어지는 기술이다"라고 스하라 연구원은 강조했다.

분자이미징 분야에서 크게 앞서가고 있는 것이 미국이다.

2003년 10월, 노요리 료지野依良治 이화학연구소 이사장은 그 뉴스를 듣고 미국 기업의 전략적 움직임에 위협을 느꼈다.

PET 제조에서 세계 최대인 GE(제너럴 일렉트릭)사가 분자 프로브 개발에 몰두하고 있던 아머샴사(Armersham Biosciences, 영국) 매수를 발표했던 것이다.

GE사는 하드(PET) 부문뿐만 아니라 소프트(분자 프로브) 부문도 독점하여 분자이미징으로 제약산업의 패권을 확립하려고 하고 있다—. 노요리 이사장의 눈에는 그렇게 비쳤다.

노요리 이사장의 요청으로 2004년 3월 이화학연구소와 방사선의학종합연구소를 사무국으로 분자이미징 연구검토회가 설치되었다. 검토회는 6월에 보고서를 작성, 분자이미징 연구를 국가프로젝트로 지정해주도록 제안하는 한편, 양 연구소를 거점으로 연구·개발에 매진할 방침을 밝혔다.

보고서는 나아가 이렇게 경고하고 있다.

"이 연구에 뒤처진 나라는 병 진단법의 개발, 의약품 개발 경쟁에 이길 수 없게 되는 결과, 이 분야의 선진국으로부터 진단기술과 의약품을 장기에 걸쳐서 수입하게 되어, 당해 분야의 산업은 괴멸적인 타격을 받을 우려가 있다."

그렇지만 핵심인 산업계의 반응은 "없는 거나 다름없는"(노요리 이사장) 상태였다.

스하라 연구원도 2003년 11월 이런 경험을 했다.

제약기업을 대상으로 PET를 활용한 신약개발 가능성에 대해 강연했을 때, 외국계 기업으로부터 "우리 신약을 PET로 평가할 수 있는가?"하는 질문이 이어졌다.

이에 대해, 일본 기업의 질문은 "후생노동성은 뭐라고 말하는가?", "규제는 어떻게 되는가?" 하는 것이 대부분이었다.

스하라 연구원은 "일본 기업에 공동연구를 해보자고 제안해도, 후생노동성이 뭐라고 하는가 들어보지 않으면, 하는 식으로 공무원 이상으로 공무원 같은 반응이었다"고 밝혔다.

감도가 둔한 것은 기업만이 아니다.

미국의 의학, 생명과학 연구의 사령탑으로 불리는 국립위생연구소(NIH)가 국립생체이미징·생체공학연구소(NIBIB) 설립을 결정한 것은 2000년의 일이었다. 2003년 9월에 공표된 NIH의 향후 연구지침에는 첫 머리에 분자이미징이 명기되어 있었다.

그럼에도 불구하고 NIH의 동향은 분자이미징 연구검토회에서 조사할 때 까지 정부 내에서도 확실히 파악하고 있지 않았다.

"관청의 담당자는 전문가가 아닌 데다가, 2년 정도면 인사이동이 있기 때문에, 우선 내년도에 어떻게 할 것인가에 관심이 집중되고 만다. 과학기술은 5년 후, 10년 후에 어떻게 될까 하는 예상을 하는 것이 중요한데, 5년 후에는 관청의 담당자는 전부 다른 사람이다"라고 스하라 연구원은 한탄했다.

검토회의 제안을 받고 문부과학성은 2005년도 예산 개산요구에서 분자이미징 연구비로 30억 엔을 요구했다. 그러나 재무성의 까다로운 사정을 앞두고, 실제로 예산에 포함된 것은 11억 5천만 엔. 문부과학성은 연구거점 수와 내용을 재검토해야 했다.

노요리 이사장은 "우리들 일부 연구자가 '이대로는 매우 어려워진다'고 말하고 있을 뿐, 산업계도 정치가도 관료도 아직 먼 미래의 일이라고 생각하고 있다"고 지적하면서 이렇게 분개했다.

"본래는 그들이 20년 앞의 사회와 국익을 생각하고, 그렇게 하기 위해 학술 분야에서는 이러한 것을 해주었으면 한다 하고, 우리들에게 던져주어야만 하는 것이다."

기상관측 '공백'의 위기

"될 수 있는 한 빨리, 확실히, 발사해주는 것이 매우 중대합니다."

우주항공연구개발기구(JAXA) 다네가시마種子島우주센터의 나가토모 마사노리長友正徳 소장은 나가사카 고이치長坂昂一 기상청장으로부터 몇 번이나 정중한 인사를 받았다. 나가토모 소장은 "전력을 다하겠습니다"하고 되풀이했다. 2004년 12월 17일의 일이었다.

가고시마현鹿児島県 다네가시마 동남단에 있는 다네가시마 우주센터는 평소에는 한가한 관광지다. 그러나 기상청장 일행이 방문했을 때는 긴장된 공기에 싸여 있었다. 기상관측을 주목적으로 한 운수 다목적 위성을 실은 국산 대형 로켓 H2A 7호기의 발사를 2개월 앞두고 센터 직원이 점검 작업에 쫓기고 있었기 때문이었다.

일본의 기상관측은 H2A의 전신인 H2 로켓 발사가 1999년에 실패하여 1977년 이래 운용해 온 '히마와리'의 후계 위성을 잃었다.

겨우겨우 사용해 온 히마와리5호가 노후화되어, 2003년 5월부터는 미국 기상위성의 예비기를 빌려서 견뎌 왔다. 그런데 예비기도 내구연한을 넘겨 언제 수명이 다해도 이상하지 않은 상태였다.

기상관측에 '공백'이 생겼을 경우의 영향은 일본 한 나라에 그치지 않는다.

세계기상기구(WMO)의 요청에 따라 일본, 미국, 유럽, 러시아 등은 지구를 둘러싸듯이 기상위성을 발사하여, 전 세계의 기상상황을 실시간으로 관측하고 있다. 일본이 담당하는 것은 서태평양, 동남아시아, 호주 지역. 기상청은 "혹시 이번에도 실패하면, 일본은 국제적 책무를 수행하지 못하는 사태에 빠지기 쉽다"며 매우 걱정하고 있었다.

"어떻게 하든 성공시키지 않으면 안 된다."

나가토모 소장이 발사 성공에 비장한 결의로 임한 것은, 거기에다 정보수집위성 시스템의 문제도 있었기 때문이다.

일본의 정보수집위성은, 1998년에 있은 북한의 탄도미사일 '대포동' 발사를 계기로 북한 군사시설 감시를 주목적으로 개발되었다. 지상을 상세하게 컬러로 촬영할 수 있는 광학위성과, 구름에 가려진 장소나 야간에도 관측할 수 있는 레이더위성으로 이루어져, 지구 상공 400~600㎞를 하루에 약 15차례 선회한다. 2003년 3월에 2기의 발사에 성공하고, 남은 2기가 발사되면 합계 4기 체제가 완비되는 셈이었다. 그런데 5회 연속으로 발사에 성공해 온 H2A의 6호기가 2003년 11월 발사에 실패하여, 6호기에 탑재되어 있던 후속 2기는 물고기밥이 되고 말았다. 이 때문에 안전보장에 불가결한 '감시의 눈'이 기상상태에 따라 목표지점을 꼬박 하루 동안 촬영하지 못하는 일도 있는 등 충분히 기능하지 않는 상태가 어쩔 수 없이 발생하게 되었던 것이다.

좋지 않은 일은 겹쳐 일어난다고 하지만, 이것과 서로 전후해서 JAXA가 개발한 환경관측기술위성 '미도리2호'가 기능정지에 빠지고, 이어서 화성탐사기 '노조미'는 화성선회궤도 진입에 실패했다. 한편으로 6호기 발사 실패 1개월 전에는 중국이 유인우주비행에 성공했다.[12]

우주개발 분야에서 중국에 추월당한 감마저 드는 가운데, 나가토모 소장 등 JAXA 관계자에게 있어서 7호기의 발사는 결코 실패가 허용되지 않는 것이었다.

2005년 2월 26일 오후 6시 25분, 관계자의 기대와 불안을 한 몸에 받은 H2A 7호기가 다네가시마 우주센터로부터 발사되었다.[13] 40분 후에 위성을 분리하고 예정궤도 진입에 성공했다. '히마와리 6호'로 명명된 위성은 2005년 6월부터 기상관측을 개시했다. 기상관측 '공백'의 위기는 사라졌다.[14]

그래도 일본은 구소련, 미국, 프랑스에 이어 세계에서 4번째로 인공위성 발사에 성공한 우주선진국이었던 것이다.

왜, 중국에 추월당한 인상을 국내외에 품게 할 정도로 일본의 우주개발은 벼랑 끝에 이른 것일까?

H2A 6호기가 발사에 실패한 이유를 찾아보면 이 나라 우주개발의 왜곡된 면이 떠오른다.

발사 실패의 직접적인 원인은, 대형 보조 로켓의 연소가스가 분사구의 벽에 구멍을 뚫어, 본체로부터 보조 로켓을 분리하기 위한 도화선을 절단했기 때문이라는 것이 우주개발위원회의 결론이다.

보조 로켓은 1998년부터 2000년 사이에 5회의 연소실험을 했다. 그 중 2회에서 6호기 실패 시와 같은 현상인 분사구의 내벽을 예상 이상으로 깎아내는 이상이 발생했다. 더구나 그 가운데 1회는 최종 시험인 5회째였다.

"5회째 시험이 실패했는데, 왜 6회째 시험을 하지 않았는가?"

2004년 11월, 다나하시 야스후미棚橋泰文과학기술정책담당 장관은 발사실패를 설명하러 찾아온 사카타 도이치坂田東一연구개발국장에게 문득 되물었다.

엔도 마모루遠藤守 JAXA 사업추진부장은 "5회째의 이상을 계기로 내벽을 두텁게 하는 등의 대책을 강구했다. 그렇게 하면 만일의 사태가 일어나도 괜찮을 것이라고 판단했다"고 회고하면서, "결과적으로 그것이 안이했다"고 말을 이었다.

그렇지만 그것만이 아니다. 2004년 5월, 야마노우치 슈이치로山之內秀一郞 JAXA 이사장은 우주개발위원회에서 "현실적으로 돈과 시간의 제약이 있어서 움직일 수 없었던 점이 있다. 현장의 비명悲鳴으로서 전하고 싶다"고 말했다.

'시간'의 제약이란 무엇인가?

H2A의 전신 H2의 발사가 1999년 11월에 실패했다. 후계 H2A 1호기에 의한 발사 재개가 늦어지면, 그만큼 일본 로켓에 대한 국제적인 신뢰가 저하된다. 1호기를 발사한 2001년 8월 당시는 "우주사업에 일각이라도 빨리 복귀하지 않으면 안 된다는 것이 정계, 관계를 포함하여 당시의 공통된 인식으로, 연소실험에 시간을 더 소모하는 것이 허용되지 않는 분위기였다"(문부과학성 간부)고 한다.

'돈'의 제약은, 미국 기상위성의 예비기를 빌린다는 기상관측의 안타까운 현상에 나타나 있다. 기상청 관계자는 "일본 자신의 예비기를 갖고 싶지만 기상청 예산만으로는 불가능하다"고 말한다.

위성을 많이 가질 만큼의 예산이 없다면 1기를 다기능으로 개발하면 된다. 이 발상으로 일본의 위성은 다기능형으로 개발되는 것이 많다. 그렇지만 뒤집어 생각하면, 그로 인한 복잡한 설계 때문에 고장이 생기기 쉽다. 1997년에 환경관측기술위성 '미도리'가 고장이 나서 운용정지에 이르게 된 것도 다기능형에 대한 집착이 불러온 것이었다.

미국의 슈퍼301조(불공정 무역국·관행의 인정과 제재조항)의 영향을 지적하는 목소리도 있다.

1990년의 미·일 합의로 연구개발 목적 이외의 위성은 시장을 개방하게 되었다. 일본 정부는 정부 발주 위성에는 기술개발 요소를 가미하여 국제입찰을 면제하도록 했다. 그러나 "기술개발이라고 하는 명목으로 위성을 하나에서부터 고쳐 만들기 때문에, 아무래도 불안정안 부분이 생기기 쉽게 되었다."(경제산업성 관계자)

여러 가지 제약이 맞물려서 일본의 우주개발은 부負의 악순환에 빠져 있었던 것이다.

흔들리는 국가의 의지

경제산업성 우주산업화 작업반은 2005년 9월, 우주개발을 '장래성 있는 산업분야'로 지정, 상업위성 발사 서비스에 대해서도 적극적으로 추진해야만 한다고 제언하는 보고서를 작성했다.

우주개발의 산업화에는 로켓의 신뢰성 향상 등 넘지 않으면 안 될 장벽이 많이 있는데, 로켓 발사장인 다네가시마 우주센터의 정비도 그 하나이다.

보고서는 우주센터의 문제점을 몇 개나 지적하고 있다.

첫 번째로, 어업 보호를 위해 발사시기가 연간 최대 190일로 제한되어 있는 것이다. 만일 상업위성을 2월말까지 발사하기로 계약한 경우, 악천후로 2월 중의 발사를 뒤로 연기하면, 3월 이후는 조업기에 들어가고 말아, 다음에 발사가 가능한 것은 6월 26일 이후가 된다. "이러한 지연은 배상금 대상이 될 염려도 있다. 위성 수송 서비스의 국제경쟁력을 확보하기 위해 발사기간의 완화가 불가결하다"고 보고서는 기록하고 있다.

두 번째로 활주로 문제다. 인공위성을 실은 대형수송기가 이착륙하는 데에는 2,500미터는 필요하다고 하는데, 다네가시마공항의 활주로는 1,500미터. 위성은 가고시마공항까지 수송기로 운반된 후, 다네가시마까지 배에 옮겨 실어 운반된다. 초정밀기기가 집적된 위성의 운반을 이렇게 해서는 외국 고객을 획득하는 데 있어서 커다란 약점을 안게 되는 것이다.

이 보고서가 작성된 당시, 다네가시마에서는 2006년 3월 개항을 목표로 신다네가시마공항을 한창 건설하고 있는 중이었다. 신공항 활주로도 2,000미터로 대형수송기가 이착륙할 수 없다.

문부과학성과 경제산업성은 2002년 활주로 추가연장을 국토교통성에 요청한 적이 있다. 이에 대해, 국토교통성 측의 답변은 "우주개발사업단(현 JAXA)과 산업계에서 부담금을 낸다면 생각해도 좋다"는 것이었다. 문부과학성 관계자는 "아무래도 산업계가 부담해줄 것이라고 생각할 수 없어, 재무성에 예산 요구하는 전 단계에서 포기했다"고 말한다.

신공항에서 우주센터로 위성을 운반하는 최단 경로에는 터널이 있다. 그런데 이것도 천정이 낮아 위성을 실은 차량이 통과할 수 없다. 가령 신공항의 활주로가 연장되어도 터널을 재정비하지 않는 한 위성을 공항에서 우주센터로 운반하는 길은 멀리 돌아가지 않을 수 없다.

뭔지 뒤죽박죽인 이야기이다.

애초, 상업위성 발사 서비스에 본격 참여하기로 한 정부의 자세 자체가 흔들리고 있다.

예를 들어, 일본 최초의 민간주도에 의한 중형 로켓 GX문제이다. 개발비 약 450억 엔은 민간, 문부과학성, 경제산업성에서 약 3분의 1씩 부담하여, H2A와는 별개의 로켓을 개발하려고 하는 구상에서 시작했다. 그런데 H2A의 발사 실패를 계기로, 정부의 자세는 "GX는 H2A에 문제가 생겼을 때의 보조용으로 생각하고 있다"(문부과학성 관계자)는 것으로 바뀌고 말았다.

또 있다.

일본은 2000년, 키리바시공화국과 약 22억 엔을 투자하여 주변정비를 해주는 대신에 비행장을 차용하는 협정을 체결했다. 일본판 스페이스 셔틀로 불리는 HOPE-X의 착륙장으로 사용하기 위해서였다. 지구와 우주를 왕복하는 무인 유익기 HOPE의 시험기 HOPE-X는 우주정거장으로 가는 실험자재와 기재의 보급·회수 수단 등을 목적으로 계획되었다. 그러나 예산 삭감 여파로 HOPE-X계획[15)]은 실제 기체 제작에 들어가기 전에 동결되어, 키리바시와의 비행장 차용협정도 2004년에 종료되게 되었다.

"키리바시의 비행장에는 중국이 관심을 보이고 있다. 연간 2,800만 엔의 유지정비비 부담이 어려워서 손을 떼고 말다니, 아깝다"고

히에다 히로오 미래공학연구소 이사는 말한다.

일본은 우주개발에서 무엇을, 어떻게 하고 싶은 것일까?

중요한 국가의 의사가 보이지 않는다.

일본의 우주개발이 벼랑에 몰린 진짜 원인은 거기에 있다.

그림자 드리운 군사 알레르기

2002년 1월의 일이다. "이거 이상한데"하고 오카모토 유키오岡本行夫 내각관방[16] 고문은 고개를 갸웃거렸다.

문부과학성에 설치된 대인지뢰 탐지·제거기술에 관한 연구회의 첫 회의. 회의 구성원의 신상을 살펴보니, 주최자인 문부과학성 외에는 외무성과 경제산업성 관료뿐이었다.

아프가니스탄 부흥지원대책의 일환으로서, 대인지뢰 탐지·제거 로봇 등 일본이 협력할 수 있는 기술을 뽑아내는 것이 연구회의 목적이었다. 지뢰 '전문가'는 방위청·자위대이다. 제거기술에도 종사하고 있다. 그 방위청이 왜 들어있지 않는 것일까?

"꼭, 다음 회의부터는 방위청[17]도 연구회에 불러주길 바란다."

오카모토 고문의 강한 요청으로 다음 번 회의부터 방위청도 참가하게 되었다.

이 광경은 군사분야와 한 선을 긋는 일본 과학기술행정의 특이한 실태를 여실히 보여주고 있다.

그 대표적인 것이 우주분야이다.

2003년 3월 발사된 정보수집위성은 일본을 사정권에 넣은 탄도미사일 '노동'을 배치한 북한의 동향을 감시하는 것이 주목적이다. 그런데 위성의 해상도는 민간의 관측위성 수준으로 제한되었다.

배경에는 우주의 평화이용에 관한 국회결의가 있다.

1969년 5월 중의원 본회의에서 채택된 것으로, 우주의 개발·이용은 "평화 목적에 한하여, 학술의 진보, 국민생활의 향상 및 인류사회의 복지를 도모하고, 이와 함께 산업기술의 발전에 기여하는 한편, 나아가 국제협력에 이바지하기 위해, 이를 행한다"라는 내용이다.

이 국회 결의에 반하지 않도록, 자위대에 의한 위성 이용은 1985년 2월 채택된 정부견해에서, "이용이 일반화되어 있는 위성은, 자위대에 의한 이용이 인정 된다"는 즉, 민간분야에서 일반화되어 있는 것을 조건으로 했다. '일반화' 원칙이라고 불리고 있다.

정보수집위성의 성능을 민간위성 수준으로 한 것은 "국회결의와 일반화 원칙을 의식하여, 군사적 색채를 없애려는 의도가 있었다"(정부관계자)고 한다.

결의의 영향은 2009년도 발사 예정인 준천정위성시스템에서도 엿볼 수 있다.

이 시스템은 일본 열도 거의 바로 위를 통과하는 위성을 위치측정과 통신에 이용하고자 하는 민관공동의 구상으로, 위성 3기를 쏘아올려 일본 상공을 항상 1기가 통과하도록 한다는 것이다(그 후, 우선 1기로 실증실험을 추진하는 계획으로 변경).

계획대로 미국 위성의 GPS(위성항법시스템)와 조합시키면 지상에 있는 사람은 자기의 위치를 보다 정확하게 파악할 수 있게 된다. 적도상에 있는 정지위성과 달리 빌딩이나 산맥에 방해받지 않는 통신이 가능하게 된다.

정부 내에서는 자동차 내비게이션과 GPS 대응 휴대전화 등 이용자 관점에서 국토교통성과 총무성도 연구개발에 참가하고 있다. 그런데 방위청은 연구개발에 참가하고 있지 않고, 당초 설치된 준천정위성시스템에 관한 관계성청연락회의(내각부와 8개성으로 구성)에도 옵서버 참가에 머물렀다.

미국에서는 적국이나 테러 조직이 GPS신호 방해에 의한 교통망 파괴 등을 노릴 가능성이 있다고 하여 군사면의 방어책 연구가 활발히 이루어지고 있다.

아오키 세츠코青木節子게이오대慶応大 교수(우주법)는 이렇게 지적했다.

"유엔에 우주공간평화이용위원회가 설치된 이래, 우주의 평화이용은 국제적 관습으로 확립되어 있다. 그렇지만 여기에서 말하는 '우주의 평화이용'은 '비침략적'이라는 의미로, 일본처럼 '비군사'로는 해석되고 있지 않다. 일본도 국제표준에 맞추어 선진기술을 국가의 안전보장에 연결시키도록 해야 한다."

일본의 과학기술정책이 군사와 한 선을 그어 온 것은 태평양전쟁 전의 군국주의에 대한 반성에서 생겨난 과도한 군사 알레르기가 그림자를 드리우고 있기 때문이다.

그렇지만 군사와 민생을 명확하게 구별하는 것은 기술적으로 불가능하다. 그것은 인터넷이나 GPS의 역사를 돌아보면 알 수 있다.

인테넷의 전신인 ARPANET(알파넷)은 군사공격을 받아도 피해를 막을 수 있는 분산형 컴퓨터 네트워크 연구를 목적으로 개발되었다. 미 국방부가 1969년부터 운용을 개시하여 1990년에 상업적 이용이 가능하게 되었다.

GPS는 항공기나 선박의 위치를 정확하게 파악하는 방법으로서, 국방부가 1973년에 개발 결정을 하여 1989년에 실용위성 발사를 개시했다. 1991년 걸프전쟁에서 GPS 유도무기가 전천후로 활약한 것은 기억에 새롭다. 미국은 1993년에 GPS를 민간에 개방했다. 당초는 안정보장상의 이유에서 정밀도를 낮추는 형태의 개방이었지만, 2000년부터는 정밀도 저하기능도 해제. 그에 따라 정밀도가 최대 10배나 향상되어 자동차 내비게이션의 보급으로 이어졌다.

2001년 9월에는 미국에서 동시 테러와 함께 탄저균을 사용한 테러가 일어났다. 향후, 첨단과학기술을 악용한 바이오 테러나 사이버 테러에 대한 대비가 한층 더 중요하게 될 것이다. 일본의 과학기술정책이 비군사적인 것에 집착하여, 과연 국민의 안전을 지킬 수 있을 것인가?

이러한 문제의식이 확산되어 왔기 때문일 것이다. 일본에서도 점점 과학기술과 군사분야와의 관계를 재검토하려는 움직임이 나타나고 있다.

자민당 우주개발특별위원회는 2006년 2월, 우주개발정책의 재검토에 착수하여 4월에 중간보고를 했다. 주안점의 하나는, 우주의 평화이용원칙을 국제표준에 맞추는 것으로, 방위목적의 군사이용을 인정하는 우주기본법(가칭) 제정 방침을 표명했다.[18)]

중간보고에는 제언만이 아니라 지금까지의 정치권의 조치에 대한 반성도 명기되었다.

"지금까지 다년에 걸쳐 우주개발체제에 대한 근본적인 구조개혁을 방치한 정치권의 부작위 책임이 크다."

일본에 요청되는 것은 과학기술정책에 있어서의 좁은 반군사적 발상으로부터의 탈피다.

국정에 필요한 과학적 식견

우주개발과 바이오테크놀로지 등 많은 첨단과학기술 분야에서 일본은 국제경쟁에 패배하기 쉬운 심각한 상황에 처해 있다. 이것을 극복하기 위해서는 어떻게 하면 좋을까?

전문가가 한결같이 지적하는 것은 과학자의 의견이 신속하고 적절하게 국가 정책에 반영되는 구조를 구축하지 않으면 안 된다는 것이다.

내각부에는 종합과학기술회의가 있어, 아베 히로유키阿部博之 도호쿠대東北大 명예교수 등 학계 출신 의원이 수상에 대한 자문역할을 할 것으로 기대되고 있다. 한편, 과학자들로 만들어진 아카데미(학술단체)로서는 일본학술회의가 있다. 양자는 정부에 안팎으로 과학기술정책에 대한 전문적 식견을 제공하는 것을 임무로 하고 있다. 이른바 자동차의 두 바퀴와 같다.

그렇지만 둘 다 많은 문제를 안고 있다.

우선 일본학술회의이다.

2004년 말 발생한 인도양 쓰나미 때, 학술회의는 과학기술의 관점에서 대책을 망라한 성명을 내려고 했다.

그러나 제언을 내기 위해 운영심의회를 열고 싶어도 심의회는 한 달에 한 번밖에 개최되지 않는다는 것이다. 결국 성명 이야기는 유야무야되었다.

학술회의 부회장인 물질·재료연구기구의 기시 데루오岸輝雄이사장은 탄식했다.

"정책의 제언은 내용도 중요하지만 시기가 적절하지 않으면 안 된다. 현재 실태는 90년의 역사를 가진 NRC 같지는 않다."

NRC란 미국 연구평의회의 약칭이다. 연간 200건 가까운 정책 제언을 하고 있다. 2001년 9월 발생한 미국 동시 테러 당시에는, 9개월 후인 2002년 6월에 테러대책에 대한 연구개발을 추진할 '전략적인 안전보장기관의 설립'을 제언했다. 이것이 2003년 1월의 국토안전부 설립과 그 하부조직인 국토안전보장고등연구계획국 설치로 이어졌다.

그에 비해 학술회의가 정부에 제출하는 답신·요망은 연간 1~2건 정도다. 상아탑이라고 야유 받는 대학의 폐쇄적 체질과 왜곡된 반권력 의식, 가스미가세키霞ケ関[19] 이상으로 횡적 연계가 희박한 각 학회의 자세 등이 제언하는 능력을 떨어뜨리는 원인이 되고 있다.

사무국의 체제에도 문제가 있다.

자민당의 가토 고이치加藤紘一전 간사장이 2004년 여름 도쿄 롯폰기六本木에 있는 일본학술회의 사무국을 방문했을 때의 일이다. 사무국 직원에게 "전에는 무슨 일을 했는가?" 하고 묻자, "(구 총리부) 상훈국에서 서훈업무를 했습니다"라는 대답이었다.

학술회의의 소관은 전에는 구 총리부였다. 이 영향으로 약 60명 되는 사무국 직원의 대부분은 구 총리부와 중앙성청 재편으로 구 총리부의 업무를 인계받은 총무성 출신자다.

"미국에서 아카데미의 존재가 큰 것은 학자들의 사회에 대한 책임의식과 함께 보고서를 작성하는 전문 집필가(staff writer)가 충실히 갖추어져 있기 때문이다. 전력이 서훈담당이라면, 과학기술에 관한 제언을 쓰라고 해도 무리일 것이다."

가토 전 간사장의 소감이다.

한편, 종합과학기술회의가 안고 있는 문제도 심각하다.

관계자 사이에서 「자기비판의 서」로 불리고 있는 보고서가 있다.

정식명칭은 「과학기술정책의 논점」. 2004년 5월, 경제산업성 출신의 기무라 마사아키木村雅昭 내각부 참사관 등이 공표했다.

정부의 제2기 과학기술기본계획(2001~2005년도)은 생명과학, IT, 환경, 나노테크·재료 4분야를 중점분야로 지정했다. 계획기간 도중에 진척상황을 분석한 것이 이 보고서다.

종합과학기술회의 담당이었던 기무라 참사관 등은 성청별로 과학기술관계 예산을 조사했다.

의료를 소관하는 후생노동성과 IT를 소관하는 총무성 관계 예산이 틀림없이 비약적으로 늘었을 것으로 예측하고 조사에 임했는데 깨끗이 어긋나 버렸다. 매년도 각 성청 예산의 비율은 마치 공공사업비처럼 보기 좋을 정도로 고정되어 있었던 것이다. 이래서는 무엇을 위해 중점분야를 지정하였는지 알 수 없다.

경직적 예산배분은 이러저러한 폐해를 낳고 있다.

예를 들면, 남극관측선 '시라세'이다. 노후화가 진전되어 2008년 봄에 퇴역하는 것으로 결정되어 있다. 문부과학성은 후계 선박을 4년에 걸쳐 건조하기 위해 2005년도 예산의 개산요구에서 약 52억 엔을 요구했다.

그런데 재무성 원안에는 약 10억 엔밖에 포함되어 있지 않았다. 재무성은 "증액하고 싶으면 문부과학성 안에서 재원을 마련하기 바란다"고 주장한다. 결국, 부활을 위한 절충 결과 약 35억 엔이 반영되었지만, 건조기간은 1년 연장해서 후계선 완성은 2009년도로 늘어지게 되었다.

문부과학성은 관측활동에 지장이 없도록 공백기간에는 관측대원을 비행기로 수송하든가, 시라세의 마지막 항해 때 다음 연도분의 관측기재를 운반하는 것을 검토하고 있다.

재무성의 이러한 자세는 가스미가세키 용어로 '소극적 권한 다툼'으로 불리는 사업 떠넘기기를 서로 강요하게 되기도 한다.

단적인 예가 앞에서 기술했던 준천정위성시스템이다.

문부과학, 총무, 경제산업, 국토교통 4개 성이 연구개발비를 분담하여 2003년부터 추진하고 있을 뿐, 어느 성이 운용을 담당할지가 정해지지 않았다. "이런 돈이 드는 사업을 인수하면 다른 사업에 주름살이 진다"며 어느 곳이나 소극적이기 때문이다. 계획이 당분간 1기만으로 실증실험을 추진하는 형태로 대폭 축소된 것도, 국가의 책임관청이 정해지지 않아 민간 측이 의욕을 잃은 것이 한 요인으로 보이고 있다.

기무라 참사관은 "예산제도의 벽은 두껍다. 대학 관계자의 의식을 바꾸는 것도 용이하지 않다. 그렇기 때문에 더욱 종합과학기술회의가 전체를 보고, 성청의 벽을 넘어, 기동적인 예산배분이 실현될 수 있도록 두루 살피지 않으면 안 된다"고 지적하고, "그것을 할 수 없으면, 종합과학기술회의가 수상을 의장으로 두고 있는 의미가 없다"고 말을 이었다.

종합과학기술회의는 중앙성청의 다양한 폐해가 그림자를 드리우고 있다. 그렇지만 그보다 더하면 더했지 못하지 않는 문제가 정치가의 자세이다.

2005년 2월 23일, 종합과학기술회의 회의에서 이런 말들이 오고 갔다.

> **요시노 히로유키**吉野浩行 **혼다 상담역** : 혼다는 오토바이와 자동차 레이스에 참가하기 위해 연구개발예산의 10%를 쓰고 있다. 비즈니스로 이어질지 어떨지는 사내에서도 의논이 갈리지만, 최첨단 분야에서 인재, 기술을 연마하는 것이 매우 도움이 된다. 과학기술도 우주와 해양 개발 등 국가의 그라운드 디자인에 관련되는 것은 국가 지도자가 생각해야만 한다.

고이즈미 준이치로小泉純一郎 **수상** : 정말 의장의 결단이 중요하다. 나는 환경과 경제발전의 양립에는 과학기술을 빼놓을 수 없다고 말해 왔다. 국가정책상의 큰 방침이다.

시마무라 요시노부島村宜伸 **농림수산성 장관** : 여유교육을 개선함으로써 좋은 방향으로 간다. 이과수학계통도 영재교육으로 능력을 신장시키는 것이 좋다.

나카야마 나리아키中山成彬 **문부과학성 장관** : 국가전략으로서 슈퍼컴퓨터 개발과 게놈 신약개발, 핵연료 사이클 등을 추진해 나가야만 한다.

이 날 회의의 발언은 대부분이 이른바 '노 원고'였다. 관료가 준비한 대본대로 발언하고 진행하는 의례적 요소가 강했던 지금까지와 비교하면 획기적인 광경이다. 다나하시 야스후미 과학기술정책담당 장관의 제안이었다.

당연한 것이 신선하게 비치는 것은 뒤집어보면 지금까지의 논의가 얼마나 형식적이었던가 하는 것을 나타내고 있다.

그 전형이 히토클론배(인간배아복제) 연구의 일부 해금을 둘러싼 논의이다.

생명의학에 관한 큰 정책전환을 정식 결정한 것은 2004년 7월 23일 열린 종합과학기술회의였다. 그러나 3년에 걸쳐 깊은 논의를 한 것은 종합과학기술회의 아래 설치된 연구자와 윤리학자들에 의한 생명윤리전문조사회이다.

의사록을 보면 연구자와 윤리학자 등 15명의 위원이 해금 찬성, 신중 쌍방의 입장에서 격렬한 논의를 거듭하고 있는 것을 엿볼 수 있다. 본회의에 낼 의견서를 작성한 2004년 7월 13일 회의에서조차 찬성파와 신중파가 상세한 표현을 둘러싸고 서로 자기주장을 내세우고 있다.

그런데 정치가가 포함된 본회의로 옮겨지자마자 모습은 일변한다.

전문조사회가 마련한 의견서를 채택한 2004년 7월 23일 본회의 의사록을 보면 3명의 정치가가 한 번씩 발언하고 있다.

고이즈미 수상은 매듭짓는 말로, "문외한이기 때문에 내가 이러쿵저러쿵 이야기할 문제는 아니지만, 장래의 의료에도 아주 중요한 분야라고 듣고 있으므로 협력을 부탁하고 싶습니다" 하고 발언했다. 호소다 히로유키細田博之 관방장관의 발언은 "국민에게 이해를 얻을 수 있도록 보급활동을" 이라는 내용이었다.

유일하게 내용에 언급한 것은 가와무라 다케오河村建夫 문부과학성 장관이었다.

"인간배人間胚의 연구이용은, 이것은 재생의료를 비롯한 의과학계의 가능성에 길을 여는 것이라고 일컬어지고 있어 …… ."

그렇지만 이것도 관료가 준비한 발언요령을 구어체로 한 것에 지나지 않는다.

전문조사회의 농밀한 논의와 본회의의 공허함은 과학기술과 정치에 큰 벽이 있는 것을 말해주고 있다.

해외는 어떨까?

미국은 백악관에 과학기술담당 대통령보좌관이 있다. 존 마바가 보좌관은 응용물리학 전공으로, 남캘리포니아대학과 뉴욕주립대학에서 레이저현상 등의 연구를 하던 경력의 소유자다. 대통령은 보좌관에게 "이 문제는 누구에게 물어보면 좋은가?"라고 묻고, 보좌관은 자기가 아는 것은 답변을 한다. 알지 못하는 것은 미국 과학아카데미(NAS)에 물어보는 구조로 되어 있다고 한다.

영국도 마찬가지다. 케임브리지대학 화학부장이었던 데이비드

킹(Sir David King) 교수가 수석과학고문으로서 블레어 수상의 자문역을 맡고 있다.

국가 지도자에게 과학기술의 전문적 식견을 전해주고 국가 정책에 활용하도록 하는 노력을 하고 있는 것은 일본에게도 크게 참고가 될 것이다.

종합과학기술회의를 명실 공히 사령탑으로 만들기 위한 시험은 이제 시작되었을 뿐이다.

[추기]

이 책이 단행본으로 출판된 2006년 11월 이후의 동향을 이하 각 장 끝에 간단히 보충한다.

일본 정부 종합과학기술회의는 2008년 5월, 경제파급효과가 높은 기술에 중점투자하기 위한 '혁신적 기술전략'을 수립했다. 일본이 세계를 리드해서 산업화에 성공하면 큰 이익과 사회변혁을 기대할 수 있다고 하면서 로봇과 의료기술, 재료개발 등 14개 분야 23개 항목을 열거했다. 같은 해 6월에는 자민, 민주, 공명 3당의 의원입법으로 연구개발력강화법이 제정되었다. 국가 예산은 원칙적으로 단년주의로, 기업이 국가의 위탁비로 구입한 연구기자재도 위탁기간을 넘긴 후에는 유상이용이기 때문에, 이 법은 이러한 폐해를 완화하고 산·학·관 연계를 쉽게 하도록 하는 것이 목적이다.

2008년 5월에는, 정부는 최첨단의료분야의 연구개발을 촉진하기 위해 예산배분과 신약검사에서 우대하는 '첨단의료개발특구'를 창설하기로 결정했다. 신형만능세포(iPS세포) 연구 등 의료관련 5개 분야의 연구기관·기업이 대상이다. iPS세포는 교토대학 야마나카 신야山中伸弥 교수가 2006년 8월에 실험용 생쥐를 사용하여 제작에 성공했다고 발표했다.[20] 「저조한 일본의 ES세포 논의」에서 다룬 배성줄기세포(ES세포)가 수정란을 파괴해서 제작하는 데 비해, iPS세포는 피부세포 등으로부터 제작할 수 있기 때문에 윤리적 문제가 적은 점이 장점이라고 한다.

우주분야에서는 2008년 5월에 자민, 민주, 공명 3당 등의 찬성다수로 우주기본법이 제정되었다. 이 법은 핵무기 등의 우주 배치를 금지한 유엔우주조약과 헌법의 전수방위專守防衛 이념을 바탕으로 우주를 개발·이용하는 것을 강조하고, 안전보장에 우주 개발을 활용할 것을 명기했다. 또, 우주산업의 국제경쟁력 강화를 위해 수상을 본부장으로 하는 우주개발전략본부를 신설하고 우주담당 장관을 두는 것과, 빠르면 2009년 가을 내각부에 우주국(가칭)을 설치하는 것을 담고 있다.[21]

[역자 칼럼 1]

R&D 예산 삭감으로 멀어지는 과학기술 대국

국회예산정책처가 10월 29일 2024년 R&D 예산안을 두고 "과거의 점진적인 증가 추세와 달리 과도한 삭감으로 연구 현장의 예측 가능성을 저해할 수 있다"며 "적절성을 검토해야 한다"고 밝혔다. 국회예산정책처는 분석 보고서를 통해 "2024년도 R&D 예산안(25조 9,000억 원)이 전년 대비 16.6%(약 5조 2,000억 원) 감액 편성됐으나 이 중 상당 부분은 정부가 명확한 감액 사유를 제시하지 못하고 있다"며 "R&D 사업이 조기 종료되거나 감액되어 중장기 목표 달성에 차질을 빚거나 기존 투자비용이 매몰비용으로 전락할 가능성이 있다"고 밝혔다(조선일보, 2023.10.29.).

정부의 대대적인 국가 연구개발(R&D) 예산 삭감 과정에서 우주의 수수께끼를 풀기 위해 세계적 규모로 조성한 국내 지하실험실 예미랩[22]의 내년 예산이 올해 7억 5천만 원보다 줄어든 7억 1천만 원으로 삭감된 것으로 나타났다. 애초 계획에 따라 연구 인력과 실험을 늘려가려던 계획이 시설 준공 1년 만에 차질을 빚게 됐다(한겨레, 2023.10.24.). 고시바 마사토시(小柴昌俊, 1926~2020)는 일본 물리학자이며 뉴트리노천문학을 개척한 천문학자이기도 하다. 1987년, 직접 설계·지도·감독한 지하실험실 카미오칸데를 이용하여 사상 처음으로 태양계 외에서 발생한 뉴트리노(중성미자, neutrino) 관측에 성공, 그 업적으로 2002년 노벨물리학상을 수상했다.

이 책에서도 "과학기술은 5년 후, 10년 후에 어떻게 될까 하고 예상하는 것이 중요하다"고 하면서, "20년 전의 정책판단이 일본 과학기술에 지금도 무거운 후유증을 남겨 놓고 있다. 여기서 헤아려야 할 것은 정책결정에 있어서의 중장기적 관점의 중요성이다"고 하고 있다(37쪽). 아무 명확한 근거와 기준도 없이 과학기술 R&D 예산을 삭감하는 것이 20년 후의 한국 과학기술에 무거운 짐이 되지 않을까 염려된다. 여야의 공통된 비판에 추경호 부총리 겸 기획재정부장관은 11월 3일 "계속 줄이는 게 아니고 전문가들과 학계의 의견을 들어 필요한 부분은 대거 증액하겠다"고 말했다(중앙일보, 2023. 11. 4.).

제2장

표류하는 해양국가

사방이 바다로 둘러싸인 일본만큼 바다에서 많은 혜택을 받아 온 나라는 없다. '바다의 헌법'이라고 불리는 유엔해양법협약이 1994년 발효되어, 일본이 관할하는 해양의 면적은 세계 6위의 넓이를 차지하게 되었다. 반면, 해양을 둘러싼 국제적 경쟁이 격화되어 주변 국가와의 분쟁이 증가하게 되기도 했지만, 일본의 대응은 놀라울 정도로 둔하다. 해양국가로서의 자각이 있는 것인가? 이대로 '섬나라'적 사고를 반복할 것인가?

독도 근해에서 발생한 충돌 위기

2006년 4월, 동해[23]에서 실시할 해양조사를 둘러싸고 일본과 한국은 충돌 직전의 사태에 빠졌다. 양국 간의 긴장이 일거에 높아진 것은 4월 14일, 해상보안청이 측량선 '가이요海洋'와 '메이요明洋'(모두 550톤) 2척을 도쿄항에서 출항시켜, 독도[24] 부근에서 해양조사를 실시한다고 공표했기 때문이다.

오키隱岐섬 북서쪽에 있는 독도는 동서 2개의 섬과 주변의 암초로 이루어진 작은 섬이다. 한국은 1952년에 독도의 영유를 선언하고, 1954년부터 경비대를 상주시키는 등 점유[25]를 계속하고 있다. 독도 근해는 한·일 양국이 모두 자기의 배타적경제수역(EEZ)이라고 주장하는 분쟁해역이다.[26]

해상보안청의 공표를 받은 한국 정부의 대응은 신속했다. 청와대 주도로 일본의 해양조사를 "주권에 대한 도발행위로 간주한다"고 표명했다. 한국 해양경찰청은 5,000톤급 경비함 등을 집중 배치하고, 측량선의 나포도 불사한다는 방침을 정했다.

일본 정부 선박인 측량선을 나포하는 것은 국제법상 인정되지 않는다. 한국정부의 강경 자세는 도를 넘고 있었다.

4월 19일, 저기압 통과로 크게 거칠어진 동해에서 가이요와 메이요 2척은 돗토리현鳥取県 사카이미나토境港 앞바다에서 대기하라는 본청의 지시를 받았다. 사태를 주시할 필요가 있었다.

승무원들은 갑판에도 나오지 못하고 선내에서 TV 뉴스에 매달렸다. 총 50명 정도의 승무원 중에는 보통은 동승하지 않는 기록반원도 섞여 있었다. 한국 경비함의 모든 행위를 비디오카메라에 담기 위해서다.

동시에 해상보안청은 해양경찰청과의 사이에 "한국이 설정한 진입금지선을 측량선이 넘으면, 해상보안청과 해양경찰청 최고책임자 간의 핫라인으로 긴밀히 서로 연락한다"고 은밀히 합의했다.

비상시의 핫라인 개설에 합의할 수 있었던 것은 현장에서 같은 일에 종사해 온 두 기관의 두터운 관계가 있었기 때문이다. 해상보안청과 해양경찰청은 1999년 이후 합동으로 해난구조 훈련, 테러 대책 훈련을 거듭해 왔다. 해상보안관이 함정을 방문한 해양경찰청 직원에게 유엔해양법협약의 해석을 가르쳐준 일도 있었다.

해상보안청은 모든 사태에 대비했다. 그러나 일본 정부 전체가 한국과의 충돌을 각오했던 것은 아니었다.

한국의 대응은 항의와 측량선에 대한 경고 정도일 것이다 —. 그것이 일본 정부 내의 관측이었다.

해양조사를 둘러싼 정부 내의 조정은 2005년 12월부터 시작되었다. 해상보안청으로부터 질의를 받은 외무성은 "국제법상, 문제는 없다. 해상보안청이 판단하면 되는 일이다"고 회답했다. 3월 상순, 아베 신조安倍晋三 관방장관은 "담담하게 해주었으면 한다"고 조사에 고(Go!) 사인을 냈다. 아소 다로麻生太郎 외무장관도 양해했다. 관계 각료 사이에서 한국이 취할 태도를 분석하여, 만일의 위기에 대한 대응책을 협의한 흔적은 엿볼 수 없었다.

한국 정부의 대응을 잘못 읽은 일본 정부에 방위청이 입수한 충격적인 정보가 도달했다.

"한국은 해양경찰청 경비함뿐만 아니라, 해군 함정도 독도 근해에 배치하고 있다."

아베 관방장관과 아소 외무장관은 4월 19일 국회 심의가 끝난 후, 위원회 사무실 한쪽 구석에서 협의를 하여 정부 고관을 한국에 보내기로 결정했다. 서울과 도쿄에서 직접 이야기하는 편이 좋다고 판단했기 때문이다. 야치 쇼타로谷内正太郎 외무차관이 적임자로 선정되었다.

그렇지만 정부·여당 내에서는 해양조사를 과감히 실시해야 한다는 의견도 강했다. 경찰청 출신인 야마자키 히로토山崎裕人 수상비서관으로부터 해상보안청 측에 "측량선을 바로 출항시킬 수 없는가?" 하는 재촉 전화도 걸려 왔다. 수상 관저도 나누어져 있었다.

"배를 출항시키면 교섭이 이루어질 수 없다."

아베 관방장관은 수상관저 집무실에서 고이즈미 준이치로 수상에게 보고하여 야치 차관 방한으로 사태를 타개하는 것으로 양해를 받았다. 4월 21일, 서울 중심부에 있는 호텔의 한 방에서 야치 차관과 한국 외교통상부 류명환柳明桓 제1차관이 서로 마주했다.

야치 차관 : "우리는 해양조사를 중단할 테니, 한국도 한국명칭 신청을 보류해야 한다."

류 차관 : "보류한다고는 말할 수 없다. 하지만, 우리가 하는 말뜻으로 보아 무슨 의미인지 아시겠지요?"

한국이 한국명칭의 지명 신청을 보류하고, 일본은 조사를 중지한다고 하는 합의점이 바로 보였다. 남은 것은 쌍방의 체면을 어떻게 세울 것인가였다. 결국, 양 차관의 협의는 2일간 총 12시간에 걸쳐 쌍방의 고통 분담으로 해결되었다.

"23일 08:00 닻을 거두고, 기지로 회항하라."

22일 오후 10시를 지나, 정박 중인 가이요와 메이요에 도쿄항으로 귀환하라는 해상보안청의 전보가 도달했다. 한·일 충돌의 위기는 일단 사라졌다. 일본이 해양조사를 단행했어야 했는가 어떤가에 대한 관계자의 의견은 아직까지도 나누어져 있다.

이시카와 히로키石川裕己 해상보안청장은 이렇게 회고했다.

"해상보안청 측량선이 출항해도, 한국은 핫라인으로 'EEZ 바깥으로 돌아가기 바란다'고 말만 했을 가능성이 높다. 조심스럽게 조사를 했어도 괜찮았다."

국제해양법재판소 재판관을 역임하고 있는 야나이 슌지柳井俊二 전 주미대사는 다른 의견이었다. "무력충돌했다면 어떻게 되었을까? 거기까지 각오하고 한다면 괜찮지만, 그렇지 않다면 강경론은 무책임하다."

어느 누군가의 주장이 옳다고 하더라도, 사카이미나토 근해에 떠 있을 수밖에 없었던 2척의 측량선은 일본의 고민하는 모습을 상징하고 있었다.

한국의 주도면밀한 해저지명 전략

독도 근해 해양조사 문제의 발단이 된 것은 해저지형의 명칭이었다.

2005년 10월, 지중해에 면한 휴양지 모나코항을 한눈에 바라볼 수 있는 건물의 한 방에 일본과 미국, 독일 등의 해양연구자들이 모였다. 국제수로기구(IHO) 등이 주최하는 해저지형명칭소위원회의 회의였다.

"이상한데? 뭣 때문에 와 있지?"

11명 위원 중의 한 사람인 해상보안청의 오바라 야스히코小原泰彦 주임연구관은 낯선 한국 연구자가 옵서버로 참가하고 있는 것을 깨달았다.

소위원회가 끝난 후, 오바라 연구관 등은 한국의 의도를 파악하기 위해 한국 국립해양조사원의 홈페이지를 샅샅이 검색하게 되었다. 잠시 후, 한국이 독도 근해의 해저지형에 독자적인 이름을 붙이려 하고 있는 것을 알게 되었다. 그 해저지형은 한·일 쌍방이 자기의 배타적경제수역(EEZ)이라고 주장하는 분쟁해역에 있었다.

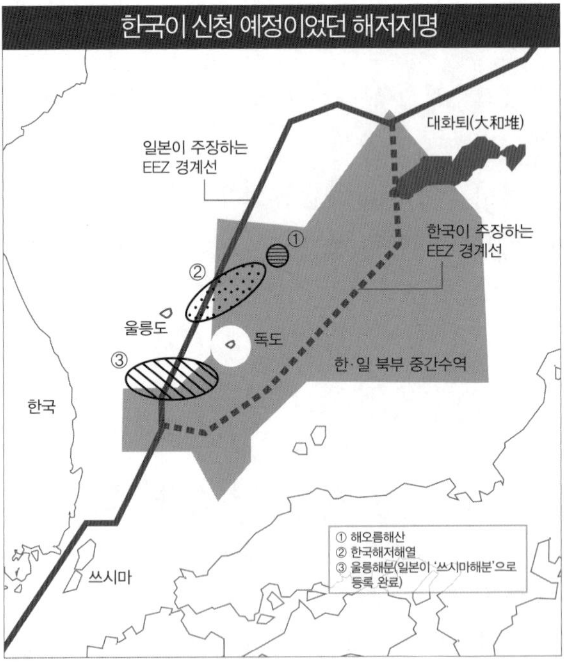

지구 표면의 70%를 차지하는 바다에는 해산海山, 해열海裂, 해분海盆이라는 복잡한 지형이 있다. 연 1회 열리는 해저지형명칭소위원회는 각 국가나 연구기관이 가지고 오는 해산의 높이 등의 측정 데이터를 심사해, 문제가 없으면 대체로 신청한 대로 지명을 등록한다.

소위원회에 등록된 지명은 『대양수심총도』라 불리는 해저지형도에 수록되어, 각국이 작성하는 해도나 지구의 등의 기초자료가 된다. 『대양수심총도』는 1903년, 해양학자였던 모나코의 알베르 1세가 사재를 투입하여 처음으로 작성하였고, 그 후의 개정 작업은 국제수로기구에 인계되었다. 해상보안청 해양정보부 등 각국의 해양조사기관이 작성 작업에 참여하고 있다.

소위원회는 서로 속속들이 알고 있는 연구자들 사이에 학술용어가 난무하는 자리다. 분쟁해역의 지명이 신청되는 예는 거의 없다.

그 위원회에서 한국은 '한국해저해열', '해오름해산' 등의 지명을 등록하려고 했다. 일본이 약 30년 전에 등록하여, 국제적으로도 완전히 정착해 있는 쓰시마対馬해분까지 한국명인 '울릉해분'으로 교체할 생각이었다.[27] 그 준비와 사전조사를 위해 한국은 연구자를 옵서버로서 소위원회에 파견했던 것이다.

해상보안청의 스에 마사시陶正史 해양정보부장은 "한국은 충실한 데이터를 갖추고 왔다고 위원들은 생각할지도 모른다. 일본에 그 데이터가 없다면, 한국이 말하는 대로 할 수밖에 없게 될 가능성이 있었다"고 지적했다.

2006년 4월, 해상보안청이 독도 근해의 해양조사를 계획한 것은 한국의 신청에 대항할 수 있을 정도의 데이터를 모으기 위해서였다.

뒤늦은 일본에 대해 한국은 조사를 착착 거듭해서 해저 지형을 파악해 왔다. 일본 측이 확인한 것만 해도, 한국의 조사는 2006년까지

4년 동안 4회에 달하고 있었다.[28)]

2006년 2월, 한국 국립해양조사원은 독도 근해에서 해양조사를 실시한다고 공표했다. 일본 외무성은 주한 대사관을 통해서 한국 외교통상부에 "일본 EEZ 안이다"라고 구두로 항의했다.[29)] 그러나 외교통상부로부터는 "국립해양조사원에 확인했지만, 조사수역은 엄밀한 것이 아니다"라는 대답을 듣고, 강력한 항의를 하지 못한 채 조사에 들어가게 하고 말았다.

한국이 해저지형의 명칭에 주목한 것은 학술적인 이유만은 아니다.

그 앞에 놓여 있는 것은 미해결 상태인 일본과의 EEZ 경계획정 교섭이다. 1996년에 시작된 교섭은 독도 영유권 문제가 해결되지 않은 탓도 있어 난항을 겪고 있었다.

분쟁 중인 EEZ 내 해저지형에 한국명칭이 붙으면, '한국의 EEZ'라는 인상을 세계에 심어주어, 독도 점유의 실태를 보강하는 것으로도 이어진다 —. 그런 효과를 한국은 노리고 있었다.

한국의 해저지명 전략에 일본이 허를 찔린 인상은 부인할 수 없었다.

한·일 양국은 2006년 4월 22일, 일본이 해양조사를 중지하는 대신에 한국이 지명신청을 보류하는 것에 합의했지만, 그 3일 후, 한국의 노무현 대통령은 특별담화에서 독자적인 해저지명을 붙이는 의의를 강조했다.

"EEZ 경계가 합의되지 않은 가운데, 일본은 우리 해역의 해저지명을 부당하게 점유하고 있다. 바로잡는 것은 당연한 권리다."

독일 월드컵 축구 대회가 개최되고 있던 2006년 6월 21일, 독일 북부의 항구도시 브레머하펜에서 해저지형명칭소위원회가 열렸다.

한국은 일본과의 합의를 지켜 지명 신청을 보류했다. 그렇지만 소위원회 직전에 개최된 회의에서 한국이 옵서버에서 정식 위원으로 격상되는 안이 채택되었다.

한국 대표는 회의석상에서 다음과 같이 선언했다.

"일부 해저지형은 한국 EEZ 내에 있음에도 불구하고 한국의 동의 없이 명칭이 결정되었다. 지금은 이 문제를 논의하지 않지만, 언젠가는 이러한 문제를 제기하고 싶다."

뒤처진 해양정책

독도 근해를 둘러싼 한·일 대립을 되돌아보면 문제의 소재가 매우 뿌리 깊은 것을 알 수 있다.

2005년 12월, 한국 서울에서 가까운 인천시에 해양경찰청[30] 본청이 준공되었다. 1층 로비에는 해양경찰청이 자랑하는 5,000톤급 경비함 삼봉호의 모형이 전시되어 있다. 삼봉은 조선시대에 사용된 독도의 옛 이름이다. 해양경찰청은 최대 함정이자 신예인 삼봉호를 독도 주변 경비에 상시 배치해 왔다.

경비함 등 장비의 강화만이 아니다. 한국은 해양경찰 인력 증원에도 힘을 쏟고 있다. 해양경찰청은 1996년 경찰청으로부터 독립한 새로운 조직이지만, 2004년부터 2년 동안 직원 수를 약 1,000명 증원하여 1만 명 이상으로 만들었다. 일본 해상보안청은 약 1만 3천 명. 한국의 인구가 일본의 반 이하인 점을 감안하면 상당한 규모라고 말할 수 있다.[31]

해양경찰청 이상부李相富 정책홍보관리관은 "해양경찰의 중요성을 국민이 이해하고 있다. '안전한 바다를 만든다'는 슬로건을 만들어 노력해서, 지금까지 성과를 거둬 왔다. 한국 국민이 필요로 하는 때는 해양경찰청이 있다고 하는 것을 국내에서 이해하게 되었다"고 자랑스럽게 말했다.

한국이 해양문제에 대한 대응을 강화한 계기는 '바다의 헌법'으로 불리는 유엔해양법협약이 1994년에 발효된 것이었다. 이 협약이 발효되기 전에는 영토·영공 모두 연안국의 주권이 미치는 12해리(약 22㎞) 밖은 어떤 나라도 자유롭게 사용하는 것이 인정된 공해였다.

그것이 유엔해양법협약에 의해 영해와 공해 사이에 배타적경제수역(EEZ)이라는 새로운 개념이 도입되었다. 연안국은 최대 200해리(약 370㎞)에 이르는 EEZ를 설정할 수 있고, 그 해역에서는 어패류나 해저자원 등의 채취·관리에 주권적 권리를 갖는 것이 인정되게 되었다.

1996년에 협약을 비준한 일본의 경우, 영해와 EEZ를 합한 해양의 면적은 447만㎢에 달한다. 영토면적은 세계 60위에 지나지 않는 일본이지만, 해양의 면적으로는 세계 6위의 넓이를 가지게 되었다.[32)]

그 반면, EEZ 제도에 의해 다른 문제도 생기게 되었다. 한국과 중국, 러시아 등 주변국도 동일하게 EEZ를 설정할 수 있기 때문에, 각각의 국가가 주장할 수 있는 해역이 서로 중복되게 되었던 것이다. 일본의 경우, EEZ를 주장할 수 있는 해역이 7개국·지역과 중복되고 있다. 이에 따라 영해 밖은 공해였던 시대에는 생각할 수 없었던 해저자원이나 어업을 둘러싼 주변국과의 충돌이 이어지게 되었던 것이다.

일본의 배타적경제수역(EEZ)과 주변국·지역

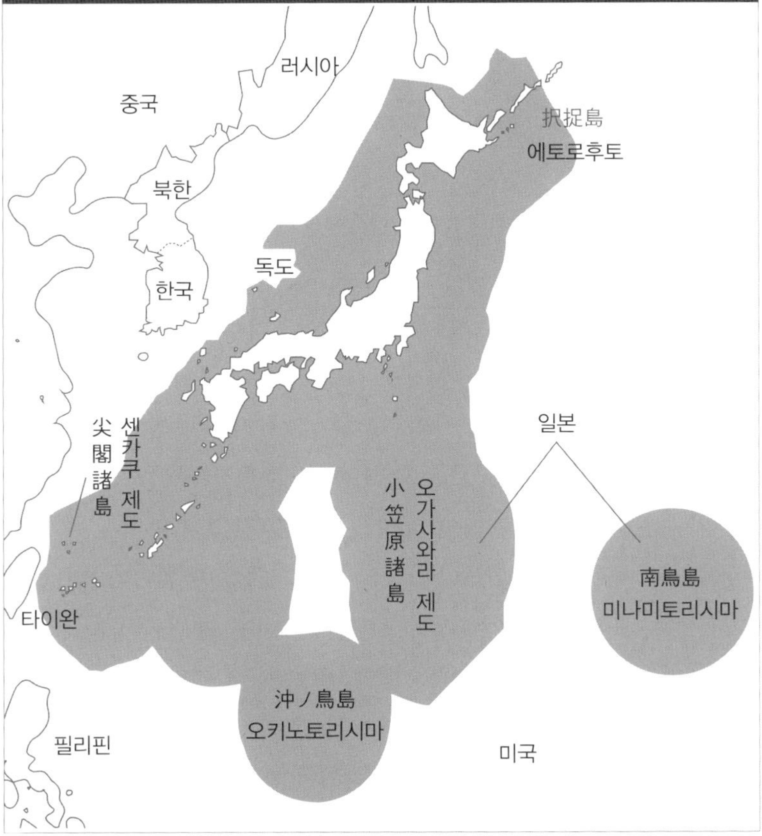

※ 일본은 독도를 일본의 배타적경제수역(EEZ)에 포함시키고 있다. (역주)

한국은 협약을 비준한 1996년, 13개 부와 청의 해양담당 부문을 재편·통합하여 해양수산부를 신설했다.[33)]

역사는 짧지만 권한은 크다.

일본과 영유권을 다투는 독도 관리를 비롯하여 항만, 해운, 수산, 해저자원, 해양환경, 해양과학기술, 해상보안까지 폭 넓게 담당한다. 일본 정부의 체제로 말하면 국토교통, 농림수산, 경제산업, 환경, 문부과학 등의 각 성省에 걸친 분야다. 노무현 대통령은 김대중

정권 당시 해양수산부의 6대 장관을 역임했다.

독도 항공사진이 걸려 있는 집무실에서 해양수산부 이용우李龍雨 정책홍보관리실장은 "한국은 한반도의 남북 분단으로 육로무역을 할 수 없어 섬나라나 마찬가지다. 바다에는 풍부한 광물과 수산자원이 있어 종합적 해양행정이 필요하다. 노 대통령이 장관 경험자이기도 하여 큰 힘이 되고 있다"고 강조했다.

한국에서는 1980년대 전반, 민간 학자 그룹이 해양정책을 종합적으로 다루는 부처의 창설을 제창하여 해양수산부 설립의 기운을 북돋았다.

해양수산부 설립에 관여했고, 노 장관 당시 차관을 역임한 홍승용洪承湧 인하대 총장은 "관료사회로부터 강한 저항이 있었지만, 바다를 행정상 공백으로 놓아두는 것은 국가 운영상 바람직하지 않다. 부部가 됨으로써 정책 책임이 분명해졌다"고 강조했다.

1994년에 유엔해양법협약이 발효된 것을 계기로 미국과 캐나다, 중국 등도 모두 해양에 관한 기본정책을 수립하고, 바다를 소관하는 부처를 강화했다. 그런데 일본은 1996년 협약 비준 후, 법 정비를 주도한 외무성 해양법본부를 폐지하는 등 체제를 거꾸로 축소시키고 말았다.

각 성청이 제각각 담당하는 구태의연한 해양 관련 행정의 바람직한 방향에 대해, 일본 국내에서도 위기감이 없었던 것은 아니다.

2002년 8월에는 과학기술·학술심의회(문부과학성 장관의 자문기관)가 해양 행정의 방향을 재검토하도록 요청하는 답신을 제출했다. 답신은, "국가가 총력을 기울여 추진해야 할 정책이 제안되기 어렵다. 전략적으로 해양정책을 실시할 것, 종합적 시점에 서서 해양정책을 입안하고, 관계 성청이 협조하여 시책을 실시"하도록 촉구하고, 구체적 대책으로서 관계 7개 성청이 참가하는 해양개발 관계 성청연락회의를 활성화할 것을 제안했다.

그렇지만 연락회의는 그 후에도 각 성청이 각각의 예산 관계 자료 등을 배포하고, 정책을 설명할 뿐인 상태가 계속되었다. 어느 성청이나 새롭게 부담이 늘어나는 것도, 지금까지의 권한을 잃는 것도 싫어하는 경향이기 때문에, 아무래도 현상유지 자세가 지속되기 쉬웠다. 그것이 연락회의가 활성화 되지 않는 최대 이유였다.

2004년에는 자민당의 해양권익에 관한 작업반이 해양권익관계 각료회의 신설을 요청하는 제언을 발표했다. 이때도 제언 직전, 작업반 좌장을 맡은 다케미 게이조武見敬三 전 외무정무차관은, 호소다 히로유키細田博之 관방장관으로부터 "필요하면, 관계 각료 간담회를 열어 대응할 테니, 각료회의 신설을 제언하는 것은 참아달라"는 소리를 들었다. 호소다 관방장관은 각료회의를 줄인다는 행정개혁의 관점에서 제언에 난색을 보였던 것이었다.

그렇지만 독도 근해에서 발생한 한·일 대립이 하나의 자극이 되었을 것이다. 해양정책의 강화를 목표로 하는 움직임이 구체화하기 시작했다.

한·일 충돌을 회피한 2일 후인 2006년 4월 24일, 자민당과 공명 양당 의원들이 2007년 해양기본법 제정을 목표로 학자를 포함한 해양기본법연구회를 결성했다. 연구회에는 그 후 민주당 의원들도 참가했다.[34)]

유엔해양법협약 비준으로부터의 '잃어버린 10년'을 일본은 되돌릴 수 있을 것인가?

해양조사, 30년의 공백

"왜 30년간이나 조사를 하지 않았나?"

고이즈미 준이치로 수상은 문득 이시카와 히로키 해상보안청장을 힐책했다. 2006년 4월 18일, 한·일 양국이 해양조사 문제로 한창 긴박해 있던 때의 일이다.

고이즈미 수상은 1975년을 마지막으로 해상보안청이 독도 근해 해양조사를 실시하지 않았던 것에 놀랐다. 이시카와 청장은 해상보안청의 어려운 사정을 설명하지 않을 수 없었다.

해상보안청에는 전부 13척의 측량선이 있다. 이중 대형 측량선은 2척 모두 태평양 측 대륙붕 조사에 전용으로 종사해 왔다. 유엔해양법협약은 원칙적으로 200해리까지의 배타적경제수역(EEZ) 내의 해저를 대륙붕으로 하고 있다. 단, 육지가 이어져 있다는 과학적 데이터를 제시하여 유엔기구의 심사를 통과하면 350해리(약 650㎞)까지 대륙붕을 연장할 수 있다. 대륙붕으로 인정되면 해저의 광물이나 생물자원을 연안국이 개발하거나 이용하는 것이 가능해지는 것이다.

연장에 의해 확대를 예상할 수 있는 대륙붕 면적은 일본 국토면적의 1.7배에 해당하는 약 65만㎢. 방대한 해저 자원이 잠자고 있는 대륙붕의 연장을 유엔으로부터 인정받기 위해 일본은 해양조사를 서둘러 2009년 5월의 신청기한에 맞출 필요가 있었다.[35)]

해상보안청은 나머지 측량선으로 많은 선박이 왕래하는 항만 주변이나 해협의 조사를 우선적으로 실시해 왔다. 항만 주변은 매립 등으로 수심이 변하는 일도 많다. 선박의 좌초를 막기 위해 빈번한 조사는 빼놓을 수 없다.

그런 점에서 독도 근해는 항행하는 선박이 적은 데다 좌초의 우려가 없을 정도로 수심이 깊다. 이 해역의 조사는 계속해서 뒤로 미루어져 왔다.

일본 주위에는 30년의 공백은 고사하고, 구 해군이 메이지明治(1868~1912), 다이쇼大正(1912~1926) 시대에 실시한 조사 자료밖에 없는 해역도 있다. 당시는 산이나 태양을 기점으로 선박의 위치를 파악하고, 추를 단 로프로 수심을 측정했다. 위성항법시스템(GPS)과 음파에 의한 현재의 조사와 달라서 정확성이 떨어진다.

해상보안청은 2004년, 시마네현島根県 오키隱岐제도 부근을 조사했다. 페리 항로도 있는 해역이지만, 제8관구해상보안본부(교토부 마이즈루시)에 의하면 거의 100년만의 조사였다.

전국 11개의 관구해상보안본부 중 측량선이 배치되어 있지 않은 4개 본부는 본청에서 측량선을 지원받거나, 빌린 어선에 장비를 싣고 측량할 수밖에 없다.

해상보안청의 스에 마사시 해양정보부장은 "일본의 바다는 굉장히 넓다. 그렇지만 현실적으로 선박 수에는 한계가 있다. 아무래도 시간이 걸린다"고 한탄했다.

2005년 10월, 미 서해안 시애틀에서 미·일 양국 해양조사기관 회의가 열렸다. 일본 해상보안청과 미국 해양대기국(NOAA), 미 해군 해양부 등의 관계자가 모였다.

해상보안청 OB 아사다 아키라淺田昭 도쿄대 교수(해양공학)는 이 자리에서 미국 참가자로부터 "미 해군이 사용하던 선박을 개조해서 NOAA의 조사용으로 지원받았다"는 말을 들었다. NOAA는 방대한 예산을 들여 전 세계의 바다를 조사하는 미 해군과 긴밀히 제휴하고 있는 것이다.

아사다 씨는 지적했다.

"미국에서는 해군도 해양조사 정보를 상당히 공개하고 있다. 정부가 하나가 되어 해양조사를 하고 있다. 일본은 설비와 기술력을 향상시키지 않으면 안 된다. 중국과 한국도 쫓아오고 있어, 이대로는 해양국가로서의 입장이 위태로워진다."

신풍호 사건의 잘못된 합의

2006년 4월 22일, 해양조사 문제를 둘러싼 한·일 대립이 절정에 다다랐을 때의 일이다. 동해에서는 일본 수산청 어업지도단속선 '하쿠류마루白龍丸'(약 1,300톤)가 한국 어선을 상대로 어려운 판단에 쫓기고 있었다.

오전 11시가 지났을 무렵, 하쿠류마루 함교 레이더에 수상한 소형선의 궤적이 떠올랐다. 장소는 야마구치현山口県 근해 일본 배타적 경제수역(EEZ) 안이었다.

한국 어선의 위법조업일지도 모른다고 판단한 에노키조노 쇼이치榎木園正一 선장은 추적을 명령했다. 하쿠류마루는 급발진하여 시속 약 24㎞로 어선을 뒤쫓았다. 점점 어선과의 거리를 좁혀 어선의 좌후방으로 바짝 다가갔다. 직원이 쌍안경을 들여다보니 노란 조업허가판이 보이지 않는다.

"임검을 하겠으니 멈추세요."

하쿠류마루는 어선과 나란히 달리며 한국어로 방송을 했다. 정선명령 경적도 계속 울려댔지만 어선은 일체 응하지 않았다.

처음 정선명령을 내리고 나서 30분 후. 어선은 한·일 EEZ 중간선을 넘었다. 추적을 단념하지 않을 수 없었다.

에노키조노 선장은 "유감스럽지만 위법행위의 확증이 충분히 있다고는 말할 수 없다. 어선을 계속 추적하면, 한국 해양경찰청의 선박이 모여 부당한 단속이라는 항의를 받는다. 국제적 문제로 발전되기 쉽다"고 말했다.

한국 어선 단속에는 신경을 쓰는 것이 현실이다.

수산청 어업지도단속선이나 해상보안청 순시선은 일본 EEZ 내에서 위법조업을 한 혐의가 있는 어선을 적발할 수 있다. 어선이 도주하면, 타국의 EEZ까지 계속 추적하는 것도 인정되고 있다. 해상의 치안과 질서를 지키기 위해 유엔해양법협약이 각국에 인정하고 있는 권리다.

그 국제 협약이 기능하지 않는 일도 있다. 2005년 5월 31일, 나가사키현長崎県 쓰시마対馬 근해에서 일어난 한국 장어통발어선 '신풍호' 사건이 그 일례다.

위법조업 혐의가 있던 신풍호는 해상보안청 순시선의 임검을 거부하고 한국 EEZ 안으로 도망가, 출동한 한국 해양경찰청 경비함에 보호를 요청했다.

선장 인도를 요구하는 해상보안청에 대해, 해양경찰청은 "신풍호 선장은 '해상보안관으로부터 폭행을 당했다'고 말하고 있다. 한국 국민을 보호한 것이기 때문에, 우리쪽에서 수사하겠다"고 양보하지 않아, 해상보안청 순시선과 해양경찰청 경비함이 신풍호를 가운데 놓고 서로 대치했다.

결국, 선장이 벌금을 일본 측에 지불하는 한편, 해상보안청은 선장의 인도를 요구하지 않는 것으로 서로 타협했다.

6월 20일로 다가온 고이즈미 수상 방한에 대한 영향을 우려한 외무성의 주도로 한·일 양국이 정치적 합의를 도모했던 것이다. 당시, 해상보안청 내에서는 "외무성은 주권포기나 다름없는 행동을 했다"고 하는 불만이 소용돌이쳤다.

이 합의가 나쁜 전례가 되려 하고 있다.

반년 후인 2005년 12월, 한국 해양경찰청 이승재李承栽 청장은 인천시에 있는 해양경찰청 본부에서 열린 해상보안청 이시카와 히로키 청장과의 정례회담에서 이렇게 말을 꺼냈다.

"해상보안청은 무리하게 어선을 추적해서는 안 된다. 위법어선이 있으면, 상대국에 통보하여 상대국에 처리를 맡기면 된다."

양국 공동의 잠정어업수역을 결정한 한·일어업협정이 발효된 1999년 이후 나포된 어선은 한국이 171척인 데 비해 일본은 15척. 한국의 제안은 일본에게 일방적인 양보를 강요하는 것이었다.[36)]

무라타 료헤이村田良平 전 외무차관[37)]은 신풍호 사건의 결말을 이렇게 비판했다.

"상대를 자극하는 것은 좋지 않다는 사고방식이 너무 배어 있다. 우호만이 목적이 아니다. 국익을 관철하는 일이 외교의 진정한 목적이다."

황금어장은 왜 빼앗긴 것일까?

쓰시마(나가사키현)는 어업을 둘러싼 한국과의 공방의 최전선이다. 맑은 날에는 섬에서 50㎞ 떨어진 한국 부산시의 야경을 바라볼 수도 있다.

쓰시마 근해에서는 '불법잠수기어선'이라는 갱이 횡행하고 있다. 목격한 주민들은 입을 모은다.

"소형선이 파도 위를 날듯이 활주해 갔다."

바다가 잔잔한 밤, 한국 항구에서 나온 어선은 불을 켜지도 않고 일직선으로 쓰시마에 다가온다. 시속은 최고 약 74㎞에 달한다.

해상보안청의 경계용 레이더에도 탐지되지 않을 정도로 연안 가까이에 정박한다. 장시간 바다 속에서 활동할 수 있도록 어선에서 공기를 보급 받는 잠수기潛水器를 몸에 부착하고, 전복이나 소라를 뿌리째 채취해버린다. 전복은 특히 값이 비싸다.

2003년 12월, 해상보안청은 쓰시마 근해에서 1척의 불법잠수기어선을 나포하여 선장 등 5명을 외국인어업규제법 위반 혐의로 체포했다.

어선이 탑재하고 있던 위성항법위시스템(GPS)을 조사한 해상보안관은 놀라움을 감출 수 없었다. 해상보안청 순시정도 들어가지 않을 듯한 복잡한 쓰시마의 만내에 들른 항적이 기록되어 있었기 때문이다.

"불법어선 일당은 우리들보다도 쓰시마 연안을 잘 알고 있다."

고성능 장비를 이용하여 일본 어장을 황폐화시키는 것은 불법잠수기어선뿐만이 아니다.

쓰시마 근해를 경비하는 해상보안청 순시정의 레이더 화면에는 하나의 녹색선이 나타난다. 한·일 배타적경제수역(EEZ)의 중간선을 나타내는 선이다. 그 선에 붙듯이 하얀 점이 즐비하다. 일본 EEZ를 노리는 한국 어선들이다.

쓰시마해상보안부 경비구난과장을 역임한 무라마츠 가즈아키村松一昭 제8관구해상보안본부 총무과장은 이렇게 설명했다.

"한국 어선은 고성능 항해장비를 탑재하고 있다. EEZ를 확인하면서 레이더로 순시정의 동정을 살피고 있다. 순시정이 오면 재빨리 EEZ 너머로 도망가버린다."

몇 년 전까지는 단속을 피하려는 한국 어선의 승무원이 가까이 다가가는 순시정이나 수산청 지도선에 식칼이나 건전지를 마구 내던진 일도 있었다.

쓰시마 근해보다 격렬한 공방이 벌어지고 있는 곳이 남획의 바다가 된 산잉山陰 근해다.

돗토리현鳥取県 사카이미나토시境港市에 있는 7개소의 창고에는 수산청이 압수한 게통발이나 저자망底刺網이 산처럼 쌓여 있다. 한국 어선이 일본 EEZ 내 어장에 설치한 것으로 보이는 위법어구들이다.

돗토리현 어업협동조합 이토 미츠오伊藤美都夫 조합장은 분함을 억누르지 못하고 있다.

"위법조업에 체념하고 있다. 어쨌든 빨리 그만했으면 좋겠다. 자원 고갈이 매우 걱정된다."

어업관계자의 불만은 1999년에 발효된 한·일어업협정이 지켜지지 않고 있는 것에 쏠려있다.

협정은 한국이 점유[38]하고 있는 독도의 영유권이나 EEZ 경계선의 획정을 제쳐둔 채, 한·일 양국이 공동관리하는 잠정수역을 정하여 양국의 어업인이 함께 조업할 수 있도록 했다.

잠정수역에는 수심이 200m에서 400m로 얕아 붉은대게나 오징어 굴지의 황금어장인 '대화퇴大和堆'의 상당부분이 들어갔다. 난항을 겪고 있는 교섭을 타결하기 위해 일본 측이 양보했기 때문이다.

한·일 양국은 협정에서 조업척수 제한이라는 어업관리방안을 논의하는 것에 합의했다. 그렇지만 한국 정부는 그 후 논의에 응하지 않는 자세로 바뀌었다. "독도는 한국땅이다. 자유롭게 조업할 수 있도록 해야 한다"는 등 목소리를 높여 외치는 한국 여론에 압력을 받았기 때문이다.

'관리 없는 어장'이 된 잠정수역에서 한국 어선은 붉은대게 금어기간이 일본보다도 짧은 점을 이용하여 황금어장에 먼저 어구를 설치하고 있다. 한국 어선과의 분란을 피하려고 하는 일본 어선은 잠정수역에서 사실상 쫓겨났다.

이토 조합장은 "싸움을 하라는 것이 아니다. 국가는 요구해야 할 것을 요구하면 된다. 그렇지 않으면 어업인이 가장 희생을 당하게 된다"고 비장감을 표현했다.

이러한 목소리에 떠밀려, 2005년 5월부터 한국 측에 남획방지를 요구하는 논의가 수산청과 한국 해양수산부 간에 시작되었다. 그렇지만 수산청이 "붉은대게 등의 어업자원에 관심이 있다"고 말을 꺼내도, 해양수산부는 "시간을 둔 신중한 검토가 필요하다"고 반박하여 논의가 이루어질 가망성이 보이지 않는다.

한국과의 어업교섭에 참여해 왔던 수산청 가지와키 도시히코梶脇利彦 국제과장보좌는 이렇게 말했다.

"어업문제는 국가와 국가와의 최전선. 주권과 주권이 서로 부딪히는 공간인 것입니다."

EEZ는 '푸른 국토'

한국 못지않게 해양문제에 대한 노력을 강화하고 있는 나라가 있다. 중국이다.

중국은 2005년 7월 베이징 인민대회당에서 한 역사적 인물의 기념식을 개최했다. 명대(1368~1644)의 항해가 정허鄭和이다.

정허는 1405년 7월, 영락제永樂帝의 명을 받고 첫 항해에 나서, 1433년까지 전부 7회에 걸친 항해에서 동남아시아와 인도, 아프리카 동해안에 도달했다. 그 정허의 대항해 600주년을 기념한 행사였다.

황쥐黃菊 부수상은 수백 명의 참석자 앞에서 힘 있게 강조했다.

"바다를 '푸른 영토'라고 하는 생각을 발전시키는 것이 중요하다. 해양 강국의 사명감을 갖고 해양사업 발전을 꾀하겠다."

중국은 해양의 개발과 관리를 육지와 같은 체제로 대처하려고 하고 있다. 그 표상으로서 일본 해양관계자가 주목하고 있는 것은 중국이 제정을 목표로 하는 해도보호·이용법海島法[39]이다. 2003년에 시행된 무인해양도서 보호·이용관리규정을 발전시켜, 중국이 가지고 있는 수천 개의 무인도 등의 보호, 이용계획의 수립을 촉구하는 내용이라고 한다.

유엔해양법협약이 200해리의 배타적경제수역(EEZ)을 인정한 이후, 그 기점이 되는 섬의 중요성이 비약적으로 증대했다. 동 협약은 섬의 조건으로서 '사람의 거주와 경제적 활동의 유지' 등을 부과하고 있다. 중국은 무인도를 활용하여 EEZ의 확보·유지를 도모하고 있다.

일본은 EEZ를 '푸른 국토'로 보는 발상을 결여해 왔다.

단적인 예가 도쿄에서 약 1,700㎞ 떨어진 태평양에 떠 있는 오키노토리시마沖ノ鳥島(도쿄도 오가사와라무라)이다. 만조 시에는 높이 10㎝ 전후의 2개 섬이 해면 위에 머리를 내밀 뿐이지만, 그 주위에는 일본 국토 면적(약 38만㎢)에 필적하는 약 40만 6천㎢의 EEZ가 펼쳐져 있다. 정부는 1980년대 후반부터 해면 아래로 침몰할 위기에 처한 오키노토리시마의 호안공사를 추진해 왔지만, 본격적인 섬의 활용책에 매진한 것은 중국이 2004년 "오키노토리시마는 EEZ의 기점이 되는 섬이 아니라 암석이다"라고 지적한 때부터다.

이도離島(낙도) 진흥에 관한 국회 논의에서도 일본의 전략성은 엿볼 수 없다.

여·야당은 2002년, 만장일치의 의원입법으로 이도진흥법離島振興法을 개정하여, 시한입법의 기한을 10년간 연장하는 한편, 이도진흥의 목적으로서 '우리나라의 영역과 EEZ 등의 보전'을 추가했다. 그렇지만 논의는 이도에 대한 예산 확보 등에 시종일관하고, 무인도를 EEZ와 연결시켜 어떻게 활용할 것인가 하는 시점은 빠뜨린 채였다.

바다의 치안과 질서를 지키는 법률에도 미비한 점이 있다.

유엔해양법협약에서는 어느 나라의 선박이라도 연안국의 안전 등을 해치지 않는 한, 그 영해를 통과할 권리(무해통항권)를 인정하고 있다. 그렇지만 이를 위반한 선박을 처벌하는 규정이 일본 법률에는 없다.

해상보안청은 어선이라면 어업법 위반 혐의로 임검할 수 있다. 그 외의 선박에 대해서는 다양한 법률을 활용하여 단속에 임하지 않을 수 없다. 이러한 법률의 미비는 영해를 3해리에서 12해리로 확대한 1977년의 영해법 제정 시부터 이미 명백했었다.

개회 중인 정기국회에서 영해법을 성립시키기 위해 정부는 긴급하게 법안 작성을 추진했다. 각 성청의 조정회의에서 해상보안청은 거듭 주장했다.

"수상한 선박을 단속하는 권한을 법안에 포함시켰으면 한다."

그렇지만 외무성 등 타 성청은 "시간적으로 맞지 않는다"고 난색을 표시하여 영해법에는 끝내 포함되지 못했다.[40)]

'푸른 국토'의 발상을 일본은 언제나 갖게 될 것인가?

세계의 조류를 읽지 못하는 나라

유엔해양법협약 발효 후, 세계의 조류가 변화하고 있음에도 불구하고 일본은 협약 발효 이전의 감각으로 대응해 왔다. 그 결과가 서서히 나타났다. 국제적인 협정 제정으로부터 점점 뒤처지고 있는 것이다.

2005년 10월, 호주 남부의 지롱(Geelong)시에서 제1회 국제해양보호구회의가 열렸다.[41] 공해와 심해저 등에 보호구를 설정하여 어업이나 자원개발을 규제하려고 하는 구상을 논의하는 회의였다.

유엔해양법협약에는 해당하는 규정이 없지만, 유럽연합(EU)과 호주, 캐나다 등은 보호구를 새로운 틀로 정립하는 데 전향적이다. 회의에는 구미와 개발도상국 등 80개국의 관계자와 민간활동단체(NGO) 멤버 800명 이상이 참가하여 수일간에 걸쳐 활발한 논의를 펼쳤다.

개인자격으로 참가한 다나카 노리오田中則夫 류코쿠대龍谷大 교수(국제법)는 일본 정부 관계자의 모습이 보이지 않는 것을 알고 이렇게 탄식했다.

"해양의 자유가 제약되는 것을 일본 정부는 싫어하는 경향이 강하다. 이런 회의에서는 '일본 정부는 왜 오지 않는가?' 하고 질문을 받을 때가 많다. 어쩔 수 없이 '해양보호구에 관한 논의에 신중하기 때문이다'라고 대답 하지만, 원래는 회의에 참가하여 새로운 논의에 민감하게 대응하지 않으면 안 되는 것이다."

세계 조류와의 격차는 동아시아해역 환경관리파트너십(PEMSEA)에도 적용된다.

PEMSEA는 조화 있는 연안개발 등을 목표로 1994년 발족한 국제기구이다. 일본은 2001년에 12번째 가맹국이 되었지만 동남아시아 각국과 중국, 한국은 물론 북한보다도 가맹이 늦었다.

더구나 이 가맹은 일본 정부가 주도한 것이 아니었다.

가맹 전년인 2000년, 해양정책연구재단의 데라시마 히로시寺島紘士 상무이사가 동아시아 각국의 해양정책을 조사하기 위해 필리핀 환경부 내에 있는 PEMSEA 사무국을 방문했을 때의 일이다.

돌아올 때, 사무국 입구에 있는 가맹국 국기 게양대 앞에서 사무국장이 멈춰 섰다. 사무국장은 국기가 게양되어 있지 않은 하나의 게양대를 어루만지면서 이렇게 투덜거렸다.

"이 게양대는 일본이 참가했을 때를 위해 놓아두었다. 그런데 일본의 운수성(현 국토교통성)이나 환경청(현 환경성), 외무성에 참가를 요청해도 만족스런 대답을 주지 않는다. 그것이 마지막이다."

놀란 데라시마 상무이사가 귀국 후 운수성 등에 요청을 한 결과, PEMSEA 가맹에 나서기 시작했다는 것이 내부 사정이었다.

외무성과 국토교통성 등이 국제 조류를 잘못 읽은 것은 지금 시작된 일이 아니다.

1974년 7월 15일, 베네수엘라의 수도 카라카스에서 열렸던 제3차 유엔해양법회의에서의 일이다. 초점은 어업자원에 관한 200해리 경제수역 설정을 인정할 것인가 어떨 것인가 하는 것이었다.

각국 대표연설이 시작되고, 여섯 번째 등단한 일본대표 오기소 모토오小木曾本雄 유엔대사는 경제수역 설정에 정면으로 반대했다.

"전통적 어업국의 정당한 권리가 충분히 고려되는 것이 매우 중요하다. 우리는 영해의 한도를 훨씬 넘은 배타적 권리의 설정에 반대의 태도를 표명한다."

그렇지만 연설한 115개국 중에서 93개국이 경제수역 설정에 '지지'하거나 '조건부 지지'를 표명했다. 명확히 반대한 주요 국가는 일본뿐이었다. 일본 뒤에 연설한 몇 개 국가의 대표는 세계 각국이 경제수역 설정을 지지한 것에 대해 언급하면서, "1개국을 제외하고"(except one)라고 부가하여 일본의 고립을 야유했다.

1976년, 뒤처진 일본은 200해리 설정 찬성으로 전환하지 않을 수 없었다.

외무성 해양법본부장을 역임한 바 있는 야나이 슌지 전 주미대사는 "막바지에 이르러 어쩔 수 없이 받아들인 것이 현실이다. 일본은 완전히 후수였다"고 회고했다.

쓰디쓴 교훈을 살리기 위해서는 어떻게 하면 좋은가?

하야시 모리타카林司宣 와세다대早稲田大 교수(국제법)는 이렇게 고언했다.

"유엔에서는 새로운 조약 등을 작성할 때, 전문가를 포함하여 자유로 참가하는 소규모 회의를 연다. 그런 회의에서 틀이 굳어지는 경우가 많은데, 일본은 사람을 보낼 여유가 없다. 주요 국가는 사람을 항상 붙여두고 있다. 확실한 정보와 비전을 갖고 교섭에 임할 필요가 있다."

해상보안청에 대한 각광은 진짜일까?

조선공업과 해상자위대의 도시로 알려진 히로시마현広島県 구레시呉市. 그 시가지의 서쪽, 세토나이카이瀬戸内海에 돌출한 일각에 해상보안청 간부를 양성하는 4년제 해상보안대학교가 있다.

2006년 3월 26일 거행된 해상보안대학교 졸업식. 약 200명의 학생은 가끔 세차게 내리는 비에 제복을 적시며, 헬리콥터로 날아온 내빈 고이즈미 수상을 경례로 맞이했다. 개교 이래 55년 동안, 수상이 졸업식에 참석한 것은 처음이었다. 해상보안대학교는 이 날을 위해 정성껏 예행연습을 하여 학생들은 일사불란하게 수상 앞을 행진했다.

"특별한 졸업식이었다. 몸이 긴장되는 느낌이었다."

졸업생 우에하라 나나코上原和菜子 3등해상보안정(24)이 감격한 것은 말할 것도 없다.

졸업식에 참석한 히로세 하지메広瀬肇 해상보안대학교 명예교수도 "수상 참석이 비원이었다. 역대 수상은 방위대학교 졸업식에는 매년 참석하면서도, 여기에는… 하고 서운한 생각을 했었다"며 긴 세월의 염원이 이루어졌다는 것에 감개무량한 얼굴이었다.

식을 끝낸 남자 졸업생 한 사람은 이렇게 속삭이기도 했다.

"해상보안청이 알려져 있지 않다는 것을 실감한다. 친척이나 친구들도 해상보안청과 해상자위대를 구별하지 못한다."

같은 바다에서 활동하는 해상보안청과 해상자위대의 역할은 크게 다르다.

예를 들어, 북한의 의아선박이나 공작선이 일본 근해에 오면 원칙적으로 바다의 경찰인 해상보안청이 대응한다. 나아가 사태가 진전되어 북한에 의한 무력공격이 있으면 무력조직인 해상자위대가 출동한다.

조직은 해상자위대 쪽이 압도적으로 크다. 인원은 해상자위대가 4만 5,000명인 데 비해 해상보안청은 1만 3,000명. 예산도 해상보안청 전체가 해상자위대의 이지스함 건조비 1,400억 엔을 약간 상회하는 규모다.

해상자위대는 5년마다 수립하는 중기방위력정비계획에 따라 호위함 등을 착실히 대체하는 구조가 되어 있는 데 비해, 해상보안청의 장비는 부족한 예산의 영향을 받아 왔다. 1970년대에 대량으로 도입한 순시선 등은 계속해서 내구연한이 다 되어, 그 비율이 전체의 40%에 달하고 있다.

장비의 노후화에 운수성(현 국토교통성)도 진지하게 대처하지 않았다.

해상보안청 이시카와 히로키 청장은 운수성 회계과장을 역임하던 때, "돈이 없으니까 참아달라"며 해상보안청 담당자를 돌려보냈다. 이시카와 청장은 자기반성을 하면서 “이렇게 지독할 줄은 생각지도 못했다”고 말한다. 해상보안청의 신규 함정 건조예산이 증가한 것은 2006년도부터였다.

한 해상보안관은 부족한 예산이 해상보안청의 활동에 지장이 되고 있다고 호소한다.

“사건·사고 시에는 증거 수집이 불가결하지만, 카메라 필름을 살 예산이 부족하다. 순시선이 바다에서 생활한 후 쓰레기를 육지로 끌어내릴 예산도 부족하다. 국민의 기대에 부응하기 위해 임무를 수행하려고 해도, 예산이 없으면 기대에 부응하기도 어렵다.”

종전 직후인 1948년, 해상보안청은 미국 해안경비대를 모델로 발족했다. 일본의 재군사화를 경계한 연합국군총사령부(GHQ)의 의향으로 해상보안청법에는 군사적 색채를 배제한 규정이 포함되었다.

“해상보안청이 군대로 조직되고, 군대의 기능을 영위하는 것을 인정하는 것으로 해석해서는 안 된다.” (제25조)

이러한 경위가 있기 때문에 해상보안청과 해상자위대의 관계는 꼭 좋다고는 할 수 없다.

해상자위대와 해상보안청이 처음으로 본격적인 공동대처 매뉴얼을 수립한 것은 1999년 노토能登반도 앞바다에서 의아선박 사건이 일어나고부터다.

미국의 해안경비대와 해군의 협력에 비하면 크게 뒤진다. 연안경비대원이 해군 함선에 승선하여 임검을 지휘하는 일도 있다.

2001년 미국 동시 테러 이후, 해상보안청은 테러대책과 대량 살상무기의 확산 저지라는 새로운 역할을 요구받고 있다. 그렇지만 테러에 관여한 의심이 있는 선박을 해상보안청이 발견해도, 임검의 법적 근거가 되는 해상보안청법에는 미비한 부분이 있다. 국제해양법재판소 재판관을 역임한 야마모토 소지山本草二 도호쿠대東北大 명예교수는 "해상보안청법은 임검의 요건을 한정하고 있고, 테러용의를 상정하고 있지 않다. 무리하게 임검을 해서 재판을 일으키면 힘들어진다. 이러한 법률을 방치한 것은 정치권의 책임이다"라고 지적했다.

해상보안청장에서 정계에 투신한 자민당의 아라이 쇼고荒井正吾 참의원 의원은 "수산이나 해운에 관심이 있는 정치가는 있어도, 해상보안청이나 바다 전체에 대한 얘기가 되면, 국회의원은 좀처럼 힘쓰려고 하지 않는다"며, 해상보안청에 대한 정계의 관심이 낮은 것을 탄식했다.

그렇긴 하지만 밝은 화제도 없지는 않다.

고이즈미 수상의 해상보안대학교 졸업식 참석이 그 대표적 사례이고, 해난구조에 임하는 해상보안청 잠수사를 주역으로 한 만화 『우미자루海猿』와 그 영화화로, 젊은층을 중심으로 해상보안청에 대한 주목도가 높아지고 있다.

일반직원을 양성하는 해상보안학교(교토부 마이즈루시) 지원자도 증가했다. 2006년 5월, 도쿄만 하네다羽田 앞바다에서 거행된 해상보안청 관함식 견학자 공모에는 일반인으로부터 신청이 쇄도했다.

해상보안청에 순풍이 불기 시작하고 있다.[42]

외국인 선원에 의존하는 해상 수송

2004년 4월 24일, 이라크 근해에 떠 있는 석유 적출시설 바스라 터미널에서 일본 유조선이 자칫했으면 자폭 테러에 휩싸일 뻔했던 사건이 일어났다.

계류 중이었던 닛폰유센(NYK)의 초대형 유조선 'TAKASUZU'(28만 톤) 오른쪽 전방에서 2척의 소형 보트가 다가왔다. 터미널에서 경계를 하고 있던 다국적군 병사의 총격을 받은 보트는 유조선 수백 미터 바로 앞에서 대폭발을 일으켰다.

금속파편과 테러리스트의 유체 일부가 유조선에 떨어지고 유조선 도어의 일부가 폭풍으로 파손되었다.

"본선이 당했다."

일시적으로 혼돈 상태에 빠진 유조선에서는 이런 제1보가 도쿄 마루노우치에 있는 닛폰유센 본사에 도달했을 정도다. 항만노동자가 달아나버려 계류 밧줄을 풀 수 없었던 유조선은 근처에 있던 다른 선박 선원의 협력으로 반나절 후에야 겨우 출항했다.

수일 후, 국제 테러 조직 알카에다와 관계가 깊다고 알려진 요르단인 테러리스트 자루카위 용의자 이름으로 범행 성명이 나왔다.

이 유조선의 선원은 거의가 외국인이었다.

일본 해운회사의 유조선이나 컨테이너선 등의 외항선원은 실은 96%가 외국인으로 채워져 있다. 1970년대에 5만 명을 넘었던 일본인 선원은 약 2,500명까지 떨어졌다.[43)]

1980년대에 발생한 이란·이라크 전쟁에서는 일본 유조선 등도 폭격을 받아 일본인 2명이 희생되었다. 그래도 연인원 6만 명의 일본인 선원이 석유수송을 담당하는 등 당시의 유조선 선원은 일본인이 주체였다.

일본 상선대에 승선하는 외항선원수에서 가장 많은 것은 약 2만 8,000명에 달하는 필리핀인이다. 일본인의 10배 이상이나 된다.

전일본해원조합에 가맹한 필리핀인 선원에 적용되는 노사협약에는 "군사행동 구역에 가지 않으며, 하선해서 회사 부담으로 송환될 권리"가 명기되어 있다.

중동에서 이란·이라크 전쟁과 같은 위기가 다시 일어나면 어떻게 될까?

전일본해원조합의 히라야마 세이치平山誠一 국제기선국장은 비관적이다.

"그 때와 같은 수송을 하려고 해도 애국심에 호소할 수 있는 일본인 선원이 거의 없다. 회사가 안전하다고 해도 외국인 선원들은 신용하지 않는다. 석유수송은 두절되고, 온 일본이 정전이 될지도 모른다."

외항선박의 존재는 유사법제有事法制[44]에도 들어가 있지 않다.

일본이 무력공격을 받을 경우, 무력공격사태법[45]에 따라 국가는 해운업자를 지정공공기관으로 지정하여 필요한 물자수송을 하도록 할 수 있다.

그러나 그 대상은 일본인 선원밖에 없는 내항선박에 한정된다. 외국인 선원으로 지탱되는 외항선박에 대해서는 국가에 이러한 권한이 없다. 99.7%를 해상수송에 의지하는 석유나 천연가스 등 자원·식량을 유사시에 어떻게 확보할까? 매우 불안한 상태다.

원래 일본인 선원이 격감한 원인은 해운회사가 인건비가 높은 일본인 선원을 고용하지 않았던 데에 있다.

일본선주협회에 의하면, 임금수준이 1등항해사 기준으로, 일본인 선원의 연수입이 900만 엔인데 필리핀인 선원의 연수입은 264만 엔. 3~4배의 차이가 있다.

매년 200~300명의 일본인 선원이 퇴직하는 반면에 신규채용은 70명 정도에 머물고 있다.

"외항 일본인 선원은 일본의 멸종위기종입니다."

전일본해원조합은 2005년 이렇게 호소하는 전단 3만 장을 작성했다. 전단에는 이미 멸종된 일본의 따오기와 일본인 선원 감소 현황을 비교해서 나타내는 그래프를 나란히 실었다.

닛폰유센(NYK)의 아카미네 고이치赤峯浩一 선원전략프로젝트그룹장은 “일본인 선원은 이미 승선원으로서의 사명을 끝냈다. 임금면에서 국제경쟁력이 없기 때문에 어쩔 수 없다”고 말했다.

대조적으로 계속 늘어나는 외국인 선원의 질을 향상시키기 위해 해운 회사는 세계 각국에서 자비로 선원 양성에 나서기 시작했다.

닛폰유센(NYK)은 필리핀에 1학년 120명 전원이 기숙사 생활을 하는 상선대학을 2007년 설립할 계획이다.[46] 자사의 간부선원을 학생 단계에서부터 확보할 목적에서다. 이미 중국 상하이해사대학에 특별 학급을 개설해 졸업생을 채용하고 있는 한편, 인도와 크로아티아의 상선대학 등에도 2006년부터 특별 학급을 개설했다. 쇼센미쓰이商船三井 (MOL)도 러시아 블라디보스토크 등에 선원훈련센터를 설립했다.[47]

그렇지만 외국인으로는 충당할 수 없는 직종도 있다. 항만에 드나드는 대형선에 동승하여 안내하는 도선사는 일본인에 한정되고 있다. 더구나 도선사는 선장 경력이 조건으로 되어 있었다. 2006년에 도선사법을 개정해 도선사 자격을 실무경험이 없는 선원자격 소유자에게도 넓힌 것은 일본인 선장이 이대로 감소해 가면 2009년에는 도선사 보충이 곤란한 사태가 예상되기 때문이었다.

도선사와 같이 선장 출신자가 많은 해난심판관이나 해기사시험관, 선원교육기관의 교관 등에 인재난이 파급되는 것은 시간문제다.

일본인 선원 감소에 국가는 어떻게 대응하고 있는가?

국토교통성 호시노 시게오星野茂夫 해사국장은 “바다 세계의 경쟁은 만만하지 않다. 경제 합리성에 반하는 정책을 추진하는 것은 어렵다"며 유효한 수단을 명확히 할 수 없는 것을 인정한다.

인건비가 높은 선진국에 있어 자국 선원의 부족은 공통된 고민이지만, 영국은 1년의 반 이상을 해외에서 보내는 자국선원의 소득세를 전액 면제하고, 독일도 자국선원의 훈련비 등을 위해 연간 약 6억 엔을 보조하여, 선원 확보에 힘쓰고 있다.

한국은 2006년부터 곡물과 원유, 석탄 등을 운송하는 한국 국적선 30척을 '국가필수선박'으로 지정했다. 한국인 선원을 늘리는 것을 조건으로 정부가 해운회사에 선원 임금의 차액을 보조한다. 한국 해양수산부의 정홍鄭弘 해운정책과장은 "국가 안전보장과 자국선원의 안정적 확보를 목적으로 하고 있다. 2012년에는 국가필수선박을 88척까지 늘릴 계획이다"고 말했다.

각국은 자국적선의 확보에도 열심이다. 해운업계에서는 선박을 세금이 싼 파나마나 라이베리아 등에 등록하는 편의치적선이 주류가 되어 있기 때문이다.

영국은 자국 서부지역의 만 섬(Isle of Man)에 등록한 선박에 대해, 선원이 모두 외국인이더라도 자국적으로 인정하는 제2선적제도를 창설했다.[48] 이른바 1국 2제도이다. 노르웨이와 프랑스에도 같은 제도가 있어, 자국적선을 다시 불러들이는 데 효과를 거두고 있다고 한다.

일본도 1996년, 선장과 기관장만 일본인이면, 다른 선원이 모두 외국인이더라도 일본국적선으로 인정하는 국제선박제도를 도입했다. 그러나 외국인선원에게도 기능시험을 부과한다는 엄격한 요건 등 때문에 해운업계는 제도 이용에 냉소적이다. 현재의 외항선박 약 1,900척 중 일본국적선은 겨우 91척으로까지 떨어졌다.[49]

세계의 해운시장은 중국의 경제성장으로 공전의 활황을 보이고 있다. 닛폰유센(NYK)이 2005년의 660척 체제에서, 2010년에는 880

척 체제로 개편할 것을 목표로 하는 등 일본 해운회사도 선박을 대폭 증대할 계획이다.[50] 일본인 선원과 일본국적선을 늘릴 최후의 기회로도 보여지고 있다. 모리모토 야스유키森本靖之 일본선장협회 회장은 이렇게 말했다.

"쌀이나 쇠고기는 일정한 국내생산을 확보하기 위해 세금을 투입해도 국민들이 납득한다. 무슨 일이 일어났을 때 의지할 수 있는 일본인 선원 등의 확보에 국토교통성과 해운회사, 해원조합이 하나가 되어 진지하게 대처해야 한다."

'좌초' 직전의 선원 교육

선원 교육의 핵심기관이었던 도쿄상선대학은 2003년 도쿄수산대학과 통합하여, 바다의 종합대학을 간판으로 하는 도쿄해양대학으로 바뀌었다. 구 도쿄상선대는 해양공학부라는 일개 학부로 재편되었다.

잡지『프레지던트』2006년 5월 15일호는 "운 좋게 잘 들어간 이과계 대학은 어딘가?" 하는 기획기사를 게재했다.

전국 1위에 랭크된 것은 도쿄해양대였다. 들어가기 쉬운 데 비해 졸업생의 연수입이 좋다는 의미다. 기사를 본 다카이 리쿠오高井陸雄 총장은 복잡한 표정을 감추지 않았다.

"'운좋게 잘 들어간 대학'에서 첫 번째라고 하는 것은……, 기뻐해서 좋은 것인지 모르겠네요."

확실히 기뻐하고 있을 수 있는 환경은 아니다. 2006년 4월 10일 열린 입학식에서 약 500명의 신입생을 앞에 두고 오카모토 노부아키岡本信明 부총장은 단언했다.

"바다의 종합대학에 어울리는 인재를 배출하지 않으면 이 대학의 역할은 없다. 아무렇게 해도 되는 대학과는 다르다는 것을 확실히 명심해 주었으면 한다."

위기감은 선원 교육에 관한 학부·학과에 강하다.

외항선원 양성기관으로서는 도쿄해양대 해양공학부와 고베대神戸大 해사과학부(구 고베상선대) 외에, 중학교 졸업 수준에서 입학할 수 있는 전국 5개소의 상선고등전문학교 등이 있다.

도쿄해양대에서 외항선 선장이나 항해사를 목표로 하는 학생은 다음과 같은 경로를 걷게 된다.

먼저 해양공학부 해사시스템공학과(정원 65명)에 들어가 3학년으로 진학할 때, 항해시스템코스(정원 35명)를 선택한다. 졸업 후에는 반년간의 승선실습과(동)에 적을 두고 독립행정법인인 항해훈련소에서 조선술操船術 등을 배운다.

문제는 항해시스템코스 학생 중 60%밖에 승선실습과에 진학하지 않는다는 것이다. 승선실습과는 정원 미달이 계속되고 있다. 남은 40%의 학생은 물류 등 일반기업에 취직한다.

오츠 고헤이大津皓平 도쿄해양대 교수操船論는 "학력 수준이 높고, 어떤 일이 있어도 배를 타겠다는 학생도 있다. 그러나 선박회사는 임금이 높은 것을 이유로 그러한 학생을 배에 태우려고 하지 않는다"며, 학생을 선원으로 채용하지 않는 해운회사의 자세를 비판한다.

해운회사는 일본인 선원을 경원한다. 이 때문에 학생이 승선실습과까지 진학해도 선원으로 채용되지 않는다. 그렇기 때문에 승선실습과 진학률이 낮아진다……고 하는 부의 악순환이다.

선원 교육의 총 마무리를 하는 항해훈련소는 범선 닛폰마루日本丸와 가이오마루海王丸를 이용하여 돛을 조정하는 훈련 등을 실시하고 있다. 일본의 선원 교육은 전통적 조선기술을 중시해 왔다.

2005년 10월, 정부의 규제개혁·민간개방추진회의에서는 항해훈련소의 비효율적 모습이 비난의 대상이 되었다. 위원의 한 사람인 구사카리 다카오草刈隆郎 닛폰유센(NYK) 회장은 어조를 높였다.

"훈련소나 대학에서 공부해도 전연 쓸 만한 인재가 되지 않는다. 돛을 펼치는 것이 뛰어나도 외국인 선원을 완벽하게 다룰 수 없다. 영어능력과 IT지식이 결여되어 있는 것이 문제다."

항해훈련소를 관장하는 국토교통성 담당자는 방어에 급급했다.

"회장님도 알고 계시는 바와 같이 세계의 주요 해양국, 해운국, 해군국은 범선교육을 하고 있습니다. 일본도 주요 해양국으로서 범선 교육은 필요하다고 생각하고 있습니다."

이러한 질의답변에서 확실히 보이는 것은 서로 협력해야만 하는 해운회사와 대학·선원양성기관이 서로 외면하는 모습이다. 일본의 선원 교육은 바로 '좌초' 위기에 처해 있다.

이웃 나라는 어떻게 하고 있을까?

한국은 1994년, 국립인 한국해양대학(부산시)의 항해학과에 경영과 해운정책 등의 전공을 설치했다. 항해학과의 정원미달에 위기감을 느꼈기 때문이다. 개혁은 주효하여 항해학과 합격자는 일본의 대학입시센터시험에 해당하는 시험에서 상위 10%에 들어있다고 한다.

김순갑金順甲 총장은 "국가에 필요한 엘리트를 소수정예로 육성하고 있다. 국민도 '바다 하면 해양대'라는 이미지가 있다. 해양정책도 해양대 졸업생의 네트워크로 만들어지고 있다"며 자신감을 보인다.

중국도 거국적으로 바다 인재 육성을 추진하고 있다. 다롄大連해사대학과 필적하는 중추적 선원교육기관인 상하이해사대학은 학생을 현재의 1만 5,000명에서 2만 명으로 늘려, 도쿄해양대의 10배 규모로 확대할 계획이다.[51)]

상하이해사대의 진용싱金永興 부총장이 그리는 꿈은 장대하다.

"중앙 정부도 이 대학의 발전을 중요시하고 있다. 2020년에는 세계의 해사대학 중에서 최고 수준으로 육성하고 싶다."

국제기관에 대한 인재파견에서도 중국의 열의를 엿볼 수 있다.

스웨덴 남부 말뫼에 국제해사기구(IMO)가 설립한 세계해사대학(WMU)이 있다.[52)] 약 200명인 전체 학생 중 일본인은 3명이지만 중국인은 22명이나 있다. 닛폰日本재단(도쿄 미나토구)은 WMU 학생 4명 중 1명에게 장학금을 지급하고 있는 세계 최대의 후원자다. 그 장학금 수급자가 가장 많은 것은 실은 중국인 학생이라고 한다.

WMU에서 교편을 잡고 있는 나카자와 다케시中澤武 교수(해사공학)는 열심히 공부에 전념하는 중국인 학생의 모습을 보고 이렇게 감상을 드러냈다.

"중국인 학생은 사기가 높다. 일본 학생은 당해내지 못할 것으로 생각한다."

LNG선의 안전은 누가 지킬 것인가?

2006년 5월 26일, 중국 광둥성廣東省 센젠시深圳市의 항만에 호주에서 출항한 액화천연가스(LNG)선이 처음으로 입항했다. 신문기사에서는 작게 취급되었지만, 일본 해운관계자에게 준 충격은 작지 않았다.

"마침내 중국이 LNG를 수입하게 되었는가?"

세계 최대의 LNG 수입국인 일본은 LNG 해상수송기술을 세계 최고 수준으로 육성해 왔다. 그렇지만 그것도 지금은 국제적 경쟁의 파도에 노출되어 있는 것을 해운관계자는 새롭게 주지하게 되었던 것이다.

LNG는 영하 약 160도로 냉각되어 액체 상태로 된 천연가스다. 기체인 천연가스와 비교하면 용적은 600분의 1이다. 이것을 LNG선에 적재함으로써, 통상적으로는 파이프라인으로 운반하는 천연가스의 해상수송이 가능하게 된다.

일본의 LNG 수입은 1969년에 시작되었다. 주요 공급국은 인도네시아와 말레이시아 등이다. 석유와 달리 중동에 편중되지 않은 이점도 있어, 도쿄전력東京電力과 간사이전력関西電力, 도쿄가스 등은 석유위기 후 LNG를 본격적으로 도입하여 화력발전소의 연료나 도시가스의 원료로 사용해 왔다.

LNG선은 만일의 사고에 대비한 2중구조의 선체에 마호병과 같은 LNG 보냉탱크를 싣는다. 엔진은 기화한 LNG를 연료의 일부로 사용하는 특별한 것이다. 수송 중의 화물관리에는 세심한 주의가 요구된다.

외국인 선원을 늘리고 비용 절감에 힘쓰는 일본 해운회사도 LNG선만은 특별한 취급을 하고 있다. 유조선이나 화물선처럼 외국에 등록하지 않고, 일본국적선으로서 선장과 기관장, 주요 선원에 특별한 훈련을 쌓은 일본인을 채용해 왔다.

노사대립으로 운항이 멈추면 일반 가정에 심각한 영향이 온다. 전일본해원조합은 LNG 선원에 한해 파업권의 포기까지 단행했다.

일본의 LNG 수입량은 계속 증가하여, 2005년도에 5,780만 톤에

달했다. 세계 수입시장에서의 점유율은 43%로, 2위 한국(17%)을 크게 앞지르고 있다.[53)]

이에 대해, 중국도 LNG 수입을 증가시키려고 LNG기지를 각지에 건설할 계획을 세우고 있다. 2007년에는 첫 중국산 LNG선이 탄생한다고 한다. 20년 후, 중국의 LNG 수입량은 최대 6,000만 톤에 달해, 일본을 제치고 세계 제1위가 된다는 시산試算도 있다.[54)]

미국도 국내산 원유의 감소와 높은 원유가 등으로 LNG를 활용하려고 하고 있다.

일본과 한국의 조선사를 중심으로 LNG선 건조도 활발하게 이루어지고 있다. 세계에 약 200척이 있는 LNG선은, 2010년에는 약 350척으로 증가할 전망이다.[55)] 1척의 LNG 탑재량도 15만㎥급에서 20만㎥급으로 대형화한다.

LNG선 급증에 따라 우수한 선원 쟁탈전이 해운회사 간에 계속 일어나고 있다. 격화되면 LNG 수송의 안전성에도 영향이 생긴다.

"숙련된 승무원이 계속 부족하다. LNG선 선원의 질이 걱정이다."

2006년 2월, 각국의 상선대학 등이 가맹한 국제해사대학연합(도쿄 토라노몬)의 야마모토 히사시山本恒 사무국장 앞으로 한 통의 전자메일이 도착했다. 보낸 사람은 호주 최대 LNG 기업의 중역이었다. 이 회사는 미국과 중국에 LNG를 팔고 있다.

선원교육 전문가로서 각국 해운관계자와 서로 연락을 취하고 있는 야마모토 국장은 이렇게 생각한다.

"LNG 수송의 안전성을 해운회사에만 맡길 수는 없다. LNG 선원의 질을 확보하기 위해 국제적인 선원시험제도를 도입할 필요가 있다. 일본은 세계 최대의 소비국으로서 리더십을 발휘해야 한다."

2006년 5월말, 미국 워싱턴에 각국 정부 관계자들이 모였다. 협의 결과, LNG 선원의 질 향상을 검토하도록 세계해사기구(IMO)에 건의를 하자는 데 일치했다.

이 회의에는 미국의 해안경비대와 에너지부 간부들이 참석했지만, 일본 정부 관계자는 참석하지 않았다. 해운업계가 새로운 규제에 소극적이고, 국토교통성도 수동적이기 때문이었다.

해양정책연구재단 구도 에이스케工藤栄介 상무이사는 "일본은 LNG 기술을 가지고 있고, 수입량도 많은데, LNG에 대한 국제 조약 제정에 나서려고 하지 않는다"며 의문을 나타냈다.

해운사를 뒤돌아보면 국제조약이라고 하는 것은 큰 해난사고를 계기로 겨우 성립되기를 반복해 왔다.

1912년 타이타닉호 침몰의 비극을 계기로 선박의 안전성 등을 규정한 「해상인명안전(SOLAS) 협약」이 체결되었다. 해양환경을 지키는 「유탁油濁사고대책협력(OPRC) 협약」은 유조선 엑슨 발디즈호(Exxon Valdez)가 1989년 미국 알래스카에서 일으킨 대규모 유류유출 사고가 계기가 되었다.

그렇지만 LNG선과 관련된 국제 조약의 제정은 해난사고를 기다려서는 안 된다.

2006년 일본에서 공개된 미국 영화 『시리아나』(워너브라더즈)에 이런 장면이 그려져 있다.

"테러리스트 일당이 된 파키스탄인이 미사일 탄두를 어선에 싣고 LNG선에 돌진해 자폭하려고 하는…."

초저온의 천연가스를 운반하는 LNG선은 대형화가 진전되고 있다. 최대로 1척당 14만 5,000㎥(약 6만 4,000톤)의 LNG를 적재하고 있다. 이것은 약 20만 세대가 1년간 사용하는 도시가스량에 해당한다.

이러한 LNG선이 기항지에서 테러 공격에 노출되면 어떻게 될 것인가?

미국 에너지부는 2004년, 산하 산디아 국립연구소(Sandia National Laboratory)의 이름을 딴 보고서「산디아 보고서(Sandia Report)」에서 충격적 내용을 밝혔다.

"의도적 공격으로 LNG가 대규모로 유출되어 발화한 경우, 반경 500m 이내의 주민과 시설은 고열로 큰 피해를 입는다. 반경 1,600m까지 중정도의 피해가 미친다."

파괴된 탱크로부터 LNG가 유출되면 천연가스가 증기처럼 주위로 퍼진다. 발화하면 폭발적인 화염을 불러일으킨다. 해상이라면 부근을 항행하는 선박이 휩쓸리게 된다. 정박 중이라면 항만시설과 부근의 공장 등에 막대한 피해를 줄 가능성이 있다.

2001년 발생한 미 동시 테러 전에, 국제테러 조직 알카에다의 멤버가 알제리에서 온 LNG선에 숨어들어 미국 보스턴항에 밀입국했다는 보도가 있었다. 보스턴에서는 주택지 주변까지 LNG선이 접근한다. 미 해안경비대는 동시 테러 직후, LNG선의 보스턴 입항을 금지시켰다고 한다.

미국에서는 LNG선이나 LNG기지 등이 테러 공격의 대상이 될 수 있다고 해서 현재도 경계 태세가 계속되고 있다.

마이켈 맥데빗(Michael McDevitt) 전 미 국방부 동아시아정책부장(퇴역 해군 소장)은 이렇게 경고한다.

"LNG선은 천연가스를 가득 싣고 있는 폭탄과 같다. 테러리스트가 어떤 형태로든지 1척을 손에 넣어, 항만에 충돌시켜 폭발시킨다면 엄청난 일이 된다."

일본의 해운회사는 LNG선 1척 건조에 유조선의 배 이상인 약 250억 엔을 들여, 선체를 강화하는 등 안전성 향상에 노력해 왔다. LNG선은 충돌해도 간단히 탱크에 구멍이 뚫리지 않는 2중 구조로 되어 있다.

닛폰유센(NYK)은 2006년 1월, LNG선의 구조에서 운항, 안전관리, 선원교육 등을 총괄한 전문서적을 출판하여 오랫동안의 노하우를 처음으로 공표했다.[56]

세키네 히로시關根博 안전환경그룹장은 "최근 대형사고를 일으키면 어떻게 되는가라는 질문을 자주 받기 때문에, 만전의 대책을 강구하고 있다는 것을 알아주었으면 하는 의미도 있다"고 출판을 하게 된 의도를 설명한다.

그렇지만 LNG 수송량으로 세계 제일을 자랑하는 쇼센미쓰이(MOL)의 아시다 아키미츠芦田昭充 사장은 이렇게 말했다.

"우리들은 두려워 떠는 듯한 기분으로 LNG를 수송하고 있다. 외부로부터의 공격은 막을 수가 없다. 기관총을 설치해서 응전하는 것 같은 대응은 할 수 없다. 테러대책은 국가적 견지에서 해주지 않으면 안 된다."

1974년, 도쿄만에서는 LPG(액화석유가스)와 나프타를 실은 탱커 '제10 유요마루雄洋丸'(약 4만 3,700톤)가 라이베리아 화물선과 충돌·연소되어, 두 배의 선원 33명이 사망한 사고가 일어났다.

20일간이나 계속 연소된 탱커는 도쿄만 밖으로 예인되어 해상자위대 호위함의 함포사격과 잠수함의 어뢰 공격으로 겨우 침몰했다.

도쿄만 지역은 항만시설과 공장의 밀집도가 높아지고 있다. 만내에는 선박이 빈번히 항행하고, 제10 유요마루보다 훨씬 큰 대형 LNG선도 매일같이 들어오고 있다.

세계 최대의 LNG 수입국인 일본은, 마침내 2005년부터 도쿄만에서 LNG선에 대한 테러가 발생한 경우의 피해를 상정하고 그 대응 연구에 들어갔지만, 소방체제나 주민피난 등의 구체적 방법을 강구하는 것은 지금부터다.

LNG 기지는 도쿄만뿐 아니라 오사카만大阪湾과 기타큐슈北九州 등 전국 27개소에 있다.

미쓰비시三菱종합연구소에서 에너지 문제를 담당하는 와세다 사토시早稲田聡 주임연구원은 "테러 대책 등에 있어서, 항만을 관리하는 지자체와 해상보안청의 협조체제가 갖추어져 있는지 어떤지 염려스럽다. 정부가 대책지침을 작성하여 지자체와도 정보를 공유할 필요가 있다"고 지적했다.

LNG의 '안전신화'가 흔들리는 지금, 최악의 경우를 염두에 둔 위험 관리 체제의 정비가 급선무가 되고 있다.

중국과 한국에 패배한 항만 경쟁

세계의 항만이 펼치는 격렬한 물류전쟁에서 일본은 점점 탈락해가고 있다.

1994년과 2004년 세계 각 항만의 컨테이너 취급량을 비교하면, 일본의 추락이 확실히 보인다. 고베항은 세계 6위에서 35위로, 10위였던 요코하마항은 27위로, 양쪽 모두 순위를 크게 떨어뜨렸다. 일본에서는 수위인 도쿄항도 세계에서는 22위에 머물러있다. 1970년대에 2위였던 고베항의 쇠퇴는 혼미를 거듭하고 있는 일본의 항만을 상징하고 있다.[57)]

이와는 상관없이, 상위 6위까지를 아시아의 항만이 독점했다. 특히 성장이 현저한 것은 중국 상하이항이다. 1994년 25위에서 2004년에는 3위로 약진했다.

상하이항은 시가지에 인접한 와이까오챠오外高橋港항, 상하이시

앞바다 섬에 건설된 양산심수항洋山深水港 등 여러 개의 항구로 이루어져 있다.

상하이 시가지와 양산심수항을 연결하는 것은 세계 최장의 해상교량 '동하이대교東海大橋'(약 32㎞)다.[58] 대교를 승용차로 30분 정도 달리면 2005년 12월 개항한 거대한 양산심수항의 모습이 보인다.

대형 컨테이너선이 접안할 수 있는 수심 16m급 안벽 5개를 갖추고, 거대한 전용 크레인이 숲처럼 서 있다. 인접지에서는 새로 제2기 공사도 추진하고 있다. 향후 십여 년 안에 양산심수항은 안벽을 50개 이상으로 늘려 세계 최대의 컨테이너 터미널이 되는 것을 목표로 하고 있다.[59]

길이 약 6m의 컨테이너로 환산한 경우, 이 양산심수항에서만 1년에 2,000만 개 이상의 국제 컨테이너를 취급하는 것이 목표다.[60] 일본 전국의 항만을 합해도 약 1,500만 개에 지나지 않는다. 양산심수항이 차원이 다른 거대한 항만을 계획하고 있는 것을 알 수 있다.

또, 항만에 인접한 지역에서는 총면적 약 300㎢의 부지에 제조업과 IT, 정밀기기산업을 유치하는 외에 대학과 연구기관도 집적시킬 계획이다. 입주기업에 대해서는 세제면 등에서 우대조치가 준비되어 있다.

개발 주체인 상하이임항경제개발집단유한공사의 리우지아핑劉家平 총재는 "항만 주변지구 개발은 중국의 21세기 최대의 사업이다"고 강조했다.

한편, 한국은 '동북아시아 물류부국'을 국가정책으로 내걸고, 부산항과 그 가까이에 있는 부산항 신항 정비를 집중적으로 추진해 왔다. 5년 후에는 부산항 신항에 30개의 안벽과 약 120만㎡의 물류단지를 정비할 예정이다.[61]

부산항에는 '한국의 관문'이라는 이미지와 일본 전국의 60개 항만을 컨테이너선 항로로 연결하는 '허브(중계)항'이라는 이미지가 있다. 부산항의 급성장은 허브항의 역할에 의한 것이다. 일본보다 인건비 등이 싸고 수송비용을 억제할 수 있는 것이 세일즈 포인트가 되어 있다.[62)]

예를 들면, 히로시마広島로부터 미국 서해안에 길이 40피트(약 12m)의 컨테이너를 운반한다고 하자. 국토교통성에 의하면 '히로시마항-고베항-미서해안' 루트를 가정할 경우, 수송비는 58만 엔. 그것이 부산항을 경유하는 '히로시마항-부산항-미서해안' 루트라면 49만 엔으로 끝난다.

부산항에는 매월 일본의 지방자치단체 등으로부터 시찰단이 방문해 부산 경유 화물을 늘리려고 하고 있다.

한국은 일본의 창고까지도 부산항에 유치하고 있다. 일본에서 이루어지던 재고관리로부터 내용물의 분류까지를 부산항에서 인수하여 '일본 물류거점'의 지위를 굳히려는 계산이다.

미쓰이三井물산과 한국 기업이 공동 출자한 한국MCC로지스틱스(본사 부산)도 그 하나이다. 2005년 이 회사는 일본 홈센터용 가구와 애완동물의 사료 등을 취급하는 거대한 물류창고를 부산항에 개설했다.

오타 야스시太田泰司 사장은 "부산항을 발전시키려고 하는 한국 정부의 전략을 느낀다. 우리가 '창고 예정지의 배수가 나쁘다'고 한국측에 지적했더니 순식간에 공사를 시작했다. 일본에서는 있을 수 없다"고 말했다.

일본 정부는 국내 항만의 쇠퇴에 방관하고 있었지만, 2004년 겨우 '슈퍼중추항만' 정책으로 반격에 나섰다. 도쿄, 요코하마 양항으로 이루어진 게이힌京浜지구, 이세만伊勢湾지구, 오사카항과 고베 양항으로 이루어진 한신阪神지구 등 3지구를 슈퍼중추항만으로 지정하고, 화물을 집중시킴으로써 국제경쟁력을 높이려고 하는 것이다.[63]

그렇지만 3지구의 대형 안벽은 계획 중인 것을 포함해도 총 10개밖에 되지 않는다. 거대화를 추진하고 있는 상하이나 부산과의 차는 여전히 크다. 어중간한 규모의 슈퍼중추항만으로는 가시적 비용 삭감이 용이하지 않다.

서비스 면에서도 뒤처져 있다. 컨테이너가 항만에 도착 후, 통관이나 분류 등을 거쳐 하주에 인도될 때가지 평균 3일이나 걸린다. 부산항에서는 평균 2일이다.

한·일 항만사정에 정통한 J&K로지스틱스(본사 도쿄)의 하라 미즈호原瑞穗 사장은 "슈퍼중추항만이라고 하면서 3지구로 분산시키고 말았다. 이렇게 해서는 세계의 해운회사가 상대해주지 않는다. 거국적으로 1개소의 항만에 집중시키는 노력이 필요하다"고 지적했다.

대형 컨테이너선은 수송 효율을 높이기 위해 취급량이 많은 대규모항에만 기항하도록 하고 있다. 이대로라면 일본의 항만은 그냥 지나가버리기 쉽다.

이이다 다케오飯田健雄 다마대多摩大 교수(국제경영론)는 우려한다.

"국토교통성은 일본 항만이 취급하는 화물량은 변하지 않았다고 주장하지만, 아시아 각국의 항만은 신장률이 일본과는 비교되지 않을 정도로 크다. 10년, 15년 전에 수단을 강구했다면, 부산에 완전히 추월당하는 심각한 상황은 일어나지 않았을 것이다."

일본이 예전에 항만운영 노하우를 가르친 중국과 한국은 지금, 훨씬 일본의 앞을 달리고 있다. 일본 해상수송의 생명선이 이웃 국가의 항만에 좌우될 날도 멀지 않다.

국익을 무시하는 항만 행정

항만경쟁 패배의 심층을 들여다보면 놀라운 실태가 떠오른다.

2005년 2월, 아시다 아키미츠芦田昭充 쇼센미쓰이(MOL) 사장이 동향인 스미타 노부요시澄田信義 시마네현島根県 지사와 대담했을 때의 일이다. 지역의 하마다항浜田港이 화제에 올라 스미타 지사가 이렇게 물었다.

"하마다항의 정기 국제 컨테이너 항로가 안정적으로 운항될 수 있도록 노력하고 있습니다만, 무언가 조언해 줄 것이 있습니까?"

아시다 씨의 답변은 모호했다.

"하마다항은 한국의 부산과 매우 가까워요. 허브항인 부산항과 하마다항이 연결되면 장래 재미있을 것이라고 생각되네요."

답변이 모호한 데에는 이유가 있었다.

하마다항의 2004년 국제 컨테이너 취급량은 길이 약 6m인 컨테이너로 환산해서 2,099개에 지나지 않는다. 국내 60개 항만 중 실제로 59위다.[64]

일본의 국제항만 중, 대형 해운회사가 '이용가치가 있다'고 인정하는 것은 니가타항新潟港 (11위)과 센다이항仙台港 (14위)[65] 정도까지라고 한다.[66] 이래서는 지사가 내심으로 쇼센미쓰이(MOL)가 하마다항에 정기항로를 개설해줄 것을 기대해도, 아시다 사장이 희망을 충족시켜줄 만한 발언 등을 할 수 있을 리도 없었다.

중국과 한국이 대형항만 건설에 힘을 쏟는 동안, 일본은 오랫동안 중소규모의 국제항만을 차례차례 건설해 왔다. 왜 국제경쟁력이 없는 항만을 계속 만들어 왔는가?

해운회사 간부는 "구 운수성과 정치가가 예산을 마구 뿌려 지방항을 건설하면서 참담한 현상을 초래했다"고 지적했다.

국토교통성 관계자도 항만행정의 현상을 한탄했다.

"국토교통성 항만국은 항만의 신규건설밖에 흥미가 없다. 선박이 오든 말든 관계없다. 항만 이용자가 기존 시설의 효율적인 활용을 주장해도, 항만국이 신규 건설을 추진하려고 하는 점에 항만정책의 한계가 있다."

항만행정에 관해 국가는 항만정비 보조금을 내줄 뿐이고, 정비에서 관리·운영까지를 도도부현都道府県[67]과 시 등 지자체가 맡고 있는 점에도 큰 문제점이 잠재해 있다.

예를 들면, 정부가 요코하마항이나 고베항을 국내 각 항만과 외국을 연결하는 허브항으로 육성하려고 해도, 각 항만을 관리하는 지자체가 응하지 않으면 정부에는 손쓸 방법이 없다.

제2차 세계대전 전, 요코하마와 고베 등의 주요항은 국가가 직할 관리했다. 이것을 근본적으로 바꾼 것은 전후 일본을 점령한 연합국군총사령부(GHQ)였다. GHQ는 지자체가 주체가 되어 항만을 관리하는 미국형 제도를 일본에 강요했다.

1949년, GHQ는 접수한 주요항을 일본에 반환할 방침을 내정하고, 일본 정부에 대해 지방분권색이 강한 항만법을 제정하도록 지시했다. 국가로부터 항만관리 권한을 빼앗음으로써, 일본이 가까운 장래에 군항 정비에 나서는 것을 저지하는 목적도 있었다고 한다.

다음해인 1950년, 정부는 정기국회 회기 종료 1주일 전이라는 촉박한 시기에 법안을 제출했다. 국회는 실질심의 불과 4일 만에 항만법을 통과시켰다.[68]

4년 후인 1954년, 참의원 운수위원회는 "항만법은 점령 행정 하에서 제정된 경위가 있어, 항만 관리운영방식에 대해서는 재검토를 요하는 점이 적지 않다. 정부는 항만법을 전면적으로 재검토해, 국회에 제출할 것을 요망한다"고 하여, 항만법 근본 개정을 요구하는 부대결의를 했지만 실현되지 않은 채 긴 세월이 경과했다.

사쿠라이 게이코桜井敬子 가쿠슈인대学習院大 교수(행정법)는 "국가는 항만을 지방에 통째로 내던져 왔다. 지자체에서는 국익을 의식한 관리를 하지 못하고, 짐이 너무 무겁다. 일본의 항만정책은, 매우 국내 지향적으로 밖을 보고 있지 않다. 국가가 확실히 관여할 수 있도록 항만법을 전면 개정하지 않으면 안 된다"고 말했다.

국내지향적인 모습은 국제조약에 대한 대응에도 나타나고 있다.

국제해사기구(IMO)는 1965년, 각국의 항만업무를 향상시키기 위해 출입항 수속 서류의 서식을 통일하는 국재해상교통간이화(FAL) 조약을 채택했다. 구미 각국과 중국, 한국은 차례차례 가맹했지만, 일본의 비준은 채택 후 40년이나 경과한 2005년이 되어서였다.

항만을 관리하는 지자체, 국토교통성, 출입국관리의 법무성, 세관의 재무성, 검역의 후생노동성 등 담당 성청의 보조가 맞지 않아, 항만 이용의 편리성을 향상시키자고 하는 목소리가 확산되지 않았기 때문이다.

일본은 경제발전으로 대두하는 아시아의 일각에 있다고 하는 이점도 살리고 있지 않다.

"네덜란드의 로테르담은 유럽 제일의 항만이지만, 물구나무 서서 발버둥쳐도 중국은 지구 반대쪽이다. 중국에 가까운 일본 항만에서 나를 고용해 줄 수 없겠는가?"

세계의 주요항만 관리자들이 가입한 세계항만협회의 이노우에 사토시井上聡史 사무총장은 협회 회장을 역임한 로테르담 항만국의 책임자가 농담 섞인 연설을 하는 것을 듣고 복잡한 생각이 들었다. 이노우에 총장은 자성한다.

"일본의 항만은 유럽으로부터 부러움을 받을 정도로 지리적으로 혜택 받은 곳에 있다. 그런데도 불구하고 국가적인 항만전략을 세우지 못하고 지반이 침하되고 말았다.”

국제항만정책연구소(도쿄 아카사카)의 다테노 요시히사館野美久 조사역은 “일본 것만을 생각해서 항만물류정책을 결정해도 한계가 있다. 한·중 양국, 아시아 전체와의 연계를 포함하여 폭 넓은 시야로 물류전략을 구축할 필요가 있다”고 호소했다.

국가의 모습이 보이지 않는 항만행정으로부터 일각이라도 빨리 벗어나, 반격을 도모할 것이 요청된다.

국제적으로 관리되는 참치어업

일본인만큼 참치를 좋아하는 국민은 없다. 1년에 약 60만 톤을 먹어 치운다. 이것은 세계에서 잡히는 참치의 4분의 1을 넘는 양이다. 그 참치가 남획으로 격감되었다고 하면 필연적으로 일본에 대한 영향이 강해질 것이다.

예를 들어, 일본의 주요 참치어장의 하나인 서대서양. 참다랑어 자원량은 2001년에 5,000톤으로 약 30년 전의 10분의 1로 떨어졌다. 수산청이 실시한 2005년도 조사에서 참치는 세계 모든 해역에서 ‘과잉어획’이거나 ‘적정어획량 포화’라는 판정을 받았다.

1994년의 유엔해양법협약 발효를 전후해서 참치의 어업관리라는 흐름이 정착해 있다. 유엔해양법협약이 참치 등을 고도회유성 어종으로 인정해 각국이 자원관리에 협력하도록 의무화하였기 때문이다. 일본도 참가해서 대서양과 인도양 등 5개 해역에서 참치의 어업관리가 이루어지고 있다.

그렇지만 어업의 자유를 내걸어 왔던 일본이 참치 자원관리에 전향적이었던 것은 아니다. 중서부태평양 참치류조약에 대한 대응을 보더라도 그것은 분명하다. 일본은 2001년부터 2002년에 걸쳐 동 조약의 준비회의를 보이콧했다. 수산업계를 중심으로 "원양어업을 하지 않는 남태평양의 도서국이 주도권을 쥐고, 일본에 불리한 규제가 다수결로 억지 통과될 우려가 있다"고 하는 신중론이 강했기 때문이다.

이 조약은 2004년, 일본을 제외하고 발효되었다. 그 결과 일본은 뒤늦게 2005년 7월 가맹하였다. 일본 정부는 "일본의 주장이 통해 위원회 의결 방식이 개정되었다"고 해서 방침을 전환했다고 하지만, 전 유엔식량농업기구(FAO) 수산국장 하야시 모리타카林司宣 와세다대학 교수(국제법)는 "일본은 전 세계 바다에서 참치를 마구 잡고 있으면서, 규제 강화에는 소극적이라는 나쁜 이미지를 언론이나 민간활동단체(NGO)에 주었다"고 회고했다.

공해에서의 참치와 넙치 어업에 관한 규정을 정하는 유엔공해어업협정에서도 일본은 소극적이었다. 1996년에 협정에 서명하였을 뿐 비준을 유보해 왔다.

협정이 체결되면 일본 어선이 공해상에서 타국의 임검을 받을 가능성이 있기 때문이다. 어선은 참치를 영하 60도의 냉동고에 보존하기 때문에, 수산업계로부터는 "임검으로 어선의 냉동고를 조사받게 되면 냉동실 온도가 올라가 참치의 선도가 떨어진다"고 염려하는 목소리가 있었던 것이다.

결국, 2006년에 정부는 협정 비준을 단행했다. 정부 내에서도 "어업관리의 흐름에 역행해도 어쩔 수가 없다"는 판단이 주류를 차지하게 되었기 때문이었다.

참치 자원 보호를 둘러싼 국제재판의 장에서도 일본은 한때 비판의 대상이었다.

1999년, 인도양에서 남태평양에 걸쳐 서식하는 남방참다랑어를 대상으로 일본이 조사 목적의 어획을 하려고 한 것에 대해 호주와 뉴질랜드가 반대했다. "남방참다랑어는 고갈 상태에 있다"고 주장하는 양국은 국제해양법재판소에 어획금지 잠정조치를 요구하며 제소했다.

일본은 "조사로 악영향은 없다"고 반론을 폈지만 해양법재판소는 어획 중지 잠정명령을 내렸다.

다음해 2000년, 본 재판에 해당하는 중재재판에서 일본은 간신히 역전 승소했지만, 일본 변호인단의 일원이었던 하야시 씨는 승소를 무조건 기뻐할 수는 없었다.

"대부분의 국제 여론은 호주와 뉴질랜드에 동정적이었다. 일본은 선전이나 설득이 모자라 입장을 충분히 이해시키지 못했다."

호주는 표면상 참치자원 보호를 호소했지만, 자국에서 어획한 남방참다랑어를 일본에 고가로 수출하기 위해 일본의 어획을 억제하고 싶은 목적도 있었다고 한다.

어업관리의 복잡함을 이야기함과 동시에 '일국 어획주의'가 통용되지 않게 되었다는 것을 알려준 재판이었다.

일본은 점차 어업관리, 자원보호로 키를 돌려 세계의 어업을 주도하려 하고 있다.

2007년에는, 일본이 제창한 참치류 지역어업관리기구 합동회의 첫 회의가 고베시에서 열려, 5개의 국제 참치어업관리기구 사무국과 약 70개국·지역 대표가 참가할 예정이다.[69]

어업국으로서의 이해와 자원관리라고 하는 국제협조를 어떻게 양립시킬 것인가, 일본의 진가가 시험대에 올라 있다.

‘거대 생선 소비국’ 중국의 대두

중국의 경제 발전을 견인하는 상하이시 번화가에는 도쿄를 능가하는 고층빌딩들이 줄지어 늘어서 있다. 그 일각에 있는 ‘상하이지우광久光 백화점’. 지하 식품매장에는 수산물도 진열되어 있다.

참치와 연어회, 모듬초밥, 꽁치, 오징어 필렛. 상품의 구색은 일본 백화점의 지하 식품매장이나 슈퍼와 거의 차이가 없다.

모듬회는 싼 것이 40위안(약 600엔) 전후. 몇 위안으로 점심을 해결하는 중국에서는 상당한 가격이다. 그렇지만 저녁 무렵에는 퇴근하는 중국인이 끊임없이 초밥이나 회를 구입하여, 유리로 둘러싸인 조리실은 추가 상품 만들기에 여념이 없다.

매장을 운영하는 것은 상하이와 쑤조우蘇州, 베이징 등에 점포를 개설한 일본계 기업 상하이이시바시上海石橋 수산품유한공사이다. 2001년 중국 진출 당시에는 현지의 일본기업 주재원이나 그 가족을 대상으로 생각했다. 동사의 이시바시 오사무石橋修 회장은 중국인의 생선 지향이 높아가고 있는 것에 놀란다.

“우리 고객은 중국에서도 상류층에 해당하는 10% 정도지만, 바다 생선을 먹어보자는 움직임이 최근 1, 2년 사이에 급속히 확산되었다. 솔직히 말해 이렇게 생선이 많이 팔리나 하고 생각할 때도 있다.”

2005년 크리스마스와 연말 성시에는 지우광백화점에 20명의 직원과 초밥 제조기를 배치했다. 그러나 회도 초밥도 만들자 말자 팔려버려 선반이 거의 빈 상태가 계속되었다고 한다.

역사적으로 중국에서는 바다 생선이 고급 식재로 취급되었지만 그렇게 일반적이지는 않았다. 보존기술이 충분하지 않아 신선한 생선을 먹기가 어려웠기 때문이다.

그러나 1990년대 이후의 경제발전에 따른 소득 향상과 유통업자가 냉장·냉동고를 갖추게 됨으로써 바다 생선 수요는 폭발적으로 늘어나고 있다.

유엔식량농업기구(FAO)에 의하면, 1명의 중국인이 1년간에 평균적으로 먹는 어패류는 1980년 5.2kg에서 2003년 25.4kg으로 급증했다. 1명 평균 66.2kg인 일본에는 미치지 못하지만, 중국도 '거대 생선 소비국'이 되어가고 있다.[70]

생선 지향이 특히 강한 곳은 상하이 등 연안부다. 연안부만으로도 일본 인구의 4배에 가까운 4억 명에 달한다.

중국은 이미 세계 최대의 수산물 생산국이며 수출국이기도 하다. 최근에는 국내 소비가 증가함에 따라 수입도 증가하고 있다. 2004년에는 수량 기준으로 일본에 이은 세계 제2위가 되었다.[71]

상하이수산대학 경제무역학원의 한싱용韓興勇 부원장은 이렇게 본다.

"중국에서는 고급요리에 생선을 빼놓을 수 없다. 노르웨이의 연어, 호주의 새우 등도 수입하고 있다. 앞으로는 국내 수요 증대에 따라 중국의 생선 수출은 감소할 것이다."

생선 지향이 높아지고 있는 것은 유럽과 미국도 같다. 칼로리가 낮은 식사가 인기를 모으고, BSE(광우병)와 조류 인플루엔자의 영향으로 육고기를 멀리하게 된 것도 하나의 원인이다.

세계적으로 생선 수요가 높아지고 있는 것은 일본이 주도해 온 세계의 생선거래에도 이변을 일으키고 있다.

"그 정도 가격밖에 쳐주지 않는다면 다른 나라에 팔아도 된다."

대형 수산회사 마루하수산 제2부의 가타노 아유무片野歩 과장은 최근 노르웨이산 고등어를 구매할 때 거래처로부터 이런 소리를 듣는 일이 늘었다고 한다.

노르웨이산 고등어는 이전에는 대부분 일본으로 수출되었다. 그러나 1990년대 이후, 러시아나 동유럽 업자와 경합하게 되었다. 자원보호를 위해 어획 할당량이 준 탓도 있어 최근 5년간에 가격이 2배 이상 높아졌다.

"생선을 수입하는 나라가 일본뿐이었던 시대에는 일본이 정하는 가격으로 거래할 수 있었다. 그렇지만 생선이 국제 상품이 됨으로써 시장원리가 작용하기 시작했다. 중국인이 가공용으로 수입한 생선을 자신들이 먹게 된다면, 식량위기라고까지는 말할 수 없지만, '구입 패배'가 일어날지도 모른다."

가타노 과장은 험난한 미래를 이렇게 예상한다.

기름이 오른 연어, 어묵과 꼬치의 주원료가 되는 명태도 구매경쟁이 격화되어 일본 업자가 구매에 실패하는 사례가 증가하고 있다.

한편, 일본에서는 생선을 멀리하는 경향이 계속되고 있다.

국내 어업협동조합은 수출시장으로서의 중국에 눈을 돌리기 시작했다. 일본 소비자가 "모양이 좋지 않다", "크기가 맞지 않다"는 등의 이유로 구입하려고 하지 않는 소형 고등어나 연어가 중심이다. 최근에는 고급어종인 참치를 중국에 수출하려고 하는 움직임도 나오기 시작했다.

중국 출신의 로샤오보婁小波 도쿄해양대 교수(어업경제)는 생선에 대한 의식을 바꾸도록 제창한다.

"일본은 수산물의 품질에 지나치게 집착한다. 랍스터의 수염 하나가 부러져도 멀리한다. 일본인은 생선이 싼 것이 당연하다고 생각하고 있다. 일본이 세계 유일의 생선 구매자였던 시대에는 그래도 괜찮았지만, 앞으로는 '일본이 구입해주지 않아도 좋다. 중국에 팔겠다'고 하게 된다. 지금까지의 발상을 바꿀 필요가 있다."

한 국가로는 지킬 수 없는 바다의 혜택

"교수님, 큰일 났습니다. 바다가 온통 해파리입니다."

2005년 7월 20일 이른 아침, 쓰시마해협에 떠 있는 히로시마대학의 연습선 '도요시오마루豊潮丸' 선실에서 자고 있던 우에 신이치上真一 교수(생물해양학)는 학생이 문을 두드리는 소리에 눈을 떴다.

갑판에 올라간 우에 교수는 충격을 받았다. 아침 해가 비치는 바다 저 멀리까지 무수히 많은 핑크색 에치젠해파리(노무라입깃해파리)가 떠 있었다.[72] 배로 3시간을 달려도 해파리 떼는 끊이지 않았다.

당시 하루에 3~5억 마리의 해파리가 쓰시마해협(대한해협 동수도)을 넘어서 동해(일본해)로 유입되고 있었다. 동해(일본해)를 북상한 해파리는 쓰가루津輕해협을 넘어 태평양 쪽으로 돌아서 일본 연안 전역으로 확산되었다. 해파리는 이동 중에 성장하여 가장 큰 것은 직경 1.5m, 체중 200kg에 달했다.

해파리가 가져 온 것은 막대한 어업 피해다. 정치망이 파괴되고 그물이 해파리로 완전히 묻혀 어획고가 떨어졌다. 그물에 걸린 해파리를 떼어내는 작업으로 어선원들은 피로가 극심했다.

쓰시마 근해에 정치망을 갖고 있는 니시야마 후미토시西山文利 씨는 당시의 일을 괴롭게 떠올린다.

"그물은 몇백 마리의 에치젠해파리로 금방 가득 차서 물고기가 들어갈 여지가 거의 없어졌다. 게다가 해파리의 촉수에 닿은 물고기는 하얗게 변해 상품 가치가 영으로 떨어졌다."

수산청에 따르면 2005년 9월부터 2006년 2월에 걸쳐 에치젠해파리 등에 의한 어업 피해는 전국에서 모두 10만 9,000건에 달했다. 아오모리현青森県만 해도 2005년도 피해액은 약 19억 엔. 전국적으로는 수백억 엔에 달할 것으로 보인다.

수산청은 2006년도에 대량 발생에 대한 대비에 착수했다. 각지에 관측지점을 설치하고, 해파리 내습을 사전에 알리는 '해파리 예보' 실시와 예리한 칼날을 붙인 그물로 해파리를 잘라버리는 커터 설치 등이다.

그러나 이것도 대증요법에 지나지 않는다. 니시야마 씨 등은 근본적 대책을 호소하고 있다.

"발생원을 억제하도록 할 수밖에 없다. 연구자에게 원인을 규명토록 하고, 인접 국가와도 대화를 통해 대책에 힘써 주었으면 한다."

관계자로부터 이 에치젠해파리 대량 발생의 '범인'으로 지목되고 있는 것이 중국이다.

2005년 12월, 일본과 중국, 한국의 해양생물 등을 전공하는 연구자가 대책을 협의하기 위해 중국 상하이시에 모였다. 일본에서 참가한 우에 교수는 에치젠해파리의 주요 발생원을 중국 연안부라고 한 후, 중국의 해양오염에 의한 부영양화와 어류 남획이 요인이라고 하는 가설을 발표했다.

중국 연구자는 반론했다.

"발생원은 중국 연안이 아니다. 훨씬 바다 쪽이다.", "일본 주변이 발생원일 가능성도 있는 것이다."

중국 측 주장에는 설득력도 없고, 자국이 원인으로 지목당하는 것을 경계해서 이야기를 얼버무릴 뿐이었다.

에치젠해파리의 대량 발생은 중국이 양쯔강에 건설한 세계 최대의 '싼샤三峽댐'에 기인한다는 가설도 있다. 국립환경연구소의 하라시마 아키라原島省 해양환경연구실장이 인과관계를 이렇게 설명했다.

"강이 댐으로 막히면, 규소가 댐의 호수 밑에 가라앉아 규소를 영양으로 하는 식물 플랑크톤인 규조류가 바다에서 감소한다. 그러면 규조류가 해저로 운반하던 인과 질소가 바다 상층에 남게 되기 쉬워,

이것이 부영양화로 이어져 해파리가 증가하는 환경이 갖추어진다."

거대 하천을 막는 댐이 해양환경을 바꾼 예는 과거에도 있다. 1970년 이집트가 나일강에 아스완하이댐을 건설한 후 지중해의 연안어업이 타격을 입었다고 한다.

연구자 간에는 일본 측이 한·중 양국에 대해 데이터 수집을 위한 3개국 합동조사를 제안했다. 그러나 정작 중요한 중국 측은 난색을 표한 채다.

일·중 정부 간에 이러한 문제를 협의하는 장은 없다. 수산청도 "정부로서 연구자를 지원하고 있다. 그 이상의 관여는 어렵다"며 소극적이다.

우에 교수는 일본 정부의 대응에도 불만을 숨기지 않고 있다. "동해(일본해)에는 에치젠해파리 외에 환경오염 문제도 있다. 국가 간에 조정해서 대응하지 않으면 안 되는데도 불구하고 일본에는 책임을 갖고 담당할 부서가 없다."

중국이 해파리 대책에 적극적이지 않은 것은 중국 연안에서는 해파리 피해가 적은 데다가, 중국에서는 해파리가 훌륭한 식재료가 되고 있기 때문이다.

상하이시 최대의 수산물 도매시장 '통촨銅川수산시장'에는 약 2,000개의 가게가 밀집해 있다. 그 한편에 해파리 전문점이 수십 곳 모여 있는 '해파리 거리'가 있다.

가게 앞에는 에치젠해파리 등 수 종류의 해파리가 부위별로 나란히 진열되어 있다. 저녁 무렵에는 해파리를 구입하는 사람들로 붐빈다. 에치젠해파리는 500g에 25위안(약 375엔)정도라고 한다.

이런 문화의 차이를 극복하고, 연안국의 '공동유산'인 바다 환경을 어떻게 지킬 것인가? 바다의 혜택을 향유하기 위해 적극적인 국제협력을 도모할 방안이 불가결하다.

[추기]

국가의 해양정책을 일원화하기 위한 해양기본법이 2007년 4월에 자민, 민주, 공명 3당 의원입법으로 제정되었다. 해양기본법은 해양정책을 종합적, 계획적으로 수립하고 실시하는 국가의 책무를 명기하고, 5년마다 해양기본계획 수립을 의무화했다. 해양정책이 지금까지 국토교통, 농림수산, 경제산업 등 각성에 걸쳐있어 종합조정하는 기관이 존재하지 않았다는 점에서, 해양기본법은 내각관방에 수상을 본부장으로 하는 종합해양정책본부를 설치하고 해양담당장관을 신설하는 것을 담고 있다.

2008년 3월에 각의결정된 해양기본계획은, ①해양자원의 조사·개발을 착실히 하기 위해 2008년도 중에 해양에너지·광물자원 개발계획을 수립한다, ②해상수송의 안정적 확보를 위해 일본 국적선 수를 2008년도부터 5년간에 2배, 일본인 외항선원 수를 10년간에 1.5배로 증강한다, ③배타적경제수역(EEZ)에서 발생하는 외국선박의 무단 조사에 대응하기 위한 법 정비를 검토한다—는 것을 담고 있다.

특히 해양에너지·광물자원에 대해 "타국의 자원정책에 영향을 받지 않는 안정적 자원공급원을 갖기 위한 조치를 추진할 필요가 있다"고 하고, 일본 EEZ에서 당면한 탐사·개발 대상을 석유, 천연가스, 메탄하이드레이트 및 해저열수광상으로 할 것을 명기. 이 중 메탄하이드레이트와 해저열수광상은 "향후 10년 정도를 목표로 상업화를 실현"하는 목표를 내걸었다.

[역자 칼럼 2]

갈 길 잃은 한·일 어업협정

한·일 어업협정이 기능하지 못하고 있다.

한·일 양국 어선들이 2016년 7월 이후 8년째 상대국 수역에서 조업을 하지 못하고 있는 것이다. 어업협상이 중단되었기 때문이다. 한·일 양국은 1999년 1월 발효된 한·일 어업협정에 따라 매년 한·일 어업공동위원회를 개최하여 상대국 수역에서 조업할 조건 등을 협의해오고 있다. 이런 일련의 과정을 어업협상(일본에서는 '어업교섭')이라 하는데, 협정에서 매년 개최하도록 하고 있는 것과 달리 2015년 1월부터 2016년 6월까지 1년 6개월을 대상으로 하는 파격적인 협상이 타결된 후, 돌연 중단되고 있다. 수협중앙회 수산경제연구원에 따르면 어업협상 중단으로 인한 우리의 어업 손실이 2020년 기준 약 2,300억 원(연간 손실액 약 609억 원)에 달하는 것으로 추산된다. 2015년 1월 타결된 어업협상에 한국 대표단의 일원으로 참여했던 입장에서 현재의 암울한 상황을 지켜보는 마음이 답답하다.

이 책에서 "한·일 양국은 협정에서 조업척수 제한이라는 어업관리방안을 논의하기로 합의했지만 한국 정부는 그 후 논의에 응하지 않는 자세로 바뀌었다"고 하면서 "2005년 5월부터 한국 측에 남획방지를 요구하는 논의가 수산청과 한국 해양수산부 간에 시작되었지만, 논의가 이루어질 가망성이 보이지 않는다"고 일본의 입장을 전하며 한국을 비난하고 있다(93쪽). 이런 배경에서 일본 산잉山陰 지역의 어민들은 오래전부터 한·일 어업협정 파기를 일본 정부에 강력히 요구해오고 있다. 어업협상 중단으로 자연히 어업협정을 파기한 효과가 나오고 있다. "한·일 어업협정은 아무래도 일본에 불평등

하다"(山田吉彦, 東海大学 해양학부 교수, 동양경제, 2019.9.7.)고 주장하는 일본은 협상 재개를 서두를 필요가 없어 보인다.

한일 관계 개선에 따라 정부는 일본 측에 계속해서 협상 재개를 요청하고 있지만 아직 긍정적인 답변을 받지 못한 상태라고 한다. 일본 수역에서 잡는 한국 조업량이 일본의 10배(실제는 3~4배. 역주)에 달해 협상이 쉽지 않은 것이 현실이다(부산일보, 2023.8.8.).

제3장

자각 없는 무자원국

일본이 국가로 존립하는 데 있어서 최대의 아킬레스건은 무엇일까? 그것은 에너지자원을 해외에 결정적으로 의존하고 있는 것이다. 그렇지만 일본은 전후, 두 번의 석유위기를 극복한 '성공체험'에다, 석유위기 이후의 값싼 유가시대에 친숙해져서, '에너지는 돈만 내면 살 수 있는 시황상품'이라는 의식으로 국제 에너지시장에 의존하는 노선을 한결같이 유지해왔다. 세계 각지에서 자원쟁탈전이라고도 할 수 있는 현상이 두드러진 가운데, 언제까지나 안이하고 한가롭게 있을 수 있을 것인가? 자원을 둘러싼 일본의 전략 부재의 모습을 알아보았다.

자원을 폭식하는 나라

동중국해 일·중 중간선 부근에서 천연가스전 개발을 추진하고 있는 중국. "일본 측 해양자원이 빨려 들어갈 염려가 있다"고 주장하며 개발 중지를 요구하는 일본. 그 '대립의 바다'를 둘러싸고 긴장이 감돌았다. 2005년 1월 22일 저녁 무렵의 일이다.

자위대 나하那覇기지 P3C 초계기부대에 긴급 명령이 하달되었다.

"중국군 소브레멘누이급 미사일 구축함 2척이 일·중 중간선 부근을 항행하고 있다는 정보가 있다. 눈으로 확인하고 선체를 촬영하라."

소브레멘누이급은 중국 해군이 러시아로부터 구입한 신예함이다. 탑재하는 대함순항미사일은 세계 굴지의 고성능으로 알려져 있다.

긴급명령으로부터 45분 후, P3C는 2척의 쥐색 구축함을 발견했다. 그 진행방향에는 일본이 용선한 노르웨이 자원탐사선 '란폼 빅토리(Ranform Victory)'가 떠 있었다.

탐사활동을 추진하는 경제산업성 자원에너지청은 방위청의 연락에 긴박했다.

"위험한 상태라고 판단된 경우에는 활동을 일시 중단하고 탐사선을 피난시키지 않을 수 없다."

자원에너지청 간부는 P3C의 감시정보에 신경을 집중했다.

2척은 탐사선에 가까이 갔다가는 떨어지고, 또 접근하고 하는 식으로 갈지자 항행을 반복했다. 중국 측으로 돌아간 것은 심야가 되어서였다.

"중국에서는 '능원안전能源安全'에 대한 관심이 급속히 높아지고 있다."

이렇게 말하는 사람은 바이즈리白智立 베이징대 조교수다.

능원안전이란 에너지 안전보장을 말한다. 바이 교수는 "에너지 공급이 두절되면 경제발전이 멈추어 13억 명의 일자리가 없어진다. 일본이 동중국해 가스전 개발 중지를 요구하고 있는 문제도, 중국에서는 '일본이 중국의 능원안전을 파괴하고 있다'는 것으로 받아들이고 있다"고 말을 이었다.

중국은 연간 약 1억 7,000만 톤의 원유를 생산하는 세계 6위의 산유국이다. 그런데 급격한 경제성장에 따른 국내소비가 국내생산을 상회하는 기세로 늘어나고 있어, 1993년부터는 석유 순수입국(수입분이 수출분을 초과)으로 바뀌었다. 2003년에는 일본을 제치고 미국에 이어 세계 제2의 석유소비국이 되었다.

석유 소비를 가장 촉진시키고 있는 것이 자가용의 급증이다. 베이징시에서는 간선도로에 진입 가능한 날을 자동차 번호의 짝수와 홀수로 나누는 등 정체 해소에 힘쓰고 있다. 그렇지만 중국 국내 자동차 대수는 2020년에는 현재의 5배인 1억 2,000만 대에 달할 것으로 예상되고 있다.[73)]

에너지 소비의 급격한 팽창 추세에서 중국을 '자원을 폭식하는 나라'로 부르는 전문가가 늘어나고 있는데, 중국이 폭식하고 있는 것은 석유만이 아니다.

스기모토 다카시杉本孝 오사카시립대 대학원 교수(아시아 비즈니스 연구론)는 "중국이 세계의 공장이 되어 전 세계의 제조 기능이 집중된 결과, 철 수요가 놀랄만한 속도로 늘어나고 있다"고 지적했다.

그 급격한 수요 증가는 철강의 재료가 되는 철광석과 원료탄(석탄)의 가격급등을 초래했다. 2005년도의 철광석 가격은 전년도 대비 1.7배, 원료탄은 2.2배였다. 스기모토 교수는 "철광석 가격이 일거에 70%나 뛰어오르다니, 역사상 없었던 일이다"라고 말했다.

중국의 수요 증가에 의한 영향은 일본 국내 산업에도 미쳤다.

닛산자동차는 2004년 11~12월, 자동차용 강재의 일시적 공급부족으로 옵파마追浜공장(가나가와) 등 국내 3개 공장의 조업을 5일간 정지하여, 총 2만 5,000대의 생산이 늦어졌다. 스즈키도 2004년 말, 증산을 위해 휴일 조업을 실시하려고 했지만 강재가 입수되지 않아 포기하지 않을 수 없었다.

신닛테츠新日鉄 등 국내 철강 대기업과 중국의 제철업체는 강재 증산에 힘쓰고 있다. 강재 등으로 가공되는 조강의 2004년 생산량은 세계 전체가 약 10억 5,460만 톤으로 늘어나, 4년 전과 비교해서 약 2억 톤 증가했다. 그 증가분 중 70%가 중국이 증산한 것이다. 세계 2위인 일본의 조강생산량은 최근 수년, 1억 톤 전후의 추이를 보이고 있기 때문에 새로운 철강대국이 2년 사이에 출현했다는 계산이 된다. 그렇지만 세계적인 수요증가에 다 대응하지 못하고 있다.

신닛테츠는 자동차와 가전 업체에 강재가격 인상에 대한 이해를 요청하고 있다. 고바타케 도오루小畠徹 원료제2부장은 "철광석 등의 가격 앙등으로 업계 전체적으로 1조 엔의 비용이 증가한다고 시산된다. 자조노력으로는 다 흡수할 수 없다"고 한탄했다.

"중국이 에너지 부족에 대한 불안감을 강하게 안고 있는 것은 1970년대의 두 번에 걸친 석유위기를 체험하지 않았기 때문이다"라고 고야마 겐小山堅 일본에너지경제연구소 연구이사는 지적한다. 중국은 당시, 에너지 자원은 자급자족으로 충당했다. 석유위기를 계기로 석유 비축과 에너지 절약(省에너지) 기술 개발에 노력한 일본과는 대조적으로 중국이 석유 비축을 시작한 것은 2005년 8월부터. 성省에너지에 대한 대처는 더욱 늦어져, 에너지 이용 효율은 일본보다 9배나 나쁘다.

에너지 자원의 폭식을 충족시키기 위해서는 세계 각지로부터 에너지 자원을 모으지 않으면 안 된다.[74] 그 때문에 중국은 수뇌가 직접 자원 확보의 선두에 서 있다.

후진타오胡錦濤 국가주석은 2004년 11월 중남미 4개국을 순방했다. 브라질과 체결한 합의문서에는 브라질 근해 해저유전 공동개발과 브라질 국내 천연가스 파이프라인 공동건설이 포함되어 있었다. 세계 1위의 동 산출국 칠레와는 동 광산 개발계획에 대한 의견을 나누었다.

2005년 1월에는 쩡칭홍曾慶紅 국가부주석이 베네수엘라를 방문하고 석유거래 촉진 등 19개의 협력협정에 조인했다. 이어서 4월에는 원자바오 수상이 인도를 방문하고 에너지 분야 협력에 합의했다.

중국이 유전개발을 논의하는 대상에는 미국이 테러 지원국가로 간주하는 수단, 군사정권의 미얀마 등 국제사회에서 보면 문제가 있는 국가나 다른 국가가 손을 내밀지 않는 국가도 포함되어 있다.

일본도 중국과 경쟁하면서 자원 확보를 위해 내달려야 하는가, 그렇지 않으면…….

충격적인 두 가지 시나리오

「두 개의 '중국'과 위기 시나리오」

이런 제목을 단 보고서가 2005년 5월 작성되었다. 문부과학성계 연구기관인 사회기술연구개발센터가 작성한 것이었다. 자원을 둘러싼 중국의 행동에 대해 두 가지 시나리오를 설정하고, 일본이 입을 영향을 예측하는 내용이었다.

하나는 '자원쟁탈 시나리오'다.

우선, 중국의 미래상을 정치체제의 안정을 제일로 하는 통치 우선의 '폐쇄적 국가'로 상정한다. 그 정책은 국가관리형이며, 규제완화와 시장경제 도입에 소극적이다. 나아가, 지역패권주의적 색채를 강화하여 반일·반미감정도 가끔 표면화한다. 군사력은 강화·현대화되어 주변 지역에 대한 군사적 영향력을 높여 간다.

중국의 에너지 소비는 거대한 내수에 뒷받침된 경제성장을 배경으로 급증한다. 국내 에너지 가격은 정책적으로 억제되어, 전력과 자동차용 연료를 중심으로 한 에너지 소비 증가에 박차를 가한다.

그러나 '폐쇄적인 중국'은 국제 에너지시장에 대한 의존을 싫어하여, 경제성을 2차적인 것으로 보는 자원 확보 움직임을 강화한다. 중동과 아프리카 각국에 활발한 에너지 외교를 전개하는 동시에, 일본을 포함한 주변 각국과의 사이에 동중국해와 남중국해의 자원 영유권을 둘러싼 대립이 심각하게 된다. 중국의 일국주의적인 자원 확보 결과, 에너지 가격은 높은 가격 추이를 보인다. 일본은 에너지 공급 불안과 중국과의 정치적 긴장에 직면하게 된다.

또 하나는 '일본 고립화 시나리오'다.

중국의 미래상을 경제발전을 제1로 하는 국제사회에 '개방적 국가'로 상정한다. 규제완화와 시장경제 도입에 적극적으로 노력하고, 협조적인 외교를 전개하기 때문에 반일·반미감정은 겉으로 드러나지 않는다. 군사적 잠재능력은 높아지지만, 그 영향력을 국제사회에 행사할 의사는 저하한다.

에너지 분야에도 시장원리가 도입되어 중국 국내 에너지 가격은 상승하지만, 중국 경제에 있어서 큰 족쇄는 되지 않는다. 과도한 에너지 소비는 억제되고, 에너지 이용 효율은 향상된다.

'개방적인 중국'은 동남아시아 각국과는 자유무역협정(FTA) 체결을 추진하는 등 경제적 의존관계를 높여 간다. 동남아시아 각국의 대중국 의존도가 높아짐에 따라 이 지역에서의 일본의 영향력은 저하되어 간다. 그 결과, 일본은 지금까지 이상으로 단독으로 자국의 에너지 안전보장 정책에 매달리지 않으면 안 될 상황에 처하게 된다.

어느 것이나 충격적인 시나리오다.

중국의 강력한 자원외교를 보면 '자원쟁탈 시나리오'에 따라 돌진하고 있는 것처럼 보이지만, 한편으로 중국의 수뇌는 FTA 체결을 위한 협의를 꺼내는 등 자원을 가진 국가와 경제적 연결을 긴밀히 하려고 하고 있다.

이 시나리오 작성에 참여한 미무로토 요시미츠三室戸義光 일본에너지경제연구소 연구이사는 "지금의 중국은 확실히 '폐쇄적인 중국'이다. 그러나 이 노선은 언젠가 벽에 부딪혀, 서서히 '개방적인 중국'으로 이행되어 갈 것이다"라고 예측하고 있다.

일본도 2005년에는 세계 1위의 동 산출국인 칠레와 FTA 체결을 목표로 연구회를 설립했다[75]. 세계 유수의 철광석 산출국인 호주와도 FTA 협의를 개시했다.[76] 그렇지만 농산물 자유화를 염려하는 농림수산성과 자민당 농림수산계 의원들의 소극적 자세로, 중국처럼 자원외교로 연결시켜 촉진하려고 하는 기운은 확산되지 않는 것이 현실이다.

미무로토 이사는 "자원쟁탈 시나리오도 심각하지만, 중국이 시장원리를 전면에 내세우면서 움직일 때, 일본이 버스를 놓치는 것이 아닐까? 그 때의 고립화 시나리오 쪽이 더 심각하다"고 지적했다.

자원쟁탈 시나리오도, 일본 고립화 시나리오도, 어느 것이든지 회피하기 위해서는 어떻게 하면 좋을까? 위기 시나리오 작성 책임자인 호리이 히데유키堀井秀之 도쿄대 대학원 교수(사회기술론)는 "일본이 무기로 할 것은 과학기술이다"라고 강조했다.

"연료전지 자동차의 개발, 클린코올 기술(Clean Coal Technology = CCT), 바이오 에너지 등 일본이 앞서가는 과학기술분야에서 한층 연구개발을 추진하고, 기술공여 형태로 대중국 외교에 활용해야만 한다. 과학기술을 외교적인 방편으로 사용하는 강력함이 일본에 요청되고 있다."

자원·에너지를 둘러싼 세계 환경은 큰 전환기에 있다.

두 번에 걸친 석유위기의 기억이 희미해져, 원유가격은 1980년대 후반부터 1990년대에 걸쳐 1배럴당 10~20달러 대의 추이를 보여,

‘석유는 시장에서 살 수 있는 것’이라는 인식이 정착된 감이 있었다. 이른바 커모디티(시황상품)론이다.

그러나 2001년 발생한 미 동시 테러를 경계로, 중동의 정치 불안 때문에 지정학적 리스크를 염려하는 목소리가 확산되었다. 더구나 중국과 인도의 에너지 수요 급증에 공급이 따라가지 못하여, 원유 가격은 2005년 8월에 1배럴당 70달러를 돌파하였고, 그 후에도 높은 가격에서 그대로 멈춰 있다.[77]

“중국은 물론 미국, 유럽도 석유를 전략물자로 지정하여 행동하고 있는데, 일본은 돈을 지불하면 살 수 있다는 의식이 아직도 강하다. 에너지 문제를 ‘코앞에 닥친 위기’로 받아들여 정치, 외교, 방위, 과학기술 등 국력을 총동원하여 대처하지 않으면 안 된다.”

경제산업성은 2006년 5월, 새로운 에너지정책의 지침이 될 ‘신 국가에너지 전략’을 수립했다.

중국과 인도 등의 에너지 소비량 팽창을 ‘소리 없이 다가오는 위기’로 받아들여, 일본이 대처해야 할 정책목표로서 ①에너지 안전보장의 확립, ②에너지와 환경문제의 일체적 해결, ③세계 에너지 수급 문제 극복을 위한 적극적 공헌—의 세 가지를 내걸었다. 높은 원유가 등 자원획득 경쟁의 격화를 계기로, 에너지 자유화로부터 안전보장으로 크게 정책을 전환한 것이 특징이다. 국내에서 소비하는 모든 에너지에서 차지하는 석유의 비율을 나타내는 석유의존도를 현재의 50%에서 2030년에는 40%로 낮추는 등의 목표를 명시하고, 아시아 전체의 성省에너지 정책 추진에 공헌할 것도 천명했다.[78]

국가의 장래를 좌우하는 자원·에너지 위기를 회피할 수 있을까 어떨까? 일본은 큰 기로에 서 있다.

중국에 주도권을 빼앗긴 레어 메탈 공급

신에츠信越화학공업(본사 도쿄) 전자재료사업본부의 고바야시 츠네오小林常雄 매니저는 레어 메탈(희소금속)의 하나인 레어 어스를 생각하며, 밤에도 잠을 자지 못한 때가 있었다.

2002년 봄의 일이다. 세계 생산량의 90%를 차지하는 중국으로부터 돌연 공급이 끊어진 것이다. 중국 정부의 수출허가증 발행이 늦어졌기 때문이었다.

레어 어스(rare earth element 희토류 금속)는 종래의 10배의 자력을 갖는 자석과 형광체, 세라믹스 등으로 가공되어 사용된다. PC, 휴대전화, 액정텔레비전 등의 생산에 불가결하여, 업계에서는 '첨단산업의 열쇠를 쥐고 있는 소재'로 불리고 있다.

허가증이 발행된 것은 4개월 후. 왜 늦어졌는가에 대한 중국 측의 설명은 없었다. 레어 어스 자석 생산에서 세계 2위인 신에츠공업은 중국으로부터 수출허가를 받은 현지 기업으로부터 융통하거나, 재고를 이리저리 변통해서 그 사태에 대응했다.

레어 메탈(rare metal)은 지구상에 존재가 희귀하거나 그 추출이 매우 곤란한 금속 원소 31종류의 총칭. 일본 정부는 그 중에서 니켈, 크롬 등 7종류에 대해 가격급등 시에 방출하기 위한 비축제도를 갖추고 있다. "국민생활을 뒷받침하는 불가결한 광물질이면서, 생산국이 한정되어 있는 등 공급 구조가 취약"(자원에너지청)하다는 이유 때문이다.

그 레어 메탈에 이변이 일어나고 있다.

2004년부터 모든 레어 메탈의 가격이 상승하기 시작했던 것이다. 자원에너지청의 아사히 히로시朝日弘 광물자원과장은 "지금까지도 일부 광물의 가격이 급등하는 일은 있었지만, 일제히 상승하는 것은 전례가 없다"고 말했다.

특히 비축대상인 몰리브덴과 바나듐의 앙등이 극심했다. 정부는 공급 증가를 위해 2004년 1년 동안 9회에 걸쳐 방출을 반복했다. 1983년에 비축을 시작한 이후로 방출은 1998년에 두 번 있었을 뿐으로, 얼마나 비정상적이었는지 알 수 있다.

2005년에도 전량을 수입에 의존하는 텅스텐이 과거 5년 평균가격의 2.5배로 급등. 수탁 비축을 하고 있는 석유천연가스·금속광물자원기구(JOGMEC)가 비축량 30%의 방출을 결정했다.

일본에 있어서 레어 메탈에 관한 최대 문제는 중국에 대한 의존도가 너무 높은 것이다.

일본 소비량 전체에서 중국에서 수입하는 양이 차지하는 비율을 보면, 레어 어스는 92%로 원유의 중동 의존도를 상회하는 높은 수치이다. 그 외에도 플라스틱과 합성섬유 등의 내화성을 증가하기 위해 사용되는 안티몬은 94%, 초경합금을 만들기 위해 필요한 텅스텐은 87%, 액정용 평면 판넬 제조에 빼놓을 수 없는 인듐은 71%에 달한다.

신에너지·산업기술종합개발기구(NEDO)의 혼죠 가오루本城薫 참사는 지적했다.

"중국은 동, 알루미늄 등 베이스 메탈(기간광물) 개발에서는 외국자본의 참여를 장려하면서, 압도적 점유율을 자랑하는 레어 메탈에서는 외자 참여를 인정하지 않고, 수출도 정치적으로 컨트롤하고 있다. 명확한 국가전략으로 자원정책을 펴고 있는 증거다."

경제산업성은 2005년부터 레어 어스 등을 비축대상에 추가하는 검토에 착수했다. 문부과학성도 2007년도부터 액정판넬 재료인 인듐, 연료전지에 사용하는 프라치나 등 첨단산업에 불가결한 레어 메탈 대체재료 연구에 매진하기로 했다. 자원이 풍부한 알루미늄 등에 의한 대용기술과 레어 메탈의 사용량을 줄이는 기술을 2015년까지 실용화하는 것이 목표다.[79]

중요한 것은 일본 산업의 장래를 좌우할 수 있는 레어 메탈의 공급체제가 매우 취약하다는 현실을 직시하고 전략적인 대응을 강구하는 것이다.

과열하는 자원외교

중국의 '폭식' 등에 의한 에너지 수요의 팽창에 따라 중동과 러시아, 중앙아시아 등 석유공급기지를 둘러싼 각국의 파워 게임도 더욱 격렬해지고 있다. 일본은 '에너지 전국시대'를 극복할 수 있을 것인가?

2005년 개최된 '아이치세계박람회愛·知万博'(아이치현)에는 일본을 포함한 121개국과 4개 국제기구가 참가하여 각각 취향을 살려 전시를 했다.

그런데 일본에 있어서 사우디아라비아와 어깨를 겨루는 원유수입 상대국인 아랍에미리트연방(UAE)이 돌연 참가하지 않기로 결정한 것은 거의 알려지지 않았다.

일단 박람회 참가를 표명한 UAE가 불참가를 통고한 것은 2003년 9월의 일이다. UAE 정부 고관은 일본 측에 "정보문화부 장관이 결정했다"고 알려주었을 뿐이었다.

국회가 없는 UAE는 왕족이 사실상의 정책결정권을 쥐고 인적 연결고리를 중시한 결정이 내려진다. 일본 정부 관계자는 "왕족 내에 일본에 대해 무언가 변심이 있었는지도 모르겠다"고 주시하고 있다.

진상은 확실하지 않지만 그 후 이런 예도 있었다.

2004년 11월 사망한 고 세이크 자이드 빈 술탄 알 나하얀 전 대통령 장례식에 영국에서는 챨스 황태자, 프랑스에서는 시라크 대통령이 참석했다. 대통령이 교체되는 시기에 UAE와의 관계를 강화하려는 자세가 현저했다.

이에 대해 일본 정부가 파견한 사절은 가와구치 요리코川口順子 전 외무장관이었다.

자이드 전 대통령은 국제석유자본(메이저)의 대항세력으로서 일본 석유회사에 유전개발의 권익을 준 친일파였다. 한편, 전 대통령의 3남 세이크 무함마드 빈 자이드 알 나하얀 새 아부다비 황태자는 UAE군 참모총장을 역임, 군사적인 면을 통해서 미국과의 관계가 깊다고 알려져 있다. 일본 석유업계에서는 "황태자는 메이저인 엑슨모빌 편이다. 일본과 UAE의 밀월관계에 변화가 일어나는 것이 아닐까?" 하고 염려하는 경향도 있었을 정도였다.

그런 가운데, 전 외무장관이라고는 하지만 의원도 아니고, UAE와의 관계도 없는 가와구치 씨의 장례식 파견은 각국이 UAE를 중시하는 자세와는 대조적이었다. 정부 내에서도 "산유국에 대한 접근으로서 일본은 결코 감각이 좋다고 말할 수 없었다"는 목소리가 나왔다.

2005년 봄에는 '외무성 일본기업 지원창구'를 상대로 '재UAE 일본기업 유지일동'의 '직소장'이 나돌았다. A4용지 1장으로 된 그 문서는, 독일과 프랑스의 각료가 대형 프로젝트의 낙찰 역전을 노리고 매월 방문하고 있는 것과, 그에 비해 일본 대사관과 총영사관의 움직임이 둔한 것을 지적하고, 이렇게 호소했다.

"(재외공관의 역할이) 일본인 보호만을 위해서라면 많은 사람이 필요하지 않습니다. 혈세 낭비입니다. 오히려 기업 지원에 관한 모든 기능을 두바이의 제트로(JETRO 일본무역진흥기구)에 통일시켜 주십시오."

중국은 대조적으로 UAE 국내에서 지반을 착착 다지고 있다.

2004년 12월에는 UAE의 국제도시 두바이에 대규모 중국제품 도매센터, 통칭 드라곤 마트가 개점했다. 가전과 섬유 등 약 3,000개의 중국 기업이 진출을 계획하고 있는 거대 센터다.

국제개발센터 에너지환경실장 하타나카畑中 씨는 "중국이 중동으로부터 석유를 살 뿐인 편무관계는, 비상시에 중국 측이 사지 않을 가능성이 남는다. 그렇기 때문에 경제적인 상호관계를 긴밀히 하려는 목적일 것이다"라고 분석했다.

중앙아시아의 파이프라인망(점선은 건설 중/계획 중)

한편, 중동과 비견할 파워 게임의 주전장이 중앙아시아이다.

구소련의 붕괴로 독립을 이룩한 중앙아시아 각국 가운데 가장 석유·천연가스가 풍부한 카자흐스탄. 박토코쟈 이즈무한베토프 에너지부 제1차관은 2004년 10월, 원유 수출 루트를 그린 지도를 손으로 가리키면서 취재반에 강조했다.

"러시아가 우리나라의 원유 수출량을 늘려주지 않는다면 다른 루트를 뚫을 것이다."

카스피해 주변 지역에는 700억 배럴에서 2,000억 배럴에 달하는 원유가 매장되어 있다고 추정되고 있다. 특히, 증산 붐에 들뜬 카자흐스탄을 주시하는 각국의 시선은 뜨겁다.

카자흐스탄의 원유 수출 루트는 텐기스유전에서 카스피해 북방을 통과하여 러시아의 흑해 연안 노보로시스크에 이르는 카스피해 파이프라인 컨소시움(CPC)이 주력이다.

카자흐스탄은 러시아에 대해 수출량을 3배로 늘려주도록 요구했다. 러시아를 흔드는 지렛대로 사용한 '다른 루트'란 미국이 제창하여 2005년 5월에 개통한 BTC 파이프라인(바쿠~토비리시~제이한)이다.

BTC는 카스피해 지역에서 러시아령을 통과하지 않는 첫 석유 파이프라인이었다. 미국이 러시아가 해결 능력이 없는 것을 기회로 삼아 BTC를 통한 수출을 카자흐스탄에 제안하기도 했다.

미국과 러시아의 공방에 끼어드는 형태로 자국의 에너지 확보에 열심인 것이 중국이다. 카자흐스탄과 국경을 접하고 있는 이점을 살려, 중국 서부의 신장新疆 위구르 자치구까지 전장 3,000㎞의 석유 파이프라인 건설을 추진하고 있다.

일본도 가만히 있는 것은 아니다.

과거 30년간에 발견된 유전 가운데 최대 규모로 불리는 카샤간 유전 개발과 BTC 건설에 일본 기업이 참가하여 권익확보에 힘쓰고 있다.

2004년 8월에는 가와구치 요리코 외무장관이 중앙아시아 4개국을 순방했다. 가와구치 장관은 "중앙아시아 각국의 지역협력에 가장 힘을 쏟았다. 지역이 협력하여 하나의 시장으로서 안정감을 가지면, 결과적으로 국제에너지 시장의 안정에 기여한다는 발상이다"라고 설명했다.

그러나 중국의 눈에는 '자원외교 그 자체'로 비친 모양이다.

중국지 『환치우스빠오環球時報』의 2004년 9월 1일자 기사는 가와구치 장관의 중앙아시아 순방을 '看上石油儲備, 尋求政治支持'(석유비축을 목표로, 외교정치 관계를 강화한다)는 제목으로, "일본의 중앙아시아에 대한 접근은 '기름油' 한 단어로 끝난다. 일본이 에너지가 풍부한 신흥지를 놓칠 리가 없다" 등으로 자세하게 소개했다.

기사가 특히 주목한 것은 중앙아시아 각국으로부터 아프가니스탄을 거쳐 인도양에 이르는 철도·도로망의 정비였다. BTC와 같이 러시아와 중국을 경유하지 않는 사람과 화물의 '대동맥'이 완성되면, 중앙아시아에 대한 중국과 러시아의 영향력은 상대적으로 감소하게 된다. 게다가 철도와 도로의 남방 노선 정비, 미국이 강하게 추진하는 TAP 천연가스 파이프라인—투르크메니스탄의 천연가스를 아프가니스탄을 경유하여 파키스탄으로 운반하는 구상(2006년 인도가 참가를 표명하고부터 TAPI구상으로 명칭 변경)을 측면에서 지원하는 목적도 있었다.

기사는 "일본은 인도양의 항만과 연결되는 철도노선 수리·건설에 원조를 주겠다고 약속했다. 이로써 모든 중앙아시아 각국은 남쪽 바다의 출구와 연결되게 된다" 등으로 일본의 정치적 의도까지 분석하고, "이번 외무장관 방문은 매우 '안목' 있는 방문이었다"고 기사를 마무리했다.

외무성 간부는 자조적인 기분으로 말했다.

"일본 국내 미디어로부터는 전혀 주목받지 않았는데, 경쟁 상대에게 '하지마' 하고 평가받다니."

그렇지만 아시아의 2대 에너지 수요국인 일본과 중국이 에너지 자원 확보를 둘러싸고 서로 다투는 것은 결코 좋은 일이라고는 말할 수 없다.

그 전형이 동시베리아와 동아시아를 잇는 석유파이프라인 건설이다.[80)]

원래 이 구상을 한 것은 중국이다. 동시베리아와 중국 동북부의 다칭大慶을 잇는 '중국루트'를 추진하고 일단은 결정하려고 했다. 거기에 끼어든 것이 일본이었다. 중국루트에서는 모두 중국 국내 소비에 사용될 뿐이지만, 러시아 연안부의 나호트카(Nakhodka) 근교 페레포즈나야까지 파이프라인을 부설하여 동시베리아의 석유를 운반하면 일본도 혜택을 입을 수 있다. 러시아로서도 판매처를 중국에만 한정하는 것보다는 항만을 이용해서 일·중 이외에 한국, 미국까지 판매처를 넓히는 것이 매력적이라는 점 때문에 2003년 1월 러·일 양국은 '태평양루트'를 추진하기로 합의했다.

러시아는 그 후, 일·중 양국을 저울에 올려 놓고 양국으로부터 개발자금을 끌어내려는 전략을 취하고 있다. 2004년 말에 러시아가 결정한 건설구간도 러시아 중남부의 타이셰트(Taishet)에서 태평양루트의 거의 중간에 있는 스코보로디노까지. 스코보로디노와 다칭을 잇는 지선과, 나호트카로 가는 본선의 어느 것을 우선할 것인가는 애매모호하게 놓아두고, 일·중 양국을 앞으로도 경쟁시키려고 하는 자세다.

시베리아 파이프라인 계획 루트

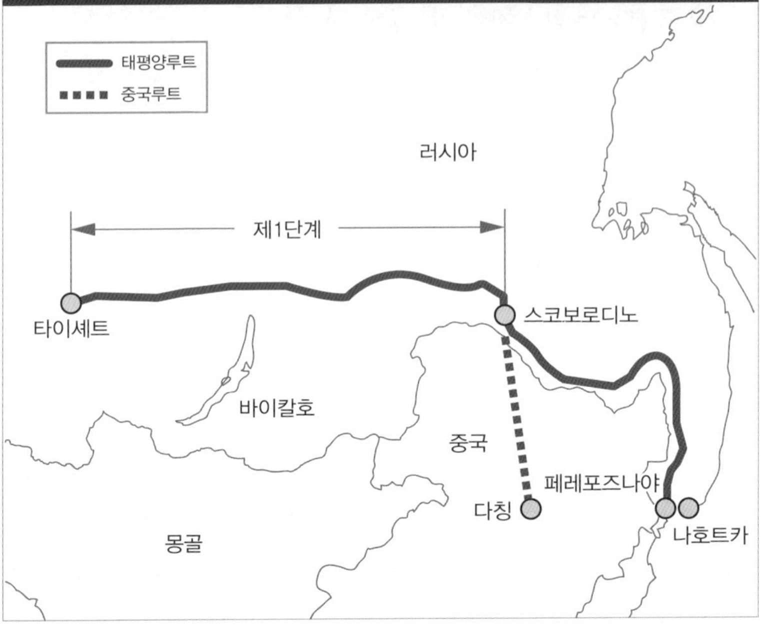

비슷한 구도는 인도와의 관계에서도 볼 수 있다.

2005년 3월 22일, 자민당의 아베 신조 간사장 대리는 뉴델리의 인도 수상관저에서 만모한 싱(Manmohan Singh) 수상과 회담했다.

아베 간사장 대리는 "인도와는 민주주의, 자유주의, 기본적 인권의 존중, 법의 지배라고 하는 기본적인 가치관을 공유하고 있다. 양국의 관계 강화는 아시아의 안정으로 이어진다"고 강조하고, "안다만제도(Andanman Is.)의 천연가스전 공동개발은 일본과 인도 협력의 상징이 될 것이다"라고 말을 이었다. 싱 수상은 만족스러운 듯이 고개를 끄덕였다.

인도의 군사상 요충으로 알려진 안다만제도에서의 자원개발은, 2005년 1월에 나카가와 쇼이치中川昭一 경제산업성 장관이 인도를 방문했을 때 인도 측이 일본의 자금과 기술을 기대하고 타진한 프로젝트였다. 실무 차원에서는 타산성 등의 검토에 막 착수했을 뿐이었는데, 아베 간사장 대리는 인도의 전략적인 중요성에 착목하여 재빨리 공동개발에 전향적인 자세를 취했다.

국내총생산(GDP)에서 7%의 고도성장을 계속하고 있는 인도는 중국과 어깨를 나란히 하는 에너지 대량 소비국이기도 하다. 아시아의 에너지 위기 회피를 위해 인도와의 에너지 협력이 유익한 것은 말할 필요도 없지만, 아베 간사장 대리가 인도를 중시하는 배경에는, 과거에 중국과 국경분쟁(1959~1962년)이 있었던 인도와 관계를 심화함으로써, 아시아에서 벌어지고 있는 중국의 패권주의적 움직임을 견제할 목적도 있었다.[81)]

인도에 접근을 시도하고 있는 것은 중국도 똑같다. 원자바오 수상은 2005년 4월 인도를 방문하고, 인도와 국경획정문제 해결에 대해 기본합의를 했다.

뷔바우 우파데아에 인도센터 대표는 "2003년에 바지파이 수상(당시)이 중국을 방문한 이래, 인도 국내에서의 중국의 영향력은 날이 갈수록 높아지고 있다"고 지적했다.

현재 일·중·인 3국의 관계는 일·중관계의 악화를 반영하여 인도가 일본, 중국 쌍방으로부터 원조를 끌어내기 쉬운 상태이다. 도이치 츠토무十市勉 일본에너지경제연구소 상무이사는 이렇게 지적했다.

"중국과 일본이 협조하지 않고 경쟁만 해서는 결과적으로 제3국이 어부지리를 얻는다. 주권이 관계되는 문제는 의연하게 대처하지 않으면 안 되지만, 자원·에너지에 대해서는 일본과 중국은 같은 소비국의 입장에서 협력하지 않으면 협상력을 높일 수가 없다."

믈라카해협의 해적

믈라카해협(말라카해협)[82]은 동아시아로 가는 원유의 80% 이상이 통과하는 해상교통로 상의 요충지이다.

그 믈라카해협에서 해적이 선박을 습격하는 사건이 급증하고 있다. 2005년 3월에는 일본선적의 예인선 '이다텐韋駄天'이 해적에 습격당해 선장 등 3명이 유괴되었다.

"해적은 해상에서 여러 척의 어선을 이어 타면서 도주한다. 꼬리를 잡는 것은 곤란하다."

인도네시아의 고속경비정 '토다803'의 아스완 챤도라 선장은 먼 바다를 가리키면서 한숨을 쉬었다.

인도네시아, 말레이시아, 싱가포르의 연안 3개국은 2004년부터 믈라카해협 합동 순찰을 실시하고 있다.

그렇지만 합동 순찰에 참가하는 인도네시아 해군의 함정은 토다803호를 포함하여 불과 6척. 전장 약 800㎞의 믈라카해협에서 해상경비를 하는 것은 매우 불안하다.

취재반은 토다803호에 동승하여 이다텐 선장 등이 '최초로 연행된 섬'(인도네시아 해군 당국)으로 보이는 브루하라섬으로 향했다.

섬 주변은 합동 순찰 중점 경계해역의 하나다.

그러나 어선으로 보이는 소형선박이 여기저기 떠다니고 있어, 외관으로는 일반 어선인지, 해적이나 밀수·밀항 등의 범죄에 관여한 배인지를 확인하는 것이 어렵다. 원래 경비정의 절대수가 부족하기 때문에 의심이 간다고 생각되는 선박을 전부 임검하는 것은 불가능하다.

챤도라 선장은 "말레이시아나 싱가포르로부터 통보를 받고 인도네시아 영해 내로 도주한 해적선 포착에 성공해도, 무기를 바다 가운데 던져 버리면 증거를 잡을 수가 없어 체포할 수 없는 경우도 적지 않다"고 말한다.

일본은 믈라카해협의 안전대책에 적극적으로 관여해왔다.

그 계기는 1999년 10월에 발생한 알론드라 레인보(Alondra Rainbow)호 사건이었다. 일본 해운회사의 대형 화물선이 알루미늄 단괴를 싣고 인도네시아의 항구를 출항한 직후에 믈라카해협에서 해적에게 탈취당해 일시 행방불명되었다.

다음해 2000년, 해상보안청은 연안 3개국에 "일본 등 믈라카해협을 이용하는 주요 국가들과 함께 합동 순찰을 하면 어떤가?"라고 타진한다. 그러나 3개국은 "일본의 힘을 빌리지 않아도 된다", "주권 침해다. 절대 인정할 수 없다"는 등으로 제안을 거절했다.

그 후 일본 정부는 해상보안청을 통해 3개국의 해적대책 능력을 향상시키는 방안으로 방침을 바꾸었다. 해상보안청이 각국에 순시선을 파견하고 공동훈련과 담당자 연수를 실시했던 것이다.

해상보안청의 지원을 받아 말레이시아는 2005년 11월, 해협경비 등을 위해 해상법령집행청을 창설했다. 직원은 약 1,300명이지만 장래에는 4,000명 정도까지 증원할 계획이다. 해상보안청의 협력은 해상법령집행청의 조직구성에서부터 대원 훈련에까지 미친다.

또 일본은 믈라카해협 연안국의 장비 확충에도 협력하고 있다.

닛폰재단(도쿄 미나토구)은 2006년 5월, 말레이시아 해상법령집행청에 연습선을 기증했다. 6월에는 일본 정부가 인도네시아에 순시정 3척을 무상공여했다. 순시정은 '무기'로 간주되기 때문에, 이에 앞선 2004년에는 해적·테러 대책을 이유로 한 무기 수출을 '무기수출 3원칙'의 예외로 하는 조치도 취했다.

그렇지만 연안 3개국 간의 사소한 감정다툼이 실효 있는 해적대책을 어렵게 하고 있는 면도 있다.

2001년 11월, 고이즈미 준이치로 수상이 동남아시아국가연합·한중일(ASEAN+3) 정상회담에서 제창한 아시아 해적대책 지역협력협정[83]이 그 한 예다.

협정의 목적은 각국의 해상보안기관이 해적에 관한 정보를 공유하고 제휴하는 것에 있지만, 말레이시아와 인도네시아는 비준할 계획이 서 있지 않다. 협정의 핵심시설인 '정보공유센터'가 싱가포르에 설치되는 것에 반발하였기 때문이라고 한다.

일본재단 홍보팀 리더인 야마다 요시히코山田吉彦 씨는 "해상보안청과 각국 해상보안기관의 교류는 진전되고 있다. 그러나 각국의 정치가 얽히면 이야기가 복잡해지고 만다. 외교가 현장을 지원할 필요가 있다"고 말했다.

해적대책을 추진하는 데 있어서 문제를 안고 있는 것은 연안국뿐만이 아니다. 일본에는 법적인 미비함이 있다.

공해에서 발생하는 해적행위에 대해 유엔해양법협약은 "모든 국가는 최대한 가능한 범위에서 억지에 협력하지 않으면 안 된다"고 규정하고, 각국에 해적선 나포와 해적 체포 등을 인정하고 있다. 해상보안청은 이러한 조치를 취할 수 있지만, 해상자위대는 자위대법상 해상경비행동이 발령되지 않는 한 해적을 적발할 수 없는 것이다.

이시바 시게루石破茂 전 방위청장[84]은 해상자위대의 이런 고생담을 털어놓았다.

"해상자위대 함선이 해적행위를 저지하기 위해서는 해적선과 해적이 노리는 선박 사이에 들어가 스스로 '방패'가 될 수밖에 없다. 해상자위대 연습함이 장기 항해를 위해 출발할 때, 해상자위대 간부가 '해적을 만나지 않도록' 하고 기도한다는 이야기조차 있다."

믈라카해협에서는 해적 이상의 위협도 현실성을 띠고 있다.

2006년 2월, 자카르타에서 열린 해양안전보장에 관한 회의에서 인도네시아의 손닥(Sondakh) 전 해군참모총장은 이렇게 말했다.

"해적이 믈라카해협의 가장 큰 문제는 아니다. 테러 쪽이 두렵다. 테러 조직이 기뢰를 부설하여 기뢰에 접촉한 유조선이 연소하여 기름이 새면, 해협은 폐쇄된다. 그렇지만 테러를 막기 위한 선박도 적고 요원도 부족하다."

만약 테러 조직이 정치 목적을 달성하기 위해 해적에게 자금을 제공하는 등으로 해서 양자가 연결되면 사태는 더욱더 심각해진다. 실제로 2005년 2월에 체포된 필리핀 테러 조직 아브 사야후의 구성원은 동남아시아의 테러 조직 제마 이슬라미아(JI)가 계획한 해상테러를 결행하기 위해 잠수훈련을 받았다고 공술했다.

해상교통로를 지키기 위해서는 어떻게 해야 좋을까? '바다의 안전'의 혜택을 흠뻑 받고 있는 일본이기 때문에 이 점에 보다 예민해질 필요가 있다.

이해관계가 얽혀 있는 해상교통로 방위

이러한 해상교통로의 안전확보에 골머리를 앓고 있는 것은 일본뿐만이 아니다.

2004년 10월, 믈라카해협의 안전보장에 관한 국제회의가 말레이시아에서 개최되었다. 회의석상에서 중국의 짜오지엔화趙鑑華 외무부 아시아국 참사관이 언명했다.

"중국은 이 지역에서 해상보안에 대한 위협과 싸워, 영속적으로 안정된 지역해상보안 환경을 구축해 나가기 위해 다른 국가와 협력할 용의가 있다."

믈라카해협을 통해서 운송되는 원유가 수입량 전체에서 차지하는 비율은 중국도 일본처럼 80%를 차지한다. 해적과 해상테러로부터 해상교통로를 지키는 중요성은 일본과 중국 쌍방에 공통된다.

"그렇지만 중국이 일본과 결정적으로 다른 것은, 이 해역은 중국에 적대할 가능성이 있는 국가가 많다는 점이다."

군사평론가인 에바타 겐스케江畑謙介 다쿠쇼쿠대拓殖大 객원교수는 이렇게 지적했다.

인도네시아는 1967년부터 1990년까지 중국과 외교관계를 동결했다. 그 후에도 화교배척운동이 일어나고 있다. 베트남, 인도 양국과 중국 사이에는 과거에 군사충돌이 있었다. 무엇보다도 이 해역은 미 해군 제7함대가 압도적인 영향력을 유지하고 있다.

"중국은 앞으로 적어도 반세기는 석유에 의존하지 않으면 안 됨에도 불구하고 언제 석유 루트를 봉쇄당할지 알 수 없다. 그 스트레스는 대단할 것이다"라고 에바타 교수는 말한다.

중국은 믈라카해협에 대한 관여를 강화하는 한편, 다른 수송로 개척에도 여념이 없다. 믈라카해협을 통과하지 않고 인도양으로 통하는 미얀마루트다.

중국은 미얀마 연안부에서 운난성雲南省으로 통하는 파이프라인 구상을 검토하고 있다.[85] 나아가 중국 해군의 인도양 진출을 염두에 두고 1994년 미얀마와 조차계약을 맺고, 레이더와 전파감청시설을 갖춘 기지를 건설했다.[86] 미얀마 중부의 에야와디 근교에 있는 하인 지섬에서는 항만시설 건설을 지원하고, 해군기지로 이용하는 것을 염두에 두고 있다고 한다.[87]

중동과 동아시아를 잇는 해상교통로

이시바 시게루 전 방위청장은 "중국 해군의 인도양 진출은 해상교통로가 사활적 중요성을 갖는 일본에 있어서 바람직하지 않다. 그렇기 때문에 인도와 밀접하게 협력하는 것이 중요하게 된다"고 지적했다.

이시바 전 청장은 2003년 5월, 일본 방위청장으로서 인도를 처음으로 방문하고 일본과 인도의 방위 대화에 길을 열었다. 2005년 1월에도 인도를 방문하고, 강연 등에서 "일본과 인도는 중국의 동쪽과 서쪽의 인접국으로서, 중국의 동향에 한층 주목해야만 한다"고 역

설했다.[88]

중국은 1974년, 베트남전쟁에 패한 미국이 철수하는 기회를 틈타 남베트남군을 축출하고 파라셀제도(Paracel Islands 西沙諸島)에 군사적으로 진출했다. 1988년에는 스프래틀리제도(Spratly Islands 南沙諸島)에서도 베트남과 무력충돌 끝에 산호환초에 영토 표지와 인공시설을 건설했다. 남중국해를 '내해'화하려는 의도가 있는 것이 명백하다.

파라셀제도는 중국 이외에 베트남과 대만이 영유권을 주장하고, 스프래틀리제도는 베트남과 필리핀 등 6개국·지역이 영유권을 주장하고 있다. 2005년 3월에 중국, 필리핀, 베트남의 국영석유회사가 스프래틀리제도 주변 해역에서 유전탐사를 공동으로 실시하기로 합의했지만, 이미 중국은 1992년 제정한 영해법에서 파라셀제도, 스프래틀리제도를 모두 중국령으로 명기하고 있다.

중국이 미 제7함대에 대항하는 형태로 해상교통로 방위에 독자적으로 나서게 되면 미국과 중국 간의 긴장이 높아져서 남중국해와 대만 근해의 바시해협도 불안정하게 되기 쉽다. 그렇게 되면 해적이나 해상테러대책 정도의 간단한 문제로 끝나지 않을 것이다.

국제에너지기구(IEA)에서 석유시장·긴급시緊急時 국장을 역임한 마스다 다츠오增田達夫 도쿄공업대학 특임교수는 이렇게 말했다.

"그러한 사태를 피하기 위해서는 해협 연안국에 의한 합동 순찰능력을 높이는 등 해상교통로 대책으로 축적된 실적이 있는 일본이 주도권을 잡고, 중국도 끌어들여서 아시아의 협력체제를 구축하는 것이다."

해상테러를 포함한 '바다의 안전'에 대한 의식을 관계국가가 공유할 수 있을까? 그것을 위한 노력은 일본의 국익에 직결된다.

각광받는 해저자원

"이것이 망간단괴입니다. 해저에 데굴데굴 굴러다니고 있어요."

내각관방 대륙붕조사대책실의 다니 신 谷伸 내각참사관은 이렇게 말하면서 럭비공 크기의 검은 암괴를 보여주었다.

망간단괴는 해수 중의 금속성분이 침전하여 타원형이나 구형으로 응집한 금속산화물 덩어리다. 하와이 동남방 등 깊이 4,000~6,000m의 해저면에 분포하고 망간 외에 철, 니켈, 코발트, 동 등을 함유하고 있다. 정부가 1983년부터 추진하고 있는 일본 근해 대륙붕 조사의 중요성을 보여주기 위해 다니 참사관은 그것을 곁에 두고 있다.

풍부한 것은 망간단괴만이 아니다. 해저면에서 분출하는 열수熱水로부터 동과 아연, 금, 은 등의 금속성분이 침전하여 만들어진 열수광상熱水鑛床도 오키나와해구 등과 같이 깊이 수백~3천 수백m의 화산활동이 활발한 해역에 분포하고 있다.

"일본 근해의 해저는 자원개발 가능성이 넘치고 있습니다" 하고 다니 참사관은 역설했다.

해저자원 개발에서 특히 주목을 받고 있는 것이 해저에서 구리銅를 회수하는 것이다. 2004년 12월, 자원·소재학회 기관지에 구리의 고갈을 예측하는 논문이 발표되어 광물 관계자 사이에서 화제가 되었기 때문이다.

논문을 작성한 경제산업성 산하 연구기관 '지구환경산업기술연구기구'의 도키마츠 고지時松宏治 연구원 등은 경제성장과 인구 증가, 자동차산업 등에서의 동 수요 증가를 바탕으로 이렇게 결론지었다.

"동 공급부족 발생은 향후 10년, 20년 정도의 긴급한 문제가 될 수 있으며, 21세기 중에는 공급부족이 발생할 가능성이 있다. 구리의 수급예측은 어떤 장래 사회로 발전한다 하더라도, 구리 자원의 면에서는 21세기의 지속가능한 사회를 위협할 우려할만한 상황이라는 것을 시사한다."

전선과 동관, 컴퓨터 기판 등에 폭 넓게 사용되고 있는 구리가 고갈되면 '지속가능한 사회를 위협하는' 것은 명백하다. "구리 공급량을 확보하기 위해서도, 일본은 해저자원 개발에 혼신의 힘을 쏟아야 한다"(후쿠시마 아키히코福島明彦 해양정책연구재단 연구원)는 발상이 나오는 것도 이 때문이다.

대륙붕은 육지가 이어져 있다는 과학적 데이터를 제시하고 유엔기관의 심사를 통과하면 최대 350해리(약 650㎞)까지 연장할 수 있다. 연장 신청기한은 2009년 5월. 정부는 기한에 맞출 수 있도록 조사를 서두르고 있다.[89]

그러나 정부 조사에 종사하고 있는 5척의 배는 지각의 두께나 성질을 조사하는 것이 주목적인 2차원(2D) 조사선과 해저를 굴착하는 보링선이다. 원유 등 매장 자원의 유무를 조사하기 위해서는 지층의 구조를 보다 깊게 파악할 수 있는 3차원(3D) 조사선이 필요한데, 중국이 4척, 한국도 2척을 보유하고 있다. 이에 비해 일본은 한 척도 갖고 있지 않다. 2004년 7월부터 동중국해에서 추진하는 자원탐사는 노르웨이의 3D선 '란폼 빅토리'에 의존하지 않을 수 없었다.

거액을 투자하여 대륙붕 조사를 추진하고, 그 범위를 연장하려고 하는 것은 거기에 자원이 있기 때문이다. 연장조사만이라면 2D선으로도 충분하지만, 자원개발이라고 하는 다음 단계를 생각하면 불충분한 것은 명확했다.

일본 정부도 3D선 보유의 필요성을 겨우 깨닫고, 2008년도 완성을 목표로 2005년도 예산에 건조비를 계상했다.[90]

대륙붕 조사 문제로부터 떠오르는 것은 해양권익에 대한 일본의 낮은 의식이다.

오키노토리시마沖ノ鳥島가 주목받는 이유

"여기에 등대를 세우면 섬을 피해 가던 외항선도 가까이 다가올 수 있다. 확실히 섬이라고 하는 인식도 높아질 것이다."

2005년 3월 28일. 드넓은 바다에 외따로 떠 있는 오키노토리시마(도쿄도 오가사와라무라)에 상륙한 일본해난방지협회의 오누키 신大貫伸 주임연구원은 등대 설치의 필요성을 실감했다.

제2장에서도 서술한 바와 같이, 오키노토리시마의 배타적경제수역(EEZ)을 둘러싼 논쟁은 중국이 "오키노토리시마는 섬이 아니라 암석이다"라고 주장한 2004년 4월부터 시작되었다.

주변 해저에는 구리 등을 함유한 망간단괴와 석유 대체 에너지로 기대되는 메탄하이드레이트 등이 존재할 가능성이 있다. EEZ 내의 개발 권리는 연안국에 있는데, 유엔해양법협약은 "인간의 거주 또는 독자적인 경제적 생활을 유지할 수 없는 암석"(제121조제3항)에는 EEZ를 인정하지 않고 있다.

오키노토리시마의 EEZ는 약 40만 6,000㎢. 일본 국토면적(약 38만㎢)보다도 광대한 해역이, 섬이라면 자원의 보고일 가능성을 내포하고 있는 EEZ, 암석이라면 일본의 주권적 권리가 미치지 않는 공해가 되는 것이다.

중국의 '암석'론을 계기로 일본 정부와 도쿄도, 민간단체는 오키노토리시마의 활용법에 대해 지혜를 짜내게 되었다. "독자적인 경제적 생활'을 유지할 수 있으면, 해양법협약의 암석이 되지 않는다"(가가미 야스히코加々美康彦 해양정책연구재단 연구원)고 하는 판단에서다.[91)]

해난방지협회 등의 제안을 받아 일본 정부는 2007년 점등을 목표로 등대를 신설할 것을 결정하고, 2006년도 예산에 건축비를 계상했다.[92)] 이밖에도 쓰나미 조기 탐지에 도움이 될 GPS(위성항법시스템) 파랑관측계 설치계획과 해수의 온도차를 이용한 발전기술 연구개발 등에도 예산을 책정했다.[93)]

오키노토리시마의 EEZ와 중국 원자력잠수함의 항로

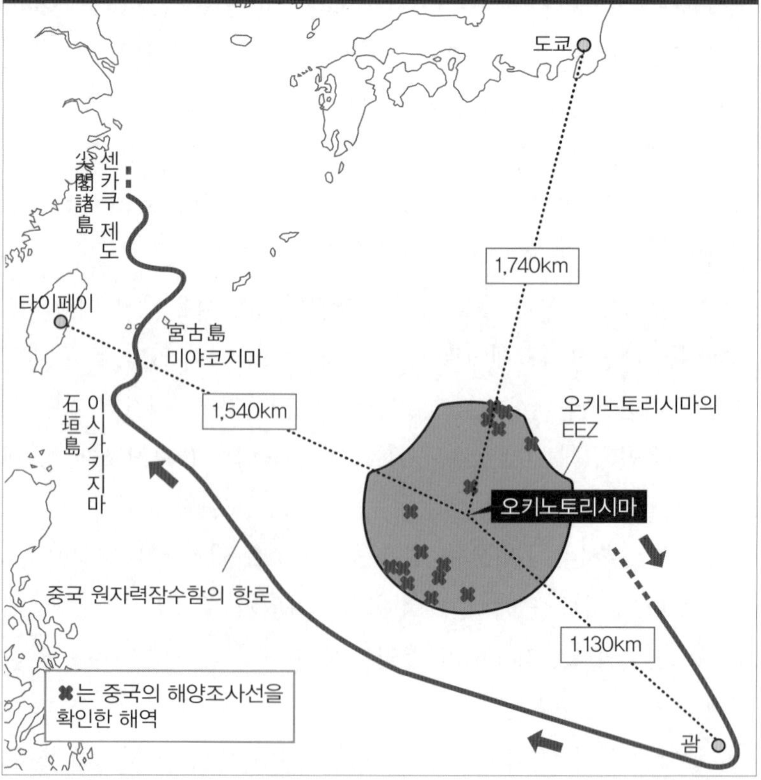

도대체 중국은 왜 “오키노토리시마는 암석이다”라고 주장하기 시작했을까?

“일본에게 있어서 오키노토리시마는 EEZ, 해양자원의 문제이지만, 중국에게 있어서는 100% 군사목적이다.” 방위청 간부는 이렇게 지적했다.

중국은 이 해역에서 해면으로부터 해저까지의 수온 정보 수집에 힘을 쏟고 있다.

해중에서는 온도의 변화로 소리가 휘어지기 때문에, 소나로 잠수함의 위치를 찾으려고 해도 잠수함의 소리가 들리지 않는 장소가 생긴다. 오키노토리시마의 EEZ는 미군이 전방기지를 둔 괌과 타이완의 꼭 중간에 위치한다. 이 해역의 수온 데이터를 수집하면 타이완에 비상사태가 발생하였을 때에 예상되는 미 항공모함의 내습을 잠수함으로 저지하기 쉽게 된다.

타국의 EEZ에서 해양조사를 실시하는 경우에는 사전통보가 의무화된다. 그렇지만 오키노토리시마가 암석이라면, 이 해역은 공해가 되어 사전통보는 불필요하다. 중국이 ‘암석’이라고 주장하기 시작한 것은 군사목적 조사의 자유를 확보하고 싶기 때문이다—고 하는 것이 방위청의 분석이다.[94)]

방위청은 중국 해양조사선이 2004년 1년간에 15회에 걸쳐 일본에 대한 사전통보 없이 오키노토리시마의 EEZ 내에서 해양조사를 실시한 것을 확인했다. 이것은 2003년의 5배의 건수에 이른다. 2004년 11월에는 중국 원자력잠수함이 일본 영해를 침범했는데, 이 원자력잠수함도 괌을 일주하고 중국으로 귀항하는 도중이었다.

오키노토리시마의 전략적 의미를 중국으로부터 배운 듯한 일본의 현실에 대해, 데라시마 히로시寺島紘士 해양정책연구재단 상무이사는 “일본의 국토면적은 세계 60위이지만, EEZ 면적은 세계 6위다.

당당한 해양국가임에도 불구하고 일본은 해양 문제에 진지하게 대처해오지 않았다"고 지적하고 있다.

기정사실화되는 동중국해 개발

2004년 10월, 베이징에서 열린 동중국해의 천연가스전 개발을 둘러싼 일·중 국장급회의에서 있은 일이다.

중국 국가발전·개혁위원회 쉬띵밍徐錠明 에너지국장은 "나는 석유 분야를 35년간 담당하고 있습니다" 하고 말을 꺼내자, 돌연 양손을 격렬하게 맞부딪쳤다.

테이블을 사이에 두고 앉은 야부나카 미토지藪中三十二 외무성 아시아대양주국장 등은 쉬 국장이 무엇을 시작했는지 전혀 알지 못했다.

쉬 국장은 빙긋이 웃으면서 "아픕니까? 아프지 않지요?" 하고 말하자마자, 이번에는 권투선수처럼 자세를 취했다. 그리고 야부나카 국장을 향해 주먹을 힘 있게 내뻗었다.

"이것도 아프지 않지요? 즉, 우리들이 하고 있는 것은 이러한 것입니다."

중국이 일·중 중간선에서 약 1.5㎞ 중국 쪽에 있는 수역에서 추진하고 있는 춘샤오春曉 가스전 개발에 대해, 일본은 "빨대로 빨아올리는 것처럼, 일본 측 자원이 침해를 받을 염려가 있다"고 항의하고 있었다. 쉬 국장의 갑작스런 몸짓은 "떨어져 있기 때문에 닿지 않는다"는 의미일 것이다.

쉬 국장은 더 나아가 돌멩이를 끄집어내었다.

"좋은 것을 보여드리지요. 춘샤오에서 채취한 것입니다. 어때요? 빨대에 빨려들어갈 것 같습니까?"

일본 측 참석자가 "이렇게 무례한 외교교섭은 경험이 없다"고 말할 정도로 이상한 회의 광경이었다.

그렇지만 일본 측도 지고 있지는 않았다. 야부나카 국장은 중국 측이 '분쟁수역'이라고 할 때마다 이렇게 참견을 했다.

"기다려주세요. 분쟁수역은, 당신들이 주장하고 있는 중간선과 오키나와해구의 사이가 아니에요. 일·중 쌍방의 200해리 수역이 중복되는 부분입니다."

동중국해는 일·중 쌍방이 배타적경제수역(EEZ)을 주장할 수 있는 수역이 겹쳐 있기(①과②) 때문에 일본은 중간에서 EEZ를 나누자고 주장하고 있다. 이것이 일·중 중간선(③)이다. 국제사법재판소의 판례도 1985년 이후에는 중간선을 기본으로 해결을 찾는 것뿐이다.

이에 대해 중국은 대륙붕이 뻗어 있는 오키나와해구(④)까지 중국의 권리가 미친다는 주장이다. 그 논거는 "육지로부터의 자연의 연장은 연안국에 속한다"고 하는 대륙붕자연연장론을 판시한 1969년의 국제사법재판소 판례다.

가령 일·중 공동개발이라고 하는 해결책을 찾는다고 해도, "분쟁수역은 중간선과 오키나와해구 사이"라고 하는 중국의 주장이 전제가 된다면, 공동개발 대상수역은 중간선의 일본 측만 포함되고 만다. 일본으로서는 도저히 받아들일 수 있는 이야기가 아니다. 중간선의 중국 측을 포함한 공동개발을 가능하게 하기 위해서는 분쟁수역의 논의를 원점으로 돌릴 필요가 있었다.

참석자에 의하면 야부나카 국장의 "기다려주세요"라는 발언은 7번이나 되었다. 중국 측은 쭉 계속해서 무시했었는데, 최후에 이렇게 응수했다.

"지금까지 아무 말도 하지 않았지 않느냐."

동중국해 문제를 국회에서 처음으로 거론한 사람은 자민당의 다케미 게이조 전 외무정무차관이다. 1995년 12월의 일이다.

다케미 전 차관은, ①동중국해에서 중국의 해양조사 활동이 본격화되고 있다, ②1992년의 중국 공산당 제14회 대회에서 인민해방군의 임무에 해양권익의 방어가 추가되었다, ③1993년부터 중국이 석유 순수입국이 되었다—는 것을 지적하고, "중국은 석유자원을 포함한 해양자원을 보다 많이 확보하고, 에너지를 외국에 의존하는 정도를 극력 축소하려고 하는 의도가 있다고 생각하는데, 정부는 어떻게 생각하고 있는가?" 하고 질문했다.

다케미 전 차관은 이렇게도 강조했다.

"제가 매우 염려하는 것은 해양조사활동 실적을 쌓는 형태로 기정

사실이 중국 측에 유리하게 전개되어 가고 있는 것이다. 이런 일이 앞으로 일어나지 않도록 강하게 확실히 대처해 주었으면 한다.”

당시는 무라야마 도미이치村山富市 사회당 위원장을 수상으로 하는 자민, 사회, 사키가케 3당 연립내각으로, 중국에 치우친 자세가 농후했다. 다케미 전 차관의 지적에 정부의 반응은 무뎠다.

고노 요헤이河野洋平 외무장관의 답변은 “일·중 관계의 중요성을 감안하면 양국은 조용히 이성적인 대화를 할 필요가 있다고 생각한다”고 하는 위기감이 느껴지지 않는 것이었다.

중국이 현재의 춘샤오 가스전 부근 해역에서 시추작업을 추진하고 있는 것이 밝혀진 것은 다케미 전 차관이 국회에서 질문한 지 불과 2개월 후인 1996년 2월의 일이다.

이때의 시추작업은 일·중 중간선을 넘어서 일본 측에서도 이루어지고 있었다. 그렇지만 무라야마 내각의 뒤를 이은 하시모토橋本 내각도 “외교 루트를 통해, 중국 측으로부터 곧 철수한다고 들었다”(이케다 유키히코池田行彦 외무장관)며 낙관적인 전망을 바꾸지 않았다.

중국이 본격적인 원유·천연가스전의 조업을 시작한 것은 오부치小渕 내각 당시인 1998년 11월, 중간선에서 약 70㎞ 중국 측에 치우친 수역에 있는 핑후平湖 원유가스전이었다.

이것은 2004년 10월 열린 일·중 협의에서 야부나카 국장이 중국 측에 지적한 ‘분쟁수역’, 즉 일·중 쌍방의 200해리 수역이 중복되는 부분에서 한 개발이었다. 그럼에도 불구하고 오부치 내각이 중국에 표면화된 항의를 한 흔적은 없다.

일본은 중국에 대해 오랜 기간에 걸쳐 ‘일·중 우호’를 주문처럼 주창할 뿐 주장해야할 것을 주장해오지 않았다.

“1972년 일·중 국교정상화에 길을 연 다나카 가쿠에이田中角栄 전 수상의 계파를 잇는 다케시타파竹下派—오부치파—하시모토파를 중심으로 한 친중파 의원이 자민당 정치의 중추를 차지해 온 것도 한 요인"이라고 지적하는 외교관계자도 있다.

동중국해를 '대립의 바다'로 만들어버린 책임의 일단은 중국의 일방적인 개발 움직임을 방치해 온 일본 정부의 부작위에도 있다. 다케미 전 차관은 이렇게 지적했다.

"일·중 중간선의 중국 측이었다고 하더라도, 분쟁수역 내의 개발은 일본과 상담해야만 한다고 일찍부터 주장해 두었어야만 했다. 그러면 중국이 춘샤오 가스전 개발까지 간단히 손을 대는 일은 없었을 것이다."

동중국해를 '협력의 바다'로 하려면 어떻게 하면 좋을까?

가네하라 아츠코兼原敦子 릿쿄대立教大 교수(국제법)는 유엔해양법협약의 관점에서 동중국해에서 일본 독자적인 조사활동을 서둘러야만 한다고 지적했다.

"유엔해양법협약은, 대륙붕 및 EEZ의 경계에 대해, '공평한 해결'을 달성하도록 경계획정을 하는 것을 규정하고 있다. 국가는 '공평한 해결'이라고 하는 말에 무엇을 집어넣을 것인가로 승부하지 않으면 안 된다. 경계획정에 선행해서 이루어지고 있는 상대국의 조사활동에 대항하기 위해서도 또, 장래 일본이 생각하는 '공평한 해결'을 경계획정에 반영시키기 위해서도, 구두 주장과 페이퍼 프로테스트(문서로하는 항의)로는 아무리 봐도 약하다. 일본도 '공평한 해결'을 이끌어내기 위한 조사에 땀을 흘리고 있다는 것을 보여주지 않으면 일본의 주장은 설득력을 잃고 만다."

동중국해 개발에서는 사태 타개책으로서 분쟁해역에 '공동개발'을 설정하는 안이 검토되고 있다.[95] 공동개발방식은 한일대륙붕협정(1974년)에도 채용되어 있는데, 한일협정의 경우, 공동개발구역이 설정되어 있는 것은 중간선의 일본 측뿐이다.[96]

가네하라 교수는 "1970년대는 대륙붕자연연장론이 우세했기 때문에, 한국과의 사이에는 일본에 불리한 내용의 협정이 체결되고 말았다. 그렇지만 지금은 자연연장론은 우세하지 않기 때문에 동중국해에서 같은 전철을 밟아서는 안 된다"고 말한다.

미 존스홉킨스대학 라이샤워센터 동아시아연구소의 켄트 카르다 소장(전 주일미국대사 특별보좌관)은 "중국의 에너지수요가 급증하고 있는 결과, 중국은 일본의 안전보장을 위협하는 방법으로 에너지를 얻을 가능성이 높아지고 있다. 미·일동맹의 관점에서 미·일 양국은 에너지문제에 대해 깊은 논의를 해야 한다"고 하면서 동중국해 개발에 대해 이렇게 말했다.

"이 문제에 관해 미국은 중요한 역할을 맡고 있다. 미국 기업은 우수한 석유·천연가스 추출기술을 갖고 있어 과거에 중국의 동중국해 개발에 일시 참가한 경험이 있지만, 미국 기업이 관여하는 것은 일·중 양국이 동의한 경우로 한정해야만 한다. 일본도 자국의 권리를 행사하지 않은 채로, 동중국해에서의 중국의 횡행을 허용하는 것은 일본에 있어서 최악의 사태일 것이다."

에너지 절약 기술을 대중국 전략으로

2002년 운전을 개시한 요코하마시 이소고磯子화력발전소(전원개발=J파워)에는 아시아 각국으로부터 기술자가 견학을 하러 방문한다.

"이런 대도시 부근에서 석탄을 태우고, 더구나 연기가 보이지 않는다. 견학자는 한결같이 '믿을 수 없다'고 경탄합니다."

재단법인 석탄에너지센터의 아라이 야스오新井康夫 기획부장은 이렇게 자랑했다.

이소고발전소는 클린코올 기술(Clean Coal Technology = CCT)을 구사한 최신형 발전소다.

화석연료(석탄, 석유, 천연가스) 중 석탄은 매장량이 가장 많다. 그러나 석탄은 지구온난화의 원인이 되는 이산화탄소 배출량이 가장 많고, 산성비의 원인이 되는 질소산화물, 유황산화물 배출량에서도 다른 화석연료를 크게 상회한다.

이러한 환경에 대한 악영향을 가능한 한 억제하여 석탄을 이용하기 쉽게 하는 기술이 CCT이다.

이소고발전소에 도입된 건식활성탄탈황장치는 배기가스 중의 유황산화물을 활성탄에 흡착시켜 제거한다. 질소산화물은 암모니아를 이용한 탈초脫硝장치에 의해 물과 질소로 분해된다. 발생하는 유황산화물의 95%, 질소산화물의 88%가 이 장치에 의해 제거된다고 한다.

후쿠시마현福島県 이와키시의 나코소勿来발전소(도키와常磐공동화력) 에서는 가스화한 석탄을 연료로 하여 터빈을 돌리는 기술의 실증실험이 실시되고 있다. 이것도 CCT의 하나로 지구온난화를 막는 기술로 주목받고 있다.

석탄에너지센터에서는 CCT를 아시아 각국에 보급하려고 1996년부터 매년 각국의 기술자와 정부 관계자를 초청하여 1개월 정도의 연수를 실시하고 있다. 2004년에는 중국, 인도, 타이 등 7개국에서 57명이 참가했다. 요시무라 요시토吉村佳人 전무이사는 "아시아에서는 아직도 매연을 배출하고 있는 발전소가 많다. 아시아에 CCT를 보급시키는 의의가 크다"고 말했다.

특히 석탄에 대한 의존도가 높은 것이 중국이다. 1차 에너지 공급에서 차지하는 석탄의 비율은 60%에 달한다. 농촌지역에서는 일반가정의 취사는 대부분 석탄으로 충당하는 것이 현재의 실태라고 한다.

미무로토 요시미츠三室戸義光 일본에너지경제연구소 이사는 "중국에 대한 기술이전은 아시아의 공해방지와 지구온난화 억제라는 이점이 있다. 일본에게도 교토의정서京都議定書에서 정한 목표 달성에 도움이 된다"고 강조했다.

교토의정서에는 선진국이 개발도상국에서 이산화탄소 등 온실효과가스 삭감대책을 실시하면 삭감량의 일부를 자국 달성분으로 획득할 수 있는 클린개발 메커니즘이라고 하는 방법이 있다. 이것을 사용하면 일본에 부과된 삭감목표도 달성하기 쉽게 된다.

2005년 4월 29일, 도쿄도 내 호텔에서 3R 이니시어티브 각료회의가 열렸다. 3R은 폐기물의 발생 억제(Reduce), 재사용(Reuse), 재생이용(Recycle)을 의미한다. 어느 것이나 자원 소비를 억제하고 지구환경에 대한 부하를 줄이는 순환형사회 실현에 빼놓을 수 없다.

중국에서는 쟝리준張力軍 국가환경보호총국 부국장(차관급)이 참석했다. 쟝 부국장은 각국의 환경문제 담당 각료들을 앞에 두고 이렇게 말했다.

"중국도 지속가능한 개발을 중시하고 있지만, 이 분야의 활동은 아직 4년 정도밖에 역사가 되지 않는다. 각국의 선진기술을 적극적으로 도입함으로써 중국도 순환형 경제를 실현하고 싶다."

중국이 이 분야에 강한 관심을 보이는 것은 국내에서 환경오염이 심각한 상태로 되어가고 있기 때문이다.

예를 들어 수질오염. 오수배출량은 연간 460억 톤에 달하고, 도시 수역의 90%가 오염되어 마실 물의 안전을 위협하고 있다. 장강長江, 황하黃河 등 7대 수계 중 70%의 유역은 어패류 서식도 곤란할 정도로 오염되어 있다.

대기오염도 심각하다. 이산화유황 연간 배출량은 2,159만 톤에 달해 세계 최악의 수준이다. 산성비 피해가 의심되는 지역은 국토의 3분의 1이나 된다고 한다.

중국의 이가이尹改 국가환경보호총국 과기표준사장(국장급)은 "정부 지도자들도 경제성장에는 자원과 환경 문제로 한계가 있다는 것을 인식하기 시작했다. 2006년부터 시작되는 제11차 5개년계획에서는 순환형 경제를 중요한 지도원칙으로 계획을 수립할 예정이다"고 말했다.

중국의 환경오염은 일본에게도 남의 일이 아니다.

국립환경연구소는 일본에 내리는 유황산화물 중 50%는 중국으로부터 흘러온 것이라고 시산하고 있다. 일본해(동해) 측에서는 산성비 피해가 의심되는 삼림의 쇠퇴도 지적되고 있다.

국립환경연구소의 하타케야마 시로畠山史郎 대기반응연구실장은 "호쿠리쿠北陸에서 산잉山陰에 걸쳐 굴참나무 등이 말라가고 있다. 산성물질에 의해 균근이 상처를 입고, 나무가 약해져서, 나무좀이 달라붙어 말라버리는 것이 아닐까 하고 의심된다"고 지적했다.

환경문제에서는 일본과 중국은 운명공동체 관계에 있다.

전 환경성 지구환경심의관 하마나카 히로노리浜中裕德 게이오대 교수는 "이전에는 '일본의 산성비는 우리들의 문제가 아니다'는 태도를 보였던 중국도 지구환경을 중시하는 세계적인 풍조 앞에 궁지에 몰리게 된 것일 것이다"고 분석하고, 이렇게 말을 이었다.

"일·중 간에는 다양한 마찰이 있는데, 일본은 가장 자신이 있다고 생각하는 환경, 성省에너지 분야에서 중국과의 관계를 재구축하면 된다."

고야나기 히데아키小柳秀明 일·중우호환경보전센터 수석고문도 "지구규모에서 자원문제를 생각할 때, 자원 소비대국인 중국을 자원의 순환이용, 성省에너지 방향으로 이끌어가는 것은 매우 의미가 있다. 성省에너지와 리사이클을 포함한 순환형 사회 실현 분야에서 일본이 협력하면 된다"고 말했다.

"가령, 그린구입법제도의 도입. 중국이 이 제도를 도입하면 일본의 에코마크 등이 붙은 제품과 리사이클 제품이 중국시장에 진출하는 것도 가능하다. 이 분야는 일본이 매우 좋은 노하우를 갖고 있기 때문에 적극적으로 지혜를 짜내야 한다."

그린구입법제도란 성省에너지 제품과 재생품 등 환경에 대한 부하가 작은 제품과 서비스를 우선하여 구입하는 제도이다. 2001년에 제정된 이 법은 국가 기관에 구입을 의무화하고 지방자치단체, 사업자, 국민에게도 구입에 힘쓸 것을 요청하고 있다.

오키 다이칸沖大幹 도쿄대 생산기술연구소 조교수(지구물순환시스템)는 효과적인 대중 협력분야로서 '물'을 든다.

"중국 북부는 물 부족이 심각하다. 베이징은 인구 증가 등으로 도시용수 수요가 현저하게 증가하여, 최근에는 교외의 관개경작이 어려워지고 있을 정도다. 막처리로 해수에서 담수를 취수한다든지, 잡배수를 정화한다든지 하는 기술에서는 일본이 세계 최고 수준이다. 특히 물 처리용 여과막에 대해서는 세계 유명 5개 기업 중 3개 기업이 일본에 있다. 중국으로부터 수입되고 있는 식료의 생산에는 중국 국내의 물이 대량으로 사용되고 있다. 물 분야의 협력은 일본에게 있어서 자국의 식食 문제이기도 하다는 인식이 필요하다."

대립만으로는 끝나지 않는 것에 일·중 관계의 어려움이 있다.

정치분야에서 마찰이 두드러지는 때이기 때문에 더욱 성省에너지와 환경보전 등 일본의 강점을 살린 전략적 대중외교 구축이 요청된다.

세계의 흐름은 원자력으로 회귀

2005년 3월 하순, 핵연료사이클개발기구(현 일본원자력연구개발기구)의 구보 미노루久保稔 홍보부장은 중국을 방문, 베이징시 교외에서 건설되고 있는 고속증식로의 실험로를 견학했다.

설명을 맡은 판중范仲 핵공업제2연구설계원 부원장은 이렇게 자랑했다.[97)]

"2008년 베이징올림픽에 맞추고 싶다. 이 전기는 고속증식로로부터 생산한 것이라고 세계에 내세우고 싶다. 그것이 우리들의 목표다."

2020년에는 원자력에 의한 발전량을 현재의 5배 이상으로 늘린다. 2030년에는 대형 고속증식로를 도입한다. 금세기 중반까지는 일본의 5배의 전력을 원자력만으로 발전한다…….

열심히 설명하는 판 부원장과 젊은 연구자의 인상을 구보 부장은 "『거인의 별』의 주인공 호시 휴마星飛雄馬처럼 반짝반짝 빛나는 눈을 하고, 우리들이 중국의 발전을 뒷받침하고 있다는 강렬한 자부심에 넘쳐 있었다"고 회고했다.

세계적으로 자원쟁탈 움직임이 강해짐에 따라 원자력 회귀라고 말할 수 있는 현상이 두드러져 왔다.

중국은 2020년까지 100만kW급 원자력발전이 새로 27기 필요하다고 전망되는 외에, 고속증식로 건설도 급속도로 추진되고 있다. 미부시 정권도 2001년 5월에 발표한 신국가에너지정책에서 1979년의 스리마일섬 원자력발전소 사고 이래 중단되었던 원자력발전소 건설 재개를 천명했다.

원자력을 기간 에너지로 하는 일본은 1956년 이래 핵연료 사이클 정책을 추진하고 있다.

천연 우라늄의 성분은 핵분열하지 않는 우라늄238이 대부분으로, 핵분열하는 우라늄235는 0.7% 정도밖에 함유되어 있지 않다. 천연 우라늄을 농축하여 235의 비율을 3~5%로 높이면 일본 원자력발전소가 사용하는 경수로의 핵연료가 된다.

핵연료를 경수로에서 태우면 핵분열하는 플루토늄이 함유된 사용후 핵연료가 생긴다. 이 사용후 핵연료를 재처리하여 함유되어 있는 우라늄, 플루토늄을 회수하여 재이용하는 것을 핵연료 사이클이라고 부른다.

천연 우라늄은 해외에서 100% 수입하고 있지만, 사용후 핵연료를 재이용할 수 있다면 국내에 쌓일 뿐인 '폐기물'이 핵연료로 바뀐다. 에너지 자원의 해외의존도도 크게 낮아진다.

핵연료 사이클 기술의 핵심은 고속증식로다. 중성자가 고속으로 날아다니는 원자로에서 핵연료를 태우면 핵분열을 일으키지 않는 우라늄 238이 중성자를 흡수하여 플루토늄으로 전환되는 구조로, 소비분보다도 많은 핵연료가 새로 생기기 때문에 '꿈의 에너지'로 기대를 받고 있다.

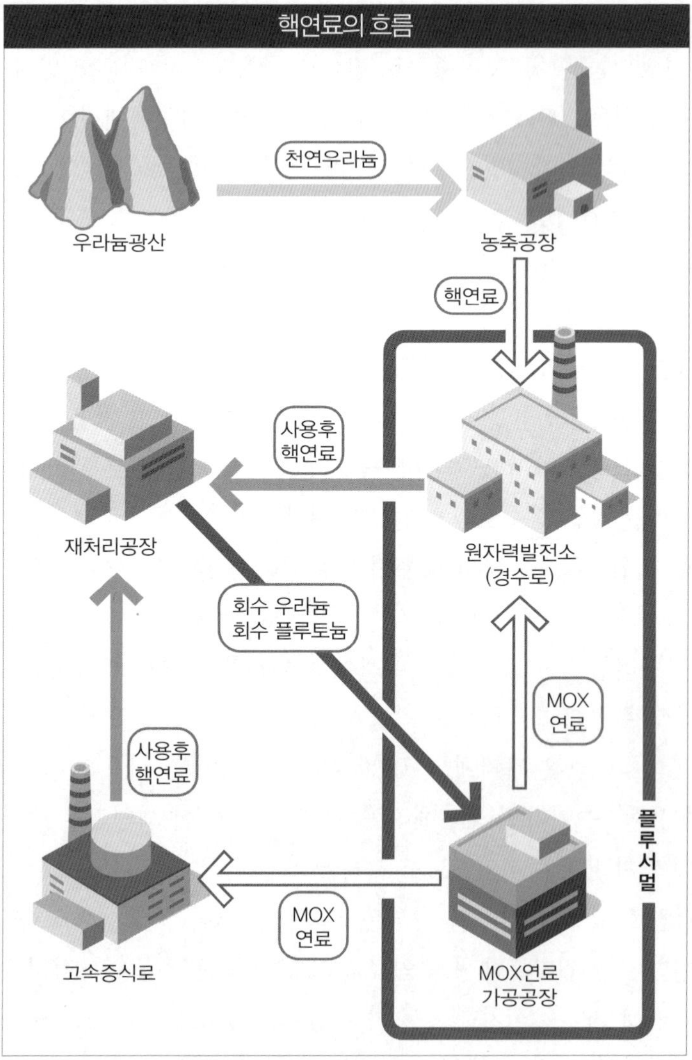

그런데 일본에서는 고속증식로의 원형로(실험로 다음 단계의 원자로)인 '몬쥬'(후쿠이현 쓰루가시)가 1995년에 냉각재인 금속 나트륨 누출사고를 일으켜 계획중단이 10년 이상 지속되고 있다.[98)]

사고 자체는 피폭이나 방사성 물질 누출의 염려가 없고, 국제원자력기구(IAEA)가 사고 위험도를 8단계로 표시하는 기준에서도 밑에서 2번째 단계에 해당했다. 그런데 사고처리의 미숙함과 맞물려 지역에 불신감을 심어주고 말았다.

몬쥬 사고를 계기로 정부는 1997년부터 고속증식로에 비해 연료의 이용효율이 떨어지는 플루서멀의 추진에 정책의 축을 옮기고 있다. 플루서멀(Plu-Thermal)이란 사용후 핵연료를 재처리·가공한 MOX연료(우라늄·플루토늄 혼합산화물 연료)를 경수로에서 태우는 구조로, 플루토늄과 서멀 리액터(경수로)를 조합한 일본의 조어다.

그런데 2004년 봄, 정부 내부에서 핵연료 사이클 정책을 뒤흔드는 소동이 일어났다.

정책전환을 노렸던 괴문서

"우리들이 국회에서 필사적으로 원자력 추진을 호소하고 있는 때에, 뒤에서 칼로 찌르는 것과 같은 것이다. 뭐 하는 짓이야!"

공명당의 사이토 데츠오斉藤鉄夫 중의원 의원은 경제산업성 구사카 가즈마사日下一正 자원에너지청장을 매섭게 쏘아보면서 거친 어조로 힐책했다. 2004년 6월 2일, 중의원 의원회관에서 열렸던 초당파 의원연맹, 자원에너지 장기정책 의원연구회 회의에서 있었던 일이다.

사이토 의원 등 원자력 추진파 의원이 문제시한 것은 1개월 정도 전부터 나가타쵸에 돌아다니고 있는 출처불명의 문서 「19조 엔의 청구서—멈추지 않는 핵연료 사이클」이었다.

A4판 25쪽에 달하는 문서에는 이런 표현이 빈번하게 나와 있었다. "재처리공장 건설비용은 자꾸 늘어나고 있다", "건설비 2조 엔인 공장을 실제로 가동하면, 총액으로 19조 엔의 비용이 발생한다", "이런 정도로 거액의 비용을 들여 왜 경수로 사이클을 고집하고, 추진하는 것인가?"…….

그 외에도, 원자력위원회 멤버는 5명 중 4명이 원자력 관계자라든지, 행정기관은 무오류성에 대한 집착과 행정소송을 염려하여 정책 변경을 하고 싶어 하지 않는다든지, 자민당 의원은 전력회사로부터 민주당 의원은 전력노련으로부터 지원을 받고 있다든지, 그야말로 이러저러한 근거를 대서 사용후 핵연료의 재처리에 의문을 내던지고, 그대로 땅속에 묻는 직접처리방식으로 정책을 전환해야만 한다고 호소했다.

핵연료 정책에 대해서는 안전성을 염려하는 시민단체와 학자 등도 반대론과 신중론을 전개하고 있다. 직접처리론 그 자체에 새로운 것은 없다. 그런데 이 문서를 작성한 것은 경제산업성의 젊은 관료라고 하는 소문이 나가타쵸에 퍼져 있었다. 실제, 경제산업성 관료로부터 이 문서를 건네받고, 당내에서 거론하도록 요청을 받은 국회의원이 상당수에 달했다.

성 내부와 정부 내에서 논의한 다음이라면 모르지만, 괴문서 등으로 정책을 바꾸려고 한다고 하는 것은 —. 이 점이야 말로 사이토 의원이 격노한 가장 큰 이유였다.

구사카 청장은 "핵연료 사이클 노선은 일절 변하지 않았습니다" 하고 열심히 해명했다.

한 전직 경제산업 관료는 복수의 젊은 관료가 문서작성에 관여했다는 것을 털어 놓고, "석유와 천연 가스를 위시한 다른 에너지 공급원은 충분하다. 원자력발전은 필요하지만, 지금의 경수로로 충분하다고 하는 생각이 그들의 근저에 있었다"고 설명했다.

그런데 핵연료 사이클 노선을 재검토—직접처분론으로 전환하는 것은 경제산업성 내의 대세가 되지는 않았다.

그 이유에 대해 한 경제산업 관료는 "직접처분론의 한계는 방사성폐기물의 매립장소를 어디에 둘 것인가 하는 점이다"라고 지적했다. "원자력발전 그 자체조차 지역의 이해를 얻기가 힘든데, 방사성폐기물의 처리만을 수용할 자치단체가 있을 것인가? 그 점을 애매하게 놓아둔 채, 문서에 있는 '일단 멈추고 국민적 논의를'이라는 주장은 정책으로서는 끝장난 것이었다."

괴문서 소동으로부터 약 반년 후인 2004년 11월 12일. 내각부 원자력위원회의 신장기계획수립회의는 향후에도 핵연료 사이클 노선을 견지할 방침을 결정했다.

근거 없는 국가정책에 대한 '거부권'

2005년 2월 17일, 아오모리현青森県 롯카쇼무라六ヶ所村의 무츠오가와라むつ小川原항에 오사카의 선박회사 소속 수송선 '호쿠신마루'의 하얀 선체가 접안했다.

적재화물은 열화우라늄. 롯카쇼무라에 건설 중인 사용후 핵연료 재처리공장에서 우라늄 시험에 사용할 것이었다. 이 시험은 2007년의 조업까지 4단계로 나누어 실시하는 실험 중의 3단계에 해당한다. 열화우라늄은 2004년 12월 20일 수송된 것과 합하여 모두 52톤으로, 수송작업은 모두 완료되었다.

그러나 결코 순조로웠던 것은 아니다. 2004년 가을, 재처리사업을 담당하는 일본원연日本原燃에 예상밖의 사건이 일어났다.

"도쿄도가 난색을 표명하고 있습니다."

일본원연 간부는 부하의 보고에 귀를 의심했다.

핵연료 사이클 정책은 국책으로 추진하고 있는 것이다. 우라늄 시험은 아오모리현, 롯카쇼무라와의 사이에 안전협정도 체결했다. 어떤 잘못도 있을 리가 없다. 그런데 도쿄도가 왜 ㅡ.

도쿄도는 도쿄항의 항만관리자였다. 이바라키현茨木県 도카이무라東海村 등 4개소의 연료가공시설로부터 도쿄에 집하된 열화우라늄을 해상수송하기 위해서는 도쿄도로부터 도쿄항 사용허가를 얻을 필요가 있었다.

일본원연은 대체안으로서 육상수송안을 아오모리현 측에 비공식적으로 타진했는데, "경비警備 사정상, 절대 안 된다"고 거절당했다. 결국, 일본원연 간부가 도쿄도 간부에게 사정을 해서 겨우 항만의 사용허가를 받았다.

원자력발전소의 안전체제는 전력회사 등 사업자에 대해 직접규제를 하는 경제산업성의 원자력안전·보안원과, 보안원을 감시·감독하는 원자력안전위원회(내각부), 그 외에 사업자와 지역 자치단체 사이에 체결된 안전협정으로, 사실상의 3각 점검 체제를 갖추고 있다.

그런데 보안원과 원자력안전위원회는 법에 입각한 규제인데 반해, 자치단체와의 안전협정은 법적 근거가 없는 '신사협정'에 지나지 않는다.

보안원 간부는 "전력회사가 자치단체의 의향에 관계없이 원자력발전을 가동시키면, 자치단체는 '항만을 사용하지 못하게 하겠다', '도로를 사용하지 못하게 하겠다', '장래 플루서멀을 반입할 때 동의

하지 않겠다'는 등 보복을 할 것이다. 수장이 원자력 정책에 반기를 들면 손을 쓸 방법이 없다"고 털어놓았다.

이런 현실에, 지방자치단체의 관여에 대해 법적 지위를 명확히 해야만 한다고 하는 의견도 두드러졌다.

2005년 4월 22일 열린 중의원 경제산업위원회에서 민주당 곤도 요스케近藤洋介 중의원 의원은, 도쿄전력의 사고 은폐 영향으로 2002년 10월부터 정지되고 있는 후쿠시마 제1원자력발전소 제1호기에 대해, 2004년 6월에 보안원의 검사가 종료된 후에도 후쿠시마현이 운전재개를 양해하지 않고 있는 것을 지적하고, 이렇게 문제를 제기했다.

"법률상, 자치단체에는 원자력발전소를 가동시키고, 가동시키지 않는 권한이 어디에도 씌어있지 않은데, 실제로는 거부권을 갖고 말았다. 자치단체의 권한의 근거를 법률로 확실하게 하지 않으면 원자력 정책은 계속될 수 없게 된다."

지방자치법은 국가와 지방의 역할을 명확히 구분하여, "국가로서의 존립에 관계되는 사무"(제1조의2)는 국가의 역할로 정하고 있다.

에너지 확보는 모든 경제활동의 기반을 이룬다. 안정적 공급과 안전의 양립을 위해, 국가와 지방은 책임을 어떻게 서로 나눌 것인가, 다시 한 번 검토해서 고칠 필요가 있다.

재처리시설은 일본의 특권

일본 국내에는 핵 알레르기 때문에 원자력 추진을 주저하는 경향이 있다. 그런데 일본이 국책으로 추진하는 핵연료 사이클 정책은 결코 어느 나라에나 인정되어 있는 것이 아니다. 그런 점을 일본은 좀 더 자각할 필요가 있다.

2004년 4월, 북한 핵문제를 협의하는 한·미·일 3개국 정책조정회의(TCOG)가 미국 샌프란시스코 시내의 호텔에서 열렸다. 한국의 이수혁李秀赫 외교통상부 차관보는 야부나카 미토지 외무성 아시아대양주국장에게 이렇게 말을 꺼냈다.

"롯카쇼를 견학할 수 없습니까?"

아오모리현 롯카쇼무라에 건설 중인 사용후 핵연료 재처리공장을 견학하고 싶다는 요청이었다.

이 차관보는 "이 분야는, 유감스럽지만 한국은 제약을 받고 있어 지식이 없다. 핵 정책을 담당하는 사람으로서 재처리, 플루토늄 추출이 어떤 것인가 지식으로 알아두고 싶다"고 설명했다.

야부나카 국장은 핵물질 방호의 제약상, 일반 견학자와 같은 코스밖에 볼 수 없는 것과 교통편이 나쁜 점 등을 들어 거절했다.

그 5개월 후인 2004년 9월, 한국이 국제원자력기구(IAEA)에 신고하지 않고 고농축 우라늄 실험과 플루토늄 추출실험을 실시한 것이 발각되었다.

일본은 핵무기를 보유하고 있지 않는 나라에서 유일하게 재처리 시설 보유가 인정되고 있는 나라다. 그에 비해 한국은 재처리와 우라늄 농축을 자국에서 하는 것이 인정되지 않는다.

TCOG 관계자의 한 사람은 "일본과의 차이가 한국에서는 납득하기 어려운 불리한 내용이라는 의식이 강해서, 의혹을 살만한 행위로 몰아세우는 것일 것이다. 그렇지만 한국은 이번 한 건으로 점점 재처리의 길은 멀어졌다"고 말했다.

한·일 양국의 차이는 왜 생기는 것일까?

재처리, 우라늄 농축 모두 핵무기를 제조하는 공정과 같다. 이 때문에 핵불확산의 관점에서 핵확산방지조약(NPT), 천연 우라늄 수출국과 핵기술을 제공한 미국 등과 체결한 양국 간 협정에 의해, 원자력 발전을 하고 있는 나라는 사실상 3개의 그룹으로 대별된다.

제1그룹은 핵 보유국이다. NPT는 미국, 러시아, 영국, 프랑스, 중국 5개 국가에만 핵무기의 보유를 인정하고 있다. 인도와 파키스탄은 NPT 미가맹국이다.

제2그룹은 일본과 같이 자국에서 재처리와 우라늄 농축을 하고 핵연료를 생산하는 것이 인정되고 있는 나라. 제3그룹은 한국과 같이 재처리와 우라늄 농축을 인정받고 있지 않는 나라다.

제2그룹과 제3그룹은, NPT상은 국내의 핵물질을 IAEA에 모두 신고하고, 이것을 사찰 하에 두는 것을 의무적으로 부여받고 있는 점에서 취급에 차이가 없다. 차이가 생기는 것은 양국 간 협정에 의해서다.

재처리에 대해서는, 미·일 원자력협정이 "미·일 양국이 합의하는 경우에는 재처리할 수 있다"고 규정하고 있는 데 대해, 한·미 원자력 협정은, 1956년 체결한 구 협정에서 "(사용후 핵연료는) 미 원자력 위원회에 반환하지 않으면 안 되며, 반환까지의 사이에 변경해서는 안 된다"라고 금지하고 있었다. 1972년에 전면 개정되어 현 협정이 되었는데, 거기에도 "재처리 또는 변경은, 한·미 양 정부의 공동의 결정에 따라 상호 합의하는 시설에서 실시되지 않으면 안 된다"고, 미·일 협정보다는 한국 측의 재량을 제한하고 있다.

우라늄 농축도 마찬가지다. 미·일 협정이 "(일본은) 농축도 20% 미만의 범위에서 농축할 수 있다. 또, 미·일 양 정부가 합의한 경우에는 20% 이상이 되도록 농축할 수 있다"고 정해져 있는 데 대해, 한·미 협정에는 이러한 규정은 없고, 20% 미만을 포함해서 농축을 인정하지 않고 있다.

한국의 경우에는 더욱이, 1992년에 북한과 체결한 「남북비핵화공동선언」에도 구속받고 있다. 선언에는 "핵재처리시설과 우라늄 농축시설을 보유하지 않는다"고 명기되어 있다.

한국은 1970년대에 박정희 대통령이 핵무기 제조를 계획했으나 미국의 압력으로 좌절된 경위가 있다. 그 후에도 1976년에 프랑스와 벨기에, 1984년에 캐나다, 1993년에 러시아에 대해 재처리기술 획득을 위한 협의를 제안했으나, 모두 미국에 의해 저지당했다.

이러한 과거가 "한국에는 핵무기 제조로 연결되는 시설은 인정하지 않는다"고 하는 미국의 정책판단으로 이어져, 한·미 원자력협정과, 미국이 조정했다고 여겨지는 남북비핵화공동선언이라는 형태로 나타났다고 한다.

한국과는 대조적으로 평화이용을 철저히 해 온 것이 일본이다.

2004년 6월에는 빈에서 열린 IAEA 이사회에서 일본에 관한 다음과 같은 보고서가 제출되었다.

"보장조치 하에 놓인 핵물질의 전용, 미신고 핵물질, 원자력 활동 등을 나타내는 징후가 없다는 결론을 얻을 수 있었다."

IAEA는 보고를 받고, 일본을 새로이 통합보장조치 적용대상국으로 할 것을 결정했다. 이것은 감시의 필요성이 높은 국가에 대한 사찰을 충실히 하기 위한 목적에서, 핵물질의 평화적 이용을 철저히 하고 있는 나라를 선정하여 통상사찰 횟수를 다른 나라보다도 경감하는 조치다.

대상국은 19개국. 그 중 원자력 발전을 하고 있는 나라는 5개국이며, 농축·재처리시설을 가진 핵연료 생산국은 일본뿐이다.

'사찰 대상의 20%가 일본'이라고 할 정도로 IAEA는 일본 시설의 사찰에 중점을 두고 있었다. 일본은 그에 전면 협력하여 핵개발 의도가 없다는 것을 내외에 증명해 왔다. 통합보장조치의 대상국이 되었다는 것은 일본이 IAEA로부터 얼마나 높은 신뢰를 얻고 있는가를 말해주는 것이다.

그런데 "여기에 이르기까지는 많은 사람들의 평범하지 않은 고생이 있었다"고 도노즈카 유이치殿塚猷一 일본 원자력연구개발기구 이사장은 지적한다.

일본이 국책으로 추진하고 있는 핵연료 사이클 정책에 있어서 '최대의 위기'로 일컬어지는 것이 1977년 미국 원자력정책의 변경이다.

카터 대통령은 취임 직후인 1977년 4월, 새로운 원자력정책으로서 '상업베이스의 재처리와 플루토늄 이용의 무기한 연기', '고속증식로 개발계획의 변경과 상업화의 연기'를 내걸었다. 인도의 핵실험(1974년), 한국의 핵무기계획(1971~1976년) 등 핵 확산의 흐름을 경계한 정책변경이었다. 일본은 그 여파를 받았던 것이다.

"우리도 고속증식로를 포기할 테니까, 일본도 해서는 곤란하다. 핵 비확산의 대의를 알겠지요라는 것이 미국의 변명이었다."

당시, 구 과학기술청 원자력국의 정책과장보좌였던 이시다 히로토石田寛人 가나자와가쿠인대金沢学院大 총장(전 과기사무차관)은 이렇게 회고한다.

대미 교섭 책임자는 우노 소스케宇野宗佑 과학기술청장(후에 수상)이었다. 우노 청장은 미국 측에 대해 고속증식로 '몬쥬'와 신형전환로 '후겐'이 '몬쥬文殊보살'과 '후겐普賢보살'에서 유래한다는 것을 설명하고, 평화적 이용에 철저한 일본의 자세를 절절히 호소했다.

"후겐보살은 코끼리를, 몬쥬보살은 사자를 타고 있다. 핵은 쓰는데 따라서는 맹수가 되기 쉽다. 그것을 보살의 마음으로 억제하려고 하는 희망을 담고 있는 것입니다."

교섭은 5개월에 이르렀다. 그 결과, 핵무기로 만들기 쉬운 플루토늄을 단일체가 아닌, 우라늄과 혼합해서 사용하는 타협안이 나왔다. 1977년 9월, 미국은 일본의 재처리를 인정했다.

그런데 비핵보유국 중에서 유일하게 농축·재처리시설을 가질 수 있게 된 일본의 지위는, 향후에 아무것도 하지 않아도 태평무사한 것은 아니다.

2006년 2월, 부시 정권이 글로벌 핵에너지 협조(GNEP) 구상을 제창했다. 핵연료 생산능력을 가진 나라가 그 외의 나라에 핵연료를 공급한다고 하는 것이다. 북한과 이란의 핵개발을 염두에 두고 핵개발기술의 확산을 막는 것에 주안점이 있는데, GNEP구상이 실현되게 되면, 일본은 주변 국가의 사용후 핵연료도 처리할 의무를 진다. 일본 정부는 구상 실현에 협력할 방침이지만, 자국내 핵연료 처리조차 지방자치단체의 저항으로 진척되지 않는 상황에서, 다른 나라의 것까지 받아들이는 것은 결코 간단하지 않다.

미야자키 게이지宮崎慶次 오사카대 명예교수(원자력공학)는 이렇게 말했다.

"일본의 핵연료 사이클 정책은 선인의 노력의 선물이다. 이것을 스스로 포기한다면 이전으로 되돌리는 것은 몇십 년도 더 걸릴 것이다."

사용후 핵연료를 땅속에 묻는 것이 재처리하는 것보다 싸게 먹힌다는 주장도 있다. 그렇지만 '선인의 노력'은 눈앞의 비용으로는 대체하기 어려운 것이다. 이 문제야 말로 장기적 관점을 결여할 수 없다.

사활을 건 연료전지 개발

2005년 5월 2일, 나카가와 쇼이치中川昭一 경제산업성 장관은 파리에서 열린 국제에너지기구(IEA)의 각료이사회에서 "경제와 환경이 양립하는 새로운 경제사회를 구축하기 위해서는 신에너지의 개발·보급을 향한 기술혁신을 세계적으로 가속시킬 필요가 있다"고 역설했다.

신에너지의 핵심으로 지목되고 있는 것이 연료전지다.

수소와 산소를 화학반응시켜 전기와 열을 발생시키는 연료전지는 석유나 석탄 등 화석연료와 달리 이산화탄소와 유해물질을 배출하지 않는다. 더구나 에너지의 이용정도를 나타내는 에너지 효율은 전기와 열을 합쳐서 80%에 달한다. 이것은 통상의 화력발전의 약 2배에 상당한다.

장래는 연료전지를 사용한 '수소사회'가 도래할 것으로 기대를 부풀리고 있는 선진국은 기술개발 경쟁에 사활을 걸고 있다.

2004년 11월, 경제산업성 자원에너지청의 안도 하루히코安藤晴彦 연료전지추진실장은 미국 뉴멕시코주에 있는 로스알라모스 국립연구소(LANL : Los Alamos National Laboratories)를 시찰하고 깜짝 놀랐다.

수속에 1시간이나 걸려서 겨우 들어갔는데, 시설은 일부밖에 보여주지 않는다. 일행의 카메라와 휴대전화는 압수당했다. 돌아올 때에 부지 밖에서 연구소를 배경으로 기념촬영을 하려고 했더니, 장갑차가 급히 접근해 와서 "뭐하는 거야" 하고 힐책을 당했다.

미국이 그렇게까지 기밀 취급을 하는 것은 "수소에너지 분야에서 세계의 주도적 지위를 목표로 한다"는 강렬한 국가 의사의 표현이다. 부시 대통령은 이라크 공격 전야인 2003년 2월에 한 강연에서, "수소에너지 사회를 실현하는 것은 중동 원유수입 의존에서 탈피하게 되어, 국가의 안전보장을 확실히 한다"고 강조했다.

일본에서 연료전지 개발을 견인해 온 것은 고이즈미 준이치로 전 수상이다.

"연료전지는 수소를 에너지로 이용하는 시대의 창을 여는 열쇠다. 자동차의 동력과 가정의 전원으로서, 3년 이내에 실용화를 목표로 한다."

고이즈미 수상은 2002년 2월의 시정방침 연설에서 강조했다. 그 해 12월, 정부는 연료전지자동차 시판 제1호차를 리스로 도입했다. 2005년 4월에 개보수를 끝낸 새로운 수상 관저에는 가정용 연료전지 발전시스템을 세계 최초로 도입했다.

수소는 가연성으로 폭발의 위험성도 있기 때문에 공업지역에서 이용하는 것을 전제로 지금까지 여러 가지 규제에 얽매어 있었다. 정부는 2005년 3월까지 수소가스 충전소의 안전기준을 천연가스 수준으로 완화하는 등 연료전지에 관한 6개 법률 28개 항목의 규제를 수정하여 개정을 끝냈다.

안도 실장은 "이렇게 많은 규제 완화가 단기간에 이루어질 수 있었던 것은, 본래라면 뒤꽁무니를 뺄 관료들 사이에 수상의 강한 의향이 침투되어 있었기 때문이다"고 말했다.

연료전지 자동차는 제조비가 대당 1억 엔으로 비용이 매우 많이 든다. 대규모의 수소 이용으로 연결시키기 위해서는, 고온가스로의 실현 등 기술적으로 해결하지 않으면 안 될 점이 수 없이 많아, 실용화는 2050년 이후가 될 것으로 예측된다.

그렇지만 기술개발을 포기하면 진보는 없다. 자원이 빈약한 일본이기 때문에 더욱 신에너지 개발에 대한 부단의 노력이 필요하다.

[추기]

일본 정부는 2008년 3월, 신 국가에너지전략에 입각한 '자원확보지침'을 수립했다. 석유, 석탄, 천연가스, 우라늄, 레어 메탈 등을 대상으로 일본기업이 관련된 권익취득 안건과 장기공급계약 안건에 대해 정부·관계기관이 일체적으로 지원하고, "수뇌·각료 레벨 대화를 포함하여 외교(ODA 포함)와 일체가 된 자원획득"을 목표로 한다고 규정하였다.

레어 메탈에 대해서는 문부과학성과 경제산업성이 2007년도에 '원소전략 프로젝트'와 '희소금속 대체재료 개발 프로젝트'를 출범시켰다. ①풍부하고 무해한 원소에 의한 대체재료 연구, ②원소 유효이용을 위한 실용재료 설계기술—등의 개발을 지원하고, 5년의 연구기간을 거쳐 실행화를 위한 연구로 이행할 것을 목표로 하고 있다. 구체적인 원소의 종류로는 인듐((indium), 디스프로슘(dysprosium. 레어 어스의 일종), 텅스텐 등의 연구에 대한 지원을 핵심으로 하고 있다.

동중국해 가스전 개발을 둘러싼 중국과의 외교 교섭은 2008년에 합의에 달하고, 같은 해 6월에 합의내용이 정식 발표되었다. ①중국이 개발을 추진해 온 춘샤오가스전(일본명 시라카바白樺)에 일본도 출자하는 형태로 참가한다, ②류세이(龍井. 일본명 아스나로翌檜) 남측 일·중 중간선에 걸쳐 있는 해역에 공동개발구역을 설정한다—는 것이 핵심이다.

[역자 칼럼 3]

잃어버린 '동해', 위기의 '7광구'

독도 주변 바다에는 가스 하이드레이트, 해저열수광상 등 무궁무진한 자원이 감추어져 있는 것으로 알려져 있다. 그런 의미에서도 독도 영유권은 중요하고 동해 표기도 중요하다.

2013년 여름, 한·일 어업협상 과장급 회의가 부산에 있는 국립수산과학원 회의실에서 열릴 예정이었다. 그런데 회의 개최 며칠 전에 일본 측에서 갑자기 회의 연기를 요청했다. 이유는 회의가 열리는 회의실에 '동해'로 표기된 지도가 게시되어 있다는 것이었다. 한국 관공서에 '동해'로 표기된 지도가 걸리는 것이 당연한데 일본은 왜 이것을 문제 삼은 것일까? 당시 주일한국대사관에서 일본 측과 회의 일정을 조율하던 역자는 회의장 벽 지도에 대해서까지 일본해를 고집하는 일본의 집요함에 놀라 처음으로 일본인의 본성을 깨닫게 되었다. 동해와 일본해 표기 문제는 독도 영유권 문제만큼이나 민감하다. 일본은 '일본해(Sea of Japan)' 단독 표기를 주장하고 있지만 한국은 '동해(East Sea)'와 '일본해' 병기를 주장하고 있다.

2023년 8월, 미 국방부가 앞으로 우리 동해에서 훈련할 경우 '동해'가 아니라 '일본해'로 표기하겠다고 밝혔다. 지난 2월 미국은 동해상에서 한·미·일 훈련을 실시하며 훈련 장소를 '동해' 대신 '일본해'라고 표기했다. 합동참모본부는 미국 측에 그러한 사실을 수정해 줄 것을 요구했으나, 훈련이 끝날 때까지 우리 입장은 반영되지 않았다. 취재 결과 미국은 앞으로 동해상에서 훈련할 때 일본해 명칭을 고수할 것으로 확인됐다. 미 국방부가 '일본해'란 표현을 쓰겠다고 공식 입장을 밝힌 것은 이번이 처음이다(JTBC, 2023.8.15.). 영토문제를 둘러싼 일본의 동향에 민감한 역자는 정부의 미흡한 대응과 조치에 아쉬운 마음이 가득하다.

엄청난 양의 석유와 천연가스가 매장돼 있는 것으로 알려진 대륙붕 제7광구의 공동개발을 다룬 한일대륙붕협정[99]이 2028년 종료를 앞두고 있다. 역자는 2013년 4월 15일, 주일한국대사관 주례회의 학습코너에서 「한·중·일 3국을 둘러싼 해양문제」란 주제로 발표하면서 다가오는 협정 종료에 대비해야 한다고 의견을 제시한 바 있다. "오늘은 타이타닉호가 북대서양에서 침몰한 지 꼭 101년이 되는 날"이라고 말문을 열었다. 우연한 일이지만 1년 후 세월호 사고가 일어났다. 역자의 발표에 회의 참석자들은 당장 급하지 않은 15년 뒤의 일이라 별로 관심을 갖는 것 같지 않았다. 아무 질문도 없었다. 그로부터 10년이 지난 지금 이제 협정 종료예정일이 서서히 다가오고 있다. 서둘러 대비책을 마련해야 한다.

제4장

안전대국의 환상

일본은 세계 유수의 치안이 좋은 나라라는 평가가 있다. 뉴스나 와이드쇼 프로그램 등에서 흉악사건에 대한 것이 크게 취급되어도, 다른 나라에 비하면 일본은 훨씬 안전한 나라라고 생각하는 국민이 다수가 아닐까? 그런데 미 동시 테러 이후의 테러대책이나, 신형감염증과 사이버 공격에 대한 대응태도를 점검해 보면, '일본은 안전한 나라'라는 것은 단지 환상에 지나지 않는다는 것을 알게 된다.

20년 부재의 P4시설

구미 각국은 조류 등을 매개로 해서 인간에게 감염되고, 때로는 죽음으로까지 내모는 고병원성 조류인플루엔자에 대한 대책에 진지하게 대처하고 있다. 아시아에서 맹위를 떨친 강독성 조류인플루엔자가 2005년 10월, 터키와 루마니아에서 확인되었기 때문이다.

부시 미 대통령은 10월 4일 기자단에게 강조했다.

"사람에 대한 감염 사례가 다수 보고되고 있다. 나는 이 문제를 매우 심각하게 받아들인다. 1918년에 대유행한 인플루엔자에 대한 책을 읽고, 잘 대응하고자 노력하고 있다."

대통령이 말하는 '인플루엔자'는 스페인감기를 말한다. 당시, 각국의 대응은 뒷전으로 뒷전으로 밀려, 전 세계에서 2,000만 명 이상이 목숨을 잃었는데, 이 스페인감기도 고병원성 조류인플루엔자 바이러스가 돌연변이에 의해, 사람에서 사람으로 감염력을 가졌기 때문에 확산되었던 것이라고 보여지고 있다.

세계보건기구(WHO)도 2004년 12월, "고병원성 조류인플루엔자의 출현은 세계가 다음의 팬데믹(대유행)에 다가와 있다는 것을 나타내주고 있다. 최선의 시나리오로도 200만~700만 명이 사망할 것으로 생각된다"고 경종을 울렸다.

심각한 감염증에 대한 대비의 하나가 위험한 병원체를 완전히 봉쇄할 수 있는 능력을 가진 P4시설의 정비다.[100)]

바이러스 등의 물리적 봉쇄 수준은 P1부터 P4의 단계가 있다. 연구용 미생물 안전관리 매뉴얼에 의하면, P1시설은 중요한 질환을 일으킬 가능성이 없는 것을, P2시설은 일본뇌염이나 뎅기열 바이러스와 같이 병원성은 있지만 중대한 재해가 될 가능성이 낮은 것을 취급한다. P3시설은 중요하고 위독한 질병을 일으키지만 사람에서 사람으로의 전염 가능성이 낮은 것이 대상이 된다. 예컨대 광견병과 HIV 등이다.

P4시설은 "중요하고 위독한 질병을 일으키고, 직접·간접적으로 용이하게 전염되는 것"과 "통상 유효한 치료, 예방법이 없는 것"을 취급하는 시설이다. 에보라출혈열, 랏사열, 말부르그병, 천연두 바이러스, 그리고 스페인감기 바이러스도 P4시설의 대상이다.

6개의 P4시설을 가진 미국은 감염증 연구에 여념이 없다.

일본에도 P4시설은 2개소 있다. 국립감염증연구소 무라야마(村山) 청사(도쿄도 무사시무라야마시)와 이화학연구소 쓰쿠바연구소(이바라기현 쓰쿠바시)에 있는 유전자 변환 실험용 시설이다. 그러나 국립감염증연구소의 시설은 1981년의 건설 전부터 주변 주민의 반대운동 때문에 P4 레벨의 병원체 취급을 뒤로 늦추고 있다. 현재는 P3시설로밖에 사용할 수 없다. 이화학연구소의 시설도 과거에 반대운동이 있어 1회밖에 사용되지 않았다.

정부는 "감염증 대책을 추진하는 데 있어서 병원체를 정확하게 검사, 진단할 수 있도록 하는 것이 중요하다. P4시설을 포함한 체제 확보에 노력하겠다"(고이즈미 준이치로 후생성 장관, 1998년)고 답변해왔지만, 이렇게 해서 20년 이상이나 'P4부재' 상태가 사실상 계속되고 있다.

바이러스 연구자는 일본을 떠나 해외 P4시설에서의 연구에 활로를 찾고 있다. 그렇지만 심각한 것은 이러한 시설로부터도 일본 연구자가 배제되고 있는 것이다.

캐나다 후생과학센터의 P4시설에는 가와오카 요시히로河岡義裕 도쿄대 의과학연구소 교수 연구실에서 2명의 연구원이 공동연구에 참가하고 있었다. 그 한 사람이 2005년 봄 홋카이도대 교수로 취임, 가와오카 교수는 후임 연구원을 등록하려고 생각했다. 그런데 현지로부터 "새로운 외국인에 대한 허가는 어렵게 되었다"는 소리를 들었다.

2001년 미 동시 테러를 계기로 각국 모두 테러대책을 강화하고 외국인을 배제하는 경향이 있기 때문이었다.

"이대로는 일본인 연구자가 P4시설에서 바이러스를 취급할 수 있도록 훈련을 받을 기회가 적어질 가능성이 있다"고 가와오카 교수는 걱정했다.

'일본은 생물 테러 용인 국가'

프랑스 동남부의 도시 리용은 '미식의 거리'로 알려져 있다. 이 도시 중심부에서 승용차로 10분 정도 달리면 프랑스 국립의학연구소의 P4시설에 도착한다.

주위는 시가지다. 시설 내 실험실은 두꺼운 방탄유리로 덮여 있다. 여기에서는 에보라출혈열, 말부르그병 등 일본에서 취급할 수 없는 바이러스를 사용한 연구가 이루어지고 있다.

바이러스 등 위험한 병원체가 누출되지 않도록 실험실 내는 외부보다도 낮은 기압이 유지되고 있다. 배기는 고성능 필터를 통해, 배수는 화학처리한 후에 고열로, 각각 멸균처리 된다.

알랑 죠르쥬 소장은 "프랑스에 이 시설은 필요하다"고 강조하고, "사고가 일어나지 않도록 만전을 기울이고 있지만, 위험성이 전혀 없는 것은 아니다. 주민들이 의문을 갖게 되면 은폐는 하지 않는다. 체제를 충분히 설명하면 이해를 얻을 수 있다"고 말했다.

프랑스는 아프리카 가봉에도 P4시설을 건설했다.

국립감염증연구소 구라타 츠요시倉田毅 소장은 "프랑스는 많은 연구자를 아프리카 등에 내보내고 있다. 더구나, 장기간의 파견으로, 현지에 뿌리를 내리게 하려고 하고 있다"고 지적했다.

선진국만이 아니다. 중국은 2006년부터 본격 운용할 것을 목표로 우한武漢에 P4시설을 건설하고 있다.[101] 타이완과 남아프리카에도 P4시설이 있다.[102]

구미 각국의 P4시설은 방호복을 입은 연구자가 대형의 장치를 취급하는 우주복형이 주류가 되어 있다. 그러나 일본의 P4시설은 2개소 모두 장갑을 끼고 상자형 장치 내에서 실험하는 글로브박스형이다.

현재의 P4시설을 그대로 가동시켜도 일본은 세계의 흐름에 이미 뒤처져 있다.

구라타 소장은 "원숭이 등을 사용한 동물실험이 가능한 우주복형 시설이 바람직하다. 동일본과 서일본에 P4시설이 있는 것이 좋다"고 말했다.

'P4부재' 상태는 생물 테러 대책이 불충분하다는 것이기도 하다. 심각한 감염증을 일으키는 바이러스와 세균이 테러리스트의 손에 넘겨지면, 생물 무기로 이용될 가능성이 있기 때문이다.

"일본은 생물 테러를 용인하고 있는 나라다."

방위청의 생물 무기 대처에 관한 간담회 멤버였던 미세 가츠토시 三瀬勝利 전 국립의약품식품위생연구소 부소장은 2000년 가을, 미 육군의 생물무기 전문가로부터 심하게 지적을 받았다. 일본이 바이러스 소지를 법적으로 규제하고 있지 않기 때문이었다. 일본 정부는 어떤 연구자가 어떠한 바이러스를 갖고 연구하고 있는가 하는 것조차 충분히 파악하고 있지 않았다.

천연두 바이러스라는 병원체를 허가 없이 소지하는 것을 금지하기 위해 정부가 감염증법 개정안을 국회에 제출한 것은 2006년에 들어서이다.

자위대의 생물 테러 대책도 충분하다고는 말할 수 없다.

자위대는 화학 테러 대책으로는 실적을 쌓아 왔지만, 생물무기 대책에 관해서는, 그것을 개발·사용한 2차세계대전 중의 구 관동군 731부대(이시이부대)와 동일시될 가능성이 있다는 염려에서 뒷전에 둬왔다.

일반 연구자 사이에서도 똑같은 염려에서 생물 테러에 관한 연구를 경원하는 분위기가 강했다. 방위청 간담회에 참가한 미세 부소장은 아는 연구자로부터 "생물무기 개발을 하고 있는 것이 아닐까, 하는 소문이 퍼져 있어요"하는 소리를 들은 적이 있다.

일본 정부 종합과학기술회의는 2005년 12월, P4시설의 가동을 위한 여건 정비에 2006년도부터 3개년 계획으로 대처할 것을 결정했다. ①기존시설에 집착하지 않고, 신규 건설을 염두에 두고 조기 가동을 목표로 한다, ②국내시설이 가동될 때까지의 대체수단으로서

p4시설을 가진 해외 기관과의 제휴를 강화한다, ③국민의 이해를 얻기 위한 방안을 조사·연구한다—등의 내용이다.

'P4부재'의 상태에 드디어 종지부가 찍힐 것인가?

불안한 감염증 연구의 현실

생물 테러 전문가가 한결같이 '가장 위험한 세균'으로 간주하고 있는 것이 탄저균이다.

한 번 마시면 사망률이 극히 높은 폐탄저를 불러일으킨다. 장기간 보존도 가능하여 테러리스트가 실제로 사용하기 쉬운 무기가 된다.

2001년 가을, 미국에서 분말상태의 탄저균이 든 봉투가 연방의회 등에 송부되어 5명이 사망한 사건이 일어났다. 같은 무렵, 일본에서도 '하얀 가루'가 든 우편물이 수상관저 등에 배달된 악질적인 장난이 이어졌다.

그러나 미·일 양국의 대응은 현저한 차이를 보였다.

미국은 이미 탄저균의 유무를 그 장소에서 판별하는 검사기기 외에 생물 테러가 일어났을 경우에 현장에서 병원체를 특정할 수 있는 선진적인 검사기기를 개발했다.

일본에서는 도쿄도내라면 경시청에 검사기기가 있지만, 지방에서는 '하얀 가루'를 전문 연구기관에 가지고 가서 조사하지 않을 수 없었다. 그 차이는 어디에 원인이 있는 것일까?

1993년 도쿄 가메토亀戸에서 일어난 오움진리교에 의한 탄저균 살포사건에 대한 대처가 그 후 미국과 일본의 탄저균 대책을 갈라놓았다.

오움이 사용한 것은 독성이 없는 왁신용 균이었다. 일본에서는 전문가의 경고도 없이 '악취소동'이라는 인식에 그쳐, 정부도 진지하게 대책을 마련하지 않았다.

미국은 달랐다.

도쿄라는 대도시에서 탄저균이 사용되었다는 것에 충격을 받았다. 미국은 감염증 대책의 총본산인 질병대책센터(CDC)에 바이오테러 대책부문을 설치했다. CDC는 홈페이지에 사건의 개요를 게재하고, "가메토 사건은 탄저균 살포에 의한 생물 테러가 확인된 첫 사례"라고 기록했다.

일본의 감도가 둔한 것에 위기감을 불러일으킨 것이 국내에서 몇 되지 않은 탄저균 연구자의 한 사람, 마키노 소이치牧野壮一 오비히로帯広 축산대 교수다.

"위기관리상 필요한 것은 일본 독자적으로 갖추지 않으면 안 된다"고 하는 마키노 교수는 기업의 협력을 얻어 2002년 2월 탄저균 검사 키트를 완성시켰다. 이 키트는 '하얀 가루'를 시약과 혼합시키는 것만으로 탄저균의 유무를 약 1분 만에 판정한다.

키트는 당시, 위생관계 연구시설과 공항의 검역소 등이 구입했다. 그러나 2001년의 미 동시 테러 직후에 일본 국내에서도 일어난 '하얀 가루'소동은 이미 진정되어 있었다. 팔린 것은 60개에 미치지 못했다.

'하얀 가루' 소동 후에도 국내에 탄저균 연구자가 늘어나지는 않았다. 정부와 자치단체에도 위기에 대비하여 널리 인재를 갖춘다고 하는 발상은 생기지 않았다.

생물 테러 대책에 직결되는 것이 감염증 연구다. 그러나 일본의 현재 상황은 불안하다.

2004년 1월, 야마구치현山口県의 양계장에서 고병원성 조류인플루엔자가 확인되었다. 국내에서는 79년 만의 발생이었는데 피해는 비교적 작았다. 여기에는 이유가 있다.

오츠키 고이치大槻公一 돗토리대鳥取大 교수 등 몇몇 연구자의 주도로 상세한 방역 매뉴얼이 발생 직전에 작성되어 있었기 때문이다. 농림수산성과 야마구치현은 즉시 주변 양계장의 닭과 계란의 이동을 제한하고, 발생한 양계장의 닭을 모두 도살 처분했다. 그 결과, 다른 양계장으로 확산되는 것을 방지할 수 있었다.

오츠키 교수는 그 때까지 약 25년간, 산잉山陰지방에서 철새의 똥에서 조류인플루엔자 바이러스를 찾는 작업을 계속해 왔다. 그러던 중에 독성이 약한 바이러스가 돌연 고병원성의 바이러스로 변이하는 매커니즘을 밝혀냈다. "연구비는 보잘 것 없고, 설비는 구식, 정보는 없다"고 하는 어려움을 극복한 성과였다.

오츠키 교수는 "연구를 하면 할수록 이 질병이 언젠가 관심을 모으게 될 것이라고 확신했다. 내가 하고 있는 것은 연구의 본질이라고 믿고 매달렸다"고 회고했다.

일본의 감염증 대책은 연구자의 자주적인 노력에 크게 의존해 왔다.

일본열대의학회 이사장 다케우치 츠토무竹内勤 게이오대 교수는 "일본에서는 전후, 암과 당뇨병 등 생활습관병 연구가 주류가 되어, 감염증을 연구하는 인재가 줄었다. 인재가 한번 줄면, 되돌리는 데 20년, 30년 단위의 시간이 걸린다"고 지적했다.

미국의 CDC는 감염증, 바이오테러 부문 등을 포함하여 약 8,000명의 연구자와 직원을 갖고 있다. 일본에서 같은 입장인 국립감염증연구소는 약 380명으로 CDC의 약 20분의 1에 지나지 않는다.

이 격차는 그대로 연구 축적의 두터움으로 직결되고 있다.

병원체 바이러스의 데이터베이스가 그 일례다.

아프리카에서 에보라출혈열 등이 유행하면 미국은 CDC 직원 등을 파견하여 바이러스를 채취한다. 바이러스의 유전정보를 해독하고 데이터베이스를 만들기 위해서다.

다케우치 교수는 "바이러스의 데이터베이스가 있으면, 환자의 바이러스와 비교함으로써, 예를 들어 홍콩형이라든가 베트남형이라는 형을 알 수 있고, 감염확대 대책을 취할 수 있다. 데이터베이스는 국가의 존립에도 관계되는 문제다. 그런데 우리들에게는 아무것도 없다. 동남아시아와 아프리카 각국에 연구거점을 설치, 바이러스의 데이터베이스 작성을 추진한다고 하는 장기적인 노력이 필요하다"고 호소했다.

냉대 받기 쉬운 학술연구의 재평가에 국가도 겨우 움직이기 시작했다.

과학기술·학술심의회(문부과학성 장관의 자문기관)의 학술분과회가 2005년 10월 작성한 보고서에는 이러한 한 문장이 있다.

"시류에 쏠리지 않는 계속적인 연구로부터 다양한 지적 축적이 구축되고 나서 비로소, 돌발적인 사건·사태에도 신속하게 대응할 수 있는 저력이 된다. 지력에 의한 안전보장의 관점도 고려되지 않으면 안 된다."

필요한 '보물'을 활용하는 네트워크

가와세 고도川瀬晃道 나고야대名古屋大 대학원 교수를 중심으로 하는 이화학연구소 연구진은 2003년 7월, 테라헤르츠파를 사용하여 봉투에 감춰진 각성제나 마약 등을 식별하는 실험에 세계 최초로 성공했다.

가와세 교수가 이 검사장치 개발에 이르게 된 것은 우연한 결과였다.

테라헤르츠파라고 하는 전자파는 가시광과 전파 사이의 주파수대(주파수 0.3~10테라헤르츠)에 있어, 금속 등은 통과하지 않지만 종이나 플라스틱 등을 투과한다. 테라헤르츠파를 연구하고 있던 가와세 교수는 이 특질의 이용법을 찾아내지 못해 난감해 하고 있었다.

2003년 5월 이화학연구소의 일반 공개일. 손수 개발한 테라헤르츠파 발생장치를 설명한 가와세 교수는 우연히 연구소를 방문한 요코하마세관 직원으로부터 다음과 같은 말을 들었다.

"봉투 속의 금지약물을 검사할 수 있는 것 아닌가?"

가와세 교수는 바로 금지약물을 사용한 공동실험 상대를 찾기 시작했다. 그러자 취미로 계속해오고 있던 인라인 하키의 동료가 말을 걸어왔다.

"나, 과학경찰연구소에 아는 사람이 있어."

행운의 연결이 이어졌다.

가와세 교수는 "내 경우에는 우연이 잘 이어졌지만, 연구를 세상에 도움이 되게 하기 위해, 기업과 대학이 서로 만나는 장이 보다 필요한 것이 아닐까?"하고 말했다.

확실히 과학기술이나 발견에 우연은 따라다니는 것이다. 그렇지만 테러나 범죄를 억지하기 위한 과학기술의 실용화에까지 우연의 결과라면 한심하기 짝이 없지 않을까?

정부의 종합과학기술회의 아래 설치된 '안전에 이바지하는 과학기술추진프로젝트팀'이 2005년 4월 작성한 보고서의 한 구절에, "뛰어난 기술력을 기반으로 한 연구·개발로 안전보장에 관련되는 위기관리기능의 강화를 도모한다는 관점이 지금까지 약간 결여되어 있었다"고 씌어 있다. 이 의미를 팀의 일원인 무라야마 유조村山裕三 도시샤대同志社大 대학원 교수는 이렇게 설명했다.

"미국은 민생기술을 안전보장으로 연결시키는 구조를 확립하고 있다. 일본은 개인의 인간관계에 의존한다. 이래서는 단발의 연구로 끝난다. 일본은 센서와 소형화 기술에 뛰어나다. 안전에 관한 분야에서 국제경쟁력을 얻을 수 있다면 일본의 존재감도 높아진다. 정부가 주도해서 연구개발 시스템을 구축할 필요가 있다."

보물의 산은 바로 거기에 있다. 그것을 살리기 위한 네트워크가 실로 요청되고 있다.

활용되지 못하는 최신의 지진 피해 예측

대규모 지진이나 태풍, 테러를 당해도 피해를 최소한으로 억제하고, 하루라도 빨리 복구·부흥하기 위해서는 어떻게 하면 좋을까?

이러한 문제를 해결하기 위한 연구가 진전되고 있다. 그 하나가 호리 무네오堀宗郎 도쿄대 지진연구소 교수와 이치무라 츠요시市村強 도쿄공업대 조교수 등이 공동개발한 통합지진시뮬레이션이다.

PC화면에 건물이 밀집한 도시의 3차원 지도가 펼쳐진다. 건물이 일제히 흔들리기 시작하고, 무수한 '점'이 건물로부터 뛰쳐나왔다. 피난하는 사람들이다. 화면을 바꿔서 지하상가를 보면, 사람들이 계단과 에스컬레이터로 탈출을 시도하고 있다.

실재 도시의 지도와 지반 데이터 등을 바탕으로 지진발생 → 건물의 흔들림과 피해 발생 → 사람들의 피난이라고 하는 일련의 움직임을 묘사하고 있다. 피난하는 사람이 피해상황을 감안하여 행동하는 것도 포함되어 있다.

이 시뮬레이션이 목표로 하는 것은 지진피해의 전체상을 예측하는 것이다. 사람들이 쇄도할 것 같은 도로인데 폭이 너무 좁은 문제점을 발견할 수 있게 된다. 도로 이용 상황과 구원물자 수송 경로 등의 정보를 조합하면, 복구를 서두르기 위해서는 어느 도로의 복구를 우선해야만 하는가 하는 것도 알 수 있다.

사회의 약점을 발견해내기 위해 서로의 요소가 어떻게 관련되는가를 조사하는 연구를 '상호의존성 해석'이라고 한다. 큰 재해나 사고 등에서 전력과 도로, 통신망, 교통기관 등의 사회기반시설 중에서 일부분의 피해가 다른 부분에 어떻게 영향을 주는가를 예측하고, 사회기반시설 간의 문제점을 파악하려고 하는 것이다.

호리 교수는 "지금까지의 지진대책은 과거의 경험으로 배우는 것이 중심이었다. 시뮬레이션을 이용한 상호의존성 해석에 의해, 앞으로는 지진의 상황을 예측해서 대처할 수 있게 된다"고 설명했다.

일본이 이러한 연구에 손을 댄 계기는 미국의 제안이었다.

2004년 2월, 도쿄도내에서 열린 미·일 안전·안심 사회에 이바지하는 과학기술에 관한 워크숍의 첫 회의에서, 미 국토안전부 간부가 문부과학성 간부에게 이렇게 말했다.

"상호의존성 해석에 꼭 협력해주기 바란다."

미국은 2001년의 동시 테러를 계기로 중점과제로서 상호의존성 해석에 몰두하게 되었다. 오쿠야마 야스히데奥山恭英 사회기술연구개발센터 연구원은 미국의 목적을 이렇게 분석했다.

"테러로부터 지켜야 할 대상이 늘고 있다. 미국도 모든 대상을 지킬 수는 없다. 상호의존성 해석으로 어디가 정말로 취약할까, 어디를 우선적으로 지켜야만 할 것인가를 알려고 하고 있다."

연구성과를 테러에 대한 대비에 활용하려고 하는 미국에 대해 일본에서는 행정기관의 늑장이 두드러진다.

정부의 중앙방재회의는 2005년 9월, 수도직하지진대책대강을 결정했지만 상호의존성 해석에는 "고려한다"고 언급했을 뿐이었다. 내각부의 방재담당자는 "상호의존성 해석은 연구단계다. 연구가 진척되면, 어떻게 할 것인가를 생각해 보고 싶다"고 말했다.

그렇지만 방재연구 관계자들은 상호의존성 해석의 대상이 도로와 전력·가스, 전화, 수도 등으로, 그 소관 관청이 국토교통과 경제산업, 총무 각 성에 걸쳐 있는 것이 소극적인 이유라고 보고 있다. 한 연구자는 "내각부는 각 성청으로부터 온 오합지졸에 불과하다. 그렇기 때문에 상호의존성 해석을 활용하려고 해도, 상의하달(톱다운) 방식으로 추진할 수가 없다"고 하며 분개했다.

"일본은 일이 일어나면 예산을 편성한다고 하는 정치를 계속해 왔다. 앞으로는 정책결정의 방법을 바꿔, 언제 일어날지 모르는 것에 예산을 편성하지 않으면 안 된다. 국가의 안전·안심을 어떻게 지킬 것인가, 진지한 논의가 필요하다."

미쿠리야 다카시御厨貴 도쿄대 첨단과학기술연구센터 교수의 지적이다.

외압으로 움직인 원자력발전소 방호책

20XX년 X월 X일, 한 원자력 시설에 차량이 맹렬한 기세로 다가왔다. 차량 안에는 자동소총을 손에 든 남자들. 차량은 경비소를 돌파하여 원자로 냉각시설 파괴에 나섰다—.

정부가 있을 수 있다고 생각하는 무장 테러리스트에 의한 습격을 상정한 장면이다. 2005년 5월 10일 열린 참의원 경제산업위원회에서 경제산업성 마쓰나가 가즈오松永和夫 원자력안전·보안원장이 개략적인 내용을 밝혔다.

그 3일 후, 핵물질 방호를 강화하는 개정 원자로 등 규제법이 성립되었다. 전력회사 등 원자력사업자는 경찰 등 경비당국이 테러리스트를 격퇴할 때까지 이러한 습격에 버티는 것이 의무화되게 되었다.

구체적으로는 중요시설 주위의 외벽강화와 감시카메라 증설, 테러 발생을 경찰에 신속하게 통보하는 체제 등을 정비하지 않으면 안 된다.

일본의 원자력 시설은 지금까지 테러에 대한 대비가 충분하지 않았다. 각 시설의 방호능력은 침입한 거동 수상자에게 어떻게 대처할 것인가 하는 수준에 멈춰 있었다.

"거동 수상자 한 사람이 탄 차량이 경비원의 제지를 뿌리치고 구내에 들어왔다. 도중에 차량은 저지되고, 거동 수상자는 자전거를 훔쳐 타고 도주했다."

이것은 2002년 10월 이바라키현 도카이무라東海村에 있는 핵연료사이클개발기구(현 일본원자력연구개발기구) 도카이사업소가 실제로 실시한 훈련의 시나리오다.

자전거로 테러리스트가 도주한다고 하는 매우 독특한 설정이지만, 도카이사업소가 작성한 훈련 보고서에는 이렇게 기록되었다.

"일단 테러가 발생하면, 사업소 측은 경비당국이 도착할 때까지 거의 무력하다."

개정 원자로 등 규제법의 내용은, 1999년 국제원자력기구(IAEA)가 가맹국에 권고한 핵물질방호지침 개정4판에 따르고 있다. 지침은 핵물질의 도난과 원자력 시설의 파괴 방지를 위해 예상되는 위협에 따른 방호조치와 국가에 의한 사업자의 방호조치 검사, 비밀 정보의 철저한 관리 등을 요구하고 있다.

구미 주요 국가는 이미 국내 대응을 취하고 있었다. 일본은 왜 뒤처졌는가?

정부관계자는 이렇게 밝혔다.

"전력회사에는 '핵물질 방호를 위해 다양한 조치를 취하면 비용이 든다'는 생각이 있다. 그래서 핵물질방호 강화에는 소극적이었다."

일본의 대응에 속을 태운 것이 미국이었다. 미국은 간토關東지방의 원자력 시설에 있는 농축 우라늄의 방호체제에 미비한 점이 있는 것을 확인하고 강력한 자세로 나왔다. 2003년 6월 미국은 "상황이 개선되지 않으면 핵연료를 수출할 수 없다"고 비공식적으로 통고했다.

일본 원자력정책 담당자는 동요했다. 당시 상황을 아는 정부 관계자는 "핵연료의 대부분을 미국으로부터 수입하는 일본에게는 심각한 문제였다"고 증언했다. 일본은 IAEA 지침의 도입을 서두르지 않을 수 없었다.

그렇지만 이 법 개정으로 핵물질 방호체제가 완전히 정비된 것은 아니다. 운용면에 많은 과제를 남기고 있기 때문이다.

그 한 예가 평시와 유사시의 경계가 애매한 것이다.

원자력 시설에 대한 테러는 경찰과 해상보안청이 우선적으로 대처한다. 경찰은 이미 각 시설에 특별부대를 자체적으로 배치하고 있다. 그러나 테러리스트의 공격 수준이 경찰의 능력을 상회하면 자위대가 출동하지 않을 수 없다.

2001년에 발생한 미 동시 테러 후, 수상관저와 주일 미군기지 외 원자력발전소 등의 중요시설을 자위대가 경비할 것인가 어떨 것인가를 둘러싸고 방위청과 경찰청이 끊임없는 권한 다툼을 벌였다.

정부관계자는 탄식했다.

"어느 정도의 테러를 상정하는가에 따라 경찰청과 방위청의 조정이 이루어지지 않을 가능성이 있다. 그렇게 되면 현장은 혼란스러워질 뿐이다."

손도 대지 않은 내부위협 대책

≪자위대 대형 헬리콥터가 원격 조작으로 강탈되어 원자력발전소 상공에서 선회를 시작했다. 직후, 정부에 팩스가 도달했다. "시간이 지나면 연료는 떨어지고, 헬리콥터는 추락한다. 위험을 회피할 방법은 단 하나. 현재 가동 중, 점검 중인 원자력발전소를 모두 사용불능으로 하는 것."≫

인기작가 히가시노 게이고東野圭吾의 소설 『천공의 벌』(고단샤문고)은 원자력발전 관련기업의 사원들이 테러를 시도하는 스토리다.

원자력시설에 대한 테러에는 2종류가 있다. 적국이나 테러집단에 의한 시설 밖으로부터의 습격을 '외부위협'이라 부르는 데 대해, 내부 관계자에 의한 시설 파괴와 핵물질의 도난 등을 '내부위협'이라 한다. 『천공의 벌』은 전형적인 내부위협형 테러다.

원자력안전기반기구를 소관하는 문부과학성의 연구로 등 안전규제 검토회는 2005년 9월, 「내부위협대책에 대해」라는 보고서를 작성했다. 그 속에 상정되는 내부위협을 열거했다.

"테러리스트로부터의 금전 등의 유혹에 넘어갔다.", "트러블과 개인적인 약점에 사로잡혀, 테러리스트 등에 의해 협박당했다.", "사상적, 종교적 확신에서 불법행위를 실행했다." …….

내부위협이 될 수 있는 것은 원자로 건물과 중앙제어실, 핵연료저장시설 등에 입회자 없이 들어갈 수 있는 사람들이다. 핵물질 방호에 관한 기밀사항을 알고 있는 사람도 내부위협을 일으킬 개연성이 있다.

구체적으로는 전력회사 종업원, 원자력안전기반기구의 직원 외에 하청업자, 경비회사, 관리회사 등의 종업원도 포함된다.

일본은 이러한 종업원들의 점검을 전력회사와 연구기구에 일임하고 있다. 그러나 원자력안전기반기구의 간부는 "채용 시에 이력서를 받고 있지만, 직원에게 범죄이력이 정말로 없는가조차 알 수 없다. 어느 정도 빚을 안고 있는지도 알지 못한다. 내부위협에 대비하라는 말을 들어도 이행하기는 어렵다"고 말했다.

구미 주요국은 국가가 가진 범죄정보 등을 이용하여 종업원의 신뢰성을 확인하고, 불법행위를 일으킬 위험성이 높은 요주의 인물을 색출해내는 제도를 갖추고 있다.

미국에서는 원자력관계 사업자가 연방수사국(FBI) 등에 종업원의 범죄이력 유무를 조회하는 외에, 직원의 과거의 빚이나 알코올·약물 의존 유무를 스스로 조사한다. 영국에서는 국가가 직원의 범죄이력과 빚 경력 등을 확인한다.

신뢰성 확인제도는 원자력발전소 종업원뿐만 아니라 군인과 치안, 정보기관 직원에게도 적용되고 있다. 국가의 안전보장과 위기관리를 위해 개인의 프라이버시 제약은 어쩔 수 없다는 생각이 저변에 깔려있다.

종업원 성선설에 의지해 온 일본도 본격적인 신뢰성 확인에 힘쓰지 않을 수 없게 되었다. 국제원자력기구(IAEA)가 1999년에 가맹국에게 권고한, 전술한 핵물질방호지침 개정4판에서, 직원들의 신뢰성 확인을 요구했기 때문이다.

상업용 원자력발전을 감독하는 경제산업성의 원자력방재소위원회는 2005년 6월, 보고서「원자력 시설에 있어서의 내부위협에 대한 대응에 대해」에서, "방위와 치안 등을 포함한 분야 전반적인 신뢰성 확인제도를 창설해야만 한다"고 제언했다. 문부과학성의 보고서「내부위협대책에 대해」에도 같은 기술이 있다.

그렇지만 양 보고서는 "관계 성청 간의 신중한 검토가 필요하다"고도 기록하고 있다. 정부 관계자는 "우리 성만으로는 실현할 수 없다. 행정부 전체를 통괄하는 내각관방이 앞장서야만 한다는 의미다"라고 지적하고, 이렇게 말을 이었다.

"어느 성청도 프라이버시 침해라는 어려운 문제가 있기 때문에 손을 대려고 하지 않는다. 여론의 지지도 없기 때문에 모두 회피하고 있다."

위기에 대한 대비와 개인 권리의 조화를 어떻게 도모할 것인가? 일본은 여전히 대답을 않고 있다.

불안한 항만 테러 대책

항만의 모습이 변한 것에 처음으로 놀란 것은 안벽에서 바다낚시를 즐기고 있던 사람들이었다.

2004년 여름 이후 요코하마와 고베, 니가타, 기타큐슈 등 외항 선박이 이용하는 국제항만의 안벽은 높이 2미터 정도의 펜스로 둘러싸였다. 감시카메라와 침입자 감지 센서가 여기저기에 부착되고,

출입구에서는 경비원이 수상한 차량이나 인물의 출입을 확인하게 되었다.

낚시꾼들을 쫓아낸 것은 2004년 정기국회에서 제정돼 7월 시행된 국제선박·항만보안법에 근거한 조치다.

국제항만을 관리하는 지자체 등에 울타리 등을 사용한 출입제한 구역을 설치하도록 의무화했다. 보안법의 대상이 되는 것은 외항화물선 등이 일정한 빈도로 출입하는 전국 126개 항만의 약 1,900개 시설에 이른다.

항만의 경비가 엄해지게 된 직접적인 계기는 2001년의 미 동시 테러다. 미국의 강한 요청으로 국제해사기구(IMO)는 2002년말, 항만과 해운분야의 테러 대책을 강화하는 개정 해상인명안전(SOLAS) 협약을 채택했다. 해양관계의 조약을 제정하는 데는 수년이 걸리는 것이 보통이지만, 개정 SOLAS 협약은 약 1년간이라는 이례적인 속도로 채택되어 2004년 7월 발효되었다.

미국은 더 나아가, 일본을 포함한 각국 간에 세관직원을 상호 파견하여, 상대국 주요항만에서 컨테이너를 사전 검사하는 컨테이너 안전협정(CSI. Container Security Initiative)을 실시하고 있다. 미국에 출입하는 방대한 수의 선박에 테러리스트나 대량 살상 무기를 숨길 수 없도록 출발지인 외국 항만에도 테러 대책망을 치는 것이다.

게다가 미국은 해사보안법(SAFE Port Act)을 제정하여, 미국 자신의 손으로 외국항만의 테러대책 태세를 조사해서 불충분하다고 간주한 경우에는 그 항을 출발한 선박이 자국의 항만에 들어오는 것을 금지할 수 있도록 했다.

해사보안법에 의거하여 상대국의 항만에 들어가 대테러 태세를 점검하는 것은 미국의 해안경비대원이다.

2006년 3월, 도쿄도내에서 개최된 민간단체 주최 해사 보안(security) 교육훈련 세미나에서, 해안경비대 극동사령부의 크리스토퍼 로빈슨 소령은 국제적인 항만 테러 대책의 의의를 다음과 같이 말했다.

"해상 수송체제는 어딘가에 미비한 곳이 있으면 온 세계에 영향이 미친다. 해상 안전은 한 국가만으로 대응할 수 있는 것이 아니다."

일본의 항만 테러대책에 대하여 로빈슨 소령은 "단기간에 모든 국제항만에서 체제를 확립한 것은 대단히 훌륭하다"고 높은 평가를 하고 있다. 그러나 그 운용상황을 보면 그 평가를 액면대로 받아들일 수는 없다.

2006년 1월, 요코하마항에 입항한 화물선에서 권총을 밀수하려고 한 일본인 남자와 필리핀인 선원이 경찰에 체포된 사건이 있었다. 남자는 선원용 물품을 판매하는 업자를 가장하여 요코하마항을 관리하는 요코하마시 항만국으로부터 '출입증'을 손에 넣고, 운반책으로서 출입제한구역에 자유롭게 출입했다.

이런 허술함에 충격을 받은 국토교통성은 요코하마시 항만국과 협의하여 출입업자에 대한 하물 검사를 시작했다.

국토교통성은 국제선박·항만보안법의 대상이 되는 전국의 항만을 연 1회 현장검사 하고 있다. 80% 이상의 항만에서 뭔가 문제점이 발견된다고 한다.

국토교통성의 이케다 기요시池田清 수석항만보안관리관은 "주요 출입구에는 경비원을 배치하고 있지만, 그 외의 출입구에는 사람이 없는 등 출입관리가 불충분하다. 예고 없는 검사를 할 수 있는 수준이 아니다. 교육지도를 하고 있는 것이 현실이다"고 인정한다.

보안법에 근거하여 국토교통성은 테러 위험도에 따라 항만 경비태세를 평상시의 레벨 1에서 테러 위험이 현저하게 높은 레벨 3까지 올리고 내릴 수 있는 제도를 도입했다.

레벨이 높아지면 출입하는 모든 트럭의 적재화물까지 조사한다는 추가조치를 취하도록 되어 있지만 잘 기능할지 어떨지는 아직 모른다.

해상보안청 퇴직자를 중심으로 한 해사보안 컨설턴트회사 'IMOS'의 야마카와 히토히코山川仁彦 업무부장은 다음과 같이 강조했다.

"항만관계자 중에는 레벨 3까지 있는 것을 파악하고 있지 않는 사람도 있다. 아무리 설비를 갖추어도 테러대책에 관한 의식을 근본적으로 개혁하지 않으면 의미가 없다."

감시카메라 활용은 설치자 재량

2005년 7월 15일부터 3일간 런던 교외에서 테러대책을 논의하는 회의가 열렸다. 얼굴을 마주한 사람들은 각국의 테러대책 담당자와 연구자 등 약 40명. 회의는 기이하게도 50명 이상이 사망한 런던 동시폭파테러 약 1주일 후였다. 테러를 어떻게 봉쇄할 것인가에 이야기가 집중되었다.

"감시카메라를 설치하는 것만으로는 불충분하다. 민관 협력 하에 인텔리전스(정보)와 조합하여 감시카메라를 활용함으로써 지금까지 적어도 6건의 테러를 막았다."

런던시경 고위관리는 이렇게 밝혔다.

폭파테러 후, 런던 수사당국은 감시카메라 영상 약 2,500건을 해석하여 5일 후에 실행범의 신분을 알아냈다.

감시카메라는 런던 시내에만 약 50만 대, 전국적으로는 약 250만 대에 이른다고 한다. 영국은 감시카메라망을 테러대책에 활용하기 위해 통일적인 규정 작성에 착수하려 하고 있다. 카메라는 교통기관과 금융기관 등이 각각 설치하고 있어 영상 보존기간 등이 제각각이기 때문이다.

2005년 9월 7일, 클라크 영국 내무장관은 프랑스 스트라스부르의 유럽의회에서 이렇게 강조했다.

"감시카메라의 활용을 포함한 테러대책 강화에 유럽 전체가 노력해야만 한다."

일본은 어떤가?

정부는 2005년, 각 성청을 통해 전국의 감시카메라 설치 상황을 조사했다. 조사 결과, "역이나 금융기관, 상점가 등 실로 많은 감시카메라가 있어, 그 나름대로 방범효과를 올리고 있다"(정부관계자)는 것을 알게 되었다. 그러나 테러대책에 대한 활용법에 대해서는 "설치자가 각자 생각하도록 할 수밖에 없다"고 하는 것으로 끝났다.

철도나 지하철, 버스 등을 노리는 테러를 저지하기는 어렵다. 각 성청 담당자가 협의해도 "그렇게 말은 하지만, 러시아워에 출퇴근자를 금속탐지기로 조사할 수는 없다"는 결론에 이르기 때문이다.

"수상한 승객이 있으면, 역무원이 '어디로 가십니까?'하고 말을 걸면 된다."

이렇게 제창하는 사람은 앞서 말한 테러대책회의에 참석했던 후루카와 가츠히사古川勝久 사회기술연구개발센터 주임연구원이다.

런던시경의 담당자에 의하면, 테러 그룹은 범행 예정 장소를 주도면밀하게 사전답사하고 있어, 역무원이나 경비원으로부터 질문을 받으면 경계심 때문에 공격대상으로 택하지 않는 경우가 많다고 한다. 그렇지만 일본의 철도회사 측은 "손님에 대한 차별이 되는 것이 아닐까?" 하고 뒷걸음질 친다고 한다.

지나친 감시사회에는 주의가 필요하지만, 대비를 태만히 해서 좋을 리가 없는 것도 확실하다. '보이지 않는 위협'에 대한 국민 한 사람 한 사람의 의식이 시험대에 올라있다.

정보 보안에 대한 낮은 의식

중국의 경제성장을 상징하는 상하이. PC를 갖고 있지 않는 시민들로 붐비는 것이 '왕網바'로 불리는 인터넷 카페다. 어둠침침한 실내에 나란히 놓여 있는 PC의 전원을 켜면 처음에 '인터넷서비스영업소 관리조례'라고 화면에 표시된다.

조례에는 '국가의 통일을 침해하는 행위'라고 하는 금지사항이 열거되어 있다. 반체제 조직의 사이트는 물론, 미 CNN 등 저명 사이트에서도 중국 정부에 좋지 않은 기사는 게재되지 않는다.

자국 내 인터넷과 외부와의 통신을 제어하는 파이어월(방화벽)을 중국 정부가 설치해 놓고 있기 때문이다. 정보통제만이 아니다. 자국의 인터넷을 외부의 사이버 공격으로부터 지키는 정보 보안(security))에 만전을 기한다는 큰 목적이 있다.

중국은 원자바오 수상을 장으로 각 부가 이러한 정보 보안의 실무를 담당하고 있다. 수만 명이 관계하는 그 철저함으로 인해, 구미 각국의 IT 관계자는 만리장성에 비유하여 '만리 파이어월', '넷판 만리장성'이라 부르고 있다.

중국의 인터넷 사정에 밝은 국제사회경제연구소의 하라다 이즈미原田泉 조사부장은 이렇게 지적했다.

"중국에 있어서 인터넷은 국가 안전의 기반이다. 심각한 문제가 발생되면 국가의 운영시스템이 무너진다고 생각하고 있다. 그렇기 때문에 중국은 거국적으로 정보 보안에 매달리고 있다."

중국만이 아니다.

자민당의 히라이 다쿠야平井卓也 중의원 의원은 2005년 5월, 미얀마의 양곤 컴퓨터대학을 시찰하고 혀를 내둘렀다.

학생들이 연구하고 있던 것은 차세대 인터넷 통신규격, IP버전6(IPv6)이었다. 정전이 자주 일어나고 PC보급률이 1%에 미치지 않는 미얀마가 영재교육으로 최첨단기술에 도전하려 하고 있다.[103)]

통신규격을 현행의 IP버전 4(IPv4)에서 IPv6으로 이행하면 넷상의 주소에 상당하는 어드레스가 거의 무한이 되어, 사이버 공격에 대한 대비도 월등히 강화된다. 미국은 2005년 5월, 모든 정부기관의 시스템을 2008년 6월까지 IPv6에 대응시키기로 결정했다.[104)]

일본은 어떤가?

2000년 9월, 당시의 모리 요시로 수상은 소신표명 연설에서 IPv6 이행을 목적으로 할 것을 천명했다. 그런데 그 후에는 진전되지 않고 있다.[105)]

"어느 성청도 장래의 이야기라고 하면서 진지하게 대처하려고 하지 않는다"고 내각관방의 담당자는 애석해 했다.

정보 보안 대책을 강화하기 위해 정부는 2005년 4월, 내각 정보시큐리티센터를 설치했다. 약 40명의 요원을 확보했는데, 미국 국토안전부의 800명에 비교하면 훨씬 뒤떨어진다.

정보 보안에 대한 일본의 낮은 의식도 문제가 되고 있다.

전 경찰관료로 내각홍보관을 역임했던 미야와키 라이스케宮脇磊介

씨는 2003년, IT 전문가로부터 이런 이야기를 들었다.

"경찰청이 새로운 컴퓨터시스템을 만든다고 해서 명함 한 장을 제출했더니 시스템의 개요를 알 수 있는 입찰서류를 주었다. 외국 정보기관이나 해커에게 손바닥을 속속들이 내보이는 것 같은 것이다."

시스템의 약점을 '시큐리티 홀(security hole)'이라 부른다. 일본에는 이러한 '구멍'이 많이 뚫려 있다.

수상에게 보고되지 않았던 정보

"그 때의 정보가 보다 윗선의 정책결정자에게 전해져서 활용되었더라면……."

한 전직 자위대원은 지금도 이렇게 애석하게 여기고 있다.

"중국은, 동중국해의 일·중 중간선보다도 훨씬 중국에 가까운 곳에 천연가스 생산시설을 설치해도, 일본 측 가스전으로부터 채굴할 수 있는 능력을 갖고 있다."

이 정보를 입수한 것은 방위청 정보본부였다. 1999년의 일이다.

당시, 남중국해 시장西江 유전에서 중국해양석유(CNOOC)가 채취를 위한 파이프를 해저 깊숙이 경사지게 설치하는 '경사굴삭'을 시작했다. 동중국해에 적용한다면 중간선에서 약 8㎞ 떨어진 지점에서도 일본 측 가스전에 도달하게 된다.

그러나 이 정보가 본격적으로 검토되는 일은 없었다.

수년 후, 정보본부는 수상에게 이것을 보고하려고 했다. 그런데 방위국으로부터 "확증이 없다"고 제지당해 정보는 활용되지 못했다. 방위청 간부는 "정보를 올려서 검토의 장으로 가지고 가면 중국에 대한 배려를 요청하는 외무성과의 조정이 어려워진다"고 해설했다.

정보의 세계에서도 무사안일주의가 횡행하고 있다.

CNOOC가 일·중 중간선으로부터 중국 쪽 약 1.5㎞ 지점에서 춘샤오가스전 개발을 진행하고 있는 것이 표면화한 것은 2004년 6월의 일이었다.

국익과 관련되는 중요한 정보를 활용하지 못하는 일본의 현상을 어떻게 바꾸면 좋을 것인가?

시게타 히로시茂田宏 전 외무성 국제정보국장은 미국의 예를 참고로 해야만 한다고 제창하고 있다.

"미국에서는 중국 전문 국무성 분석관 앞으로, 중앙정보국(CIA)의 정보와 정찰위성의 화상 등을 보내 온다. 중국에 관한 모든 정보를 이용하여 분석할 수 있다. 각 담당자가 같은 정보를 사용하여 분석 내용을 서로 경합한다."

영국은 각 정보기관을 망라하는 통합정보위원회(JIC) 아래 각 성청에서 파견된 젊고 우수한 직원 약 40명을 배치하고 있다. 그들은 각 기관의 모든 정보 입수가 가능하여, 그것들을 바탕으로 평가문서를 작성한다.

일본도 방안은 강구하고 있다. 월 2회 외무성과 방위청, 경찰청 등의 담당과장이 내각부에 모인다. 미 동시 테러 이후, 국장급의 합동정보회의만으로는 의사소통이 충분하지 않다고 하여 비공식적으로 시작했다.

"주제를 정해서, 뭔가 정보는 없는가 하고 호소하면, 서로 좋은 정보도 내게끔 되었다."

참석자 중 한 사람은 이렇게 말하지만, 그래도 구미 각국과 비교하면 뒤떨어지는 것은 부정할 수 없다.

정보조직에 있어서 부처 할거주의의 해소는 영원한 과제이다.

정보 전쟁의 최전선

"철저한 비밀보전은 가장 중요한 과제의 하나다. 외무성은 극히 기밀스러운 정보를 취급하는 경우가 많다. 음성과 전자파 누설을 막기 위한 기술적 수단의 개선이 필요하다."

외무성 내에 설치된 대외정보기능 강화에 관한 간담회가 2005년 9월에 작성한 보고서의 한 구절이다.

해외에서 활동하는 정부 직원은 좋아하든 말든 정보 전쟁의 최전선에 서게 된다.

베이징시 중심가에 있는 일본대사관. 그 안에는 도청방지시설을 설치한 작은 방이 있다.

강화플라스틱제 이중벽으로 싸여있고 전파를 통과시키지 않는다. 방 주위에는 물이 흐르는 소리가 나서 실내의 대화는 외부에 일절 들리지 않는다. 기밀로 취급하는 일은 이 방을 이용한다.

그래도 신경을 곤두세우지 않으면 허를 찔리게 된다.

전직 한 방위주재관은 이런 체험을 했다.

도쿄에 보내는 전문을 PC로 치고 있을 때, 연락이 와서 잠시 방을 비웠다. 돌아오자, PC 옆 찻잔에서 김이 나고 있었다. 깜짝 놀랐다.

"차를 가져다주기 위해 중국인 대사관 직원이 방에 들어왔다. 전문을 읽었는지도 모른다."

중국인 직원은 잡무가 주된 일이지만 일본어가 능통한 직원도 있다.

일본대사관과 상하이총영사관은 2005년 4월, 반일 데모 군중이 던진 돌과 페인트를 뒤집어쓰는 피해를 입었다. 그 후, 대사관의 원상회복을 둘러싼 일·중 양 정부의 교섭이 이루어져 11월부터 중국 측이 부담하는 형태로 복구작업이 시작되었는데, 일본은 직원을 상시 입회시켰다. 작업 중에 중국 측이 도청기를 설치하는 것을 경계한 것이다.

동맹국 미국도 경제문제와 관련되면 치열한 라이벌이 된다.

경제산업성의 한 간부는 1990년대 중반, 미·일 양국이 자동차 교섭으로 긴박했던 때의 일이 잊혀지지 않는다.

당시, 미국에 근무하고 있어서 도청이나 미행 등을 몇 번이나 경험했다. 어느 날, 미국 정부가 일본제 고급차에 높은 관세를 부과할 계획을 세우고 있다는 정보를 얻었다. 통상산업성(현 경제산업성)에 연락하기 위해, 사무소와 자택의 전화를 피해 차를 운전하여 이리저리 오가다 발견한 공중전화를 사용했다. 도청되기 어렵다고 생각했기 때문이다.

전화를 끝내고 자택에 돌아오자, 아내가 의아한 표정으로 말을 걸어왔다.

"아까 전화회사 사람으로부터 전화가 왔어요. '지금, 당신 남편은 공중전화에서 일본에 전화하고 있습니다' 하고. 대체 무슨 일?"

이 간부는 "네 행동은 전부 감시하고 있다고 경고해 왔던 것이다"라며 부르르 몸을 떨었다.

오모리 요시오大森義夫 전 내각정보조사실장은 친지에게 일본무역진흥기구(JETRO) 주재원에 대한 미국의 '처사'에 어떻게 대처할지 상담을 해 준 일이 있다.

"전화는 도청되고, 가족도 감시당하고 있다. 전자메일도 보고 있는 것이 아닐까?"

JETRO 주재원은 "미 정부와 미국 기업의 정보를 수집하고 있다"는 등의 이유로 미국 측으로부터 눈엣가시 취급을 받아 왔다.

오모리 실장은 "주재원은 스파이가 아니라고 미국 측에 설명할 수밖에 없다. 첩보수집 활동을 방해하지 말라고 항의할 수는 없다"고 알려줄 수밖에 없었다.

국익을 걸고 각국이 경쟁하는 정보 전쟁. 오모리 실장은 이렇게 지적했다.

"다른 나라는 미국 정도가 아니다. 훨씬 더 스파이 활동을 하고 있다. 일본은 먼저, 정보 보전을 철저히 하는 것으로부터 시작해야만 한다."

군사 알레르기의 벽

가스미가세키에 있는 외무성에서 이치가야市谷의 방위청까지 약 3㎞. 이 사이를 가방을 손에 든 방위청 직원이 승용차로 하루에 몇 번인가 오고 간다. IT사회에 일부러 품을 들여서 운반하고 있는 것은 방위주재관으로부터 온 전문이다.

방위주재관은 대사관 등 재외공관에 근무하는 간부 자위관을 말한다. 37개 재외공관에서 48명(2005년 말 현재)이 근무하고 있으며, 주재국 군 당국자나 각국 주재 무관 등과 접촉하여 군사정보 등을 수집한다. 그 전문에는 주재국의 군 간부로부터 들은 이야기, 시찰한 기지 모습 등의 군사정보가 기록되어 있다.

전문은 내용과 배포선에 따라 '비', '극비', '한정배포' 등의 지정을 받은 후, 암호처리되어 대사관으로부터 외무성 단말기에 송신된다. 방위주재관이 직접 방위청에 정보를 올리는 구조는 아니다.

그렇다면, 긴급성이 높은 정보를 취득한 경우, 방위주재관은 어떻게 하는 것일까? 은밀히 사용하고 있는 것이 통상의 전자메일이다.

"전문은 외무성을 거치기 때문에 주고받는 데 시간이 걸린다. 바로 알리지 않으면 안 되는 정보도 있으니까."

방위청 간부는 이렇게 털어놓았다. 메일을 먼저 방위청에 보내고, 나중에 거의 같은 내용의 전문을 외무성 경유로 방위청에 보내는 일도 있다.

메일에는 특별한 비밀보전 조치가 깔려있지 않다. 그 정보는 외국 정부에도 곧바로 누설되기 쉽다.

왜 방위주재관은 방위청과 직접 전문을 주고받을 수 없는가?

이것은 제2차 세계대전 전의 외무성과 군부의 알력에 기인한다. 당시 일·독·이 3국 동맹을 추진한 육군 출신의 오시마 히로시大島浩 주독 대사처럼, 육군 군인이 대사나 주재무관으로서 외무성을 무시하고 대외교섭을 추진한다든지, 군사 측면을 과대시하여 국제정세를 오인한다든지 했다. 외무성과 육군의 이원외교는 일본이 진로를 잘못 선택한 계기의 하나였다.

종전 후, 방위주재관은 외무성에 전근하는 형태로 해외에 파견되게 되었다. 전문도 외무성을 통하지 않는 한 방위청에 보낼 수 없게 되었다.

한 전직 방위주재관은 각국 주재 무관과의 차이를 설명했다.

"각국의 무관은 국방성 정보조직의 지휘 아래에 있다. 일본처럼 방위주재관이 외무성 아래 있다고 하는 것은 세계의 상식과는 다르다.”

그 결과, 중요한 전문이 외무성 내에서 방치되어 방위청에 도달하는 것이 1주일간이나 늦어졌다든지, 도달하지 않았다든지 한 경우도 적지 않았다.

방위청의 요구로 2003년, 방위주재관에 관한 규정을 정한 외무성과의 각서가 48년 만에 개정되었다. 새로운 각서에는 “외무성은 방위정보를 방위청에 자동적이고 확실하게 전달한다”라고 명기되어 있다.

그렇지만 아직 개선의 여지가 있다.

방위청은 방위주재관으로부터 오는 전문을 직접 수취할 단말기, 방위청과 재외공관을 잇는 비화장치가 붙은 전화 등을 방위청 내에 설치할 수 있도록 외무성에 요구하고 있다.

수년 전, 워싱턴에 근무했던 한 방위청 직원이 미 국방부 통신시스템을 얼핏 보았다.

“아, 또 들어왔다”라고 말하는 친구 국방부 직원의 PC에는 미국의 해외 주재 무관으로부터 오는 정보는 물론, 미군이 세계에서 수집한 정보가 실시간으로 도착하고 있었다.

방위주재관의 정보를 신속하게 얻어서 외무, 방위 양 성청이 서로 공유하여 정확한 정책판단에 활용한다. 이러한 점에서 일본은 크게 뒤처져 있다.

문제의 저류에는 방위청·자위대 알레르기도 숨겨져 있다. 특히, 문부과학성 소관의 대학과 연구기관에는 이런 경향이 심하다.

2004년 가을, 한 연구자가 테러대책 연구회를 기획했을 때의 일이다. 방위청에도 알리려고 했을 때, 문부과학성 측으로부터 “방위청과 자위대의 참가는 인정하지 않는다”며 간섭이 들어왔다. 그 연구자는 이렇게 지적했다.

"대학을 중심으로, 군사에 관한 연구는 해서는 안 된다고 하는 의식이 아직 뿌리 깊다. '자위대에 대한 일본 국내의 의식이 변했다'고 흔히 말을 하지만, 적어도 대학이나 연구기관은 별로 바뀌지 않았다."

결국, 방위청에 안내장은 보내지 않았다.

'보이지 않는 벽'은 여전히 남아 있다.

[추기]

일본 정부는 2006년 12월에 감염증법을 개정하고, 바이오 테러를 미연에 방지하기 위해 천연두 바이러스와 탄저균 등 '특정병원체'의 관리를 강화했다. 2008년 4월에는 재개정을 통해 신형 인플루엔자 유행에 대비하여, 환자가 발생한 경우에는 바로 입원시킬 수 있도록 하였다.

위험한 병원체를 안전하게 취급하는 P4시설(별명 BSL-4시설=Bio Safety Level의 약칭)에 대해서는 문부과학성의 위탁을 받아 국립감염증연구소 등의 전문가팀이 2006년도부터 3개년 계획으로 조기 가동을 위한 조건 정비에 관한 조사·연구가 추진되고 있다.[106)]

핵물질을 사용한 핵 테러를 둘러싸고는, 미국의 핵불확산연구단체가 2007년 가을, 핵물질방호 업계표준 작성을 목표로 한 새로운 국제조직 '세계핵안전보장기구'(가칭) 설립을 제창했다.[107)] 일본에서도 일본원자력연구개발기구 연구자가 준비조직 회의에 참가하고 있다.

정부의 정보기능 강화 부문에서는, 2008년 2월, 정보기능강화검토회의(의장 마치무라 노부타카町村信孝 관방장관)이 '관저 정보기능 강화 방침'을 정리하고, 그 후 내각정보조사실內調에 5명의 내각정보분석관이 배치되었다. 정보분석관은 각 성청의 정보를 종합적으로 분석하고 수상 등에게 보고하는 정보평가서 원안을 작성한다.

나아가, 정부는 같은 해 2월, 비밀보전법제에 관한 검토작업팀을 수상관저에 설치했다. 기밀정보 취급자를 정부가 인정하는 시큐리티 클리어런스(비밀취급자 적격성 검토) 제도의 도입과, 국가공무원법의 비밀준수의무 위반 시의 벌칙(현행은 징역 1년 이하)에 대해 기밀정보를 누설한 경우는 대폭 상향조정하는 것이 검토대상으로 되어 있다.[108]

[역자 칼럼 4]

모순되는 두 가지 안전 - 원전 오염수와 일본 수산물

2013년 9월 시행된 일본 후쿠시마 인근 8개 현 수산물 수입금지 조치가 이어지고 있다. 지난 8월 24일부터 후쿠시마 원전 오염수 해양 방류도 시작되었다. 이미 3차례의 방류가 끝났고 2024년 3월까지 3만 1,200t을 방류할 계획이라고 한다.

후쿠시마 원전 오염수 해양 방류를 둘러싸고 주요국들이 극명하게 다른 반응을 보이고 있다. 중국과 러시아는 일본산 수산물 수입을 전면 금지하는 강경한 입장을 취하였다. 반면, 미국과 유럽, 태평양 도서국들은 일본과 국제원자력기구(IAEA)의 결정을 신뢰한다며 지지를 보냈다. 우리나라도 같은 입장이다. 유럽연합(EU)은 7월 13일 EU·일본 정상회담 직후 후쿠시마 농수산물 수입 규제를 철회했다. 스위스 역시 7월 15일부터 수입 규제를 해제했다.

일본이 한국에 수산물 수출 확대를 추진한다는 일부 언론 보도와 관련해, 정부는 "일본 측으로부터 그런 제안을 받은 바 없다"고 밝히고, 해양수산부 차관은 "후쿠시마 인근 8개 현에 대한 수산물 수입금지 조치는 변함없이, 예외 없이 적용된다"고 말했다(대한민국 정책브리핑, 2023.9.13.).

후쿠시마 원전 오염수 해양 방류를 '과학적 근거'에 기반한 것이라고 지지하면서 수산물 수입 금지조치도 유지해야 하는 우리 정부의 입장이 난감해 보인다. 수입금지 조치 당시 일본 수산청을 상대하는 외교 무대의 최일선 담당자였고, 오염수 저장탱크로 빼곡한 공포의 후쿠시마 제1원전 현장을 견학한 경험이 있는 역자의 머릿속에는 모순과 진퇴양난이란 말이 떠나지 않는다. 정부가 이 어려운 과제를 어떻게 풀어갈지 궁금하다.

제5장

흔들리는 지력知力의 기반

일본인이라고 하면 '근면한'이라는 형용사가 따라다니고 '메이드 인 재팬' 하면 세계 최고의 품질과 동의어라고 해도 좋을 것이다. 일본이 세계 제2의 경제대국[109]의 지위를 확립한 것도 인재와 기술력이라고 하는 넓은 의미의 '지력知力'에 근거한 점이 크다. 그런데, 지력의 집적인 지적재산을 일본 자신이 무시한다든지, 일본 기업이 모조리 연구개발 거점을 중국에 신설한다든지 하는 불가사의한 현상이 눈에 띄기 시작했다. 국력의 원천이라고도 할 수 있는 지력을 지탱하는 기반에서, 지금 무엇이 일어나고 있는 것일까?

엿보고 있었던 특허정보

2004년 여름의 일이다. 일본무역진흥기구(JETRO) 북경센터의 고타니 요이치後谷陽一 지적재산권실장은 칭다오시青島市에 있는 중국 최대 가전업체 '하이얼海爾' 그룹 본사를 시찰하고 충격을 받았다.

그룹 본사의 지적재산권 담당자가 자랑스럽게 이렇게 말했기 때문이다.

"수십 대의 PC로 일본, 미국, 유럽의 특허청에 신청된 특허출원정보를 검색하여 제품화에 도움이 될 연구개발 정보를 이용하고 있다. 그래서 당사는 연구비가 매우 적다."

그 담당자는 "출원정보는 특허가 인정되지 않는 경우가 태반이다. 더구나 신청자는 중국 국내에서 권리를 취득하려고 하지 않는다. 그래서 법적으로는 문제가 없다"고도 덧붙였다.

이상하다고 생각한 고타니 씨는 전임 실장이었던 특허청의 히다카 겐지日高賢治특허전략기획조정관(당시. 그 후 특허사무소 경영)에게 전했다. 히다카 기획조정관은 동료에게 "우리 홈페이지의 특허출원 정보를 중국과 한국이 엿보고 있었던 것 같다. 어느 정도의 접속이 있는지 조사할 수 있겠는가?" 하고 물었다.

결과는 놀랄만한 것이었다. 하루 동안의 접속 건수는 중국으로부터 1만 7천 건, 한국으로부터 5만 5천 건에 달했다. 바로 엿보고 있었던 것이다.

특허청에 대한 2003년 1년간의 특허출원 건수는 일본기업만으로 약 36만 건. 이 중 같은 시기에 해외에서도 특허출원하여, 국내외에서 특허가 인정되는 것은 전문가의 추계로는 '겨우 3만 건 정도'라고 한다. 나머지 33만 건은 세계에 '무료공개'되어 있는 상태다.

브로드밴드(광대역) 환경이 정비되기 이전에는 특허청 청사 내에서 두꺼운 종이 자료를 한 장 한 장 넘기지 않으면 안 되었다. 뛰어난 IT화가 만들어 낸 현상이지만, 그것만이 아니다.

히다카 기획조정관은 지적한다.

"인터넷으로 특허출원 정보를 공개하고 있는 것은 미국이나 중국도 마찬가지다. 그러나 신청 정보 전문을 대상으로 상세한 키워드로 복잡한 검색이 가능한 것 등 사용하기 편리함은 일본 홈페이지가 월등히 뛰어나다. 왜 그런가? 일본인이 훨씬 더 사용하기 쉽게 하라고 말하기 때문이다."

위기감이 빈약한 것일까, 호인이라서 그런가?

보다 이해하기 곤란한 것은 36만 건의 출원 중 약 40%는 특허취득의 전제가 되는 심사청구조차 행해지지 않는 것이다. "타 기업에 선수를 빼앗기면, 그 기술을 사용할 수 없게 된다. 그래서 신청만 해 둔다"고 하는 기업방위의 의미에서라고 보여진다.

지적재산권 전문가 사이에서는 일본기업이 불필요한 특허신청을 하지 않아도 되도록 발명보호제도를 정비해야만 한다는 의견이 나오고 있다. 그렇지만 정작 중요한 경제계에서는 제도의 재검토를 요청하는 목소리는 작다.

"일본기업은 국내 동업 타사와의 경쟁이 치열하기 때문에 아무래도 해외에 눈을 돌리지 못하고, 바로 코앞의 기업방위 의식에서 빠져나오지 못한다"고 정부 관계자는 분석한다.

"원래라면 비밀로 하고, 절대로 보이고 싶지 않을 것이 분명한 일본의 원천기술이 지적재산을 보호하는 구조를 통해 유출되고 있다. 하이얼의 이야기를 들었을 때, 처음에는 '현명하군!' 하고 생각했지만, 그렇지 않다. 일본의 허술함이 문제다"라는 것이 히다카 기획조정관의 말이다.

가짜가 진짜를 몰아내다

『크레용신짱』은 아시아와 유럽 등 해외에서도 인기 있는 애니메이션 만화다.[110] 만화잡지에서 연재가 시작된 것은 1990년. 만화 단행본은 40권을 넘는다.

그『크레용신짱』이 2004년 여름, 중국에서 분쟁에 휘말렸다. 출판사인 후타바샤双葉社 (본사 도쿄)와 라이센스 계약을 맺은 중국 기업의 캐릭터 상품이 상하이시 당국에 의해 상표권 침해로 인정되어 매장으로부터 철거되었던 것이다.

『크레용신짱』의 중국어 표기 '라비샤오신蠟筆小新'이 중국 국내의 다른 업자에 의해 1997년 시점에서 이미 상표등록되어 있었다. 그

것이 이유였다.

진짜가 가짜에 구축당하는 실정은『크레용신짱』뿐만이 아니었다.

생활잡화 전문점 '무지료힌無印良品'을 진출시키고 있는 료힌케이카쿠良品計画(본사 도쿄)도 같은 문제에 직면했다. 중국 1호점을 2005년 7월 1일 상하이에서 개설했지만 대부분의 의류제품을 취급할 수가 없었다.

이 회사가 이변을 알아차린 것은 2000년. 전년에 중국 당국에 신청했던 상표등록 가운데, 피복·신발분야에 대해 등록을 거절한다는 통지가 왔다. 동사와 아무 관계도 없는 홍콩 기업이 1995년에 상표등록을 했었기 때문이었다(료힌케이카쿠는 2005년 11월과 2006년 9월에 상표등록취소 심판에서 승소).

중국의 지적재산 사정을 잘 아는 이와이 도모코岩井智子 변리사는 "악의의 선취先取 상표가 늘고 있다"고 말했다.

중국 상표법은 일본과 같은 선출원주의를 채택하고 있다. 선사용주의를 채택하는 미국 등 일부의 국가를 제외하면, 원칙적으로 먼저 출원한 사람에게 권리가 주어지는 것이 각국 거의 공통된 구조이다. 진짜가 가짜에 구축당하는 사태가 이상한 것이 명백함에도 불구하고, 법적으로는 "흑백이 미묘"(정부 관계자)하게 되는 것은 이 때문이다.

일본무역진흥기구(JETRO) 이시우라 히데히로石浦英博 지적재산과장은 이렇게 분석했다.

"중국이 2001년에 세계무역기구(WTO)에 가맹하게 됨으로써, 일·중 양국의 경제는 급격히 긴밀해지고 있다. 그렇게 되면, 일본에서 유행한 것은 중국에서도 팔릴 가능성이 높다. 실제, 중국에서 '青森'의 한자 2문자가 상표출원되어 있는 예가 있다. 일본의 아오모리青森 사과가 선물용으로 높은 값에 팔린다는 이유에서일 것이다. 문화적으로도 거리적으로도 가까운 것도 중국에 의한 지적재산 침해가 급증하는 배경이 되어 있다."

사토 다츠히코佐藤辰彦 일본변리사회장은 "중국은 WTO 가맹에 맞추어 지적재산에 관한 법제를 정비해 왔다. 국제적 비즈니스를 전개하고 있는 중국 기업에도 '지적재산은 매우 중요하다'고 하는 인식이 높아지고 있다. 그러나 역으로 지적재산에 대한 인지도가 높아지면 제도를 악용하는 사람도 나온다"고 지적했다.

사토 회장에 의하면, 수년 전 어느 중국인이 '크라운'과 '시빅'이라는 자동차의 애칭을 일괄해서 상표등록하려고 한 사건이 있었다. 일본 브랜드라도 중국 국내에서 유명하면 등록을 거부할 수 있지만, 자동차의 애칭까지 중국 국내에서 널리 알려져 있다고는 말할 수 없어, 일본 자동차 제조업체 각 사가 골치를 앓는 사태가 되었다고 한다.

"결국, 일본 업체 측이 '개인이 한꺼번에 등록한다는 것은 이상하다'고 중국 상표국에 이의신청을 하여 등록을 취소시키는 데 성공했지만, 중국의 지적재산제도가 정비된다는 것은, 잘 이용되면 좋지만 악용될 경우도 늘어난다는 것을 의미하다"고 사토 회장은 말했다.

내각관방 지적재산전략추진사무국의 아라이 도시미츠新井寿光 사무국장은 "중국에서는 전에는 법률을 무시한 모방이 주류였다. 그런데 최근에는 법률을 구사하여, 오리지널보다도 먼저 출원하여 권리를 취득하는 등 법률에 뒷받침된 침해행위로 변해가고 있다"고 지적했다.

일본 정부는 2003년에 지적재산전략본부를 내각에 설치하는 등 특허와 상표, 저작권 등 지적재산권 보호에 힘을 써 왔다. 지적재산 입국의 구호에 법조계도 호응하여 2005년 4월에는 특허를 둘러싼 소송을 전문적으로 다루는 지적재산고등재판소가 도쿄고등재판소 내에 탄생했다. 변호사지재넷도 함께 발족하여 지적재산 소송을 취급하는 변호사 약 1,200명이 등록했다.

그러나 일본의 지적재산을 지키는 체제로서는 아직 불안하다.

고마츠 요이치로小松陽一郎 변호사는 "사회 전체가 지적재산 보호의 중요성을 깨달아서 정비가 시작되었다고 하기보다는, 국가가 리드하는 형태로 정비되었기 때문에 인적 인프라 면에서 구멍이 뚫린 상태가 되어 있다"고 하면서 이렇게 계속했다.

"특허사건을 취급하는 지적재산 변호사는, 전에는 사건 그 자체가 적었던 탓도 있어서, 원래 인원수가 한정되어 있다. 한 시간 공부하면 할 수 있는 것도 아니고, 많은 경험과 기술에 대한 의욕이 요청되기 때문에, 급히 충실하게 하려고 해도 쫓아가지 못한다."

중국은 2002년 3월, 첫 국가통일사법시험을 실시하여 약 2만 4,800명이 합격했다. 전원이 변호사가 되는 것은 아니지만, 일본의 변호사 총수가 약 2만 1,200명이기 때문에, 불과 1년간에 상당한 수의 변호사가 탄생한 것이 된다.

아라이 사무국장은 이렇게 강조했다.

"지금은 아직 엉성하게 마구 배출하는지도 모른다. 그렇지만 이런 페이스로 변호사가 늘면, 중국은 수년 사이에 법률을 구사하는 전문가를 대량으로 보유한 '사법대국'이 될 가능성이 크다. 국경이 없는 지적재산의 세계에서 이것은 대단한 위협이다."

맹추격하는 아시아 각국과의 지력 경쟁에서 어떻게 이겨나갈 것인가? 경제대국의 기반이 크게 흔들리고 있다.

지적 인재를 찾아서 중국 진출

중국에 있는 소니의 소프트웨어 개발 거점, 상하이테크놀로지센터에서는 약 100명의 중국인이 일한다. 현지에서 채용한 IT 기술자들이다.

평균 연령 약 29세. 약 40명이 박사·석사 학위를 갖고 있다. 남녀 4명의 관리책임자도 전원 30세 전후로 상하이어, 베이징어, 영어를 구사하고, 일본인 종업원과는 일본어로 대화한다.

마스다 아키라增田公 기획관리부장은 중국 진출의 매력에 대해 "우수한 인재 층이 두터운 것과 즉시 전력화할 수 있는 것이다"라고 말했다.

우수한 인재의 층이 두터운 것은 일본의 10배인 중국의 인구 규모가 한 요인이라고 말할 수 있다. 그렇지만 즉전력卽戰力이란 점에 대해서는 중국이 뛰어나다는 것만이 아니라, 일본 자신에게 큰 문제가 있는 것이 아닐지 하는 것이 마스다 부장의 견해다.

"중국인은 금형 설계 등에 사용하는 3차원 CAD(컴퓨터 이용 설계)를 대학에서 배워오고 있다. 일본 대학생은 입사 후에 연수하지 않으면 쓸 만한 인재가 되지 않는다."

일본 기업의 중국 진출은 전에는 값싼 노동력을 목표로 하는 것이 주류였다. 그런데 최근 수년 동안 소니에 한정되지 않고, 우수한 지적인재를 찾아서 연구개발 거점을 중국 국내에 신설하는 움직임이 두드러지고 있다.

마쓰시타전기도 2001년에 베이징, 2002년에 쑤조우蘇州, 2005년에 상하이 등 중국 각지에 연구거점을 설립하고 있다. 개발·설계부문의 중국인 대졸자 신규채용은 2006년도는 800명으로 국내 채용수(750명)를 상회했다.

왜, 중국에 연구개발거점을 설립하는 기업이 늘고 있는 것일까?

"일본 기업은 중국을 위시하여 해외 시장을 개척하는 것밖에 살아남을 길이 없어진다"고 미쓰이물산 전략연구소의 선차이삔沈才彬 중국경제센터장은 분석한다.

일본 국내시장은 액정 등 신흥분야를 제외하면 이미 포화상태에 있다. 자동차 출하대수는 정점일 때에 비해 25% 줄어들었다. 조강 소비량은 20% 감소, 플라스틱과 펄프 소비량은 10% 감소. 일본은 2005년을 경계로 인구감소사회에 진입했다. 국내시장은 지금보다도 축소될 것이 확실하다.

이에 대해, 중국 시장은 매년 평균 9%의 고성장을 배경으로 확대일로를 걷고 있다. 중국시장에 파고들기 위해서는 제품 연구·개발 단계에서부터 중국의 두뇌를 활용하는 것이 효율적이라는 것이 최근의 기업논리이다. 실제, 구미 기업은 베이징대와 칭화대 등과의 제휴를 긴밀히 하여, 중국인 기술자와 연구자의 입도선매와 획득에 여념이 없다.

중국 휴대전화 시장에서 일본 기업의 점유율이 늘어나지 않고 있는 것도, 모토로라(미국)와 노키아(핀란드) 등 구미기업이 1995~1997년에 일제히 연구개발 거점을 중국에 설립하고, 중국 사양의 제품 개발에 힘을 쏟은 것이 주요인이라고 일컬어지고 있다.

선 센터장은 "일본 기업이 '중국에서는 제품의 조립만'이라는 종래의 대응대로라면 기동성과 인건비, 중국시장 니즈 연구 등에서 구미 기업과의 격차가 벌어질 뿐이다"라고 말했다.

소니의 마스다 부장도 말한다. "우리들은 세계를 상대로 경쟁하고 있다. 경쟁이 가장 뜨거운 중국에서 지면, 세계에서 지는 것이다."

국내시장의 포화, 중국시장에서의 국제경쟁이라고 하는 현실을 생각하면, 일본 기업이 지적 인재를 중국에서 찾고 있는 움직임을 이제 와서는 멈출 수 없는 것일까?

일본 기업이 중국에서 지적 인재를 찾고 있는 것은 일본의 대학교육에도 문제가 있기 때문이다.

일본IBM 마쿠하리사업소(지바시)에서는 3월까지 대학생이나 대학원생이었던 '햇병아리 기술자'들이 신입사원 연수를 받고 있다.

세계에 진출한 IBM 가운데서 일본IBM의 신입사원 연수기간은 특별히 길다. 한국은 3개월, 중국은 2개월에 수료하는데 5~7개월이나 소비하고 있는 것이다.

일본IBM에 의하면, "일본에서는 고등교육을 통해 프로그래밍 언어나 소프트웨어 엔지니어링 기법 등 회사에서 사용할 수 있는 지식을 습득하는 구조가 되어 있지 않아서, 기초에서부터 매달릴 필요가 있기"(홍보 관계자) 때문이라고 한다.

차세대 인재육성의 역할을 맡는 주요 기구는 대학이다. 그런데 실제 현상은 여전히 사회 요구와의 격차를 다 메우지 못하고 있다.

60개국 가운데 58위.

스위스의 조사연구기관 '국제경영개발연구소'(IMD)가 발표한 세계 경쟁력 랭킹(2004년도판)에 "대학교육이 경제의 니즈에 맞는가?" 하는 항목이 있다. 그 조사항목에 대한 일본의 순위이다.[111)]

평가를 한 사람들은 국제경험을 가진 자국의 관리직 이상의 회사원이라고 한다. 일본 산업계가 대학교육을 얼마만큼 비관적으로 보고 있는가를 말해주는 것이다.

일본은 1990년대부터 대학에서의 연구·개발 성과를 기업에서의 실용화로 연결시키는 '산학제휴'에 민관이 함께 힘쓰고 있다. 1998년에는 대학 등 기술이전촉진법이 시행되어, 대학으로부터 기업으로 기술을 이전하는 기술이전기관(TLO)이 2005년 5월말

로 39개 기관으로 늘었다.[112)]

그러나 산업계에는 산학제휴에 관해 '잘 되고 있지 않다'고 하는 불만이 점점 팽배해지고 있다.

"정보공학 출신 대졸 신입사원 중에 즉시 전력화할 수 있는 인재는 불과 10%에 그친다."

일본경단련[113)]이 2005년 6월에 발표한 제언은 산업계의 위기감을 강하게 반영시킨 것이었다. 제언을 작성한 우에다 마사히사上田正尚 산업본부 정보그룹장은 "중국과 한국은 IT산업을 기간산업으로 지정, 인재육성을 추진하는 국가전략이 명확하다. 일본에는 그것이 없다"고 지적하고, "산업계로부터 인재를 교수로 파견하는 거점이 될 대학과 대학원을 만들어야 한다"고 말했다.

중국은 베이징대와 칭화대 등 국내 35개 대학에 설치한 소프트학원으로 불리는 전문교육기관에서 기업의 실무와 직결되는 고도의 IT교육을 실시한다. 한국은 "IT분야에서 세계 5대 대학이 된다"는 것을 캐치프레이즈로, 산·학·관이 공동으로 IT전문대학을 설립했다.[114)]

"솔직히 말해서, 산업계는 지금까지 대학에 기대하고 있지 않았다. 입사해서부터 단련하면 된다고 생각하고 있었다"고 말하는 우에다 정보그룹장은 이렇게 말을 이었다.

"일본 기업이 국내시장에서만 경쟁하고 있다면 그래도 괜찮다. 그러나 인재육성에 힘을 쏟는 중국과 한국과의 국제경쟁이 되면, 바닥부터 연수시키고 있어서는 승부가 되지 않는다."

대학이 기업의 실리로 이어지는 교육만을 해야 하는 것은 아니다. 그러나 IT 등 산업에 직결되는 분야에서 산학의 제휴가 나쁘면, 그 피해를 입는 것은 일본의 장래를 담당할 젊은이들이다.

대학교육을 현실에 활용시킬 수 있을 것인가? 교육의 방향부터 재검토할 때다.

진전 없는 대학의 자기개혁

다케우치 가즈히코竹内和彦 도쿄대 대학원 교수(녹지환경학)는 사무직원이 준비한 서류를 보고 깜짝 놀랐다.

연구실에 독일인 유학생을 받아들인 2004년 가을의 일이다. 상대는 독일인인데, 책상 위에 놓여 있었던 것은 일본어로 된 서류뿐이었다.

사무직원은 서류의 오른쪽 아랫부분을 손가락으로 가리키면서 이렇게 덧붙였다.

"여기에 본인의 사인이 필요합니다."

다케우치 교수는 "창피를 당하는 것 같습니다만" 하고 전제하고 이렇게 탄식했다.

"서류는 장학금 수령 위임장과 여비 정산 청구서였는데, '차용금은 당신이 갚아야 한다'고 씌어 있어도 본인은 알 수 없다. 계약사회이니까, 적어도 영어 참고문 정도 있어야 하는 것 아니겠어요."

지식의 국제경쟁시대에서 살아남기 위해서는 대학과 연구기관의 국제화가 불가결하다. 이러한 기준으로 학내를 똑바로 주시해 볼 때, 다케우치 교수는, 중국과의 교류를 활발히 하려고 해도 도쿄대를 소개하는 중국어로 된 팸플릿이 없는 등 이상한 점을 알게 되었다.

영국 타임즈지가 2004년 11월, 세계의 대학 랭킹을 발표했다. 1위는 하버드대, 2위는 미 캘리포니아대 버클리교, 3위는 미 매사추세츠 공과대……. 도쿄대는 12위였다. [115)]

그런데 고미야마 히로시小宮山宏 도쿄대 총장이 도쿄대보다 상위인 11개 대학에 대해, 외국인 교수를 초빙하기 위해 어떤 노력을 하고 있는가 알고 싶다고 물어보아도 학내에서 대답할 수 있는 사람이 아무도 없었다.

다케우치 교수는 반성한다.

"지금까지는 도쿄대조차 일본인의, 일본인에 의한, 일본인을 위한 대학이었다는 것이지요."

도쿄대는 2005년 4월, 고미야마 총장 주선으로 학내에 국제협력본부를 설치했다.

고미야마 총장은 "글로벌화 속에서 국경을 초월하여 우수한 젊은이를 획득하려고 하는 움직임이 격렬해지고 있다. 미국은 동시 테러를 계기로 인재의 흐름이 급격히 정체해 있다. 일본으로서는 우수한 인재를 불러들일 기회다"라고 말했다.

본부장에는 다케우치 교수가 취임했다.

다케우치 교수의 지시로 외국인 유학생과 연구생에게 최소한 필요한 서류의 영문화와 중국인, 한국인을 위한 팸플릿 작성을 서두르기로 했다. 해외 저명대학 실정 조사에는 특임 교수를 공모했다.

그렇지만 길은 결코 평탄하지 않다.

중국 대학에서 3대 명문의 하나로 일컬어지는 칭화대는 "칭화대 출신 교수는 3분의 1, 국내 타 대학 출신이 3분의 1, 외국인 교수가 3분의 1을 내규로 하고 있다"(문부과학성 관계자)고 한다. 도쿄대는 교수, 조교수, 강사 합해서 약 2,800명 중 외국인은 52명. 일본인이 차지하는 비율이 98%에 달한다.[116]

국제화를 목표로 한다면 유학생뿐만 아니라 외국인 교수의 비율을 훨씬 늘리지 않으면 이상하다. 다케우치 교수는 학내에서 "외국인 교수를 비약적으로 늘리기 위해 수치목표를 설정하면 어떨까?" 하고 제안했다. 그런데 다른 교수들로부터 격심한 반대론이 일어나 수치목표 도입안은 어쩔 수 없이 미루어졌다.

대학의 자기 개혁이 진척되지 않는 한 요인에는 '자치'란 이름 아래 기득권을 유지하기 쉬운 대학 특유의 체질이 있다.

노벨상 수상자인 도네가와 스스무利根川進 미국 매사추세츠 공과대(MIT) 교수는 같은 노벨상 수상자인 제롬 프리드만(Jerome Friedman) MIT 교수 등과 함께 오키나와과학기술대학원대학의 개학 준비를 돕고 있다.

오키나와과학기술대학원대학은 세계 최고 수준의 자연과학계 연구거점으로서 오키나와현 온나손恩納村에서 개학할 계획이다.[117] 생물학, 물리학, 의학이라는 학문 영역의 담장을 허물고, 복잡한 생명의 구조를 해명하는 '생명시스템'을 연구분야의 중심에 두는 것과, 초대 총장에 노벨상 수상자인 시드니 브렌너(Sydney Brenner) 미 소크연구소(Salk Institute) 교수를 기용하는 것이 정해져 있다.

도네가와 교수는 "예를 들어 MIT 운영의 근간은 평의회가 한다. 많은 의원이 사회에 진출한 MIT 졸업생으로, 그들이 총장을 임명한다. 우리들은 이 대학을 미국형으로 운영하고 싶다고 생각하고 있다"고 포부를 말했다.

도네가와 교수의 목표는 오키나와과학기술대학원대학을 통해 일본의 대학제도에 새바람을 불어넣는 것이다.

국립대학은 2004년 4월에 법인화되었다. 국가 기관으로부터 떨어져 나와 재량이 확대됨으로써, 산·학·관 제휴의 확충과 대학발 벤처의 증가 등 법인화의 성과가 나타나고 있다. 대학운영의 면에서도 폭넓은 분야로부터의 인재 등용과 총장의 권한 강화 등 개혁의 메스가 주어졌지만 실정은 아직 현장 수준까지 충분히 침투해 있다고는 말하기 어렵다.

특히, 대학의 '수구적' 성격의 상징이라고도 말할 수 있는 것이 강좌제이다.

원칙은 '교수 1, 조교수 1, 조수 1~2'. 전공분야별로 편성되는 교수 조직의 최소단위이다.

이 제도가 도입된 것은 메이지 시대. 교수의 책임을 명확히 하고, 교육연구를 전승하면서 깊이 연구하는 것이 목적이었다. 한편으로, 교수의 지배력이 강해서 다양화하는 학문분야에 유연하게 대응할 수 없다는 등의 비판도 많아, 문부과학성은 2001년, 유연한 조직편성을 가능하게 하는 제도 개정을 했다. 그러나 강좌제는 아직도 의치학계를 중심으로 뿌리 깊게 남아 있다.

미 캘리포니아대 버클리교의 외부자문위원을 맡고 있는 마키모토 츠기오牧本次生 전 소니 고문은 이렇게 비판했다.

"미국에서는 대학 교수가 실적을 확실하게 설명하지 못하면 연구자금을 획득하지 못하고 대학에도 남을 수 없다. 일본에서는 일단 교수가 되면 매년 같은 강의 노트를 읽기만 해도 신분이 평생 보장된다."

강좌제의 폐해에 대해 한 도쿄대 교수는 이렇게 털어 놓았다.

"낡은 강좌를 없앨 수 없다. 새로운 강좌를 만들 때 기존 강좌의 조교수와 조수를 줄여서 대응하고 만다. 그렇기 때문에 지금은 '교수 1, 조교수 1이하, 조수 1이하'인 강좌뿐이다. 조교수들로서는 경쟁상대가 없기 때문에, 언젠가는 승진될 것이라고 생각하고 자기연찬을 하지 않는다. 그런 조직은 이상해진다."

전전戰前의 반성에서 전후戰後에는 '대학자치'가 금과옥조가 되었다. 문부과학성도 '권력 개입'으로 받아들여지는 것을 꺼려서 대학개혁에는 항상 엉거주춤한 자세다. 그러나 자치라는 것은 개혁을 태만히 하는 '방파제'가 아니다.

오키나와과학기술대학원대학의 개학준비에 대해 도네가와 교수는 "일본은 '국가 돈을 사용하기 때문에 국가, 즉 관청이 컨트롤하는 것이 당연'하다는 의식이 강하여, 좀처럼 이상적인 것이 되지 못한다"라고 지적하고, 이렇게 계속했다.

"그래도, 프리드만 같은 사람들도, 자기 연구실에 일본의 젊은 연구자가 있어서, 우수한데도 불구하고 일본에 돌아가면 조수밖에는 자리가 없다든가 하는, 일본 대학제도가 뒤처진 것을 잘 알고 있다. 그렇기 때문에, 그들과는 '어중간한 것을 만드는 정도라면 개학 준비에서 모두 함께 손을 빼자'고 말하고 있는 것이다."

대학을 국제화하는 것도, 제도에 새바람을 불어 넣는 것도, 일본이 직면한 지력의 위기를 자각할 수 있는지 어떤지에 달려 있다.

외국인 연구자가 가까이할 수 없는 '지知의 쇄국'

2005년 4월, 민간조사연구기관 '국제사회경제연구소'(도쿄도 미나토구)의 하라다 이즈미原田泉 조사부장이 타이 북부의 국립대학을 방문했을 때의 일이다. 농촌지역에는 어울리지 않는 중국풍 건물에 안내를 받았다.

건물에는 중국어로 이렇게 씌어 있었다.

「詩琳通中国語文化센터」

시린통은 타이 푸미폰 국왕 차녀의 이름이다. 왕녀는 베이징대 유학경험이 있어 중국어도 능란하다고 한다.

안내해 준 타이인 대학 관계자는 "이 건물은 중국의 전액출자로 건설되었다"고 자랑했다.

"타이 국민에게 인기가 있는 왕녀를 베이징대에 유학생으로 받아

들였을 뿐만 아니라, 이름을 딴 중국어문화센터를 만드는 데까지 지원이 철저하다."

하라다 부장은 중국의 전략성에 감동하면서, "여기에서 메콩강을 거슬러 올라가면 바로 중국이다. 이미 주변의 라오스와 미얀마에는 중국제품이 넘쳐나고 있다. 왕녀의 인기도 이용하면서 타이에 중국어를 보급시키는 것은, 타이에 대한 중국의 영향력을 점점 강하게 할 것이다"며 말을 계속했다.

베이징에서는 같은 무렵, 고미야마 히로시 도쿄대 총장이 구빙린顧秉林 칭화대 총장과 면담하고 있었다.

고미야마 총장은 중고층 아파트풍 건물 약 30동이 늘어서 있는 일대를 대학 관계자의 안내로 막 시찰한 참이었다. 구 총장은 아파트군에 대해 자랑스럽게 설명했다.

"저 가운데 2개 동이 외국인 전용 숙사입니다. 박사과정 연구자도 학부 유학생도 전원 들어갈 수 있습니다."

고미야마 총장은 "우수한 유학생을 해외로부터 불러들이기 위해, 그들은 이미 기숙사를 완비하고 있다. 우리들은 기숙사를 찾는 것에서부터 시작하지 않으면 안 된다. 인구과밀로 지가가 높은 도쿄는 커다란 약점이다"고 지적하고, 스스로를 분발시켰다.

"그렇지만 약한 소리를 내고 있을 수 없다. 도쿄대도 힘쓰겠어요."

국경을 넘은 인재 획득 움직임은 중국에 한정되지 않는다.

2003년 10월, 영국 케임브리지대가 미국 예일대 부총장을 새 총장으로 맞아들인 것이 상징적인 예다.

이에 대해, 일본의 대학·연구기관은 애초에 외국인 연구자의 절대수가 적어서 1만 명을 넘는 수준(2005년)에 머물고 있다. 세계가 점점 국경이 없어져 가는 가운데 일본은 바로 '지知의 쇄국' 상태라고도 말할 수 있다.

일본의 연구 수준은 세계적으로 높은 단계에 있음에도 불구하고 왜 외국인 연구자를 불러들일 수 없는 것일까?

그 한 요인으로 대학의 폐쇄성을 지적하는 목소리가 적지 않다.

엔도 호마레遠藤誉 데이쿄대帝京大 교수는 국립대학에 근무하는 50세 가까운 전 중국인 유학생에게서 이런 고민을 들었다.

"박사 학위를 취득했지만 지금도 강사 신분이다. 아무리 해도 조교수, 교수를 시켜주지 않는다. 중국에서는 이미 연하의 후배가 학장이나 총장이 되었다. 지금 와서 중국에 돌아갈 수도 없다. 이럴 것이라면 일본에 유학하지 않는 것이 좋았다."

엔도 교수는 "중국에서는 우수한 인재는 구미로 유학하는 경향이 강해지고 있다"고 지적했다.

과학기술국제교류센터가 2004년 3월 작성한 보고서는 일본의 외국인 연구자가 직면하는 문제를 파헤치고 있다. 보고서에는 "학위 취득 후에 잡 커리어(경력) 구축이 곤란", "급여체계가 반드시 연구 성과나 업적을 반영하고 있지 않다", "배우자의 취직이 용이하지 않다"는 등의 기술이 열거되어 있었다.

어느 지방대학 교수는 "대학의 현실을 수치를 참고 소개한다"고 하면서 이렇게 털어놓았다.

이집트 국립연구소로부터 연구원을 초빙하며, 일단 비어 있던 교수용 방을 이집트인 연구자의 연구실로 하자고 정했다. 그런데 다른 교수로부터 "조수가 방을 갖고 있지 않은데, 방문 연구자에게 방을 쓰게 하는 것은 문제"라고 하는 이의 제기가 있었다. 그 결과, 이집트인 연구자는 공동 연구실에서 일하게 되었다는 것이다.

"시골 대학이니까 하고 말해버리면 어쩔 수 없지만, 이런 감각으로 학생을 교육하고, 국제성이 풍부한 인재를 양성한다고 해도, 그것은 사기와 다름없고, 외국으로부터 우수한 연구자가 모이리라고 생각되지 않는다. '지의 쇄국' 이전의 이야기다. 내가 염려하는 것은, 우리 대학이 특별한 것이 아니라, 의외로 이러한 감각을 가진 대학이 적지 않은 것이 아닐까 하는 것이다"라고 그 교수는 지적했다.

일관성 없는 유학생 정책

일본에서 활동하는 중국인 교수들 약 70명이 일본중국인華人교수회의라고 하는 단체를 만들었다.[118] 그 교수회의가 2003년 무렵부터 '백, 천, 만 프로젝트'라고 하는 계획을 시작했다. 중국으로 돌아간 유학생을 네트워크화하여, "일·중 우호 교류의 인적자원으로서 재발굴하자"고 하는 목적에서다.

'백, 천, 만'이라고 명명한 이유는 다음과 같은 것이었다.

교수회의에서 조사해 보았더니, 일본에서 청년시대를 보낸 전 중국인 유학생 중 정부의 부국장과 대학의 부총장, 주요 도시의 부시장 이상의 요직에 있던 사람이 200명 이상, 대학 교수, 조교수, 연구원이 2,000명 이상을 넘었다. 그 외 일반 유학 경험자가 만 단위였다.

"그런데, 중국 정부의 어느 국장은 1980년대에 히토츠바시대一橋大에 유학했는데, 최근 20년간에 일본에 왔던 것은 단 한 번. 일·중 양국에 모두 아까운 일이다"라고, 교수회의 대표인 쥬쥰융朱建栄 도요가쿠엔대東洋学園大 교수가 취지를 설명했다.

쥬 씨 등은 우선 '천'의 대학교수들을 일본에 다시 초청해서 교류를 정기화시키자는 생각을 하고, 맨 먼저 정부개발원조(ODA)를 담당하는 정부계 은행에 자금협력을 의뢰했다.

이야기를 들은 그곳 과장은 "그것 좋은 생각이다. 조사비용을 대겠다"고 흔쾌하게 응낙했다. 그런데 자료를 갖추어서 다시 방문했을 때, 그 과장은 인사이동으로 교체되고 말았다. 후임 과장은 전임자와는 전혀 달리 소극적이었다.

다음에 가지고 간 문화교류단체에서는 "우리가 담당하고 있는 것은 사회과학계이기 때문에, 이런 전반적인 것은 할 수 없다"는 말을 들었다.

외무성의 과장은 이해해 주었다. 그러나 이곳도 인사이동으로 창구가 끊어졌다.

"중국에서 사업을 전개하고 있는 일본기업이 전면적인 협력을 약속했기 때문에, 어떻게든 시작할 수 있을 것 같지만, 마치 우리들이 개인의 이익을 위해 추진하고 있는 것이 아닌가 하는 말을 하는 사람까지 있었다"고 쥬 교수는 분개하면서 말했다.

국경을 넘어서 쓸모 있는 인재를 적극적으로 받아들여도, 그것을 일본의 국력강화로 연결하지 않으면 모처럼의 효과도 반감되고 만다.

스나미 아츠시 정책연구대학원대학 조교수도 현실에 염려를 안고 있는 한 사람이다.

스나미 교수는 2005년 3월, 인도공과대(IIT)를 방문했다. "일본에서 과학기술 분야에 종사했던 연구자로부터 이야기를 듣고 싶다"는 희망에, 현지 일본 대사관은 일본 유학경험이 있는 IIT의 교수 9명을 모아 주었다. 스나미 교수가 놀란 것은, 그들이 입을 모아 "모두 모인 적은 한 번도 없었다"고 말했던 것이다.

"IIT 출신자는 국내 엘리트층을 형성하고 있다. 그런 IIT 출신 유학생과의 교류는 일본·인도 양국에 있어 매우 귀중한 자산이다. 그런데 사후 관리가 전혀 없었다"고 스나미 교수는 말했다.

일본은 나카소네 내각 당시인 1983년, 유학생 수용 10만 명 계획을 수립했다. 계획의 기초가 된 제언에 이런 것이 있다.

"귀국 유학생이 우리나라와 그들 모국과의 우호관계의 발전, 강화를 위해 중요한 가교가 될 것을 함께 생각하면, 유학생 정책은 중요한 국가정책이다."

10만 명 목표는 2003년에 달성했다. 그러나 핵심인 '가교' 부분은 방치된 채다.

"일본의 유학생 수용 정책은 일관성을 결여하고 있다. 억제했다가는 완화하고, 완화했다가는 억제하고 하는 식으로 파도치고 있다."

자신도 전 중국인 유학생인 싱쯔챵邢志强 고쿠시칸대国士舘大 교수는 이렇게 말한다.

최초의 단속 파도는, 일본어학교가 일부 취업 목적으로 중국인 수용 창구가 되고 있다는 것이 사회문제가 된 1988년에 밀려왔다. 그 단속책의 영향도 있어서, 유학생 수는 10만 명 목표달성 기한인 '21세기 초반'을 목전에 둔 1999년 시점에서도 5만 명대에 머물러 있었다.

위기감을 안게 된 정부는 2000년, 입국·체류심사 절차를 간소화하고 장학금 증액과 수업료 감면 등의 조치를 취했다. 완화하는 파도의 도래이다. 2000년부터 3년 동안 유학생 재적자 수는 약 4만 5,000명 증가했다.

다시 단속의 파도로 바뀐 것이 2003년. 10만 명 목표에 도달했다는 것과 후쿠오카현에서 일어난 일가 살해사건 등 유학생이 낀 흉악범죄가 눈에 띄게 많아진 것이 원인이다. 정부는 2004년부터 이전의 엄격한 심사로 돌아가, 중국인 유학생·취학생의 체류자격 인정률은 2003년의 76%에서 35%로 급감했다.

해외의 우수한 인재를 불러들여 돈벌이 목적에 이용하는 동기가 불순한 입국은 될 수 있는 한 방지하는 것이 이상적이다. 출입국관리 행정을 맡고 있는 법무성뿐만 아니라, 유학생의 질을 직접 간파할 수 있는 입장인 대학과 문부과학성이 해야 할 역할도 크다.

그런데, 10만 명 수용을 국가목표로 내건 때부터 20여 년은, 문부과학성이 "일본어학교는 학교교육법상의 학교가 아니기 때문에 관여하지 않는다"고 말하면, 법무성도 "대량 수용으로 문제를 일으킨 학교에 대한 처분은 관할 밖이다"라고 대응하는 등, 양 성이 할거주의 행정의 폐해를 반복하는 역사였다.

도쿄대 유학생센터의 스하라 사토루栖原暁 교수는 이런 경험을 했다.

스하라 교수가 후원인의 한 사람으로서 맡고 있는 외국인학생문제연구회가 2005년 3월, 유학생 수용정책의 개선을 요구하는 제언을 정리했다. 2000년 당시의 간소한 수용절차로 복귀할 것과, 법에 위반하는 유학생들을 받아들인 대학에 대해 수용정지 조치를 내리는 것 등을 포함하고 있다.

그런데, 양 성 담당자에게 제언을 전해주었을 때, 스하라 교수는 각각으로부터 "이 부분은 관할 밖"이라는 말을 들었다고 한다.

"서로 소극적으로, 자기의 영역만을 지킨다는 태도다. 유학생은 한 사람의 인간으로, 얼굴 반쪽은 이쪽이라고 해서 될 일이 아닌데……"라며 스하라 교수는 탄식했다.

총무성이 2003년에 실시한 유학생 대상 앙케이트 결과는 일관성 없는 정부 정책에 우롱당하는 유학생들의 비명이 들릴 것 같은 것이다.

"체류비자 갱신에 대해, 모국으로부터의 송금 유무는 학교 성적과 관계가 없다", "비자 심사가 매우 심해진다고 하는데, 그 소문만으로 나는 스트레스가 쌓인다", "일본은 날씨가 갑자기 바뀐다든지 하지만, 국가 정책이 갑자기 바뀌지 않았으면 좋겠다" …….

싱 교수는 "안이한 모집과 느슨한 출입국관리 심사로 입국한 유학생의 일부가 문제를 일으킨다. 성실하게 공부하는 대다수의 유학생이 그 영향을 받아, 일본에 나쁜 이미지를 갖고 만다. 바로 악순환이다. 유학생에게 있어서도, 일본에 있어서도 불행하다"고 말했다.

해외잡지 투고가 초래하는 연구성과 유출

"세계의 학술지는 과점화가 진전되고 있다."

니시모리 히데토시西森秀稔 도쿄공업대 교수는 일본의 학술지를 둘러싼 정세에 위기감을 호소했다. 2005년 3월 23일, 과학기술·학술심의회(문부과학성 장관의 자문기관) 학술정보발신작업부회에서 있었던 일이다.

과점상태를 만들고 있는 것은 세계에 4만 가지 이상 되는 학술지 중에서도 권위를 자랑하는 『네이처』와 『사이언스』다.

『네이처』는 1869년 진화론으로 유명한 다윈도 협력하여 창간되었다. 본사는 런던에 있다. 1921년에 아인슈타인이 상대성이론의 해설기사를 발표하고, 1953년에는 와트슨(James Watson)과 크릭(Francis Crick)이 DNA(디옥시리보핵산) 이중나선의 논문을 발표한 것으로 유명하다.

『사이언스』는 1880년 토마스 에디슨이 창간했다. 전미 최대의 과학자 단체인 미국과학진흥협회(본부 워싱턴)가 발행한다.

두 학술지에는 세계 각국의 연구자들로부터 뛰어난 학술논문이 수많이 모인다. 연구자에게 있어서는 논문이 게재되는 것 자체가 자신의 권위를 높이는 것으로 이어지기 때문이다.

그런데 두 학술지에는 이런 '험담'도 끊이지 않는다.

"논문을 투고해서 출판될 때까지의 심사과정이 불명확하다", "논문을 평가하는 구미의 과학자에게 도용되고 있는 것이 아닐까"…….

2005년 2월 17일, 도쿄도 내에서 열린 심포지엄에서 일본학술회의 회장 구로카와 기요시黒川清 도카이대東海大 종합과학기술연구소 교수가 다음과 같이 발언했다.

"자주 듣는 이야기가 있다. '매우 창의적인 발견을 했다. 『네이처』에 내려고 생각했더니, 리뷰어(평가자)는 대개 경쟁 상대이기 때문에, 거기에서 오랫동안 쥐고 있는 상태가 되어, 어느 틈엔가 실험 결과가 도난당해, 그 쪽(해외)에 선수를 빼앗겼다'고. 확실히 그런 것은 드물지만 있을 것이다. 과학자는 성인군자가 아니기 때문에, 유혹은 어디에든 있다."

구로카와 교수는 이렇게 계속했다.

"정말로 새로운 발견을 했다면, 『네이처』와 같은 포식자(predator)가 있는 곳에 순진하게 논문을 내던져서 좋은 것인가? 그것은 전략적으로 실패다."

그렇기는 해도, 일본의 학술지에 국내 연구자가 눈도 주지 않고, 『네이처』나 『사이언스』에 논문투고를 계속하는 데는 이유가 있다.

일본의 학술지가 모두 국제경쟁력을 현저하게 결여하고 있기 때문이다.

일본의 학술지는 약 2,000종, 해외 연구자도 투고하기 쉬운 영문지만 해도 약 340종을 넘는다. 학회별로 제작하고 있기 때문으로 "『네이처』, 『사이언스』라고 하는 전차를 상대로 죽창으로 덤비는 것 같은 상태"(정부관계자)이다.

제작 현장도 불안하다.

해외 유력 학술지의 경우, 편집과 출판 등은 경험 풍부한 전업 편집자가 맡는다. 이에 대해 일본의 경우는 대학 교수들이 1~2년 정도의 자원봉사로 편집업무를 하고 있다. 사무국 직원에도 연구경험이 없는 사람이 많다.

우시오다 스케카츠潮田資勝 호쿠리쿠北陸 첨단과학기술대학원대 총장(전 일본물리학회장)은 본인이 이사를 맡고 있는 미국물리학회의 분위기를 이렇게 말했다.

"일본에서 투고된 논문의 질이 우수한 것은 평가를 받고 있다. 그러나 미국물리학회의 학술지가 위협을 느끼는 라이벌은 『네이처』나 『사이언스』이지, 일본 학술지는 경쟁상대로 생각하고 있지 않다."

국립정보학연구소의 조사에 의하면, 2000년 1년간에 유력한 영문지에 게재된 일본인 연구자의 논문은 7만 1,328건에 이르렀다. 이 중 국내지에 게재된 것은 1만 4,743건. 나머지 5만6,585건, 전체의 79%는 해외지에 게재되었다.[119)]

'도용'의 위기를 느끼면서 일본 학술지를 제쳐두고 있는 일본의 연구자들—. 그렇지만 일본 학술지의 취약함 그것만이 이유는 아니다.

"『네이처』에 논문이 게재된 연구원의 급료는 5% 올리자."

이화학연구소(사이타마현 와코시)에서 이런 아이디어가 화제에 올랐던 일이 있다. "그런 의견이 나오는 것은 그것이 가장 쉬운 평가방법이기 때문이다"라고 이화학연구소 간부는 탄식했다.

학교의 통지표나 수험 시의 편차치와 같이 제3자가 평가를 할 때 수치적인 기준이 있는 편이 평가하기 쉽다.

연구자의 세계도 예외가 아니다.

연구자의 경우, 다른 연구자가 자기의 논문을 얼마만큼 인용하였는가가 평가의 기준이 되는 경우가 많다. 이와 같은 기준이 필요하게 된 것은 연구에는 예산이 관련되기 때문이다.

문부과학성 등의 경쟁적 연구자금을 얼마나 많이 딸까? 종합과학기술회의의 'SABC'의 4단계 평가에서 얼마나 높은 평가를 얻을까? 재무성의 예산사정을 어떻게 뛰어 넘을까? 연구자는 이러한 평가의 관문을 통과해야 할 필요가 있다.

정부관계자는 이렇게 털어놓았다.

"가스미가세키의 관료에게는 문과계통이 많다. 문과계통에서는 연구내용 그 자체에 파고든 평가는 서투르다. 그렇기 때문에 임팩트 팩터와 같은 수치지표에 의존하는 경향이 강하다."

임팩트 팩터(IF; Impact Factor, 피인용지수)란 학술지에 게재된 논문 전체가 발행 후 단기간에 평균 몇 회 인용되었는가를 나타내는 지표를 말한다. 개개 학술지의 2006년 IF값은, '2004년과 2005년에 게재된 논문 총수'를 분모로, '2004년과 2005년에 게재된 논문이 2006년에 인용된 횟수의 합계'를 분자로 해서 산출된다. 1970년대에 미 ISI사(현 톰슨사이엔티픽)가 고안했다.

IF값이 높은 것은 미·영 양국의 학술지다. 2004년의 IF값을 보면, 가장 높은 것은 미국의 『애뉴얼 리뷰 오브 이뮤놀로지』(52)로, 9위의 『네이처』(32), 10위의 『사이언스』(31)보다 높은 IF값을 가진 학술지는 모두 미·영 양국에서 차지하고 있다.

이에 비해 일본의 학술지는 현저히 낮다. 가장 높은 『DNA 리서치』도 IF값은 불과 4다.

이 때문에 정부가 예산배분에서 연구내용의 평가를 IF값에 의존하는 한 "일본 학술지보다 해외지에 게재된 논문 쪽이 높은 평가를 얻어, 예산도 많이 배분된다"고 하는, 해외지에 투고를 장려하는 듯한 풍조가 생기고 마는 것이다.

다나카 마사아키田中雅明 도쿄대 대학원 교수는 이렇게 지적했다.

"과학기술도 국제경쟁 시대라고 하는데, 발신력 있는 자신의 학술지를 갖고 있지 않기 때문에 일본은 불리한 입장에 처해 있다. 게다가 IF와 해외지의 지명도로 평가한다는 것은 자기자신으로는 평가할 능력이 없다고 하는 것과 같다."

해외 학술지에 논문을 투고하면, 게재될 때까지의 사이에 평가자가 심사를 위해 읽어보는 사독査讀을 통해 해외 라이벌에게 정보가 누설될 위험이 따른다.

게다가 바이오 테크놀로지나 나노 테크놀로지 등의 분야는 연구성과가 산업과 직결된다. 국내에서 태어난 연구성과가, 해외지에 투고를 장려하는 풍조로 인해 해외에 유출될 위험성을 높이고 말아서는, 가장 국제경쟁이 치열한 이 분야에서 일본이 이길 전망 같은 것은 없다.

사태의 심각성을 알아채고 개선의 움직임도 보이기 시작했다.

문부과학성은 2005년 6월, IF에 대해 "꼭 게재 논문의 질을 나타내는 지표는 아니므로, 그 사용에 대해 충분히 주의"하도록 요청하는 연구개발평가지침 개정안을 수립했다.

학회에서도 해외에 대한 발신의 '무기'가 될 국내의 영문 학술지를 충실·강화할 움직임이 시작되었다.

일본물리학회는 2004년 9월, 전 대학 교수를 학회발행 영문지 전임 편집위원장으로 임명했다. 물리계학술지간행협회와 일본화학회 등은 영문 온라인판 발행과 과거 출판물의 전자판화에 힘을 쏟고 있다.

물리계학술지간행협회의 스즈키 도오루鈴木徹 이사는 이렇게 말했다.

"수치 의존 등 평가의 형해화, 약체화가 가져오는 폐해는 일본에서 발간되는 국제논문지에 대한 영향에 멈추지 않는다. 미국에 다음 가는 거액의 과학기술연구비를 투입하는 일본이 스스로의 성과를 정확하게 평가할 수 없다는 것을 의미한다. 우리가 이루어낸 연구 성과를 우리가 평가하고, 세계에 공표한다. 과학기술입국을 표방한다면, 그것이 건전한 모습이다."

『네이처 재팬』 대표이며 런던 본사 출판부문 책임자인 데이비드 스윈뱅크스(David Swinbanks) 씨는 "내 인상으로는 일본의 학술지는 세계로 뻗어 나갈 노력을 하지 않고, 일본만의 것을 생각하는 경향이 있다"고 지적하고, 이렇게 충고했다.

"수준이 낮은 논문에 노! 라고 말할 수 있도록 하는, 전문 편집자를 육성할 필요가 있다. 일본에는 고명한 학자의 의견에 개의치 않는 편집자가 부족하다. 구미가 강한 기초과학이 아닌, 일본이 강한 응용과학에 초점을 맞춘 잡지를 만들면 어떨까? 단, 온 세계의 연구자가 투고하고 구독하도록 하는 노력도 필요하다. 일본 과학의 가장 좋은 곳을 발표할 뿐인 '일본제'가 되어버리면, 국제적인 질도 갖추지 못하고 성공하지도 못할 것이다."

국가 차원의 표준화 전략

1나노(10억분의 1) m 단위의 소재를 써서 환부에 약제를 보내는 DDS(약물송달시스템), 유해물질 제거에 뛰어난 나노필터…….

나노테크놀로지 산업의 시장규모는 2010년에 세계에서 133조 엔에 달할 것으로 예측되고 있다.[120] '21세기의 산업혁명'으로 기대되는 이유이다.

“나노테크에는 순풍이 불고 있지만, 안전성에 국민의 비판이 일고 있는 것을 염려하고 있다. 『프레이』의 영화화에도 주목하고 있다.”

2003년 가을, 미국 국가나노테크조정실의 크레이튼 티아그 실장은 일본 시찰단에게 이렇게 밝혔다.

『프레이』(Prey, 먹이란 뜻)는 『쥬라기 공원』으로 유명한 미국의 인기작가 마이클 크라이튼이 쓴 소설이다. 나노 크기의 로봇이 제조공장에서 탈출해서 자기증식하여 인간을 습격하기 시작한다는 줄거리이다. 영화화는 미국 유명 영화사 20세기폭스가 예정하고 있다.[121]

물질·재료연구기구의 다케무라 마사히로竹村誠洋 주간 연구원은 “미국은 유전자변형식품에서 아픈 경험이 있다. 기술적으로는 성공했지만, 안전성에 의심을 사, 산업과 상품으로서 받아들여지지 않았다. 『프레이』란 영화가 상영되면, 안전성 논란이 과도하게 일어날 가능성이 있다. 미국은 그것을 염려하고 있을 것이다”라고 해설했다.

미국의 안전성에 대한 관심은 일본 국내에서는 다른 관심을 불러일으키고 있다.

표준화의 움직임이다.

표준화란 공업제품 등의 용어와 크기, 동작 등의 규격을 통일시키는 것이다. 규격을 통일시킴으로써 제품과 부품 서로 간의 호환성을 확보하고 안전성을 보증한다. 나노테크 소재의 안전성을 조사하는 기준은 그대로 제품과 부품의 표준화로 이어질 가능성이 크다.

경제산업성 관계자는 지적했다. “미국이 나노테크의 기준 제정에 나서는 것은 그 기준에 맞지 않으면 미국시장으로부터 추방당하는 것을 의미한다. 미국은 당연히 자기들이 만든 기준을 국제표준으로 하려고 할 것이다. 일본도 국제표준화에서 뒤처지면 상품화에서 불리한 입장에 처하고 만다."

국제표준 제정은 전기기기는 국제전기표준회의(IEC, 67개국 가맹), 그 이외의 공업제품은 국제표준화기구(ISO, 156개국 가맹)에서 이루어진다. 국제규격으로 인정받기 위해서는 규격원안 작성 등 각 단계에서 이루어지는 투표에서 다수를 얻을 필요가 있다. 최종 규격안은 전 가맹국이 참가하는 투표에서 반대를 4분의 1 이하로 억제하는 것이 조건이다.

그러나 국제표준 제정은 일본이 가장 서툰 분야로 일컬어진다.

일본이 ISO에서 2003년 1년간에 제안한 규격안은 39건, 전체의 6%에 지나지 않는다. 영향력 발휘의 원천이 되는 간사국이 되는 횟수도, 미국이 5회에 1회의 비율로 담당하고 있는 것과 비교하면, 일본은 18회 중 1회에 머물고 있다.

나노테크의 표준화에 대해서 유럽연합(EU)은 2004년 3월, 미국은 동년 9월에 각각 표준화를 검토하는 전문조직을 발족시켰다. 일본규격협회가 사무국이 되어 나노테크표준화조사위원회를 출범시킨 것은 같은 해 11월. 구미의 움직임에 당황해서 만든 것이 사실이다.

JIS(일본공업규격)를 담당하는 경제산업성의 심의회, 일본공업표준조사회 관계자는 자조하듯이 말했다.

"일본공업표준'조사회'라고 하는 이름으로 상징되듯이, 일본은 세계에 어떤 표준이 있는가를 조사해서, 거기에 맞추어 일본의 표준을 만들어 왔다. 일본은 뒤쫓아가는 표준제정의 역사이다."

일본 제품의 기술이 아무리 우수해도 국제표준을 획득하지 못하면 해외시장을 잃고 만다. 그 실례로 지금도 계속해서 회자되고 있는 것이 전기세탁기이다.

1990년대, 일본 기업은 세탁기와 탈수조를 따로따로 운전할 수 있는 2조식 전기세탁기를 동남아시아 각국에 수출하고 있었다. 탈수조의 바깥 뚜껑을 열면 회전에 브레이크가 걸려, 속 뚜껑을 열기 전에 회전이 멈추는 구조이다. JIS를 기본으로 사용자가 손을 집어넣지 못하는 안전책이 마련되어 있었다.

당시, 국내 규격 정비가 갖추어지지 않았던 각국은 JIS 등 일본의 규격을 신뢰하고 수입을 인정하고 있었다.

그런데 1993년 전기기기에 관한 표준을 정하는 국제전기표준회의가 채택한 것은, 탈수조의 회전이 멈출 때까지 뚜껑이 열리지 않는 잠금장치를 의무화한 유럽의 규격이었다.

1995년, 세계무역기구(WTO) 가맹국에 대해, 국제표준에 준거한 제품을 자유롭게 유통시키는 것을 의무화한 TBT협정(무역의 기술적 장해에 관한 협정)이 성립되었다. 아시아 각국은 국제표준에 맞추어 국내법을 정비하기 시작, 싱가포르에서는 "국제표준에 준거하고 있지 않다"고 해서 일본의 2조식 세탁기를 단속하기 시작했다.

특허와 표준화 전략에 종사해 온 마루시마 기이치丸島儀一 캐논 고문은 이렇게 말했다.

"일본 기업은 국내의 동업 타사를 최대의 경쟁상대로 삼아, 자사기술로 국내 표준을 만드는 것을 목표로 다투어 왔다. 일본은 국내시장이 충분히 크기 때문에, 국제표준에 눈을 돌리지 않아도 이윤을 올릴 수 있었다. 그것이 국제표준에 대한 의식이 희박한 최대의 요인이다."

그러나 국내시장은 많은 산업이 이미 포화상태에 있다. 인구감소 사회에 돌입하면 그 경향은 점점 강해진다. 일본의 산업이 성장을 유지하기 위해서는 중국을 위시한 국제시장에 눈을 돌리지 않을 수 없다.

일본이 경계하지 않으면 안 되는 것은 중국이 국제표준 획득에 힘을 쏟고 있다는 것이다.

대용량 데이터를 고속으로 주고받을 수 있는 제3세대 휴대전화의 국제표준은, 일본에서도 사용되고 있는 일본·유럽방식과 북미방식으로 정해질 것이라고 생각되었는데, 2000년 5월, 중국이 독일 전기대기업 시멘스와 공동개발한 TD-SCDMA도 국제표준으로 인정받았다.

총무성 관계자는 "중국은 유럽방식이 사실상의 국제표준이 된 제2세대 휴대전화에서, 국내 판매 점유율을 해외기업에 빼앗겼다. 그 반성에서, 해외방식을 강요당하면 국내 산업이 불리하게 된다는 위기감을 갖게 되었다"고 해설했다.

2001년 WTO에 가맹한 중국은 TBT협정에 의한 의무를 진다. TD-SCDMA를 국제표준으로 인정받음으로써 국내시장을 지킬 '무기'를 얻었을 뿐만 아니라, TBT협정을 역으로 이용해서, 아시아 각국의 휴대전화시장에 자국의 기술로 진출할 수 있는 발판을 얻게 된 것이다.

국제표준 획득이 가져올 이익에 중국이 눈 뜬 지금, 일본은 국제표준 제정에 서툴다는 의식을 극복하지 않으면 아시아 시장을 중국에 빼앗기기 쉽다.

"일본기업은 조금 더 세계에 눈을 돌려야 한다. 국내에서는 협조하고, 국산기술을 국제표준화한 다음부터 국제시장을 무대로 경쟁하면 된다. 국제표준을 획득하기 위해서는 찬성 국가를 늘리지 않으면 안 되므로 정부에도 국가 차원의 상술이나 교섭이 요청된다. 민관이 함께 일본의 국제경쟁력을 높이는 전략을 생각하지 않으면 안 된다."

마루시마 캐논 고문의 지적이다.

'장인 기술'을 노리는 아시아 각국

"그만둔 기술자로, 해외에 가도 좋다는 사람은 없습니까?"

2005년 5월, 플라스틱용 금형 등을 설계·제조하는 나미키금형(並木金型, 도쿄도 오타구)의 나미키 마사오並木正夫 사장은 인재파견회사로부터 전화를 받았다. 중국과 아시아 기업으로부터 온 스카우트였다.

철판이나 플라스틱 가공에 필수적인 금형기술은 자동차에서부터 가전제품, 휴대전화까지 모든 제품의 부품의 원천이다. 일본 공업이 국제경쟁력을 갖고 있는 것은 금형의 정밀도와 신뢰성이 높기 때문이라고 일컬어진다.

그런 일본 제조기술의 핵심에 유출의 위기가 닥치고 있다.

1947~1949년 출생한 단카이団塊 세대가 2007년부터 60세의 퇴직 연령을 맞게 된다. 그 수는 약 670만 명. 제2차 세계대전 후 경제성장을 뒷받침해 온 단카이 세대에, 나미키 사장에게 걸려 온 전화와 같이, 중국을 위시한 아시아 각국이 욕심을 내고 있다.

기술력의 유출은 거품 붕괴의 영향이 심각해진 1990년대 후반부터 시작되었다. 중국과 한국 기업이 구조조정으로 퇴직한 기술자를 재고용한다든지, 임금 삭감에 떨고 있는 기술자에게 고임금의 아르바이트를 제시하는 움직임이 이어졌다.

나미키 사장이 아는 사람 중에도 구조조정을 계기로 50대에 중국으로 건너간 기술자가 있다.

그 지인으로부터 이런 근황보고를 받았다.

"연봉은 1,500만 엔 받고 있다. 이곳은 물가도 싸기 때문에 살아가는 것이 즐겁다. 5년 정도 되면 동료 중국인들에게 기술을 모두 흡수당해서 쫓겨날지도 모르지만."

일본 산업의 강점은 '암묵지暗默知'— 즉, 숙련공이 현장에서 익힌 지식과 노하우에 있다고 일컬어진다.

금형제조기술과 금속이나 세라믹스 등의 재료를 용도에 맞는 형상으로 만들어 내는 공작기계 등의 분야에서, 일본이 세계 최고의 수준을 유지하고 있는 것도 숙련공의 '장인 기술'에 힘입은 바가 크다.

중국과 한국도 산업 전체를 강화하기 위해서는 금형과 공작기계 등 기반기술의 힘을 기를 필요가 있다고 인식하고 있다. 금형 등에 관한 전문학과를 가진 대학은 중국에 약 30개 학교, 한국에 약 20개 학교를 넘는다. 그러나 학교에서는 매뉴얼대로 주입은 가능해도, 직장에서 연마하는 장인 기술은 몸에 붙지 않는다. 그래서 눈을 돌린 것이 일본의 단카이세대 숙련공이다.

휴대전화용 금형 등을 제조하는 잉크스(INX)의 야마다 신지로山田眞次郎 사장은 역설했다.

"단카이세대 직장인은 1960년대에는 텔레비전, 1980년대에는 자동차, 1990년대에는 퍼스널 컴퓨터 하는 식으로, 모든 금형을 만들어 온 사람들이다. 이런 경험을 몸에 익히고 있는 사람들은 전 세계에서 찾아보아도 일본밖에는 없다. 국가 차원에서 해외로 나가면 곤란한 것이 이 사람들이다. 국내에 붙들어 두지 않으면 안 된다."

단카이세대를 국내에 잡아두는 방법은 경제산업성이 중심이 되어 검토하고 있다. 도쿄대와 협력해서 '제조 인스트럭터 양성 스쿨'을 개설한 것도 그 일환이다. 50대 현장 책임자에게 지도방법을 습득시켜서 퇴직 후에는 중소기업을 지도하도록 하는 계획이다.

그런데 중국과 한국도 가만히 있지는 않다.

중국의 상하이전기그룹은 2004년 10월, 민사재생법에 의한 재건절차를 막 끝냈을 뿐인 전통 있는 공작기계 제조업체 '이케가이池

貝'(이바라키현 나메가타시)를 매수했다. 일본의 기술력을 기업 통째로 손에 넣으려고 하는 것이다.

장인 기술을 둘러싼 아시아 각국과의 공방은 지금부터가 본격적이다.

혹사당하는 '상류' 산업

신 3종의 신기神器[122]로 불리는 박형평면텔레비전(PDP TV), DVD 레코더, 디지털 카메라는 정보가전情報家電으로 총칭된다. 정보가 디지털화되어, 제품 서로를 네트워크화할 수 있는 점이 매력으로, 일본 경기회복의 견인차 역할도 하고 있다.

그러나 세계 규모에서 보면, 정보가전 분야에서 일본 업체의 점유율은 30%에 미치지 않는다. 휴대전화 국제시장에서 일본 업체가 뒤처진 것과 삼성전자 등 아시아 각국의 업체가 저가화를 무기로 점유율을 늘리고 있기 때문이다.

그래도 산업계에서는 "삼성이 돈을 벌면, 일본의 경기가 좋아진다"고 하는 것이 정설이다.

왜인가?

액정 디스플레이의 발색發色을 결정짓는 편광막보호필름과 반도체 제조에 불가결한 포토마스크(Photomask) 등 전자재료 분야에서 일본기업이 세계 점유율을 압도하고 있기 때문이다. 정보가전은 "일본제 전자재료를 쓰지 않으면 제조할 수 없는 상태"(경제산업성 간부)이기 때문에, 해외 업체를 포함하여 정보가전의 소비 증대는 일본제 전자재료의 수요 증가로 직결된다.

이와 같은 기업의 관계는 강의 상류, 하류에 비유된다.

부품의 제조장치나 재료 자체를 만드는 기업은 '상류', 그것을 사용해서 부품을 만드는 기업은 '중류', 최후에 가전제품을 조립하는 업체는 '하류'로 부른다. 정보가전의 경우, 강의 상류로 올라갈수록 일본 기업의 세계 점유율은 높아진다.

경제산업성 간부는 "싼 노동력이 무기인 중국과 한국, 대만은 하류 시장을 상당히 침식했지만, 장인 기술이 요구되는 상류까지는 그들도 아직 올라올 수 없다"고 분석하고, 이렇게 계속했다.

"상류의 강점을 유지하고, 더욱더 강화해 나가는 것이야말로 일본의 제조기술을 뒷받침하는 열쇠다."

그렇지만 모든 산업의 기반인 상류의 산업에는 중소기업이 많아, 입장이 결코 강하지 않다. 부품 등을 발주하는 것은 어디까지나 하류에 있어, 상류의 일은 하류로부터 오는 주문의 다과에 의존하지 않을 수 없다. 100%의 점유율을 갖고 있다면 모르지만, 상류의 산업은 공급가 삭감 요구 등 하류로부터 제기되는 압력에 좌우되기 쉽다.

대표적인 상류 산업인 금형제조도 예외가 아니다.

나미키금형의 나미키 사장도 이전에 이런 쓴 경험을 했다.

한 유명 제조업체로부터 게임기의 금형 제조를 요청받고 관련회사에 발주했다. 도면 완성에 3개월, 금형 완성에 반년을 소비했다. 그런데 그 업체는 도면과 금형을 받아들자 중국에 가지고 가서, 저가의 복제 금형을 제조하기 시작했다.

"옛날에는 유명 제조업체가 자회사를 키웠던 것이다. 업체 측에도 금형을 알고 있는 사람이 있었기 때문에, 견적서를 내도 '사내에서 만드는 것보다 싸다'고 판단하는 힘이 있었다. 그런데, 지금의 제조업체는 '얼마나 깎을 수 있나'하고 말할 뿐이다"라고 하는 나미키 사장.

경제산업성이 2004년에 조사해보니, 금형제조업자의 11%가 발주기업에 의한 기술유출을 경험했다고 회답했다. 발주기업에 의한 값후려치기 피해를 호소한 업자는 57%에 달했다.

일본의 강점인 '상류' 산업에 일본 대기업이 상처를 입히고 있다.

잉크스의 야마다 사장은 말했다.

"만약 금형이 없다면 자동차는 한 대도 만들 수 없다. 그렇지만 금형업자의 90%가 종업원 20명 미만의 중소기업이다. 일본의 산업은 박빙 위에 이루어져 있다. 더구나 그 박빙을 떠받치고 있는 사람들은 고령화되어 있다. 그런 점을 먼저 인식하고 대책을 강구하지 않으면 안 된다."

'메이드 인 재팬'의 위기

2005년 6월 발표된 『제조백서』에 빨갛게 달아오른 철강 덩어리를 단련하는 일본제강소 무로란제작소(홋카이도 무로란시) 기술자들의 웅장한 모습을 담은 사진이 실렸다. 그 사진에 이런 말이 붙어 있었다.

'보오싱'

영어 boatswain(수부장)이 잘못 전해진 것이라고도 한다. 건설현장 등에서 기술자를 통솔하는 리더를 말하는 것이다.

그 보오싱에 대해, 공명당의 구사카와 쇼조草川昭三 참의원 회장은 2005년 5월, 『제조백서』 사전설명을 위해 방문한 경제산업성 담당자에게 충고했다.

"보오싱이 점점 없어지고 있다. 스스로 지식과 기능을 갖고 전체를 통솔할 수 있는 사람들이 줄어들고 있는 것을 행정 관청은 더욱 더 염려하지 않으면 안 된다."

후생노동성이 2005년 1월에 실시한 조사에서는 기업의 25%가 "제조업 노동자가 부족하다"고 회답했다. 단카이 세대가 정년을 맞는 2007년 문제의 하나로서 기술력 계승에 불안을 안고 있는 기업이 많다. 그렇지만 "정부쪽은, 관계 성청의 제휴가 뭔가 잘 되어가고 있지 않기 때문에, 일체가 되어 노력하고 있는 인상이 희박하다"고 구사카와 회장은 지적했다.

인재가 점점 줄어드는 위기는 일본의 에너지를 뒷받침해 온 원자력 산업에도 소리 없이 다가오고 있다.

원자력발전소의 신규 건설이 정체되고 있기 때문에 원자력발전 플랜트나 기기 제작업체 등 원자력 산업에 종사하는 인원은 전성기의 70% 이하다. 더구나 그 중의 4분의 1은 50세 이상으로, 앞으로 10년 사이에 정년을 맞는다.

마치 스에오町末男 원자력위원회 위원은 "국내 원자력발전기 55기는 2030년 이후, 줄줄이 수명을 다해 재건설 홍수 시대가 온다. 그런데 그 전에 그들이 모습을 감추고 만다. 기술이 확실하게 계승될 수 있을까 어떨까 염려된다"고 말했다.

인재가 점점 줄어드는 것 이상으로 심각한 것이 인재를 교육하는 힘의 쇠퇴이다.

"기업내 교육이 언제부터인가 무너지고 말았다. 직장에서의 인재 육성을 지금 재구축하지 않으면 매우 힘들어진다."

"OJT(On the Job Training, 직장내 훈련)를 중심으로 한 현장대응력이 떨어지고 있다."

2005년 3월 29일, 후생노동성에서 열린 직업능력개발의 향후 방향에 관한 연구회에서는 학계 위원으로부터 일본 기업의 실상을 염려하는 목소리가 이어졌다.

'메이드 인 재팬'이라고 하면 높은 품질의 대명사로 불릴 정도로 세계에 빛나는 일본의 제조 기술. 그것을 떠받치고 있는 것은 기술자 개개인의 힘과 그것을 조직화시키는 기업의 힘이다.

자신이 기술계 출신인 구와하라 히로시桑原洋 히타치멕스웰 회장은 이렇게 말했다.

"미국 기업에서는 중요 기술정보의 유출을 막기 위해, 그 정보를 중심적인 사람들만이 손에 쥐고, 종업원에게는 매뉴얼화해서 주지시키는 방법이 많다. 그에 비해 종신고용제인 일본에서는 각 기업이 종업원 교육을 열심히 하여, 모든 것을 종업원에게 가르쳤다. 그렇기 때문에 새로운 발상과 해결책이 종업원 속에서 밑에서부터 자발적으로 나왔다. 그것이 일본의 강함이었다."

그런데 거품 붕괴 후의 장기불황으로 많은 기업은 종신고용제를 유지할 수 없게 되었다.

젊은 세대에게 기술을 전승하는 입장이었던 중년층과 노년층은 구조조정으로 퇴직을 강요당했다. 인건비 감축을 위해 비정규사원화가 진전되었다. 1990년대 후반부터 '개인'의 힘은 쇠퇴하고 기업의 조직력은 서서히 무너졌다.

경제산업성이 2004년 가을에 실시한 기업 앙케이트에서도 현장의 비명이 들려온다.

"이전에는 숙련공과 젊은 직원이 2인 1조로 일하는 시스템이었는데, 구조조정으로 불가능하게 되어, OJT의 기회가 없어지고 말았다", "제조현장에서는 하청 노동자가 30%를 넘어, 정규사원은 그 업무관리만으로도 벅차다"…….

특히 심각한 것이 비정규사원화의 진행이다.

기술직에 한정되지 않고, 사무직을 포함하여, 정규사원이라면 어느 정도 보증되어 있는 '평사원에서 계장, 계장에서 과장……'이라는 '출세의 계단'이 사실상 막혀 있기 때문에, 일에 대한 의욕과 열의를 잃게 될 가능성이 크다.

후생노동성이 민간에 위탁한 2003년도의 조사에서는 인재육성상의 문제점으로서 "향상하고자 하는 피교육자의 의욕과 열의가 빈약하다"는 항목을 든 기업이 39%에 달했다.

종신고용제 시대로 되돌아가는 것이 곤란한 지금, 어떻게 해야 기업내 교육을 진흥시켜 조직 전체의 능력을 높일 수 있을까, 기업은 지혜를 짤 필요가 있다.

그런데 문제는 기업에게만 있는 것이 아니다.

인재는 국력의 척도

경제산업성 장관 자문기관의 하나에 산업구조심의회가 있다.

그 심의회의 기본정책부회는 2005년 4월 열린 첫 회의 이래, 산업과는 언뜻 보기에 동떨어진 프리타·니트론과 교육론으로 격렬한 논의를 나누고 있다.

6월 8일 회의에서는 SMAP의 대히트곡 「세계에 하나 뿐인 꽃」이 '비난의 대상'이 되었다. 비판한 사람은 일본청년회의소의 다이라 마사아키平将明 간토関東지구협의회장(그 후, 자민당 중의원 의원)이다.

"니트족[123], 프리타족[124] 증가 문제인데, 일하고 싶어 하는 사람과 사람을 구하는 측의 불일치가 아니라, 교육현장에서 가르치고 있는 사회와 실제 경쟁사회와의 불일치가 아닐까? '넘버원이 되지 않아도 좋아. 원래 특별한 온리 원'이라고 하는 가사가 있지만, '원래 특별한 온리 원' 같은 것은 존재하지 않는다. 사회에 나왔을 때 위화감 없이 경쟁사회에 들어가는, 그런 각오를 가르쳐 가는 것이 교육이어야 한다."

발언의 진의에 대해 다이라 회장은 이렇게 보충설명을 했다.

"이치로[125]와 나카타 히데토시中田英寿[126]도 격렬한 승부의 세계에서 이러저러한 곤란을 극복하고 실적을 남기고 있다. 그렇기 때문에 나중에 뒤돌아보고 개성을 평가받는 것이지, 태어나서부터 온리 원 같은 것은 있을 수 없다. 젊은이에게 '힘내지 않아도 좋아'하고 장려할 뿐인 교육으로는, 젊은이들도 실사회에 나와서 '우리들을 인정해주지 않는 사회나 회사가 나쁘다'고 하는 심리에 빠지기 쉽고, 사회와의 인식 차이를 낳을 뿐이다."

다이라 회장 등 산업구조심의회 부회위원들이 니트와 교육론을 날카롭게 추궁한 것은, 일본 사회의 '중류계층' 부분이 양극화되어 가고 있어, 그것이 여러 가지 문제를 일으키고 있는 원인이 아닐까 하는 문제의식에서다.

전후의 일본은, 개성은 약간 모자라지만 근면한 중류의 사람들이 두텁게 존재하여, 그들이 일본경제를 떠받쳐 왔다. 그 중류계층이 직장에서도 차세대를 육성하는 교육현장에서도 쇠약해지고 있다. 중류계층의 쇠퇴가 일본 사회 전체에 미치는 영향은 헤아릴 수 없다.

졸업과 취직의 연결도 이상해지고 있다.

"예전에는 학교 졸업과 동시에 정사원으로서 사회에 나서는 것이 보통의 코스였다. 그런데 장기불황의 여파로 지금은 40%가 정사원이 되지 못한다. 지금까지 보통이라고 생각했던 시스템이 무너지고 말았다."

이렇게 분석하는 사람은 노동정책연구·연수기구의 고스기 레이코小杉礼子 부통괄연구원이다.

"어느 고교에서는 졸업 시에 3분의 1이 프리타나 니트가 된다. 이러한 선배를 보고 자란 재학생에게 아르바이트와 무직업이 '보통'이 되어가고 있다. 정사원이 아닌 사람들에게도, 아르바이트로 끝나는 것이 아니라 이렇게 하면 임금이 높아지고, 정사원이 될 수 있다고 하는, 장래를 전망할 수 있도록 할 필요가 있다. 교육과 취업을 연결하는 새로운 시스템을 일각이라도 빨리 구축해야 한다."

의욕과 열의를 상실한 비정규사원, 급증하는 프리타와 니트, 배울 힘을 잃은 학생들……. 겉으로 나타나는 형태는 다양하지만, 같은 뿌리로부터 생긴, 일본의 국력을 쇠퇴시키는 병리현상이다.

문부과학성이 학력저하를 염려하여 여유교육의 재검토를 추진하고 있다.[127] 후생노동성도 니트 대책으로 청소년 자립학교 같은 것을 설립했다. 개개 성청이 스스로 소관 범위에서 대증요법을 시행하고 있지만, 현실은 아직 효과가 나타나고 있다고는 말하기 어렵다.

청소년들의 배우려고 하는 의욕이 떨어지고 있는 것에 대해, 미·일·중 3개국 고교생 의식조사[128]를 실시하고 있는 센고쿠 다모츠千石保 일본청소년연구소장은 조사결과를 바탕으로 "현실이 미래에 희망을 가질 수 없는 사회인 것이 큰 요인이다"고 지적했다.

"미·중 양국 고교생에 비해, 일본은 '젊은 때에는 그 때를 맘껏 즐겨야 한다'고 대답하는 고교생이 많다. 장래에 대한 것을 물어도 '별로 좋지 않다', '틀렸다'고 하는 회답이 많다. 미래가 보이지 않고, 인생목표가 확실하지 않기 때문에 희망이 없다. 그렇기 때문에 지금이 좋으면 만족이라고 하는 의식이 되어 있는 것이다."

대학평가·학위수여기구의 기무라 츠토무木村孟 기구장(지반기초공학)은 "세상에서 자기의 역할을 의식하고 살아갈 수 있으면, 젊은이들의 폐쇄감은 상당히 없앨 수 있는 것이 아닐까" 하고 지적했다.

기무라 씨는 "프랑스는 중학교를 졸업하고 직업과정으로 진출한 사람이라도, 몇 년인가 일을 하면 대학진학 코스에 편입할 수 있는 길을 준비했다"고 하며, 이렇게 계속했다.

"지금의 젊은이들은 '삶의 보람을 갖고 싶다', '자기다운 삶의 방식을 하고 싶다'고 하는 의식이 강하다. 그렇기 때문에 취직을 해도, 거기에서 자기다운 삶의 방식이 되지 않는다고 생각하는 사람들에게는, 고칠 수 있는 길을 준비해야 할 것이다. 그들이 희망을 가질 수 있는 시스템을 만들지 않으면 안 된다."

인재는 국력의 척도다. 인구감소에 대한 대처, 대학교육의 개혁, 희망격차 사회의 시정……. 하나라도 소홀히 해서는 지력의 기반은 유지할 수 없다.

[추기]

경제산업성 '기술정보 등의 적정한 관리 방안에 관한 연구회'는 2008년 7월, 안전보장에 관한 정부정보의 누설과 기업의 기술정보를 훔치는 산업스파이 행위를 방지하기 위한 법 정비[129)]를 요청하는 보고서를 정리하였다.

그 계기는 2007년 3월에 발각된 자동차 부품 메이커 '덴소'의 중국인 종업원에 의한 대량의 도면 데이터 유출사건이다. 이 종업원은 도면 데이터를 대여 PC에 대량으로 다운로드하고, 반복적으로 자택으로 갖고 귀가했다. 이 회사가 종업원에게 사정 청취를 한 결과, 대여 PC에는 자료가 남아있지 않고, 사용私用 PC는 파괴되어 있어, 데이터 사용과 외부 유출에 대해 확인할 수 없었다. 종업원은 PC 횡령죄로 체포되었지만 기소유예처분을 받고 중국으로 귀국했다.

연구회의 보고서는, 기업의 중요정보를 복제행위를 포함하여 부정하게 입수한 것만으로 형사벌을 부과할 수 있도록 해야 한다고 제언하였다. 제언을 받아 정부는 부정경쟁방지법 개정을 추진할 방침이다.[130]

인재교류분야에서는, 2008년 7월에 정부가 결정한 교육진흥기본계획에 '유학생 30만 명 계획'을 실시하는 것이 담겨 있다.[131] 이 계획은 같은 해 1월에 후쿠다 야스오福田康夫 수상(당시)이 시정방침연설에서 제창한 것으로, 나카소네中曾根 내각이 '10만 명 계획'을 내건 1983년 이래 25년만의 개정이다. 30만 명 계획은, ①일본 유학의 매력은 어디에 있는가 하는 일본의 '내셔널 브랜드"를 확립한다, ②일본유학 희망자의 일원적 상담창구를 설치한다, ③수용거점으로서 국내 30개 대학을 선정하고, 이들 대학에서는 영어만으로 진행하는 코스를 대폭 늘려 영어만으로 학위를 취득할 수 있도록 한다—는 것이 핵심이다.

[역자 칼럼 5]

줄어드는 해기사와 늘어나는 초급장교 조기 전역

해기사 이직률이 증가하고 있다. 상선해기사 이직률은 2013년 2.5%에서 2021년 17.2%로 나타났다. 특히, 주니어 해기사(MZ 세대)의 이직률이 매우 높다. 2021년 이직률은 3급항해사 22.8%, 3급 기관사 21.1%로 증가추세이다(「해기사 수급 차질과 그 해소를 위한 추진전략 및 과제-상선 해기사 중심-」, 전영우, 2022.12.24.)

사관학교 출신 장교들의 조기 전역 문제가 심각하다고 한다. '5년차 조기' 전역자는 최근 10년간 450명이 넘는 것으로 확인됐다(「2억 들여 장교로 키웠는데…사관학교 출신 조기전역 심각」, 서울경제, 2023.10.9.). 초급장교의 70%를 차지하는 ROTC의 지원율이 10년간 4분의 1로 떨어졌다. 2014년 6.1대1이었던 ROTC 지원 경쟁률은 2023년에 1.6대1까지 떨어졌다. 학사장교, 부사관 지원율도 크게 떨어지고 있다(「초급 간부들이 흔들린다」, 조선일보, 2023.6.9.).

초급장교의 전역률 증가와 지원 급락 사태는 병사들의 처우 개선이 영향을 끼치고 있다는 지적이다. 상선해기사의 의무 승선 기간은 3년, ROTC의 의무 복무 기간은 28개월(육군 기준)이나 사병은 18개월이다. 병장 월급(지원금 포함)은 2025년 205만 원까지 오른다. 사병 복무기간 단축과 처우 개선은 무역을 기반으로 하는 우리 경제의 생명선인 해상교통로를 지키는 상선해기사의 장기승선 기피에도 직접적 영향을 미치고 있다.

이 책에서도 언급했듯이 미국 예일대학의 폴 케네디 교수는 2006년 가을 서울에서 개최된 「미래 국가해양전략 국제포럼」에서 "항만과 해운, 선원 수가 줄어들면, 간단하게는 회복할 수 없다"고 말했다(280쪽). 일본열대의학회 이사장 다케우치 츠토무 게이오대 교수(당시)는 "인재가 한번 줄면, 되돌리는 데 20년, 30년 단위의 시간이 걸린다"고 지적했다(203쪽). 제1장 역자 칼럼에서도 인용했지만 '정책결정에 있어서의 중장기적 관점'이 중요하다(37쪽). 사병 처우 개선이란 일견 당연한 정책이 다른 한편으로 초급간부, 상선해기사의 지원과 복무에 직접적인 영향을 주는 것을 보니 정책 수립에 얼마나 깊은 고려를 해야 하는지 그 어려움이 느껴진다.

하루하루의 현상을 좇는 신문의 기사는 곧 낡아진다. 반나절 만에 '신문'은 '신문지'로 바뀌고 만다.

그러나 방치된 문제, 잊혀진 문제를 다룬 기사는 언제까지고 낡아지지 않는다. 본서가 다룬 과학기술, 해양정책, 에너지, 안심·안전, 지적기반 등은 이러한 종류의 주제이다. 그렇기는커녕, 최근의 국제정세 변화에 눈을 돌려보면 일본의 바로 최신 현안문제로서, 오히려 이들에 대한 중요도가 한층 더해가고 있다고 해도 좋다.

그렇지만 그 중요성이 그다지 인식되어 있지 않다. 국가의 부침에 관계되는 이들 문제는 거의 방치된 채, 더구나 당분간 '동결'되기 쉬운 상황에 놓여 있다.

그것을 말해주는 것이 지금의 정치의 움직임이다.

2006년의 '포스트 고이즈미'를 다투는 자민당 총재선거는, 지향해야 할 국가의 장래상이나 전략 논의가 거의 이루어지지 않은 채, 당내 기류는 '아베安倍지지'로 일시에 기울어져, 의원의 관심도 각료나 당 간부 자리다툼으로 옮겨가고 말았다.

2006년 9월, 아베 정권이 발족했다.* 나가타쵸의 상식으로는 정계

* 제1차 아베내각(2006년 9월 26일-2007년 9월 26일)을 말한다. 건강 문제로 일시 사직 후 다시 복귀하여 제2차-제4차 아베내각(2012년 12월 26일-2020년 9월 16일)을 이끌었다. 2022년 7월 8일 나라현 나라시에서 중의원 선거 지원 가두연설 중 총격을 받고 숨졌다. 67세. [일본 위키피디아 https://ja.wikipedia.org/wiki/安倍晋三]

에 입문해서 수상에 오르기까지 30년 전후를 필요로 했다. 아베 신조安倍晋三 수상은 첫 당선부터 13년이라고 하는 이례적인 고속 출세였다.

어떤 정권도, 반드시 어떤 시대의 '사명'을 띠고 있다. 지금까지의 나가타쵸의 상식을 타파하고 나온 젊은 리더의 사명은 무엇일까? 그리고 일본의 장래를 내다본 어떤 국가전략은 있는 것일까?

아베 의원이 일거에 정점을 차지한 원동력은 높은 여론 지지율이었다. 그 아베 의원의 인기의 원천은 북한문제에 있다. 아베 의원의 '북한에 대한 의연한 대응'과 국민 여론의 '납치문제의 주모자·김정일 총서기에 대한 분노'가 서로 어울려, 아베 의원의 싸우는 자세가 평가를 받았을 것이다.

그러나 북한은 핵실험을 실시하는 등 일본과 국제사회에 대해 가공할 만한 싸움을 걸어오고 있다. 아베 정권에 있어서, 북한문제로 눈에 보이는 성과를 올릴 수 있을지 어떨지가 이 정권의 존재가치를 결정하는 것이 될지도 모른다.

고이즈미 정권이 차기 정권에 미룬 정책과제에는 헌법 개정, 재정 재건, 소비세율 인상, 격차 시정, 연금 등 사회보장제도 개혁, 사회보험청 개혁, 야스쿠니신사 문제, 아시아 외교의 만회, 유엔 안보리 상임이사국 진출 등이 있다.

이것들은 시대가 요청하는 과제이다. 누가 수상이 되더라도 직접 다루지 않으면 안 된다.

그러면, 그 지도자가 아니면 빛을 볼 수 없는 정책과제는 무엇인가?

고이즈미 수상의 '우정개혁'이 이것에 해당되는데, 아베 수상의 신념에 기반을 둔 정책은 무엇인가? 아베 수상은 일본 국가 건설을 제창하고, 그 주요 정책으로 '교육재생'을 내걸고 있다. 이것이 '아베류'

의 국가전략인 것인가?

아베 수상의 저서『아름다운 나라로』에는 영국의 교육개혁이 소개되어 있는데, 교원면허 갱신제도 등을 평가하고 있다. 그 다음은 '여유 교육'으로부터의 탈피를 주장하고 있다. 그렇지만 아베 수상이 이전부터 교육문제에 관심이 있어서, 연찬을 쌓아온 적은 없다. 주위의 의견이 반영되었을 뿐인 속성 정책이 아니라면 좋겠지만, 아베 수상이 교육정책을 어디까지 훌륭히 다룰 수 있을까, 예단을 허용하지 않는다.

아베 수상에게는, 국가전략의 '싹'이 될 만한 것이 기술혁신의 성장전략 지침이 될 '이노베이션25'일지도 모른다. 의약과 공학, 정보기술(IT) 등의 분야별로 2025년 시점의 진도를 예측하면서, 향후, 경제의 견인차가 될 가능성이 높은 기술과 아이디어에 중점 투자해 나가는 것인데, 그 중점 항목의 선정은 지금부터 논의할 것이라고 한다.

이러한 관점에서 보면, 본서에서 거론한 것과 같은 과학기술, 해양정책, 에너지, 안심·안전, 지적기반 등의 과제가 국가전략으로서 정치의 무대에 오르는 것은 상당히 어렵다. 국가전략의 확립에는, 정치가 자신의 완고할 만큼의 '집착'이 필요한 것이 아닐까 하고 생각된다. 그리고 그것은 수상이나 각료를 노리기 훨씬 이전 단계에서 차분히 연구하지 않으면, 리더가 되어도 눈 앞에서 일어나는 다양한 과제에 쫓기는 것만으로도 벅차게 되고 만다. 아베 수상에게도, '포스트 아베'를 자임하는 리더에게도 당연히 그 염려는 해당된다.

하나의 정책이 국가전략으로서 확립되기 위해서는, 전제가 되는 과제의 존재를 깨닫고, 그것을 정책으로 채택하여, 매진하는 정치가가 나타나는 것이 불가결하다. 지금은 수상 후보로서 화제에도 오르지 않는 젊은 정치가들에게는, 자기 나름의 국가전략을 세우는 사색과 논의의 시간을 가져주었으면 하고 생각한다.

정치를 움직이는 것은 정치가만이 아니다. 그 국민이 관심을 갖고, 작더라도 계속해서 목소리를 내는 문제는, 언젠가 정치를 움직일 때가 있다. 무엇보다도 국민여론이 이러한 전략이나 정책을 찾아내어서, 긴 안목으로 지원해 나가는 것이 필요할 것이다.

2006년 초가을, 한국 해양수산부로부터 요미우리신문 서울지국을 통해, 「국가전략을 생각한다」 취재반에 대해, 동 부가 주최하는 '미래 국가해양전략 국제포럼'에 참석하여, 일본의 해양정책에 대해 말해주었으면 좋겠다는 요청이 있었다. 한국과 미국, 중국, 네덜란드의 학자들이 해양전략의 방향을 서로 이야기하는 것이라고 한다.

포럼 준비를 한 한국의 해양법학자는 일본에서 들여온 연재기사를 읽고 있었다. 그리고 일본대표로 요미우리신문의 기자를 지명해왔다. 그 이유는 "바다 문제는 학자로는 알기 어렵다. 저널리스트의 관점이 필요하다"고 하는 것이었다.

9월 14일, 서울 시내의 호텔에서 열린 포럼에는 다나카 다카유키田中隆之 기자(정치부 차장)가 참석하여, 일본의 해양정책에 사령탑이 없는 것, 정부 차원의 전략이 없는 것 등 일본의 실정을 말했다. 지도력을 발휘하지 않는 수상관저, 국익보다도 주변국가에의 배려를 우선해 온 외무성, 부처 할거주의 행정으로부터 탈피할 수 없는 국토교통성……. 일본의 현실을 생각하면, 전향적인 이야기는 할 수 없었다. 일본은 구조적인 문제를 안고 있고, 해양정책은 오히려 한국에 배울 점이 많은 것이다.

자리를 함께 한 미국 예일대학의 폴 케네디 교수는 "일본에 해양전략이 없는 것에 놀랐다. 항만과 해운, 선원 수가 줄어들면, 간단하게는 회복할 수 없다"고 발언했다. 저서 『강대국의 흥망』으로 유명한 역사학의 태두도, 전략 없는 해양국가의 장래에 경종을 울렸던 것이다.

일본은 괜찮을까?

일본의 현상現狀과 장래에 대한 위기의식의 공유에, 본서가 조금이라도 도움이 되었으면 하고 간절히 생각한다. 그리고 일본의 현상이 어떻게 변해갈지, 그 과정을 추적해서 보고하고 싶다고도 생각한다.

본서의 기본이 된 신문연재 「국가전략을 생각한다」는 2005년 1월에 시작하여, 제1부에서 제5부까지 1년 6개월에 걸쳐 이루어졌다. 그 동안 요미우리신문 정치부의 나가하라 신永原伸, 다나카 다카유키田中隆之, 도리야마 다다시鳥山忠志, 모치즈키 고이치望月公一, 아나이 유지穴井雄治, 가와사키 히데키川崎英輝, 아오야마 겐이치靑山健一, 나카야마 쇼조中山詳三, 하시모토 쥰야(橋本潤也) 각 기자가 취재·집필을 담당하고, 오쿠보 요시오大久保好男 편집국차장(전 정치부장)이 전체의 지휘·정리를 담당했다. 이외 국제부, 경제부, 과학부, 사진부, 디자인과에도 협력을 청했다.

마지막으로, 흔쾌하게 취재에 응해준 많은 관계자들에게 이 장을 빌어서 감사의 말씀을 드리고 싶다.

2006년 10월

요미우리신문 도쿄본사 정치부장

오다 다카시小田尙

이 나라에 내재된 '화기禍機'의 재검증

'첫머리에'에서 기술한 대로 "중장기적인 전략을 결여한 채로 가면 국력은 서서히 쇠약해질 수밖에 없는 것이 아닐까?" 하는 문제의식 하에 '각론'에서 국가전략을 생각해보자—는 시도가 이 책에 담겨 있었다.

단행본 간행 후 2년 정도가 지났지만, 그 후 국가전략 부재에 대해 개선된 점은 있었는가? 이 나라 일본의 장래에 대한 불안은 불식되고 있는가?

문고판을 발행하면서 외교전략론의 관점에서 이것을 재검증하고 싶다.

전략가의 연설

북쪽은 러시아, 남쪽은 이란에 끼어있는 코카서스의 나라 아제르바이잔. 그 수도 바쿠에 있는 아제르바이잔 외교아카데미에 2008년

9월, 한 외교관이 초청을 받아 '21세기의 국제사회와 일본의 외교 전략'을 제목으로 강연을 했다.

외무성 구주국 가네하라 노부카츠兼原信克 참사관*. 아소 다로麻生太郎 수상이 외무장관 시절인 2006년에 한 「가치의 외교」와 「자유와 번영의 호弧」 연설을 기초한 인물이다.

아소 연설로부터—.

"민주주의, 자유, 인권, 법의 지배, 그리고 시장경제. 이러한 '보편적 가치'를 외교를 추진하는 데 있어서 크게 중시한다고 하는 것이 '가치의 외교'입니다.", "유라시아 대륙의 외곽에 성장해 온 신흥 민주주의 국가. 이 국가들을 띠와 같이 연결해서 '자유와 번영의 호'를 만들고 싶다. 만들지 않으면 안 된다고 생각하고 있습니다."

어느 주장이나 일·미동맹 강화, 중국 등 근린제국과의 양호한 관계 유지에 이은 일본외교의 신기축이라는 위치 설정이었다. "일본이 아시아의 지역대국에서 벗어나 글로벌한 대국을 목표로 한다면, 외교전략도 구미제국을 배워서 글로벌한 전략안戰略眼으로 뒷받침되지 않으면 안 된다"—. 그런 사고에서 탄생한 것이 일본의 새로운 외교 틀인 '가치의 외교'와 외교 전개의 새로운 필드인 '자유와 번영의 호'였다.

그렇지만 외무성에서 굴지의 스트래티지스트(전략가)로 불리는 가네하라 참사관 등 당사자의 생각과는 달리, 아소 연설은 국내 친중국파로부터 예상 이상으로 반발을 초래했다.

"중국은 이제는 세계 최대의 비민주주의 국가다. 가치관 외교는 중국을 견제하는 것이 진짜 목적이 아닌가?"

---

* 가네하라 노부카츠(1959~). 외무성 국제법국장을 거쳐 2012년부터 아베 내각에서 내각관방 부장관보. 2014년부터 국가안전보장국 차장 겸무. 2019년 퇴임하고 다음해 2020년부터 도시샤대학(同志社大学) 특별 객원교수. [일본 위키피디아 https://ja.wikipedia.org/wiki/兼原信克]

“미·소 냉전시대의 봉쇄정책을 모방한 대중국판 봉쇄정책이 아닌가?”

친중파 정치가나 지식인은 물론, 차이나스쿨 출신 퇴직 외교관으로부터도 이러한 견해가 크게 분출되었다. 결국, 2007년 7월에 열린 참의원 선거 대패를 계기로 아베 신조 수상이 퇴진하고 친중파 후쿠다 야스오福田康夫 의원이 후계 수상으로 선정되자마자 ‘가치의 외교’와 ‘자유와 번영의 호’는 사장되었다. 가치관 외교를 지지하는 소장 외무관료들로부터 “우리 나라는 구미제국이 당연하게 갖고 있는 전략지향의 외교로 탈피할 기회를 놓쳤다”며 탄식이 흘러나왔다.

아제르바이잔은 바로 ‘자유와 번영의 호’—유라시아 대륙 외곽에 성장해 온 신흥 민주주의 국가의 하나이다. 가네하라 참사관은 스스로 일본 외교의 새로운 필드로 설정한 곳에서 이 나라의 소장 외교관들을 앞에 두고 강연할 기회를 갖게 되었던 것이다.

자유와 번영의 호

가네하라 참사관은 BRICs(브라질, 러시아, 인도, 중국) 제국이 대두하고 있는 실상과 그 장래 전망에 많은 시간을 할애했다.

"현재, 여전히 미국, 유럽연합(EU)의 경제력은 압도적이고, 일본은 그 30%를 조금 넘는 수준입니다. 중국이 일본의 70%, 러시아, 인도가 30% 정도입니다. 그러나 10년 후, 20년 후에는 일·미·유럽연합과 중국, 인도, 러시아, 브라질이라는 7대국(지역)이 21세기의 지도적 입장을 확립하게 될 것입니다. 경제적으로는 북미, 유럽, 동아시아(인도와 호주를 포함)라고 하는 3대 경제권이 정립하고, 개방된 자유무역 시스템으로 연결될 것입니다.

예전에는 일본이 쫓아가는 입장이었습니다. 메이지시대에는, 혹은 제2차 세계대전 이후에도 일본의 경제규모가 대영제국이나 프랑스를 제치는 날이 올 것이라고는 누구도 생각하지 않았다고 생각합니다. 그러나 현재, 일본의 경제규모는 영국과 프랑스의 2배가 되었습니다. 이번에는 중국, 인도, 러시아, 브라질의 차례입니다. 일·미·유럽연합만으로 세계의 부의 대부분을 창출하던 시대는 확실히 끝난 것입니다.

21세기에는 새롭게 대두하는 국가들이 '인간의 존엄'을 기점으로 성립해 온 현재의 국제 시스템에 책임 있는 지도적 입장의 국가로서 참여할 것인가 어떤가가 큰 문제가 됩니다. 지금 대두하고 있는 신흥 산업제국은, 미국이 주도하고 20세기 후반에 확립된 국제 시스템으로부터 훨씬 이익을 받고 있는 국가들입니다. 합리적으로 생각하면 그렇게 되지 않으면 안 됩니다. 그러나 대두하는 국가는, 청년기의 인간이 선행하는 세대에 반항하는 것과 같이, 앞서 나간 국가들이 말하는 것을 순수하게 들으려고 하지 않습니다.

과연 그들은 전후의 일본과 같이, 그 국제 시스템을 함께 지지할 책임 있는 현상유지 세력이 되려고 하는 것입니까? 그렇지 않으면, 제2차 세계대전 이전의 일본과 같이 부국강병을 위해 국제 시스템을 이용하고, 마침내는 현상에 대한 도전자가 될 것입니까? 21세기 일본의 대전략은, 이들 신흥 산업국가를 책임 있는 현상유지 세력으로 전화轉化시키는 것에 있습니다."

「가치의 외교」, 「자유와 번영의 호」 연설 기초자의 면목이 생생한 강연에 아제르바이잔의 소장 외교관들은 큰 박수를 보냈다.

중국과 인도에 대한 평가

본서의 모두 '첫머리에'에서 소개한 바와 같이, 미 국가정보회의(CIA 국장의 자문기관)가 2005년 1월에 발표한 보고서 『지구의 미래를 그린다』는 중국과 인도가 '19세기의 독일, 20세기의 미국'을 대신하는 '21세기의 새로운 대국'으로서, 빠른 시기에 일본을 제치고, 금세기 중반에는 미국도 따라잡을 것이라고 대담하게 예측했다. '노화하는 대국'으로 형용된 일본은 "어느 시점에서 중국에 대항할 것인지 영합할 것인지 그 선택을 강요당하게 될 것"이라는 지적을 받았다.

이 충격적인 보고서가 발표된 지 4년의 세월이 경과했다. 그동안 중국과 인도가 국제사회에서 존재감을 늘려가고 있는 것은 확실하지만, '청년기'(가네하라 참사관)의 국가에서 볼 수 있는 미숙함도 두드러지게 눈에 띄고 있다. 2008년 7월 도야코洞爺湖 써밋에서 G8(주요 8개국)이 설정한 '2050년까지 온실효과가스 배출량 50% 삭감' 목표에 대해, 중국과 인도는 "아직 합의할 준비가 되어 있지 않다"고 하는 태도를 취했다. 같은 7월에 제네바에서 열린 세계무역기구(WTO)의 다각적통상교섭(도하 라운드) 각료회의에서도 절체

절명의 시기에 중국과 인도가 농산물 세이프가드(긴급수입제한)의 처리를 둘러싸고 미국과 대립, 교섭 결렬의 주요인이 되었다.

미국 외교문제평의회 회장 리처드 N. 하스(Richard N. Haass)가 2008년 봄에『포린 어페어즈(FOREIGN AFFAIRS)』에 발표하여 화제가 된 논문「무극無極의 시대(The Age of Nonpolarity)」는 중국과 인도를 무조건 '21세기의 대국'으로 보는 것에 의문을 던지고 있다.

"확실히, 때가 되면 중국과 같은 나라가 미국에 필적할만한 GDP를 갖게 될지도 모른다. 그렇지만 중국의 경우, 국가의 많은 부를(지금도 많은 국민이 빈곤한 생활에 시달리고 있다) 방대한 인구를 지탱하기 위해 사용하지 않을 수 없어, 군사력 정비나 외국에서의 활동을 위해 대규모의 자금을 투입할 수도 없다. 더구나, 이 정도로 다이나믹하고 격차가 큰 경제성장기에 정치적 안정을 유지하는 것은 베이징으로서 용이하지 않다.", "인도도 방대한 인구에서 파생하는 과제에 직면해 있고, 관료주의가 판을 치고 있어, 인프라가 아직 정비되어 있지 않은 것이 성장의 족쇄가 될지도 모른다."(「미국의 상대적 쇠퇴와 무극질서의 도래」『포린 어페어즈』 일본어판 2008년 5월호)

미국의 보고서가 예측한 '중국에 추월당하는 날'에 일직선으로 향하고 있는 것은 아니다 —. 그런 안도의 소리가 일본 국내에서도 들리게 되었다.

'정치를 현실로 움직였다'

본서의 기본이 된 연재기획「국가전략을 생각한다」는 '첫머리에'

에서 기술한대로 "중장기적 전략이 결여되면 국력은 서서히 쇠약해질 수밖에 없는 것이 아닐까?" 하는 문제의식에서 과학기술, 해양, 에너지 등 국가의 근간에 관련된 정책분야가 안고 있는 문제점을 적출한 것이었다.

연재기사의 지적이 계기가 되어 정치가 무거운 몸을 일으켜 시정하는 움직임도 몇 가지 있었다.

예를 들어, 우주정책에서는, 우주의 평화이용에 관한 국회결의와, 결의에서 파생한 일반화원칙으로 불리는 정부 견해가 우주개발정책 추진을 방해하는 제약요인이 되어 있는 것을 지적했다. 연재기사가 게재된 당시(2005년 2월)는 결의나 정부 견해의 철폐를 설파하는 국회의원이 전무했지만, 2006년에 가와무라 다케오河村建夫 전 문부과학성 장관(자민당) 등이 우주개발특별위원회를 자민당 내에 설립하여 우주정책의 재검토에 착수. 2008년 5월에는 자민, 민주, 공명 각 당의 찬성으로 방위목적의 군사이용을 인정하는 우주기본법이 제정되었다.

자원·에너지 문제에서는, 레어 메탈(희소금속)을 둘러싸고 공급 단절과 가격 앙등 현상이 일어나고 있는 것과 레어 메탈의 중국 의존도가 비상하게 높은 것을 지적했다. 자원에너지청이 레어 메탈대책부회(종합자원에너지조사회 광업분과회 하부기관)에서 레어 메탈 대책 논의를 본격적으로 시작한 것은 2006년 가을부터. 2007년도부터는 문부과학성과 경제산업성이 공동으로 원소전략 프로젝트를 출범시켰다. 레어 메탈을 중심으로 원소의 성립과 구조로부터 연구하여, 풍부하고 값이 싼 금속으로 대용할 수 있도록 한다든지, 사용량을 격감시킨다든지 하는 기술을 발견하려고 하는 시도다. 아베, 후쿠다 양 내각에서 경제산업성 장관이었던 아마리 아키라甘利明 의원(자민당)은 카자흐스탄과 남아프리카 등을 적극적으로 방문하여 채굴 권익 확보와 기술협력 등을 추진하는 '레어 메탈 외교'를 전개했다.

해양정책에서는, 연재로부터 약 1년 후인 2007년 4월, 국가의 해양정책을 일원화하기 위한 해양기본법이 제정되었다. 다케미 게이조 참의원 의원(자민당. 2007년 7월의 참의원 선거에서 낙선), 마에하라 세이지前原誠司 중의원 의원(민주당), 오구치 요시노리大口善徳 중의원 의원(공명당) 등이 만든 초당파 해양기본법연구회가 견인차 역할을 수행했다.

아카마츠 마사오赤松正雄 중의원 의원(공명당)은 자신의 블로그에서 이렇게 기술했다.

"요미우리신문 정치부가 앞서 출판한『검증 국가전략 없는 일본』은 정치를 현실로 움직인 귀중한 일이었다고 할 수 있다. 과학기술, 해양정책, 에너지, 안심·안전, 지적기반의 5개 분야에서 얼마나 일본이 뒤처져 있는지에 대해, 극명하게 추적하여 정치권의 대응을 추궁한 것이다. 2년 전 요미우리 지상에 연재가 시작되었을 때 화제가 되었다. (중략) 이번에 해양기본법안이 중의원을 통과하였지만, 이것도 요미우리의 연재에 자극을 받은 여당의 뜻 있는 의원에 의한 의원입법의 색채가 강하다. 이와 같이 정치 현장에 영향을 준 신문연재도 진기한 느낌이 든다." (2007년 4월 24일, 아카마츠 마사오 독서록 블로그에서).

우리들 취재반에게 있어, 연재기사로 경종을 울리고, 이에 정치가 호응하였다고 하면 기자로서 명예롭기 그지없는 일이다. 그럼에도 불구하고 우리들은 중얼거리지 않을 수 없다.

왜 이렇게도 기분이 산뜻하지 않을까? —.

외톨이병에 걸린 일본

폐색감을 불식시키지 못하는 이유의 하나는, 2007년 7월 참의원 선거에서 자민당이 대패해 참의원은 야당이 다수를 차지하는 여소야대 현상이 생긴 결과, 모든 정책과제가 정국에 이용되게 되어 어떤 정책 결정도 할 수 없는 상태에 빠진 것일 것이다.

여소야대 국회에 의한 정치의 혼미상태는 새롭게 지적할 필요도 없지만, 전형적인 예를 하나 들면 '테러와의 전쟁'에 대한 대응이다. 아프가니스탄은 이슬람 원리주의 세력의 부활로 다시 테러집단의 거점으로 화하고 있다. 각국이 치안부대를 파견하는 가운데, 일본은 치안유지 등의 활동에 자위대를 참가시킬 수는 없다는 정부의 헌법 해석이 있기 때문에, 아프가니스탄 본토에 대한 부대 파견을 미루고 있다. 그 대신에 2001년 9월 발생한 미국 동시 테러 직후부터 추진해 온 것이, 인도양상에 전개하는 각국 함선에 대한 해상자위대의 급유활동이다. 미·영·불·독·이 등 구미제국에 파키스탄도 참가한 각국 함선은 이슬람 원리주의 세력이 아프가니스탄과 함께 활동 거점으로 삼고 있는 소말리아 외해에 전개하여, 테러리스트와 무기·탄약, 자금원의 바탕이 되는 마약의 이동을 차단하는 활동을 하고 있다. 그 각국 함선에 급유하는 해상자위대의 활동은 이른바 테러와의 전쟁에 대한 간접적 참가에 지나지 않는다. 그래도 민주당의 찬성을 얻지 못해 여당이 대응을 제대로 하지 못한 결과, 2007년 11월에는 테러대책특별조치법이 실효되고, 해상자위대가 일시 철수하는 사태가 벌어졌다.

민주당이 이 법에 반대하는 이유는 오자와 이치로小沢一郎 대표의 독자적 헌법 해석에 바탕을 두고 있다. 국제적 평화협력활동은 유엔이 파견을 결정한 활동에 한정해야 한다는 논리이다. 오자와 대표는 이 지론으로, 2007년 가을 월간지 인터뷰에서 정부의 견해로는 할 수 없다고 하는 아프가니스탄 본토 치안유지활동에 적극 참가할 것을 주창했다. 그러나 민주당의 좌파·진보파 의원으로부터 "위험한 곳에 보낼 일이 아니다"는 이론異論이 이어져, 오자와 대표는 참가론을 거두어들이지 않을 수 없었다.

테러와의 전쟁에 대한 간접적 참가에 지나지 않는 해상자위대의 급유활동은 일시 중단되고, 구미 각국만이 아니라 한국과 중국에서도 요원이 파견되어 있는 아프가니스탄 본토에서의 활동에는, 일본 본토에서밖에 통용되지 않는 헌법 9조론을 방패로 참가를 주저한다. 이래서는 '외톨이병에 걸린 일본'이라는 인상을 해외에 확산시킬 뿐이다. 사실 앞에서 소개한 하스 씨는 「무극의 시대」에서 일본에 대해 다음과 같이 평하고 있다.

"일본으로 말할 것 같으면, 인구가 감소하고, 사회의 고령화가 진전되고 있으며, 더구나 대국으로서의 역할을 맡는 정치문화를 갖고 있지 않다."

개전開戰 판단의 비극

폐색감을 안고 있는 이유를 또 하나 들면 우주, 해양, 에너지 등 과제별 대응에서는 진전을 보여도, 전체를 부감俯瞰한 국가비전, 국가의 진로와 방향성을 정하는 국가전략이 여전히 제시되지 않는 것이다. 작업에 손이 미치지 않는다고 하면 그래도 좋지만, 이 나라는 비전 수립의 전제가 되는 전략안戰略眼을 갖고 있지 않는 것이 아닐까 하는 의심이 고개를 쳐들고 있는 것이다.

전체를 부감하는 능력의 결여로 야기된 최대의 비극이 태평양전쟁이다. 요미우리신문은 2006년부터 2007년에 걸쳐, 전쟁 책임을 스스로의 손으로 검증해보자는 야심적인 시도를 했다. 그 요미우리신문 전쟁책임검증위원회의 성과 『검증 전쟁책임 Ⅰ·Ⅱ』(중앙공론신사)에서 약간 길어지지만 해당부분을 인용하자.

전쟁을 '결의'하는 데는 국력에 대한 냉정한 판단이 필요하다. 이것은 확실한 것이었을까? 태평양전쟁이 시작되기 전의 최초의 국력판단은 1940년 8월, 기획원이 정리한 응급물자동원(물동) 계획이었다. 기획원이란 전시 경제체제에서 조사·입안을 담당했던 수상 직속 기관이다.

이 물동계획이 명확히 제시한 것은 제3국으로부터의 수입이 두절될 경우 기초물자 대부분의 공급이 반감하는 것이었다. 같은 시기, 해군이 시도한 국력판단에서도 영·미권으로부터의 수입이 두절되는 경우 중요 전쟁 물자는 평균해서 1년분의 수요를 겨우 감당하는 것이었다. 이것을 바탕으로 요시다 젠고吉田善吾 해군성 장관은 성부省部회의에서 "일본 해군은 미국과 1년밖에 싸울 수 없다. …… 1년간의 지구력으로 전쟁에 뛰어드는 것은 무모한 행위暴虎다"며 자중을 요청했다.

육군에서는 육군성 전비과戰備課가 다음 해 1941년 3월, 국력판단을 제시했다. 판정한 사람은 전 육군성 장관 아라키 사다오荒木貞夫를 장인으로 둔 시보 히데오芝生英夫 소좌였다. 시보는 데이터 분석결과, 남방무력행사는 '곤란'이라고 판단되었지만, 장인의 지시示唆에 따라 개전이 가능하도록 기안했다고 한다. 그러나 오카다 기쿠

사부로岡田菊三郎 전비과장은 이것을 "물적 국력은 對 미·영 장기전 수행에 대해 불안을 면할 수 없다"고 수정했다.

이 전비과의 보고는 육군 내에 충격을 주어 참모본부 제20반(전쟁지도반)은 3월 22일, 일지에 "남방무력행사 등 전혀 기대할 수 없다고 말할 것"이라고 기록했다. 그러나 일본이 베트남 남부에 진주하고, 1941년 8월, 미국이 대일 석유금수石油禁輸라는 대항조치를 취하자, 피전론避戰論은 크게 후퇴한다.

당시 육군의 이와쿠로 히데오岩畔豪雄 대좌는 일·미 국력 차에 관한 보고서를 바탕으로 전쟁을 피하자고 피전을 설득하러 다녔다. 이 보고서는 대미 첩보활동에 종사하고 있던 신조 겐고新庄健吾 육군 주계대좌가 작성한 것으로, 일·미의 공업력 비율을 상시 유지하기 위해서는 "전쟁 전체 기간을 통해서, 미국의 손해를 100퍼센트로 하고, 일본 측 손해는 상시 5퍼센트 이내로 유지하지 않으면 안 된다"고 분석하고 있었다.

참모본부에서는 1941년 7월의 인사발령으로 작전과장에 핫토리 다쿠시로服部卓四郎, 병참반장에 쓰지 마사노부辻政信가 부임했다. 관동군 참모시절에 육군 지휘부의 반대를 무릅쓰고 노몬한 사건(1939년 5월~9월)을 일으킨 핫토리~쓰지 콤비가 부활한 것이다. 더구나 당시의 작전부장은 노구교盧溝橋 사건(1937년 7월) 때 육군성 군사과장으로서 전선 확대를 주도한 다나카 신이치로田中新一로, 강경파 3명이 작전분야를 독점하여 대미 개전을 주창해 가는 것이다.

국력판단에서는 선박 손모량損耗量을 어떻게 예측할 것인가가 큰 포인트다. 석유 등의 물자 수송, 시레인(해상수송로) 확보를 위해서는 함선이 필요하지만, 미국 측도 당연히 공격해오기 때문에, 그 선박 피해가 조선능력을 상회하면 전쟁 속행은 곤란해지게 된다.

1941년 6월, 해군성 이시카와 신고石川信吾 군무2과장은 선박손모량을 60만 톤, 조선능력을 최대 80만 톤으로 추정하고, "보충은 가능하다"는 결론을 내렸다. 그러나 후쿠도메 시게루福留繁 군령부 작전부장이 "선박 손모는 개전 제1차년에 140만 톤"이라고 발언하자 이시카와 등은 불끄기에 나서, 육군 측에 추계로 연평균 80만 톤~100만 톤으로 전달했다.

실제는, 1년째는 96만 톤, 2년째는 169만 톤, 3년째는 실로 392만 톤이었다. 미 경제학자 J.B. 코헨(J. B. Cohen)은 "일본이 배 1톤을 만들 때 30톤이 침몰 당하였기 때문에, 일본 상선대는 마침내 괴멸할 운명이었다"고 분석. 일본의 대응은, "초기의 과도한 자신과 무계획성, 졸렬한 행정, 내부의 이해 대립"에 특색이 있어, "기괴할 정도로 장래 전망이 없었다"고 지적하고 있다[『전시전후의 일본 경제』 이와나미서점].

최후의 국력판단은 도조東条 내각 성립 후, 기획원에 의해 이루어졌다. 기획원 총재는 육군 출신 스즈키 데이이치鈴木貞一였다. 스즈키 총재는 1941년 8월 시점에서는 "혹시 전쟁이 발발하고, 인도네시아 석유산지를 점령해도, 반드시 파괴되기 때문에, 석유 조달은 곤란"이라고 보고했지만, 11월 5일 열린 어전회의에서는, 남방작전 실시로 획득할 수 있는 양과 국내 저장량을 합하면, 석유는 "겨우 자급태세를 보지할 수 있다"는 판단을 제시했다. 그리고 개전을 하지 않고 "현상을 갖고 진행하는 것은, 국력의 물적 부면의 최강부분만을 보더라도 몹시 불리"라고 설명했다. 이 국력판단은 육·해군에 의한 짜맞추기 숫자에 바탕을 둔 것이라고 할 수 있어, 개전 결정을 뒷받침하는 역할을 하였다.

11월 29일 열린 천황과 중신들의 간담에서도, 오카다 게이스케岡田啓介 전 수상은 "물자 보급능력에 대해 충분히 성산成算이 있는지 몹시 염려 된다", 요나이 미츠마사米内光政 전 수상도 "가난을 피한다면서 빈털터리가 되지 않도록 해야 한다"고 발언했다. 많은 중신들이 '국력'에 불안을 안고 있으면서, 미국의 저력도 파악하지 못하고, 개전을 향해 돌진해갔다. (『검증 전쟁책임 Ⅱ』 80~83쪽)

1990년대의 경제 실정(失政)

본서의 모두 '첫머리에'에서, 연재 취재를 하는 중에 알게 된 '이 나라에 잠재된 위기'에 대해, "사태를 보다 심각하게 하는 것은 전문분야가 세분화된 나머지 전체를 조감해서 문제의 소재를 찾아내는 것이 어렵게 되어 있다는 것"이라고 지적했다. 육군, 해군, 기획원 각각이 할거주의로 관료적 숫자놀음에 광분하고, 전체를 잃어버린 채 망국적 전쟁에 뛰어든 제2차 세계대전 전의 일본 모습과 어딘가 중첩된 곳은 없는 것일까?

전전의 일본과는 달라요. 옛날 그대로를 답습하자는 것인가? 그런 반론을 내세우는 사람이 있을지도 모른다. 그렇지만 전체를 부감하는 능력을 결여했기 때문에 발생한 실정失政을 1990년대에도 이 나라는 경험하고 있다. 야마이치증권山一證券과 홋카이도타쿠쇼쿠은행北海道拓殖銀行 등이 연이어 파탄한 1997년 가을의 금융위기가 그것이다.

하시모토 류타로橋本龍太郎 수상 정권에서, 대장성 관료는 "세재정稅財政 구조를 개선하지 않는 한, 국가 채무는 눈덩이처럼 부풀어오른다"며 소비세율 인상(5조 엔)과 특별감세 폐지(2조 엔)를 추진했다. 한편, 후생성 관료는 "고령화의 급속한 진전으로 증가일로에 있는 의료비에 뭔가 재갈을 물리지 않으면"하고 위기감을 증폭시켜, 의료제도 개혁을 실시했다. 그 국민부담액은 2조 엔. 총액 9조 엔이나 되는 급격한 국민부담 증가가 거액의 불량채권 처리에 고심하고 있던 은행·증권회사를 직격, 금융시스템 위기를 불러일으킨 것이다. 그 과정을 극명하게 그린 가루베 겐스케軽部謙介, 니시노 도모히코西野智彦 두 사람의 논픽션『검증 경제실정』(이와나미서점)에서 인용해보자.

대장성 주계국에서 후생성 예산을 담당한 관료는 이렇게 말한다.

"의료비 부담증가액이 2조 엔 가까이 될 것이라는 것은 우리들도 듣고 있고, 논의도 했지만, 총 부담증가액이 9조 엔에 이른다는 소리가 국회나 매스컴에서 다루어지게 되었을 때에는, 솔직히 말해 '엣, 9조 엔?'하고, 헛소리를 들은 기분이 들었다. 적어도 우리들은 전체적인 부담증가액 숫자를 주시하며 일을 해왔던 것은 아니다."

소비세율 인상과 특별감세 폐지로 7조 엔이 증세될 것이라고 계산한 주계국으로서 부담증가 논의에는 민감해지지 않을 수 없었지만, 의료비 2조 엔은 전혀 귀에 들어오지 않아, 급거 간부가 국회와 기자회견에서 사용할 예상문답집을 수정했다.

경제기획청도 당황했다. 2조 엔 가까운 부담증가는 적지 않다. 그러나 성장률 1.9%는 이미 변경할 수 없다. 그래서 차선책으로서 물가상승 시산에서 부담증가의 영향을 '흡수'할 수 없을까 생각했다. 원래 의료개혁 등은 '의료비 인상'이라는 분류에서 물가의 관점에서 마크로적 시산을 하는 것이 전통적이었기 때문이다. 결국 그 때 결정된 1997년도 소비자 물가 전망인 1.6% '속에 포함된다'(경제기획청 간부)고 하는 것이 약간 무리하게 확인되었다.

이 작업에 관여한 경제기획청 관료는 이렇게 회고한다.

"원래 의료비 증가 움직임은 뭔가 싫은 느낌으로 보고 있었지만,

실제로 2조 엔 가까운 부담이 생긴다고 하니까 당황해서 시산을 다시 했다. 어차피 국회에서 이 부분을 추궁당할 것은 알고 있었으니까. 소비자물가 상승에 편입시킴으로써 이 추궁은 피할 수 있다고 생각했다." (중략)

1997년 2월 4일, 중의원 예산위원회에서 9조 엔의 부담증가액을 추궁당한 하시모토 수상은 이렇게 답변했다.

"영향이 없다고 말씀드리지 않겠습니다. (중략) 그러나 그렇다고 해서 그럼 뒤로 미뤄서 도대체 어떻게 될 것인가 하고. 그 뒤로 미룰 재원을 공채발행에 의존한다. 과연 그것은 장래에 있어서 플러스가 되는 선택인가? 나는 그렇게는 생각하지 않는다고 하는 것입니다."

부담증가의 영향은 있다. 그러나 지금 재정과 의료보험 개혁을 하지 않으면 장래에 매우 어려운 상황이 된다.

이런 논리는 그 후 쭉 일관되게 이어지게 되지만 하시모토 수상은 이 때의 상황을 회고하며 이렇게 말한다.

"그때 재정당국도 경제기획청도, 산정으로는 (마크로 경제에 미치는 영향에) 견딜 수 있는, 흡수할 수 있다고 하는 숫자가 나와 있다는 것이었기 때문에, 담담하게 추진했다. 가야할 방향으로 가는 일보라는 느낌이었다."

"당연히 경제기획청은 그런 것(의료비 증가의 영향)을 감안한 상태에서 하고 있다고 생각했다. 그들은 흡수할 수 있다고 하는 생각이었으니까."

그러나 실태는 달랐다.

경제기획청의 에코노미스트들은 특별감세 폐지에 의문을 안고 있으면서 다음해 경제전망을 작성했다.

대장성 주세국의 간부들은 소비세율 인상을 확실히 시행하려고 분주했다.

오직사건의 역풍 속에서 의료제도 개혁에 전력을 기울인 것은 후생관료들이었다.

정책입안에 종사하는 관료는 모두 자기들의 직무에 충실했다. 그러나 다음 해에 전체적으로 어느 정도의 부담증가가 발생하고, 일본경제 성장에 어느 정도의 마이너스 효과가 있는가. 그런 기본적인 팩터를 정책입안에 종사하는 자들 중 누구 한 사람 파악하고 있지 않았다. (이상 『검증 경제실정』 135~137쪽)

전체를 부감하는 능력의 결여欠落를, 제2차 세계대전 전의 경세經世의 서書인 아사카와 간이치朝河貫一의 『일본의 화기禍機』에 비유하여, 지금 이 나라가 극복하지 않으면 안 되는 새로운 '화기禍機'라고 우리들은 모두의 '첫머리에'에서 지적했다. 그런 생각은 지금도 변함이 없다. 아니, 오히려 그 생각을 한층 강하게 갖고 있다. 해외로부터 "대국으로서의 역할을 맡는 정치문화를 갖고 있지 않다"고 혹평을 받고 있는 외톨이병 체질과 함께, 이 결함을 의식하고 고치려고 하지 않으면, 아무리 중국이나 인도의 대두가 일직선으로 진행될 리가 없다고 하더라도, 역시 이 나라의 장래는 위험하다고 생각하지 않을 수 없다.

'섬나라' 사고에서 탈피를

아제르바이잔에서 한 가네하라 참사관의 강연으로 이야기를 돌려보자. 강연 후의 질의에서, 행사장으로부터 이런 질문이 튀어나왔다.

"아제르바이잔은 풍부한 석유자원을 갖고 있으면서 러시아와 이란이라는 대국에 둘러싸인 곤란한 지정학적 조건에 얽매어 있다. 아제르바이잔의 안전을 보장하기 위해서는, 러시아와 이란 누군가와 동맹을 맺어야만 하는 것일까?"

가네하라 참사관은 다음과 같이 대답했다.

"우선은, 국가안전보장을 위해 무엇이 최선인가를 잘 생각하는 것이다. 3,000년 전, 중국 주나라 무왕周武王이 소국이 대국에 대치해서 안전을 확보하기 위해서는 어떻게 해야 하는지를 물었을 때, 당시의 안전보장보좌관이라고도 해야 할 태공망은 이렇게 대답하고 있다. '최강국과 동맹을 맺고, 이웃나라와 언제라도 지원을 받을 수 있도록 우의를 맺는 것이다'. 이것은 시대를 초월한 외교의 황금률이다.

예를 들어 일본에 대해 말하면, 일본이 아직 약했던 메이지시대의 지도자는, 북쪽에서 압력을 가하는 러시아나, 바다를 건너 남쪽으로부터 압박하는 다른 구주 열강에 둘러싸여 일·영 동맹을 선택했다. 전후, 국력을 극단적으로 소모한 일본의 지도자도 소련과 중국을 앞에 두고 일·미 동맹을 택했다. 현재, 일본은 일·미 동맹을 기축으로 해서 대중 관계, 대소 관계, 대한 관계, 대ASEAN 관계, 대호주 관계를 안정시키는 데 신경을 쓰고 있다. 특히 중국과 러시아는 국력이 크기 때문에 일·미 동맹이 그들과의 관계를 안정시키기 위해 매우 중요한 역할을 하고 있다.

아제르바이잔도 미국과의 관계를 가장 중요시해야 한다. 물론, 미국의 약속을 확보하는 데는 노력이 필요하다. 동맹 상대에게 진정한 전략적 가치가 없으면 미국은 동맹을 맺지 않는다. 일·미 동맹조차도 산이나 강처럼 영원히 반석일 리는 없다.

동시에 미국 자신의 한계도 있다. 잔혹한 것 같지만, 아제르바이잔은 표고가 4,000~5,000m라고는 하지만, 카프카스산맥을 끼고 직접 러시아에 인접해 있고, 또 아제르바이잔이 면하고 있는 카스피해는 폐쇄해로 러시아 연안에 이어져 있다. 멀리 떨어져 있는 미국이 볼 때 아제르바이잔은, 당연하지만 방위가 어려운 나라이다.

예를 들어, 일본과 비교해 보면 알 것이라고 생각한다. 일본은 섬나라로, 어느 나라와도 육상국경을 접하고 있지 않고, 주위에 압도적인 힘을 가진 미 제7함대가 경계 항해를 하고 있고, 세계 유수의 해군인 해상자위대와 협력관계에 있다. 미국이 전후, 일본 방위를 약속하면서도, 강대한 극동 소련군의 코앞에 있는 일본으로부터 미국군을 서해안으로 철수시킨 것은 일본이 섬나라라는 지정학적 요인이 크다. 아제르바이잔에 있어서의 최선의 길은, 미국과의 양호한 관계 유지를 제1의 우선순위로 하고, 이어서 러시아와 이란 사이에서 중립적으로 행동하는 것이 아닐까. 러시아와 이란은, 미국에 대치할 때에는 일치하기 쉽지만, 동시에, 서로 아제르바이잔에 있어서 일방의 영향력만이 신장하는 것을 싫어할 것이다."

육지로 이어져 있으면서 대국에 끼어 있는 아제르바이잔과 비교해서, 일본은 얼마나 은혜로운 혜택을 입고 있는 것인가. 그렇지만 섬나라라고 하는 지정학적 호조건은 동시에 외톨이 체질을 낳아 전략안戰略眼을 양성하는 것을 방해하는 요인이 되기도 한다. 가네하라 참사관이 추진하려고 했던 '가치의 외교'나 '자유와 번영의 호'가 사장된 것도, 일본의 사고가 미치는 범위가 일본 주변이거나, 겨우 동아시아 지역에 한정되어 있는 것에 기인할 것이다.

'섬나라' 사고로부터 한시라도 빨리 탈피하지 않으면 안 된다. 글로벌한 시야를 갖고 전략적 사고를 길러, 커다란 시대의 흐름을 놓치지 않는 힘을 몸에 익히지 않으면 안 된다. 그 성패에, 이 나라 일본의 장래가 걸려 있다. 그렇게 생각하지 않을 수 없다.

2008년 12월

나가하라 신永原伸

일본이 안고 있는 다양한 문제점을 날카롭게 파헤친 본서를 관통하는 것은, 일본의 정책 결정권자에 대한 기자들의 초조함과 현재 상황을 어떻게든 변혁해 보려고 하는 보도의 양심이다.

'과학기술입국'이라고 말하면서, 구미뿐만 아니라 중국이나 한국에 비해서도 뒤처지고 있는 과학기술개발. 또 사회의 진전에 맞추어 따라가려고 하지 않는 대학교육·대학원교육의 후진성도 있다. 나아가, 국가로서 해야 할 것을 기득권이나 규제에 의한 비효율성이 가로막아, 세계는커녕 아시아에서도 일본의 지반이 침하하고 있다.

예를 들어, 중국과 한국 일류대학의 학생 대다수가 몸에 익히고 있는 영어 구사력과 IT 지식은 일본 일류대학 수준을 넘고 있다. 본서에 따르면, IBM의 신입사원 연수기간은 한국에서는 3개월, 중국에서는 2개월에 끝나지만, 일본에서는 5~7개월을 요한다고 한다. 그러나 아직도 정책 수립자들은 이러한 사실을 깨닫지 못하고 있거나, 혹은 깨닫지 못한 체 하고 있다.

본서는 이러한 그들에 대해 경종을 울림과 동시에, 이대로 방치하면 일본의 장래는 어떻게 되어버릴까 하는 위기의식이, 요미우리신문 정치부의 총력을 기울인 취재 성과로 이어진 것이라고 생각된다.

최근, 한국과 대만 등 아시아 각국의 학술·과학기술개발 현황을 둘러보며 조사할 기회가 있었는데, 새롭게 놀라는 것뿐이었다. 예전과 비교하여 일본과의 격차가 줄어들었을 뿐만 아니라, 일본을 제치고 있는 분야조차 보인다. 나아가, 이러한 현장에서 일본 초일류대학 대학원을 수료한 우수한 소장파 연구자들이 의기양양하게 연구·개발에 매진하고 있는 것을 보았다. 예전에는 미국을 향했던 두뇌유출이 지금은 아시아로도 향하고 있다. 그들에게 "왜, 일본에서 연구개발에 종사하지 않는가?" 하고 물어보니, 일본보다 아시아 쪽이 시대가 필요로 하는 분야에 대한 투자가 국책으로 이루어지고 있고, 대우도 비교가 되지 않을 정도로 좋다는 대답이 돌아온다. 사실, 그들에게 제공되고 있는 주거나 연구시설 내 식당 등의 생활환경을 보면, 수십 년 젊었더라면 이적을 생각하고 싶을 정도로 피아의 차가 크다.

그런데 일본에서 '국책'이라는 말을 들을 수 없게 된 지 얼마나 지났을까? 예전에는 경제성장을 위한 중공업에 대한 투자나 지역개발 등 찬부는 제쳐두고라도, 국가가 리더십을 갖고 정책을 추진한 시대가 있었다. 그러나 지금은 그러한 원기가 정치가들에게도 관료들에게도 박해지고 있다. 구체적으로는 아시아 각국이 국책으로 거대 국제항만을 건설한 데 반해, 일본은 중소 국제항만을 계속 건설한 결과, 서비스나 비용 면에서 국제경쟁에 이기지 못하고, 지금은 일본 창고회사까지도 아시아에 진출해 있는 현실이 본서를 통해 명확해진다.

최근, 일본과 한국의 사회과학자들이 함께 모인 자리에서, 어느 사회가 보다 병들어 있는가를 토론한 일이 있다. 그들은, 한국에서는 일단 대통령에 당선되고 나면 그 후의 실정으로 인기가 없어도 5년간은 교체할 수 없다고 불만을 표하고, 일본에서는 의원내각제이기 때문에 지도자가 국민의 지지를 배경으로 큰 개혁을 하기가 어렵다고 탄식한다. 그런 다음, 어느 문제가 더 큰가를 논의하면, 역시 변하지 않는 것보다 변하는 다이나미즘이 있는 쪽이 좋다는 결론에 이른다.

여기에서 잊어서는 안 되는 것은 일본 수상이 갖는 권한은 어느 의미에서는 미국 대통령보다도 크다는 것이다. 미국에서는 "입법은 모두 의원발의에 의한다"는 것이 엄격하게 지켜지고 있고, 대통령에게 법안제출권은 없다. 있는 것은 오직 일반교서연설과 예산교서 등 권고권뿐이다. 이에 대해 일본에서는 삼권분립이라고는 하면서도, 입법의 많은 부분이 행정부인 내각에서 제출한 법안에 의한 것이고, 내각총리대신 즉 수상의 권한이 크다.

그럼에도 불구하고 일본에서 큰 개혁이 이루어지지 않는 것은, 왜일까? 미국의 일본통들에게 "일본의 역대 수상으로 개혁을 한 사람은 누구인가?" 하고 물어보면, 이구동성으로 "국철 개혁의 나카소네 야스히로中曾根康弘 수상, 우정 개혁의 고이즈미 준이치로小泉純一郎 수상, 그리고……" 하고 다음은 대답이 궁해진다. 즉, 나카소네 수상이나 고이즈미 수상과 같이 국민의 높은 지지를 얻어 장기집권을 하지 않으면, 가령 수상이 되어도 대담한 개혁과는 인연이 멀어지게 된다.

이러한 일본에 있어서의 리더십 결여는 대통령제와 의원내각제의 차이에 의거하는 것처럼 보이지만, 사정은 그렇게 단순하지 않다. 예를 들어, 같은 의원내각제를 채택하고 있는 영국에서는 정부와 여당이 일체화되어 있어, 정당 지도자가 강력한 리더십에 의해 정책결정을 추진하는 경향이 있다. 그 배경에는, 영국에서는 정치가가 자기가 선택한 당의 지도자를 끌어내리는 일이 흔하지 않지만, 일본에서는 자기들 손으로 선택했으면서도 "이 당수로는 다음 선거에 이길 수 없다"고 해서 야당의 손을 빌리지도 않고 여당 의원이 교체시키는 경우가 있다. 이 때문에, 일본 역대 수상으로서 계속 해서 5년, 그 자리에 붙어 있었던 것은 전술한 나카소네와 고이즈미 두 수상을 포함해서 몇 명밖에 없고, 그 이외는 수상에 취임해서 무엇인가를 해보려고 하는 사이에 다음 수상으로 바뀌고 있다.

이와 같이, 일본의 수상은 법적 권한은 강력하지만, 야당뿐만 아니라 아군인 여당의 의원으로부터 이론이 나와 불신임안이 성립되면 사임하지 않을 수 없는 의원내각제를 기반으로 하고 있다. 더구나 영국과 같이 임기 중에는 지도자에게 위임한다고 하는 정치문화의 뒷받침을 받고 있는 것도 아니다. 이 때문에 일본에서는, 예를 들어 수상 본인이 강력한 리더십을 갖고 개혁을 하려고 해도, 여당 내에서 무슨 무슨 족族이 철저히 저항하면, 고이즈미 수상의 우정 개혁과 같이 여론의 지지를 얻어 해산 총선거를 실시하여 여당 내 저항세력을 굴복시키기라도 하지 않는 한 개혁 실행이 불가능해진다.

최근에는, 도로특정재원의 일반재원화가 각의결정되어, 이에 따라 예산 사용에 융통성이 생기는가 했더니, 도로족 의원들의 저항으로 결국은 적지 않은 부분이 도로건설에 변함없이 쓰이게 되었다. 또 본서의 지적에도 있는 것처럼 농수족의 저항으로 FTA 교섭이 원활하게 진전되지 못하고, 자원 확보에도 중국의 전략에 뒷북을 치고 있다.

결국, 정치가도 관료도 자기 주변 영역에서의 기득권익 확보에는 열심이지만, 국가 전체를 조망하고 방향성을 정하여 나아가는 일은 하지 않는다. 뭔가 문제가 생기면 전 책임이 수상에 있다고 하면서도, 가장 중요한 수상에게 결정권을 위임하지도 않는다. 그리고 관료도 자기가 소관하는 사업의 예산 유지, 기회만 있으면 예산증액을 생각하면서도, 국가 전체를 위해 행동하는 자는 희귀하다. 예를 들어, 국가 전체를 위해서는 자기가 소속한 부국部局, 실국보다도 타

성청省庁, 부처이나 타 부국의 예산을 증액하는 것이 좋다고 생각하면서도, 자기 부국의 예산유지를 요구하지 않는 관료가 있을 리가 없다. 이러한 성청 간의 높은 벽에 대해서는, 본서 속에서도 각 성청의 데이터베이스 통합이 이루어지고 있지 않은 것이나 해상보안청과 해상자위대의 열악한 연계체제 등을 치밀한 취재로 명백히 밝히고 있다.

국가가 이러한 상황이라면 지방은 어떨까? 본래 지방자치체에서는 주민이 지방의회 의원과 수장을 선출하고, 의회에는 조례 발의권과 결정권, 나아가서는 전자가 결정한 것을 후자가 집행하는지 어떤지 체크하는 감시권까지 있는 이원대표제를 취하고 있다. 그러나 현실적으로는 의원발의 조례를 제출하는 지방의원이 거의 없는 것이 실정이다. 그리고 자기의 직무는 '주민의 의향을 반영한 조례를 발의하는 것'이 아니라, '지지자의 의향을 직원이나 수장에게 전하는 것'이라고 생각하고 있는 지방의원이 적지 않다. 무엇보다도, 지방의회 의원을 질책하기 전에, 지방의회 소집권조차 의장에게 없는 지방자치법의 구폐를 바르게 고치는 것이 간요하다.

나아가, 대학도 국가나 자치체를 비판할 수는 없다. 시대에 뒤떨어진 분야의 교원이 자기 후계자를 남겨놓으려고 '구멍때우기 인사'를 하기 때문에, 시대의 요청에 맞는 필요한 인사 채용이 생각대로는 진척되지 않는 현상이 있다. 또, 이러한 기득권을 배려해서 표를 모으는 일이 학부장(총학장) 선거에서 횡행하는 경향이 있다. 그 결과, 대학 전체나 일본의 학술 전체가 어떻게 될 것인가 하는 것보다는, 자기 눈앞의 이해관계에 따라 행동하게 되어 전략성을 결여한 대학경영이 이루어지고, 우수한 인재 획득을 둘러싼 국제경쟁에서 이길 수 없게 된다.

TV 미디어도 타국이 시청률을 높이면, 눈앞의 시청률을 노리고 비슷한 프로를 제작하는 경향이 있다. 이 때문에 소중하게 육성하면 오래 이어질 수 있는데도, 유사 프로가 횡행하기 때문에 시청자가 조기에 질리게 된다.

이러한 일련의 상황에 공통되어 있는 것은 일본에 만연한 두 개의 문화이다. 하나는 '섬나라 근성'으로, 자기가 손을 들어 책임을 갖고 의사결정·행동하려고는 하지 않지만, 타인이 모든 것을 결정하는 것도 좋아하지 않는다. 이렇기 때문에 정책이나 이념으로 결속되는 것이 아니라, 누군가를 앞세우고 뒤에서 영향력을 행사하고 싶어 한다. 자기가 앞세운 리더가 잘 하고 있을 때는 그 혜택을 보고, 리더가 잘 하지 못할 때는, 책임은 리더에게 뒤집어씌우고 자기는 떨어져서 모른 체한다. 이러한 '섬나라 근성'으로부터 대개혁 등이 일어날 리가 없다. 오히려, 특정한 리더가 돌출하는 것을 바라지 않고, 자기 기득권익 확보에 급급한다.

더욱 무책임한 것은 두 번째 문화인 '방관자주의'이다. 이것은 리더를 옹립하는 비용조차 부담하지 않고, 승자로 보이는 자에게 붙어 혜택을 보려는 심리이다. 여기에서도 정책이나 이념과는 관계없이 누가 승자가 될 만한지를 중요시하고, 패배집단으로 괴로워하는 자가 있어도 보고도 모른 체 한다. 전체가 잘못된 방향으로 가는지 어떤지는 관심을 갖지 않고, 자기가 '찬 밥'이 아니라 '따뜻한 밥'을 먹을 수 있을지 어떨지가 행동의 선택표준이 된다. 이 '방관자주의'로는 어떤 개혁도 할 수 없다. 현상에 문제가 있다고 해도, 누군가가 언젠가 고쳐줄 것이라고 생각하고, 자기는 그 이익을 향유할 수 있으면 좋다고 생각하는, 전형적인 무임승객이 된다.

본서는, 이러한 문화에서 생기는 일본의 병리, 특히 기다릴 수 없는 긴급한 해결이 요망되는 과학기술과 해양, 자원, 그리고 정보 시큐리티와 바이오 테러 대책이라는 안전 등의 문제를 천착한 것으로, 일본이 안고 있는 문제의 본질을 광범위하고 상세하게, 그리고 예리하게 지적하고 있는 점에서 걸출한 내용을 담고 있다. 미국에서도 때때로 『○○○보고서』라는 이름이 붙은 후세에 영향을 주는 보고서가 나오지만 『일본의 위기보고서』로서 후세에 전해지게 될 본서를 저술한 요미우리신문 정치부의 식견과 정열에 경의를 표하고 싶다.

2008년 12월

고바야시 요시아키小林良彰

게이오기쥬쿠대학慶応義塾大学 법학부 교수(현 명예교수)

역자 주석(2023)

『국가전략이 없다』의「역자 주석」

『국가전략이 없다-요미우리가 공개한 충격의 일본 위기보고서』「역자 주석」의 일부 항목 중 제도·정책의 진전과 변화 또는 시간의 경과 등에 따라 수정·변경되는 사항을 수시로 보완하도록 하겠습니다. 독자 여러분께서는 이 QR코드를 통해 수정·변경·보완된「역자 주석」을 확인할 수 있습니다.

1) 2007년 6월 기준으로 약 15조 6천억 원, 168억 달러.

2) 1995년에 제정된 과학기술기본법에 따라 일본 정부는 과학기술기본계획을 수립하여 장기적 관점에서 체계적이고 일관된 과학기술정책을 실행하게 되었으며, 지금까지 제1기(1996~2000년도)부터 제5기(2016~2020년도)까지 기본계획을 수립하여 과학기술정책을 추진해 왔다. 2020년 6월 과학기술기본법이 과학기술·이노베이션기본법으로 개정됨에 따라 2021년도부터 시행되는 기본계획은 과학기술·이노베이션기본계획으로 수립되게 되었다. 제6기 과학기술·이노베이션기본계획은 2021년 3월 26일 각의 결정되었으며 2021년도부터 2025년도까지 5년간(2021. 4. 1. ~2026. 3. 31.)을 대상으로 한다. [일본 내각부 https://www8.cao.go.jp/cstp/kihonkeikaku/index6.html]

3) 선저우 5호는 중국이 발사한 유인우주계획 '神舟'의 하나로 중국 최초의 유인 궤도비행에 성공했다. 유인우주비행에 자력으로 성공한 나라는 소련, 미국에 이어 세 번째로 42년만이다. 선저우 5호는 2003년 10월 15일 9시(중국표준시), 중국 공군 양리웨이楊利偉 중좌(당시 38세) 한 명을 태우고, 감수성 내몽고자치구 경계에 있는 酒泉위성발사센터에서 창정長征 2호 F형 로켓으로 발사되었다. 고도 343㎞의 원 궤도를 약 21시간(14주회) 비행한 후 10월 16일 6시 23분 내몽고자치구 四子王旗 초원지대에 무사히 귀환했다. [일본 위키피디아]

2023년 5월 30일 중국이 자체 건설한 우주정거장을 활용해 과학연구 등을 수행할 유인 우주선 선저우 16호가 성공적으로 우주정거장 조합체에 도킹했다고 관영통신 신화사가 전했다. 선저우 16호에는 3명의 우주비행사가 탑승했다. 이들은 우주정거장 핵심 모듈인 '톈허天河'에 들어갈 예정이며, 2022년 11월 발사된 선저우 15호 승조원들은 이들을 맞이할 준비를 마친 상황이라고 신화사는 전했다. 이번 발사는 2022년 말 완공한 중국 우주정거장 '톈궁天宮'의 응용 및 개발 단계에서 처음 이뤄진 유인 우주선 발사다. 2022년 말 독자 우주정거장을 완공한 중국은 2023년부터 본격적인 우주정거장 활용에 나섰다. 이를 위해 매년 유인우주선 2대와 화물우주선 1~2대를 발사해 우주정거장에 도킹시킨다는 방침이다. [연합뉴스 (2023. 5. 30. https://www.yna.co.kr/view/AKR20230530054952083)]

4) APRSAF는 아시아·태평양 지역의 우주이용 촉진을 목적으로 1993년에 설립되었다. 각국의 우주기관이나 행정기관을 비롯하여 국제기관과 민간기업, 대

학·연구소 등 다양한 조직으로, 지금까지 40개 이상의 나라와 지역, 많은 국제기관 등이 참가하여, 지역 최대 우주관련 회의로 발전했다. 최근에는 각국의 정부고관이나 기관장의 참석도 증가해 동 지역의 우주분야 국제협력을 구체적으로 검토하는 장으로 활용되고 있다. 현재는 4개의 분과회(우주이용·우주기술·우주환경이용·우주교육)를 두고 각각의 분야에서 각국의 우주활동이나 장래계획에 관한 정보교환을 하는 동시에, 재해나 환경 등 지역공유 과제 해결을 위한 국제협력 프로젝트를 설립, 구체적인 협력활동을 실시하고 있다.

제1회 회의가 1993년 도쿄에서 개최된 이래, 2003년에는 한국 대전에서 제9회 대회가 개최되었으며, 제28회 대회가 2022년 11월 베트남에서 개최되었다. 29회 대회는 2023년 인도네시아에서 개최된다. 2020년 대회와 2021년 제27회 대회는 온라인으로 개최되었다. [https://www.aprsaf.org/jp/about/]

5) 지구시뮬레이터 후속으로 케이(京, 영어명 K computer)가 개발되었다. 총 개발비 1,120억 엔, 2012년 6월 완성, 같은 해 9월에 공용가동 개시. 2014년, 2015년 7월, 11월, 2016년 7월, 11월, 2017년 6월, 11월, 2018년 6월, 11월, 2019년 6월에 Graph500(탐사성능 기준 벤치마크에 기반한 고성능계산 컴퓨터 랭킹)에서 9기 연속 1위(통산 10기)를 획득했다. 케이는 2019년 8월 16일 계산자원의 공용共用을 종료하고, 8월 30일에 사용정지(shutdown)되었다.

그 후 성능이 100배 정도 향상된 새로운 '차세대 슈퍼컴퓨터' 후가쿠(富岳, Fugaku)로 대체되어, 2021년 3월에 운용 개시되었다. 후가쿠富岳는 케이의 후계 슈퍼컴퓨터로 2014년에 개발 개시, 처리속도 400+P FLOPS. 개발비용 1,300억 엔(정부 1,100억 엔, 민간 200억 엔). [www.r-ccs.riken.jp/jp/fugaku (일본 위키피디아), 『국토상생론』역주 110, 114 참조.]

2년간 TOP500 1위(2020년 6월, 2020년 11월, 2021년 6월, 2021년 11월)를 유지하다 2022년 5월, 미국 오크리츠국립연구소의 'Frontier'에 추월(매초 10경 회 돌파) 당해 2위로 밀린 후, 2023년 11월 4위로 전락. 산업응용에서 사용되는 계산처리속도를 계측하는 'HPCG'와 빅데이터 해석능력의 지표가 되는 'Graph500'에서는 8기 연속 세계 1위. [산케이신문(2023.11.14. https://news.yahoo.co.jp/articles/1827977b5e474b4b91999f8ccfc1e1c6ef087ad1)]

6) SPring-8(Super Photon ring-8 GeV)은 효고현兵庫県 하리마播磨과학공원도시 내에 위치하는 대형방사광 시설. 전자를 가속·저장하기 위한 가속기군과 발생한 방사광을 이용하기 위한 실험시설 및 각종 부속시설로 이루어진다. 이름의 8은 전자의 최대가속에너지인 8GeV에 기인하여 붙여졌다. 휘도·에너지·지향성 등의 점에서 세계 최고수준의 방사광을 발생시킬 수 있다. 에너지가 수 keV에서 100keV 정도 X선 영역의 빛을 중심으로 이용되지만, 보다 에너지가 낮은

자외선을 발생시킬 수도 있다. 또 레이저빔을 역콤프턴 산란(inverse Compton scattering)시킴으로써 최대 2.4GeV의 단색 감마선을 만들어낼 수도 있다.
1991년부터 일본원자력연구소原研와 이화학연구소理研가 공동으로 건설을 개시, 1997년 10월부터 공용 개시했다. 양 연구소가 고휘도광과학연구센터에 시설의 운전·관리를 위탁. 정비비는 1,319억 엔. [일본 위키피디아, https://ja.wikipedia.org/wiki/SPring-8]

7) 다나카 고이치(1959~)는 일본 화학자, 기술자. 학위는 공학사(東北大学·1983년). 주식회사 시마즈島津제작소 시니어펠로, 다나카 고이치 기념 질량분석연구소 소장, 다나카최첨단연구소 소장, 도쿄대학 의과학연구소 객원교수, 일본학사원 회원. 소프트 레저에 의한 질량분석기술 개발로 학사로서 유일한 노벨화학상 수상자(2002년). 노벨상 수상 이후에도 혈액 한 방울로 병을 조기 발견할 수 있는 기술의 실용화를 위해 활약 중.
〈레이저 이온화 질량 분석 기술〉
①개요와 경위
단백질을 질량 분석할 경우 단백질을 기화시키고 이온화시킬 필요가 있다. 그러나 단백질은 기화하기 어려운 물질이기 때문에 이온화 시 고에너지가 필요하다. 그러나 고에너지를 가하면 단백질은 기화가 아니라 분해되어 버리기 때문에, 특히 고분자량의 단백질을 이온화하는 것이 어려웠다.
그래서 글리세롤과 코발트 혼합물(매트릭스)을 열에너지 완충재로 사용했더니 레이저로 단백질을 기화, 검출하는 데 세계 최초로 성공했다. 그런데 '잘못해서' 글리세롤과 코발트를 섞어 버려, "어차피 버리는 것도 뭐해서"라고 실험을 했는데 보기 좋게 성공했다. 이 '레이저 이온화 질량 분석계용 시료 작성 방법'은 1985년 특허 신청되었다.
현재 생명과학 분야에서 널리 이용되고 있는 'MALDI-TOF MS'는 다나카 등의 발표와 거의 같은 시기에 독일인 화학자 프란츠 힐렌캄프(Franz Hillenkamp)와 미하엘 카라스(Michael Karas)가 발표한 방법이다. MALDI-TOF MS는 저분자 화합물을 매트릭스로 이용하는 점이 다나카 등의 방법과 다르며, 보다 고감도로 단백질을 해석할 수 있다.
②평가와 노벨상 수상
상기 공적이 평가를 받아 다나카가 개발한 방법을 '소프트 레이저 탈리 이온화법'이라 하여, 2002년에 노벨 화학상을 수상한다. 기여도는 4분의 1이었다.
그런데 노벨상 수상 결정에서, 왜 힐렌캄프나 카라스가 아닌가 하는 의문의 소리가 나오고, 다나카 자신도 자기의 수상을 믿을 수 없었던 원인으로 들고 있다. 경위를 밝히면, 영어 논문 발표는 힐렌캄프와 카라스가 빨랐지만, 두 연구자는 그 이전에 다나카가 일본에서 발표한 학회 자료를 참고했다고 기술해놓

왔기 때문에 다나카의 공헌이 먼저라고 인정되었다. [일본 위키피디아 https://ja.wikipedia.org/wiki/田中耕一]

8) 2차 이온질량분석법(Secondary Ion Mass Spectrometry, 약칭: SIMS)이란 질량분석법에서 취하는 이온화 방법의 하나이다. 특히 고체 표면에 빔 모양의 이온(1차 이온이라고 불린다)을 조사照射하고, 그 이온과 고체 표면의 분자·원자 레벨의 충돌로 발생하는 이온(2차 이온이라고 불린다)을 질량분석계로 검출하는 표면계측법이다.

조성, 화학구조, 특정 화학종인 서브미크론 스케일의 분포, 깊이 방향의 분포 등에 관한 정보를 얻을 수 있다. 감도가 매우 높고 고체 중에 ppb~ppm 단위로 포함된 미량 원소의 양을 측정할 수 있다. 수소부터 우라늄까지 거의 모든 원소의 분석이 가능하다. [일본 위키피디아 https://ja.wikipedia.org/wiki/二次イオン質量分析法]

9) 1939년생. 위암과 백혈병 유전자 연구의 권위자. 전 교토대학 교수. 2002년부터 현재까지 싱가포르 체재(Cancer Science Institute, Singapore, Senior Principal Investigator, Professor) [교토대학 홈페이지. https://www.infront.kyoto-u.ac.jp/ex_ivr/archive/interview/y-itoh.html, 『국토상생론』 141쪽(역주 97) 참조]

10) 바이오폴리스 6단계가 바이오테크놀로지 스타트업의 수요를 충족시키기 위해 2020년부터 2022년 중반까지 건설될 예정이다. 바이오폴리스의 확장은 그러한 스타트업들을 더 잘 지원하기 위한 이니셔티브의 일부이다. 바이오폴리스 6단계는 연구활동을 위해 35,000㎡(2,000㎡의 실험실 공간 포함)를 추가하고 사무실과 소매 공간을 위해 6,000㎡를 더 추가할 예정이다. [일본 위키피디아, 『국토상생론』 138-139쪽(역주 94) 참조]

11) 2002년도부터 2006년도까지 5년간 총액 약 580억 엔의 예산이 투자되었다. [https://research-er.jp/categories/3684]

12) 선저우神舟 5호의 유인우주비행을 말한다. 선저우 5호는 2003년 10월 15일 9시(중국표준시) 조종사 1명을 태우고 발사되어 고도 343㎞의 원 궤도를 약 21시간(14주회) 비행한 후 10월 16일 6시 23분 무사히 귀환했다. 상세내용은 (역주 3) 참조.

13) 발사가 악천후 때문에 당초 예정된 2005년 2월 24일에서 2일 늦춰졌다. [https://www.jaxa.jp/article/special/h2a7/index_j.html]

14) 2021년 10월 26일 오전 11시 19분 내각부가 운용하는 측위위성 '미치비키'를 탑재한 H2A 로켓 44호기가 다네가시마 우주센터에서 발사되었다. '미치비키'는 미국의 위성측위시스템(GPS) 신호를 보완하는 역할을 하게 되어 '일본판 GPS 위성'으로도 불린다. 설계상 수명을 맞은 1호기의 후계기로 차량 자율주행 및 드론 비행에 활용한다. 현재 4개의 위성이 번갈아 일본 상공 부근을 비행하며 위치를 측정하고 있다. [산케이신문, 2021.10.26. https://www.sankei.com/article/20211026-VWENOJLHQRKBHPYNO2ADVU6IXY/]

2021년 12월 23일 영국 통신회사 '인마샛'(Inmarsat Global Limited)의 통신위성을 실은 H2A 45호기가 발사되었다. H2A의 해외 수주 인공위성 발사는 5회째. https://www3.nhk.or.jp/news/html/20211223/k10013400121000.html

H-2A는 2001년 여름 시험기 1호기 발사 이후 47회 중 46회 발사에 성공(41회 연속)했다. 발사 성공률은 97.87%. H-2A의 강화형인 H-2B 로켓을 포함하면 56회 중 55회 발사에 성공(50회 연속)했으며 발사 성공률은 98.2%(2023년 9월 7일 기준). 원형 H-2 로켓(7회 중 5회 성공)을 포함한 'H-2 시리즈' 전체로도 2021년 44호기의 성공으로 국제 수준이라는 95%를 달성했다(동 기준 96.49%). 46호기는 2023년 1월 26일 발사되었고, 47호기는 2023년 9월 7일 발사되었으며, 48호기는 2024년 1월 11일 발사될 예정이다. 당초 H-2A 로켓은 2023년도에 퇴역할 예정이었으나, 후계기 H3 로켓의 첫 발사가 연기된 영향으로, 최신 우주기본계획 공정표(2023년도 개정)에서는 48호기를 마지막으로 퇴역하고, 나머지 49호기와 50호기는 H3 로켓에 이관될 예정이다. H-2A에는 2023년 3월 7일 발사에 실패한 H3 로켓 시험기 1호기와 같은 계열의 엔진이 사용되고 있다. [일본 위키피디아 https://ja.wikipedia.org/wiki/H-IIAロケット] H3 2호기는 2024년 3월까지 발사될 예정이다(닛케이, 2023.11.17.)]

15) HOPE (宇宙往還機, 우주왕복선)

HOPE(H-II Orbiting Plane)는 일본 우주개발사업단(NASDA)과 항공우주기술연구소(NAL)가 연구개발하던 재이용 가능한 무인 우주왕복선이다. 일본판 스페이스셔틀이라고도 불리지만, 미국 항공우주국이 운용하고 있던 우주왕복선과는 다르다.

(1) HYFLEX

HYFLEX(Hypersonic Flight Experiment) 극초음속 비행 실험기는 1996년 2월 J-I 로켓 1호기에 의해 발사되었다. 고도 110km에서 로켓에서 분리되어 활공비행을 했다. 중요한 데이터 수신에도 성공, 해수면에 착수한 것도 확인했다. 원래 예정에 없는 기체 회수 계획도 실행했지만 기체가 발견되지 않아 회수는 불가능했다.

(2) ALFLEX

ALFLEX(Automatic Landing Flight Experiment) 소형 자동 착륙 비행 실험기는

1996년 7월부터 8월까지 호주 우메라 비행장에서 HOPE 실물의 몇 분의 일 모델에 의한 완전 자율 비행 실험을 실시했다. 헬리콥터에 의해 상공에서 분리된 기체는 무사히 착륙. 한 달 동안 13번에 걸쳐 실험을 했고 모두 성공했다.

(3) HOPE-X

실험은 순조롭게 진행되었으나 1990년대 후반 불경기로 인해 계획이 재검토되어 HOPE 실용기를 직접 제작하는 것이 아니라 비교적 개발비가 낮게 유지되는 HOPE-X(H-II Orbiting Plane Experimental) 실용 실험기 제작으로 바뀌었다. HOPE-X의 사이즈는 전장 15.2m, 폭 9.7m, 높이 4.8m, 발사 시 무게가 약 14t이다. HOPE에서 실험기로서 필요 없는 부분을 생략하고 경량화한 기체로 H2A1024형으로 발사될 예정이었다. 실험 종료 후에는 기체를 개수해 필요한 기재를 실음으로써 HOPE로서의 운용도 할 수 있는 설계였다.

그러나 이 무렵 건설의 현실성을 띠던 국제우주정거장(ISS)으로 짐을 옮기는 일회용 기체 'HTV(H-II Transfer Vehicle, 후의 코오노도리(황새))' 연구가 1997년 시작되면서 HOPE의 필요성에 의문을 제기하는 목소리가 제기되기 시작했다. 그럼에도 2000년 2월에는 태평양의 키리바시 크리스마스 섬에 토지를 빌려 귀환용 활주로와 추적 시설, 지원 시설을 갖춘 우주 센터를 건설하는 대프로젝트가 시작되어 더욱 실현의 기대가 높아졌다.

(4) 계획의 재검토

1998년과 1999년의 H-II 로켓 발사에 연속 실패한 우주개발사업단은 조직개혁에 쫓기며 2000년 8월, 우주계획의 전면적인 재검토를 선언했다. H-II 로켓 발사를 정지하고 신형의 H-IIA 로켓 개발에 전력을 쏟을 것, 또 소형 J-I 로켓 계획의 동결, 그리고 HOPE-X 실제기 제작의 동결과 향후에는 HOPE에 얽매이지 않는 항공우주 실험을 실시할 것이라고 발표했다. NASDA는 어디까지나 중지가 아니라고 주장했지만, 그 후의 전개를 생각하면, 이 시점에서 개발이 중지되었다고 보는 것이 타당하다. 우주과학연구소(ISAS)에서도 2002년 2월, H-IIA 로켓 2호기에 의해 발사된 ISAS의 재돌입 실험기 'DASH'가 설계 오류로 페어링 분리에 실패, 실험이 중지되었다. 7월에는 NAL이 호주 우메라 비행장에서 실험한 소형 초음속 실험기(초음속 항공기 SST 실험기)가 역시 설계 오류로 발사 직후 로켓 부스터에서 낙하, 대파되는 사태가 발생(JAXA 통합 후의 실험에서 성공)했다. 2년 전인 2000년 2월에는 ISAS의 M-V 로켓 4호기가 이상 연소를 일으켜 X선 천문위성 'ASTRO-E' 궤도 투입에 실패했다. 각각의 사고는 직접적으로 관련되어 있지 않지만, 우주 개발의 기술력 향상과 체질 개선이 과제가 되었다.

(5) HSFD

악화된 우주 개발 상황 속에서, 지금까지의 실험의 성과를 실증하는 'HSFD (High Speed Flight Demonstration)' 고속 비행 실증을 2002년부터 이듬해에 걸쳐 실시했다. 2002년 9월부터 11월까지 이륙·비행·착륙을 모두 자율적으로 실시하는 자율비행 실증 '페이즈 I'을 크리스마스섬 비행장에서 진행했다. 한 달에 한 번하는 비행을 세 번 실시하여 모든 비행 실증에 성공했다. 2003년 7월, 고고도(20km에서 30km)에서 초음속으로 활공비행하는 고속비행 실증 '페이즈 II'를 프랑스와 공동으로 스웨덴에서 실시했다. '페이즈 II'는 접지 시 기체가 파손되었지만 대부분의 실증에 성공했다. 그러나 HSFD의 성과를 지원할 수 있는 계획은 없었다.

(6) 장기 계획

2003년 10월 1일, 우주 항공 3 기관이 통합해 우주항공연구개발기구(JAXA)가 발족했다. 그러나 11월에는 통합 후 첫 발사된 H-IIA 로켓 6호기가 SRB-A(고체 로켓 부스터)가 분리되지 않아 발사에 실패했고, 12월에는 화성 탐사선 노조미가 화성 도달을 눈앞에 두고 기체 고장을 극복하지 못해 단념. 다시 우주 개발이 정체되었다. 그리고 H-IIA는 2005년 2월에야 발사 재개를 달성했다. 2005년 3월에는 HOPE-X의 착륙장으로 할 예정이었던 크리스마스 섬의 토지를 키리바시 정부에 반환할 방침을 결정했다. 활주로를 사용한 것은 'HSFD' 페이즈 I의 이착륙 세 번뿐이었다. 한편, 이 해 4월, JAXA는 향후 20년간을 전망하는 장기 계획을 발표했다. 2015년까지는 유인 우주 계획 등은 갖지 않고 기초 기술 연구 등을 실시한다고 되어 있지만, 2025년경을 목표로 유인 우주 계획을 실행하게 되어 있다. 또, 2006년에 발매된 과학 잡지『사이언스 웹』3월호에서, 계획하고 있는 유인 우주선에 대한 개요를 게재했다. 이에 의하면, 신형 우주선에는 HOPE 개발로 배양된 기술을 활용한다고 하였다.

(7) LIFLEX

HOPE-X가 좌절된 후 JAXA에서는 지금까지의 실험 성과를 반영할 계획이었으나, 미래 재사용형 우주왕복선에서는 날개의 소형화가 필요하며, 기체 형상 자체에 부양 특성을 갖게 한 리프팅 바디가 이상적이어서 2006년 리프팅 바디 비행 실험 계획 LIFLEX(LIfting-body FLight Experiment)가 시작되었다. 2007년 8월에는 홋카이도 오키쵸大樹町 다목적 항공공원에서 비행실험이 실시되었으나, 비행실험 실시가 동결되어 당초 계획되었던 자동착륙 실험에는 이르지 못했다. [일본 위키피디아 https://ja.wikipedia.org/wiki/HOPE_宇宙往還機]

16) 내각총리대신을 보좌하여 지원하는 내각부 소속의 행정기관. 내각의 서무, 주요정책의 기획·입안·조정, 정보 수집 등을 담당.

17) 2007년 1월 방위성으로 승격.

18) 일본 우주기본법은 2008년 5월 28일 제정(2008년 법률 제43호)되어 2008년 8월 27일 시행되었다. 주요 내용은 내각에 우주개발전략본부를 두고, 우주개발

추진에 관한 기본적 방침, 우주개발에 있어서 종합적·계획적으로 실시해야할 시책을 우주기본계획으로 수립한다. 우주개발전략본부 본부장은 내각총리대신이 맡고, 부본부장은 내각관방장관 및 우주개발담당대신이 맡는다. 그 외의 모든 국무대신은 본부원이 된다. [일본 위키피디아 https://ja.wikipedia.org/wiki/宇宙基本法] 2007년 제정된 해양기본법과 거의 같은 체제이다.

19) 일본의 중앙 관청들이 모여 있는 곳으로 일본의 관가를 의미한다.

20) 야마나카 신야(山中伸弥, Yamanaka Shinya, 1962~, 오사카부 출신). 일본의 의사, 의학자. 학위는 의학박사(오사카시립대학 대학원, 1993년). 교토대학 iPS세포연구소 소장·교수(연구소장직은 2022년 3월 31일 사직). 캘리포니아대학 샌프란시스코 캠퍼스 그래드스톤연구소 상석연구원. 일본학사원(The Japan Academy) 회원. '성숙세포가 초기화되어 다능성을 갖게 되는 것의 발견'으로 2012년도 노벨 생리학·의학상을 영국 생물학자 존 거든(Sir John Bertrand Gurdon)과 공동으로 수상했다. [일본위키피디아, 『국토상생론』 151쪽(역주 111) 참조]

21) 당초에는 일본판 NASA라고 할 우주국(가칭)을 내각부에 설치하고, 문부과학성을 대신해 일본의 우주개발정책을 입안하는 것으로 하였다. 결국 우주국 설립은 실현되지 않았지만, 2012년 7월 12일에 우주개발의 기획 입안과 부처 간 조정을 담당하는 우주개발전략추진사무국과 우주개발 예산, 기획, 개발진척, 안전 확보 등의 중요사항을 조사·심의하는 우주정책위원회가 내각부 아래에 설치되었다. [일본 위키피디아] 당초 내각관방에 설치된 우주개발전략본부사무국이 내각총리대신이 결정한 규칙에 입각하여 우주개발전략본부에 관한 사무처리를 해왔으나, 비대화한 내각관방 슬림화의 일환으로 2016년 4월 1일 사무기능이 내각부로 일원화되고, 이전부터 내각부에 설치되어 있던 우주전략실이 개조되어 우주개발전략추진사무국이 발족하여 사무기능을 담당하게 되었다. [내각부 홈페이지 https://www8.cao.go.jp/space/cao/about.html]

22) 기초과학연구원(IBS) 지하실험연구단 소관 지하실험실 예미랩은 우주 암흑물질과 중성미자 등 우주입자를 검출하기 위한 고심도 지하 실험실로, 2022년 10월 강원도 정선군 신동읍 예미산(989m) 아래 1,000m 땅속에 준공됐다. 다목적 검출기(LSC) 등 10여 개의 실험공간을 갖췄고, 면적으로만 세계 6위 규모다. [한겨레, 2023.10.24.]

23) 원문은 일본해. 이하 동해로 표기함.

24) 원문은 다케시마竹島. 이하 독도로 표기함.

25) 원문은 불법점거.

26) 독도를 일본 영토 다케시마竹島라고 하는 것은 일본의 상투적인 주장으로, 독도는 대한민국의 고유한 영토이며, 독도를 둘러싼 영유권 문제는 존재하지 않는다는 것이 우리 정부의 공식 입장이다. [『국토상생론』 77쪽(역주 45) 참조]

27) 국립해양조사원은 2018년 10월 23일부터 27일까지 뉴질랜드에서 열린 제31차 해저지명 소위원회 회의에서 동해 바닷속 '울진해저계곡'과 남극해 바닷속 '해달해산군', 북서태평양 바닷속 '키오스트해산' 등 우리말 해저지명 3건이 국제 공식지명으로 등재됐다고 26일 밝혔다. 울진해저계곡은 동해안 울진 앞바다에서 발견된 해저계곡으로 '울진'의 육상지명을 빌렸다. [디지털타임스, 2018.10.26.]
한국해양과학기술원이 태평양에서 발견한 해산이 '정약전 해산(JeongYakJeon Seamount)'으로 2022년 3월 24일 해저지명 소위원회(SCUFN) 제34차 회의에서 심의를 거쳤으며, 최종 확정되었다. 우리나라는 2007년 최초로 안용복 해산, 울릉대지 등 10개 우리말 해저지명을 국제 공식지명으로 등재한 이래, 2018년 3건, 2022년 1건을 추가 등재함으로써 전 세계 해역에 총 58개의 우리말 해저지명을 보유하게 됐다. [뉴스1, 2022.3.24.]
한국지질자원연구원은 2022년 2월 8일 국제 공동 해양 시추프로그램(IODP) 사무국을 통해 '동해 울릉분지 IODP 과학시추' 최종 승인을 얻었다고 24일 밝혔다. 연구원은 IODP에 참여하는 모든 과학자들이 연구 보고서에 '울릉분지'라는 지명을 공식적으로 사용하게 됐다고 밝혔다. 현재 울릉분지는 세계 과학자들 사이에서 쓰시마분지로 불린다. IODP 과학시추를 계기로 울릉분지 표기가 확산하면서 세계에서 '동해(East Sea)' 표기를 쓰는 일도 늘어날 것으로 연구원은 기대했다. 본격적인 시추는 2024년 이후 이뤄질 예정이다. [경향신문, 2022.2.24.]

28) 일본 국회 자료에 의하면 한국은 2017년 5월 17일에 한국 해양조사선이 일본의 사전 동의를 얻지 않고, 독도 주변 배타적경제수역 내에서 해중에 와이어를 투입하는 등 2년간 4회의 조사 실시. 2019년 2월에는 독도 영해와 접속수역에서 채니採泥 등 해저에서의 조사활동을 실시. [다마다 다이玉田大, 「국제재판에

서의 영토주권분쟁의 존재 인정 - 유엔해양법조약 부속서 Ⅶ 중재재판소에서의 연안국소송 이용」『국제법으로 본 영토와 일본』 (야나기하라 마사하루 / 가네하라 아츠코 편, 도쿄대학출판회, 2022.3.2.) 73쪽]

29) 최근에도 동일한 일이 일어나고 있다. 일본 정부는 2022년 5월 29일 한국 선박의 독도 주변 해양조사에 항의했다고 교도통신과 산케이신문이 보도했다. 보도에 따르면 일본 외무성은 한국 조사선이 독도 인근 해역에서 와이어 같은 것을 바닷속으로 투입하고 있는 것을 확인했다고 발표했다. 한국 측은 일본 측의 문의에 해양조사를 실시한 사실을 확인했고, 일본 정부는 즉시 중지할 것을 요구하며 항의했다. 일본 정부가 한국 측의 독도 주변 해양조사에 대해 항의한 것은 2017년 5월 이후 약 5년 만이다. 해양조사는 한국의 국립해양조사원 소속 조사선이 실시했다. 산케이신문에 따르면 후나코시 다케히로 일본 외무성 아시아·대양주국장이 김용길 주일 한국대사관 정무공사에게 일본의 배타적경제수역(EEZ) 내에서 동의 없이 조사하는 것이라면 수용할 수 없다면서 중지를 요구하며 항의했다. 독도에 대한 부당한 영유권을 고수하는 일본은 독도 주변 해역도 자국의 EEZ라고 주장하고 있다. [연합뉴스, 2022.5.29.]

이에 앞서 2022년 4월 27일, 일본은 독도에 대한 영유권 주장을 반복하면서 한국 정부의 독도 주변 해역 정밀 측량 계획을 중지하라고 항의했다. 일본 정부 대변인인 마쓰노 관방장관은 정례 기자회견에서 한국 정부의 독도 지형과 주변 해역 측량 계획에 대해 "일본 고유의 영토인 점을 감안하면 받아들일 수 없으며 대단히 유감"이라고 말했다. 이어 "한국 정부에 외교 경로로 강하게 항의하고 조사 중지를 요구했다"고 밝혔다. 한국 외교부는 이에 대해 "일본 측의 부당한 주장은 외교 채널을 통해 일축했다"고 밝혔다. 이어 "독도는 역사적 지리적으로, 또 국제법적으로 명백한 우리 고유의 영토"라며 "영토 주권에 대한 일본 측의 어떤 부당한 주장도 받아들일 수 없다"고 강조했다. [연합뉴스, 지지통신, 2022.4.27.]

30) 해양경찰청은 여객선 세월호 침몰사고를 계기로 2014년 11월 19일 신설된 국민안전처 소속의 해양경비안전본부로 전환되었다가, 2017년 7월 26일 문재인 정부 때 다시 부활되어 해양수산부 외청으로 임무를 수행하고 있다. 이에 따라 청사도 2016년 8월 세종시로 이전했다가 2018년 11월 2년 3개월 만에 다시 인천시 송도지구로 복귀했다.

31) 일본 해상보안청의 2022년도말(2023.3.31.) 현재 정원은 14,538명(지방부서 정원 12,271명, 순시선정·항공기 등 정원 7,107명)이며, 2023년도말(2024.3.31.) 기준 정원은 14,681명이다. 2023년도 예산 총액은 2,431억 엔(인건비 1,066억 엔, 물건비 1,365억 엔)이다. [『해상보안 리포트 2023』(해상보안청, 2023.7.)]

한국 해양경찰청의 2023년 현재 정원은 13,287명(지방청과 해경서 10,468명), 2023년도 예산은 18,108억 원(인건비 9,087억 원, 사업비 8,562억 원 등)이다. [『해양경찰백서 2023』, 해양경찰청, 2023.9.]

32) 오키노토리시마의 EEZ를 포함한 면적이다. 중국과 한국은 오키노토리시마는 섬이 아니기 때문에 영해는 갖지만 EEZ(약 40만 6천㎢)는 갖지 않는다고 주장하고 있다.

33) 해양수산부는 2008년 2월 이명박 정부 때 폐지(국토해양부와 농림수산식품부로 분리)되었다가 2013년 2월 박근혜 정부 때 다시 복원되었다.

34) 일본 해양기본법은 여야 만장일치로 2007년 4월 27일 제정되고, 7월 20일 시행되었다.

35) 유엔대륙붕한계위원회는 2012년 4월 27일, 일본 국토면적의 약 80퍼센트에 상당하는 약 31만㎢의 대륙붕을 일본에 추가로 인정했다. 일본은 이것이 오키노토리시마가 유엔으로부터 섬으로 인정된 것이라고 주장한다. 일본의 주장을 한국과 중국은 부인하는 입장이다. [『국토상생론』 114쪽(역주 67) 참조]

36) 2013년도부터 2021년도까지 일본 수산청에 의한 외국어선 나포 건수는 64건(이 중 한국어선은 35건), 입회검사 건수는 444건, 어구압수 건수는 203건이다. [일본 『수산백서 2022』 p.115] 2018년도부터 2022년도까지 일본 해상보안청에 의한 외국어선 나포 건수는 9건(이 중 한국 어선은 1건)이다. [『해상보안 리포트 2023』(해상보안청, 2023.7.)]

37) 무라타 료헤이(村田良平, 1929-2010)는 일본의 외교관으로 외무사무차관과 주미대사를 역임했다. 퇴임 후 미일 핵 반입 문제에 대해 미일 핵 밀약의 존재를 실명으로 증언했다. 『海洋をめぐる世界と日本(해양을 둘러싼 세계와 일본)』(2001년)과 이 책의 增訂版 『海が日本の将来を決める(바다가 일본의 장래를 결정한다)』(2006)), 『村田良平回想録(上, 下)』 (2008년) 등의 저서가 있다. [일본 위키피디아] 『海が日本の将来を決める』는 『바다가 일본의 미래다』(이주하 역, 김종덕·김연빈 외 5명 도움, 청어, 2008)라는 이름으로 국내에 소개되었다.

38) 원문은 불법점거

39) 중국은 낙도관리 강화 등을 규정한 해도海島보호법을 2009년 12월 제정(2010

년 3월 1일 시행)하였다. 해도보호법은 해상 무인도의 소유권이 국가에 귀속함을 규정하고 해도보호계획 체계를 구축하며, 해도(도서)의 보호를 각각 분류해서 실시하고, 향후 섬과 그 주변 해역의 생태계 보호 순시제도를 구축하도록 하였다. 중국은 해도보호법을 통해 해양권익 강화와 생태환경의 보호를 꾀하고 있는 가운데, 당분간 도서의 명칭관리에 힘을 쏟게 될 것으로 보인다. [『해양문제입문』(김연빈 역, 2010) 286쪽]

40) 일본「영해법領海法」(1977년 5월 2일 법률 제30호)은 1996년「영해 및 접속수역에 관한 법률領海及び接続水域に関する法律」(1996년 6월 14일 법률 제73호)로 개정되어 1996년 7월 20일부터 시행되었다. 개정법률은 제4조에 '접속수역接続水域'을 신설하고, 제3조(내수 또는 영해로부터의 추적에 관한 일본 법령의 적용)와 제5조(접속수역에서의 일본 법령의 적용)를 추가하여 추적에 관한 사항을 규정하였다. [일본 해상보안청 홈페이지, https://www1.kaiho.mlit.go.jp/ryokai/houritu/sea.html]

41) 제4차 국제해양보호구회의(IMCC4. International Marine Conservation Congress)가 캐나다 뉴펀들랜드 섬 세인트존스에서 2016년 7월 30일~8월 3일 개최되었다. 이 회의에는 "향후 해양보호과학과 정책에 대한 새롭고 강력한 도구를 개발하기" 위해 해양보호 전문가와 학생이 결집했다. '해양과학은 중요한 의미를 갖는다'를 주제로, 정책 입안자와 이해관계자에게 영향을 주기 위한 전략에 대처하고 해양식량안보, 해양과학기술, 해양정책 등 흥미 있는 여러 토픽으로 나누어 논의가 전개됐다. [https://nereusprogram.org/ja/works/imcc4/]

제5차 국제해양보호구회의(IMPAC5, 5th International Marine Protected Areas Congress)는 2023년 2월 3일부터 2월 9일까지 캐나다 뱅쿠버에서 개최되었다. 2022년 12월, 유엔 생물다양성협약 제15차 당사국 총회(COP15)에서 지구촌은 2030년까지 30%라는 새로운 해양 보호 목표를 설정했다. IMPAC5는 COP15가 설정한 목표를 달성하는 방법에 초점을 맞추었다. [https://www.impac5.ca/]

42) 2013년 8월 1일 해상보안관 출신 사토 유지(佐藤雄二, 1954년생, 1997년 해상보안대학교 졸업) 해상보안감이 해상보안청 장관(청장)에 임명되었다. 구 운수성 사무관(행정직)의 '지정석'이었던 장관(청장) 직에 해상보안감이 승격하는 것은 이례적인 일이다. 인기영화『우미자루海猿』와 센카쿠도 주변 영해경비로 관심을 모으고 있는 해상보안청, 분투하는 해상보안관의 사기를 높여주고 싶은 아베 신조 수상의 의향이 반영된 이례적인 인사다. 이후 나카지마 사토시(中島敏, 1956년생, 2016.6.21.~2018.7.31.), 이와나미 슈이치(岩並秀一, 1958년생, 2018.7.31.~2020.1.7.), 오쿠무라 다카히로(奥島高弘

, 1959년생, 2020.1.7.~2022.6.28.)에 이르기까지 해상보안관 출신 4명이 연속으로 해상보안청 장관에 임명되었다. 현 해상보안청 장관 이시이 쇼헤이(石井昌平, 1964년생, 2022.6.28.~)는 운수·국토교통관료이지만 해상보안청 경비구난부 항행안전과 계장(1990.5.~1992.4.), 경비구난부 국제형사과장(2008.4.~2009.9.), 제5관구 해상보안본부장(2017.7.7.~2018.7.31.), 해상보안청 차장(2020.7.21.~2022.6.27.)을 역임하여 해상보안청과 인연이 깊다. [일본 위키피디아, 『국토교통성 명감 2019년판』]

우리나라에서도 2019년 8월 20일 공포되고 2020년 2월 21일 시행된 「해양경찰법」에서 해양경찰청장 임명자격을 '해양경찰에서 15년 이상 재직한 전·현직 치안감 이상'으로 규정함으로써 해양경찰 출신을 해양경찰청장으로 임명하도록 강제규정을 마련하였다. 과거 대부분의 해양경찰청장이 경찰청 출신으로 임명되어 해양사고가 발생할 때마다 지휘부의 전문성과 경험에 대한 문제 제기가 끊이지 않았다. [『2021 해양경찰백서』(해양경찰청, 2021.11.) 86쪽]

43) 2022년 10월 1일 현재, 일본의 선원수는 62,114명(2021년 63,375명)이다. 외항선원수 2,062명(동 2,165명), 내항선원수 28,097명(동 28,625), 어업선원수 15,432명(동 15,999), 기타 16,523명(동 16,586)이다. 외항선원의 연령구성은 29세 이하 28.7%, 30~39세 34.4%, 40~49세 20.9%, 50~59세 13.3%, 60~69세 2.5%이다. [『숫자로 보는 해사 2023』(국토교통성 해사국, 2023.7.)]

44) 유사법제란 무력공격이나 침략을 받은 경우 등 유사시 군대(자위대)의 행동을 규정하는 법제를 말한다. 일본에서 '유사법제'라고 하는 경우, 대부분의 경우 일본의 법제(무력공격사태 대처 관련 3법과 유사관련 7법)를 말한다. [일본 위키피디아]

45) 무력공격사태 등에서 일본의 평화와 독립 등을 확보하기 위해 일본 정부가 실시하는 대처조치의 기본이념, 국가·지방공공단체 등의 책무, 국민의 협력 및 그 밖의 기본이 되는 사항을 규정한 법률. 정식 명칭은 「무력 공격 사태 등에서의 일본의 평화와 독립과 국가 및 국민의 안전 확보에 관한 법률」. 2003년 법률 제79호. 2003년 6월 통과된 안전보장회의설치법 개정법, 자위대법 개정법과 함께 이른바 유사 관련 3법의 하나로 제정되었다. 일본 정부 방위당국으로서는 1963년의 미츠야三矢 연구 이래의 현안이었던 유사법제의 정비를 일단 실현한 것이지만, 이 법률에 관해서는 헌법 제9조를 위반하는 것이 아닌가 하는 의문 등 여러 가지 문제점도 지적되었다. [일본대백과사전]

46) 닛폰유센(NYK)은 필리핀에 1학년 120명 전원이 기숙사 생활을 하는 상선대

학을 2007년 설립.

(1) NYK 필리핀 상선대학+인도네시아

NYK는 2007년 6월 3일 필리핀 마닐라 근교 Calamba시에 Transnational Diversified Group과 공동 운영하는 상선대학 NYK-TDG MARITIME ACADEMY(이하 NTMA)를 설립했다. 학생정원은 항해과 60명, 기관과 60명으로 1학년 120명이다. 3년간의 강습과 1년간의 승선실습을 하는 4년제 대학과정이다. 설립 15주년을 맞는 2022년 6월 7일 제10기생 134명이 배출되었다. NTMA 졸업생 약 1,250명(2022년 3월말 시점)의 대부분이 NYK그룹 운항선에서 활약하고 있다. NTMA 1기생이 졸업 후 10년이 지난 2021년 봄에 졸업생 중에서 첫 선장이, 2022년 봄에는 기관장이 탄생했다. 졸업생들은 선원으로서만이 아니라 선원 배승과 선박 안전운항을 원격 감시하는 등 육상업무도 담당하고 있다. [「'선원'을 기점으로 관계 깊은 필리핀」『NYK plus』 vol. 31, 2022 봄, pp.3-10. https://www.nyk.com/ir/news/2022/__icsFiles/afieldfile/2022/05/24/nykplus31.pdf]

NYK는 2021년 4월 12일 Transnational Diversified Group(TDG)과 공동 운영하는 필리핀 상선대학 NYK-TDG MARITIME ACADEMY(NTMA) 졸업생인 필리핀 선원 리엘 곤잘레스를 4월 10일 선장으로 등용했다고 발표했다. 선장으로 등용된 NTMA 졸업생은 2007년 개교 이후 처음이다. 리엘 곤잘레스는 NTMA에서의 3년간의 기초 교육과 조선 시뮬레이터 등을 이용한 연수 후, 동사 훈련선에서 1년간의 실습을 마치고, 2011년에 동교를 졸업했다. 졸업 후에는 이 회사 그룹사에서 필리핀 선원 배승을 하는 NYK-FIL SHIP MANAGEMENT, INC.에 소속돼 주로 이 회사 그룹의 드라이벌크선에 승선해왔다. 1등 항해사로서 통산 33개월의 승선 경험을 쌓았으며, 이번에 선장 등용을 위한 평가에 합격, 선장에 등용되기에 이른 것. NTMA는 우수한 필리핀 선원 육성을 목적으로 2007년 설립 이후 자체 커리큘럼과 승선훈련으로 졸업생의 필리핀 해기국가시험 합격률 100%를 유지해 왔다. 개교 13년이 지난 현재 1,100명이 넘는 졸업생을 배출했으며 대부분 이 회사 그룹의 운항 선박에서 활약하고 있다. [NYK, 2021.4.12. https://www.lnews.jp/2021/04/n0412301.html]

한편, 2021년 10월 8일, NYK 그룹이 운항하는 LNG선에 첫 인도네시아인 선장이 등용되었다. NYK는 2008년부터 인도네시아 현지의 LNG 수송수요에 대비해 장기적인 인도네시아인 선원 육성 계획을 세워 국적을 불문하고 통일 요건을 설정한 독자적인 프로그램인 'NYK 마리타임 칼리지'를 통해 인도네시아인 간부 선원 양성에 주력해 왔다. [NYK, 2021.10.14. https://www.nyk.com/news/2021/20211014_01.html]

(2) NYK 중국 상하이해사대학 등

NYK는 2002년 10월부터 ①다롄大連해사대학과 우한武漢이공대학 졸업생을 채용하여 자사선으로 승선훈련을 실시하고, ②상하이해사대학 내에 'NYK 특별 클래스'를 설치하고 선원 후보자를 채용하여 좌학과 자사선 훈련을 실시하는 2 코스의 선박직원 양성 시스템을 갖추고 있다. [일본해사신문, 2005.4.28.]

NYK는 2008년 5월 일본 선사로서는 처음으로 선박직원 후보생 훈련용 설비를 확보한 신조 LNG선 'GRACE COSMOS'를 이용하여 선박직원 후보생 훈련을 개시했다. 제1기생으로서 5월 10일부터 상하이해사대학 'NYK 클래스' 4기생 12명이 승선했다. [NYK, 2008.05.22. https://www.e-logit.com/loginews/20080522x15.php]

NYK는 2022년 12월 중국 다롄해사대학과 상하이해사대학 학생 총 82명을 대상으로 장학금을 수여했다. 2001년도부터 시작된 본 장학금제도는 이번이 22년째. NYK는 교육지원을 통한 사회공헌활동의 일환으로서 2001년부터 양교 학생을 대상으로 장학금제도를 계속 실시하고 있으며, 지금까지 수여 학생은 총 1,447명이다. 동사는 앞으로도 우량기업시민으로서 사회에 공헌하기 위해 해사교육 지원을 계속할 계획이다. [NYK, 2022.12.22. https://www.lnews.jp/2022/12/o1212507.html]

(3) NYK 크로아티아 상선대+루마니아

NYK는 크로아티아 국립스플릿대학 해사학부와 루마니아 국립콘스탄차상선대와 제휴하고, 2006년도부터 두 대학에 '엔와이케이(NYK) 특별클래스'(2006년도에는 두 대학 모두 20~30명)를 창설한다. 크로아티아와 루마니아는 NYK 선원의 중요 채용국가로, 2005년에는 양국에서 22명의 간부 후보생을 대상으로 자사선 승선 훈련을 했다. [NYK, 2006.1.16. https://www.e-logit.com/news/20060116x01.php]

가지 미사코嘉治美佐子 주크로아티아 대사는 스플릿시에서 개최된 NYK 크로아티아 선원 위로회에 참석했다. NYK는 당지의 이바시핑사를 통해 크로아티아 고급 선원을 대상으로, 안전한 운항을 위한 기술 지도 등을 목적으로 하는 회합을 매년 개최하고 있다. 가지 대사는 많은 크로아티아 선원이 LNG선이나 대형 컨테이너선 등 높은 기술을 필요로 하는 선박에 탑승해, 효율적이고 안전한 운항을 뒷받침하고 있는, NYK와의 오랜 파트너십은 양국 교류의 성공 사례이며, 양호한 관계가 더욱 발전하기를 기대한다고 인사했다. [2020.1.27. https://www.hr.emb-japan.go.jp/jp/2020/nikokukan-2020-1-nyk.html]

47) 쇼센미쓰이(商船三井, MOL)는 블라디보스토크 해사대학(Maritime State University, MSU)과 제휴해, 2004년 8월 31일 선원 공급의 중요 거점 중 하나인 블라디보스토크에 MOL 선원훈련센터를 개설했다. MOL 운항선에 대한 러시아 선원 승선은 2002년 시작돼 2005년 현재 12척에서 실시되고 있다. [MOL, 2005.9.4. https://www.lnews.jp/backnumber/2005/09/18742.html]

이밖에 MOL은 2013년 5월 현재, 필리핀, 인도, 인도네시아, 몬테네그로, 러시아 등 5개국에 8개 교육훈련시설 MOLTC(MOL Training Center)를 갖추고 있다. [武藤光一,「日本の海運界の歴史、 現在の問題点と将来展望」, 2013.5.18. http://www.higashiyamakai-kanto.com/file/soukai61.pdf]. 한편 가와사키 기선(K-Line)은 2006년 현지 공과대학과 제휴하여 K라인 클래스를 설치하는 등 많은 선박직원을 배출하고 있다. [寒河江芳美,「일본 해운업에 있어서의 외국인 선원 채용 시스템」『海事交通研究』 63권, 2014, pp.83-92. http://www.ymf.or.jp/wp-content/uploads/63-10.pdf]

MOL이 Magsaysay Maritime Corporation과 공동으로 개설한 필리핀상선대학 'MOL Magsaysay Maritime Academy(MMMA)'가 필리핀 Dasmarinas시 Salitran에서 2018년 8월 개교했다. 학년당 300명. [MOL, 2018.9.14. https://www.mol.co.jp/pr/2018/18072.html]

일본 상선대에 승선하고 있는 선원의 약 75%가 필리핀선원이다. 그러나 하이리스크선(VLCC 등 원유탱커, 프로덕트선, LNG선, LPG선 등 대형 위험물 적재운반선)에서는 필리핀인 고급사관은 거의 없다. 2012년 7월 현재, 일본 상선대에 승선하고 있는 선원 총수 48,458명 중 필리핀인 외항선원수는 36,395명(75.1%)이며, 일본인 외항선원수는 518명(1.1%)에 불과하다. [寒河江芳美,「일본 해운업에 있어서의 외국인 선원 채용 시스템」

MOL은 선원훈련센터를 개설한다. 수요 증가가 예상되는 해상풍력발전 관련 선박과 해저 케이블 부설선 등 해양개발 특수선에 특화된 시뮬레이터를 도입한다. 영국 인증기관으로부터 인정을 받은 일본 최초의 시설이 될 전망이다. [일본해사신문, 2022.4.18. https://www.nikkei.com/article/DGXZQOUC288HH0Y2A320C2000000/]

MOL이 LNG 운반선 선원 양성을 위해 2023년 8월 인도네시아에 합작회사 'PT McMOL Crewing International'을 설립했다. 2024년 4월부터 운영을 개시할 예정이다. [MOL, 2023.10.10. https://www.mol.co.jp/pr/2023/23129.html]

48) 제2선적제도(secondary ship's flag system)는 한 나라의 특정 지역을 정하여 그 지역에 등록한 외항 선박에 대하여는 그 나라 국적선과는 달리 편의치적선便宜置籍船에 준하는 선박관련세제 및 선원고용상의 특례를 부여하는 제도를 말한다. [네이버 지식백과](선박항해용어사전, 공길영). 우리나라는 2004년에 국제선박등록법 및 제주국제자유도시특별법 관련법을 통합 적용하여 제2선적제도를 운영하고 있다.

49) 2022년 6월말 현재, 일본의 외항선박은 총 2,206척(115,262천 GT)이며, 이 중 일본국적선은 285척(12.9%, 23,848천 GT)이다. 외국적선은 1,921척(87.1%,

91,414천GT). 『숫자로 보는 해사 2023』(국토교통성 해사국, 2023.7.)]

50) 2022년 1월 현재 컨테이너선 선복량 기준 세계 1위 선사는 스위스 해운사 MSC(456.2만 TEU)이다. 2022년 1월, 그동안 1위를 질주해오던 덴마크의 머스크(416.9)를 제치고 세계 1위 선사로 등극했다. 일본 3대 외항선사(NYK, MOL, K-Line)의 컨테이너선 부분이 통합하여 설립된 법인 ONE(Ocean Network Express)은 7위(187.8). 3위는 프랑스 CMA CGM(337.3), 4위는 중국 코스코(COSCO, 329.8), 5위는 대만 에버그린(EVERGREEN, 203.1), 6위는 독일 하팍로이드(Hapag-Lloyd, 191.6), 한국의 HMM은 8위(84.7)이다. [https://www.sbbit.jp/article/cont1/28070, 『국토상생론』 74쪽(역주 41)]

51) 도쿄해양대학(Tokyo University of Marine Science and Technology)은 도쿄도에 본부를 둔 일본의 국립대학이다. 도쿄상선대학과 도쿄수산대학이 통합하여 2003년에 설립되었다. 도쿄해양대학(2022년 5월 1일 현재)은 재학생 수 2,779명(2023년 5월 1일 현재 2,762명. 이중 여학생은 33%), 교수 251명(남자 213, 여자 38). 학부 1,926명(유학생은 15명), 대학원 710명(유학생은 178명). 해양공학부는 716명(유학생 3명). [https://www.kaiyodai.ac.jp/]

상하이해사대학(Shanghai Maritime University)은 중국 상하이시에 본부를 둔 중국의 국립대학이다. 1959년 설립되었다. 2023년 6월 현재, 재학생 27,000여 명 중, 전일제본과생 약 16, 000여 명, 연구생 약 8,000명, 유학생 약 900명. 재직 1,300명의 전임교사 중 교수는 190여 명. [https://www.shmtu.edu.cn/about/about.htm]

52) 세계해사대학(World Maritime University, WMU)은 국제연합 국제해사기구(IMO)에 의해 1983년에 설립된 교육 프로그램으로 본부는 스웨덴 제3의 도시 말뫼에 있다. 개발도상국에 대한 지원이 주목적이며 실제 교육은 스웨덴 및 세계 각지의 교육기관에서 이루어지고 있다. 2020년 말 재학생은 334명이다. 2023년 8월 현재 170개 국가·지역에서 5,807명의 졸업생을 배출해 해양 및 해양분야 리더들로 구성된 글로벌 네트워크를 구축했다. [https://www.wmu.se/, 일본 위키피디아]

53) 2020년 기준 국가별 LNG 수입량(단위 10억㎥)은 일본 102.0, 중국 94.0, 한국 55.3이다. 세계 전체 수입량은 487.9로, 세계 수입시장 점유율은 일본 20.9%, 중국 19.3%, 한국 11.3%이다. [『2021 항만편람』, 2022.3. 해양수산부, 29쪽]

54) 중국의 LNG 수입량(단위 10억㎥)은 2017년에 52.9로 한국(51.4)을 제치고

세계 제2위의 LNG 수입국으로 부상한 이래 2위를 유지하고 있다. [『2021 항만편람』, 2022.3. 해양수산부, 29쪽] 현재 추세대로라면 곧 일본을 제치고 세계 제1위가 될 가능성도 있다.]

55) 2020년 기준 세계의 LNG선은 586척 62,135천GT이다. 국가별로는 일본 130척 14,556천GT, 중국 69척 6,855천GT, 한국 45척 4,678천GT이다. [『2021 항만편람』, 2022.3. 해양수산부, 678-679쪽, 684-686쪽]. LNG선 중 YUKONG Soverign은 103,764GT으로 적재기준으로는 125,000DWT이다. [『2021 항만편람』, 2022.3. 해양수산부, 836쪽]

56) 닛폰유센日本郵船LNG선운항연구회가 2006년 발간한 『LNG선 운항의 ABC』成山堂書店를 말한다. 『LNG선 운항의 ABC』는 2015년 5월 개정판, 2020년 7월 2개정판이 발간되었다. 초판에서는 LNG선의 구조, 운항, 하역, 항해, 입거작업, 안전관리 등 선박의 구조에서부터 실무를 자세하고 폭넓게 다루었고, 개정판에서는 하드면과 소프트면의 최신화와 함께 환경문제에서부터 향후 발전이 기대되는 LNG 연료선의 장을 새로 추가했다. 2개정판에서는 LNG 연료선에 관해 전면개정하여, LNG 연료선의 현황과 향후 동향 등에 대해 보다 폭넓게 해설하였다. 운항실무자나 해운회사의 업무내용을 이해하고자 하는 사람들의 필수 휴대서적이다. 닛폰유센LNG선운항연구회는 닛폰유센(NYK)과 그룹사 유지회원으로 구성된 연구회로, LNG의 확실한 안정수송 달성을 목적으로 2005년 발족되었다. [아마존 책소개 등]

한편 NYK쉽메니지먼트주식회사와 싱가포르의 NYK 관련회사 NYK쉽메니지먼트사(NYK Shipmanagement Pte Ltd.)는 2006년 11월 LNG 수송선 선원용 선상 교육 소프트웨어 'LNG-STARS'(LNG-Shipboard Training and Assessment Recording System)를 공동으로 개발했다. [https://www.nyk.com/news/2013/002584.html]

57) 2022년 기준, 세계 주요항만 컨테이너 취급량 순위는 다음과 같다. ①상하이(중), ②싱가포르, ③닝보-저우산(중), ④센젠(중), ⑤칭다오(중), ⑥광저우(중), ⑦부산, ⑧텐진(중), ⑨홍콩, ⑩로테드람이다. 일본 항만은 게이힌항(도쿄·요코하마·가와사키) 19위, 한신항(오사카·고베) 29위, 게이힌(도쿄) 34위, 게이힌(요코하마) 61위, 한신(고베) 67위이다. [『2022년도 부산항 컨테이너화물 처리 및 수송통계』, 부산항만공사, 2023]. 2023년 7월 기준으로 부산이 텐진에 밀려 8위로 전락한 것으로 나타났다. [한국해운신문, 2023.9.4.]

58) 동하이대교는 중국 상하이시 푸둥신구浦東新区와 상하이시 남동쪽 항저우만

杭州湾 해상에 건설된 양산심수항을 연결하는 교량. 2002년 6월 26일 착공, 2005년 개통. 북쪽은 푸둥신구(구 남후이구)의 후아시滬芦 고속도로에 접속하고 있다. 세계에서 세 번째로 긴 교량(해상교량으로는 두 번째).

세계 제1의 해상교량은 港珠澳大橋. 중국 광동성 珠海市와 홍콩, 마카오를 연결하는 珠江 河口湾(珠江口. Pearl River Estuary)을 동서로 연결한 해상교량으로 2009년 12월 착공, 2017년 11월 준공, 2018년 10월 24일 개통. 전장 49,968m, 폭 42m. 중간에 해중터널 구간이 있다. 현재도 통행에는 허가가 필요하며 일반차량에게는 개방되어 있지 않다. 건설비는 약 1,100억 위안. [일본 위키피디아]

59) 양산심수항(洋山深水港, 양산보세항구, 양산항, 양산심수항, Yangshandeep-waterport)은 중국 상하이시 푸둥신구 동남쪽 30km 앞바다 항저우만 上嵊泗열도의 양산에 건설된 새로운 컨테이너 항만 및 컨테이너 터미널이다.

(1) 건설 배경

황포강·장강변의 하항인 기존의 상하이항은 중국의 수출입량 증가와 해상 컨테이너 취급 수 격증으로 한계에 다다랐고 해마다 대형화되는 컨테이너선도 수심이 얕은 상하이항에 입항하기 어려워지고 있었다. 1995년에는 장강 연안의 외고교 지구에 수심 10m에서 11m인 대수심 부두가 건설되었으나 장강 항로의 깊이는 10m도 되지 않아 컨테이너선은 만조 시 입항해야 한다.

세계 각지에서는 초대형 컨테이너선이 들어갈 수 있도록 하기 위해 15m 깊이의 대수심 부두 건설이 추진되었으나 장강 연안에 전개되었던 기존의 상하이 항에서는 대수심의 부두나 항로를 건설하기가 어려웠다. 그래서 중화인민공화국 국무원은 외해의 동중국해에 새로운 상하이항을 건설하기로 결정하였다. 이에 따라 상하이시 남쪽 먼바다 항저우만에 있는 대양산도와 샤오양산도(저우산군도 미사열도의 일부)를 매립하고 수심 15m 이상으로 세계 제일의 취급량을 자랑하는 최신식 국제허브항만을 건설하자는 메가 프로젝트가 시작된다.

양산심수항의 배후 매립지 및 다리로 연결되는 푸둥신구 쪽에는 중국 최초의 보세 지역인 양산보세항구의 설치가 인가되었다.

(2) 항만 시설

국무원은 2002년 4기로 나눈 양산심수항 건설 사업 중 1기 착공을 결정하면서 국가 프로젝트로서의 양산신항 건설이 시작되었다. 어촌이 산재한 군도는 매립되어 상하이시와의 사이에 장대교·동해대교가 놓였고, 2005년 12월 10일 제1기 부분이 개항하였으며, 동시에 동해대교와 양산보세항구도 공용되었다. 1기는 5개의 선석이 공용되었으며 부두 연장은 1,600m, 연간 220만 TEU(20피트 컨테이너 환산 220만 개분)의 취급이 가능하였다. 제2기도 2006년 말에 완성되어 9개 선석 3,000m 분량이 공용되고 있다.

제3기는 2010년 공용 예정으로 공사가 진행되어 7개 선석이 공용된다(그 중

일부는 2007년 말에 공용되었다). 2012년 제4기 완공 시점에서 선석 수는 30, 연간 1,500만 TEU 이상의 컨테이너를 취급한다. 이는 일본의 5대항 합계 2004년 컨테이너 취급수를 훨씬 능가한다. 최종적으로는 50개 선석, 연간 2,500만 TEU 이상을 취급할 때까지 증설할 구상이다. 양산심수항은 초대형 컨테이너선이 기항할 수 있게 되었으나 한편으로는 동중국해 해상에 건설되고 있기 때문에 겨울철에는 폭풍으로 부두나 대교가 멈추기도 한다. 20년간 총공사비는 120억 US달러에 이른다. [https://ja.wikipedia.org/wiki/洋山深水港]

60) 2022년 기준, 상하이항의 컨테이너화물 취급량은 4,728만 TEU이다. [『2022년도 부산항 컨테이너화물 처리 및 수송통계』, 부산항만공사, 2023]
참고로 국가적으로는 2020년 기준, ①중국 24,510만 TEU, ②미국 5,496, ③싱가포르 3,687, ④한국 2,843, ⑤말레이시아 2,666, ⑥일본 2,139만 TEU이다. [일본 국토교통성『숫자로 보는 항만 2022』]

61) 2022년말 현재, 부산신항의 하역능력은 14,638천 TEU, 선석 26개, 길이 8,600m이다. 부산항 신항 개발계획은 하역능력 26,768천 TEU, 선석 47개, 길이 16,357m이다. 배후단지는 전체 8,289천㎡(2019 이전 4,174천, 2023년 이후 3,617천㎡). [『2022년도 부산항 컨테이너화물 처리 및 수송통계』, 부산항만공사, 2023]

62) 2022년 12월 기준, 부산항의 정기항로는 276개이다. 일본 66, 중국 48, 동남아 54, 북미동안 14, 북미 서안 23, 남미 동안 3, 남미 서안 9, 러시아 20, 대양주 9, 지중해 11, 서남아 9, 북유럽 4, 중동 4, 아프리카 2개 항로 등이다. [『2022년도 부산항 컨테이너화물 처리 및 수송통계』, 부산항만공사, 2023]

63) 2005년 7월 게이힌항(도쿄항·요코하마항), 이세만(나고야항·욧카이치항), 한신항(오사카항·고베항) 등 3개만 6개 항만이 슈퍼중추항만으로 지정되었다. 법령상의 명칭은 '지정항만'이다.

세분화되어 개별 관리되고 있는 컨테이너 터미널을 민간사업자가 일체적으로 운용함으로써 일본 국내 주요항(5대항)의 국제경쟁력을 높이는 것이 목적이다. 구체적으로는 관리동과 자동화·IT화된 하역기계를 갖추고, 수심 15m 이상의 대수심 안벽을 포함한 연속 3선석 이상(총연장 1,000m 이상), 폭 500m 이상의 규모로 구성된 특정국제컨테이너부두(차세대 고규격 컨테이너 터미널)를 형성해, 항만비용을 2005년 7월 지정 당시보다 30% 저감하고, 터미널 내 리드타임을 당시의 3~4일에서 1일 정도로 단축시키는 것을 목표로 하고 있다. 슈퍼중추항만은 항만 전체를 대상으로 한 개념이 아니라 어디까지나 주요 항만 내에 복수로 존재하는 컨테이너 터미널 중 일부를 대상으로 하고 있다. 이 정책의 실효

성에 대해 의문시하는 목소리가 민간 물류 관계자를 중심으로 뿌리 깊다. [일본 위키피디아, https://ja.wikipedia.org/wiki/スーパー中枢港湾]

64) 하마다항의 2021년 기준 국제 컨테이너 취급량은 5,412TEU(전체 5,846개)로 전체적으로는 78위, 국제컨테이너를 취급하는 66개 항만 중 55위였다. [일본 국토교통성『숫자로 보는 항만 2022』]

65) 1971년에 개항한 센다이항은 시오가마항의 일부 기능을 수행했기 때문에 행정상으로는 '시오가마항 센다이항구'였지만 1991년 국제무역항 정비계획에 따라 물류기능이 센다이항에 집중되며 주객이 역전되어 2001년 센다이시오가마항仙台塩釜港으로 개칭해 중요항만에서 특정중요항만(현 국제거점항만)으로 격상되었다. 2011년 발생한 동일본대지진을 계기로 2012년 10월 18일 센다이시오가마항(센다이항구, 시오가마항구)과 같은 미야기현 내 마쓰시마항松島港, 이시노마키항石巻港 등 3개 항만이 센다이시오가마항이라는 1개 항만으로 통합되었다. 센다이항구, 시오가마항구, 마쓰시마항구, 이시노마키항구 등 4개 항구港区로 구분된다. [일본 위키피디아, https://ja.wikipedia.org/wiki/仙台塩釜港]

66) 2021년 기준 국제 컨테이너 취급량은 니가타항 16만 8천 TEU(11위), 센다이시오가마항 16만 3천 TEU(12위)이며, 미즈시마항 12만 5천 TEU(15위)로 10만 TEU 이상을 취급한 항만은 15개 항만, 5만 TEU이상을 취급한 항만은 24개 항만이다. [일본 국토교통성『숫자로 보는 항만 2022』]

67) 우리나라의 특별시, 광역시, 도에 해당하는 광역자치단체.

68) 일본 항만법은 1950년 5월 31일 법률 제218호로 공포되어, 제42조(비용의 부담)를 제외하고, 공포일로부터 시행되었다. [김연빈 요코하마국립대학 석사학위 논문「한국과 일본의 항만관리·정비제도 비교」, 2004.1., 28쪽]

69) 5개 참치 지역어업관리기구(RFMO) 회원국들이 한자리에 모여 공통적인 문제들에 대해 강력히 대응하기 위해 개최하였다.
제1회는 일본 고베(2007년 7월), 제2회는 스페인 산세바스티안(2009년 6~7월), 제3회 회의는 미국 라호야(2011년 7월)에서 열렸다. 각 RFMO가 아래 조치를 긴급하게 채택하도록 권고하였다.
①세계적으로 과도한 참치 어획능력(어선 수 등)을 해결하는 조치를 취한다. 단, 연안 도상국의 어업 발전을 해치지 않도록 이를 실시한다.
②관리조치를 철저히 하기 위해 5개 지역어업관리기구에서 통일성을 도모한다.

③혼획되는 상어, 바다새, 바다거북에 대해 협조 대책을 취한다. [かつお·まぐろ類の地域漁業管理機関(RFMO), https://www.jfa.maff.go.jp/j/tuna/pdf/tuna_7.pdf(일본 수산청, 2016)]

70) 2020년 2월 7일 유엔 식량농업기구(FAO)가 발간한 '세계수산양식현황(SOFIA)'에 따르면 일본의 1인당 연간 수산물 소비량(2013~2015년 기준)은 50.2kg이고, 이 기간 중국은 39.5kg을 기록했다. 한국은 58.4kg으로 세계 주요국 중 1위였다. [조선일보 조선비즈, 2020.2.7. https://biz.chosun.com/site/data/html_dir/2020/02/06/2020020603190.html]

71) (1) 수산물 생산량

2020년 기준 세계 어업·양식업 생산량은 2억1,402만 톤. 이 중 어업 어획량은 1980년대 후반 이후 횡보 경향이며, 양식업 수확량은 급격히 증가하고 있다.

어획량을 주요어업국·지역별로 보면 EU·영국, 미국, 일본 등 선진국·지역은 과거 20년간 거의 횡보에서 감소경향을 보이고 있는 데 비해, 인도네시아·베트남 등 아시아 신흥국을 비롯한 개발도상국의 어획량이 증대하고 있으며, 중국이 1,345만 톤으로 세계의 15%를 차지하고 있다. 양식업 수확량을 국가별로 보면 중국 및 인도네시아의 증가가 현저하며, 중국이 7,048만 톤으로 세계의 57%, 인도네시아가 1,485만 톤으로 세계의 12%를 차지하고 있다. [일본『수산백서 2022』, 2022.6.) https://www.jfa.maff.go.jp/j/kikaku/wpaper/R3/attach/pdf/220603-14.pdf]

일본의 2020년 어업·양식업 생산량은 전년보다 4만 톤(1%) 증가한 423만 톤(해면어업 321만 톤, 해면양식업 97만 톤, 내수면어업·양식업 5만1천 톤)이다. [일본『수산백서 2022』, 2022.6., https://www.jfa.maff.go.jp/j/kikaku/wpaper/R3/attach/pdf/220603-11.pdf]

(2) 수산물 수출입량과 수출입액

세계 어업·양식업 생산량의 30% 이상이 수출되고 있다. 또한 수송비 저하와 유통기술 향상, 인건비가 저렴한 국가로 수산물 가공장 이전, 무역자유화의 진전 등을 배경으로 하여 수산물 수출입량은 전체적으로 증가 경향이다.

수산물 수출량에서는 EU·영국, 중국, 노르웨이, 러시아 등이 상위를 차지하고 있으며, 수입량에서는 EU·영국, 중국, 미국, 일본 등이 상위를 차지하고 있다. 특히 중국의 수산물 수출입량이 크게 증가하고 있어 2000년대 중반 이후 단일 국가로는 세계 최대의 수출국이자 수입국이 되었다. 또, 순수출입액 면에서는 중국은 순수출국이며 EU·영국, 미국, 일본 등이 순수입국·지역이다. 일본의 어패류 소비량은 감소 경향이지만, 현재도 세계 상위의 수요가 있으며, 그 수요는 세계 유수 규모의 국내 어업·양식업 생산량 및 수입량에 의해 조달되고 있다.

일본의 수출입액은 2008년 리먼 쇼크, 2011년 후쿠시마원전 사고로 인한 외국의 수입규제 영향 등으로 하락한 후, 2012년 이후부터는 대체적인 증가 경향을 보이고 있다. 2021년 수입량 220만 톤(전년대비 2.3% 감소). 수입액 1조6,099억 엔(전년대비 10.05 증가), 수출량 66만 톤(전년대비 4.7% 증가), 수출액 3,015억 엔(32.5%)이다. [https://www.jfa.maff.go.jp/j/kikaku/wpaper/R3/attach/pdf/220603-3.pdf]

72) 에치젠해파리(Nomura's jellyfish)는 대형 해파리의 일종으로 우산 지름 2m, 습중량 150kg에 달하는 것도 있다. 체색에는 회색·갈색·연분홍색 등의 변이가 있고, 사람이 쏘였다는 보고는 거의 없으나, 최근 연구에서는 독성이 높은 것으로 나타났다. [일본 위키피디아, https://ja.wikipedia.org/wiki/エチゼンクラゲ]

제3장 자각 없는 무자원국

73) 2019년 기준, 한·중·일 3국의 자동차 보유대수와 인구 100명 당 보유대수는 다음과 같다. 중국 253,764천 대(17.8대), 일본 78,417천 대(62.3대), 한국 23,634천 대(45.6대)이다. [『세계의 통계 2023』(일본 총무성통계국, 2023년 3월)]

74) 2019년도 기준, 에너지 수입량은 중국 34,033천 페타줄, 일본 16,671천 페타줄, 한국 13,256천 페타줄, 세계 전체 248,815천 페타줄 [『세계의 통계 2023』(일본 총무성통계국, 2023년 3월)]

75) 일본과 칠레는 2005년 1월에 FTA에 관한 공동연구회 출범 합의를 계기로 2006년 2월부터 2006년 11월까지 5차례에 걸친 교섭을 거쳐 2007년 3월 27일에 일·칠레 경제동반자협정(EPA)을 조인했다. 협정은 2007년 9월 3일에 발효되었다. [『松山大学論集』 제22권 제5호 발췌(2010년 12월 발행), 「칠레의 FTA 전략과 일본·칠레 EPA 현황」, 36쪽]

76) 일본·호주 EPA 교섭은 2007년 4월 제1차 교섭 회의가 개최된 이래 2012년 6월까지 16차례의 교섭 회의를 개최하는 동시에, 그 후에도 각료급 절충과 실무협의를 계속해 왔다. 2014년 4월 7일 아베 총리와 애벗 호주 총리는 정상회담을 갖고 일·호 EPA 협상의 대략적인 합의를 확인했다. 또한 2014년 7월 8일 정상회담 때 두 정상 간에 일·호 EPA 및 이 협정의 실시 약속에 대한 서명이 이루어졌다. 2015년 1월 5일 일·호 EPA가 발효되었다. 호주는 당시 일본이 체결한 양자

간 EPA 파트너로서 최대의 무역 상대국. 본 EPA는 무역, 투자, 지적재산, 경쟁, 정부조달 등 폭넓은 분야를 포함한 포괄적 협정으로 아시아 태평양 지역의 룰 형성에 기여할 것으로 생각된다. [일본 경제산업성, EPA/FTA/投資協定, https://www.meti.go.jp/policy/trade_policy/epa/]

77) 국제원유가격은 두바이 기준, 2005년 49.29달러, 2010년 78.06달러, 2015년 51.18달러, 2020년 42.17달러, 2021년 68.81달러, 2022년 97.05달러, 2023년 8월말 현재 86.61달러의 추이를 보이고 있다. [https://ecodb.net/commodity/group_oil.html, 2023.9.8. 검색]

78) 일본의 석유의존도는 2010년 40.3%, 2015년 40.7%, 2016년 39.6%, 2017년 39.0%, 2018년 37.5%, 2019년 37.1%, 2020년 36.4%, 2021년 36.0%로 점점 낮아지고 있다. [『2021년도 에너지수급실적(확보)』(2023년 4월, 일본 자원에너지청 총무과 전략기획실)]

79) 경제산업성은 2011년도 '레어 메탈·레어 메탈 사용량 감축·이용부품 대체지원사업(1차 공모)에 공모한 사업 중 49개 사업을 채택했다. [경제산업성 보도자료, 2012.2.8. https://www.env.go.jp/council/former2013/03haiki/y0326-05/ref01.pdf]

한국과학기술연구소(KIST) 연구팀이 그린수소 제조를 위한 플로톤 교환막형물 전해장치(PEMWE)에 사용하는 레어메탈 양을 대폭 줄일 수 있는 기술을 개발했다. 이 연구 성과는 2023년 3월 9일, 『Applied Catalysis B:Environmental』지에 게재되었다. [https://engineer.fabcross.jp/archeive/230623_pemwe.html]

80) 중국 국유 중국석유천연가스집단(CNPC)은 (2022년 9월) 7일 러시아 국영 가스프롬과 가스 파이프라인 '시베리아의 힘'과 관련해 합의에 이르렀다고 발표했다. 다이후량戴厚良董 CNPC 사장과 알렉세이 밀렐 가스프롬 사장이 화상 형식의 회의에서 서명한 이 합의는 '중러 東線(시베리아의 힘) 천연가스 매매 합의'를 보완하는 것이다. 시베리아의 힘은 2019년에 가동을 개시했다. [2022. 9. 22. 로이터, https://jp.reuters.com/article/china-russia-gas-idJPKBN2Q80CV]

81) 아베 간사장의 인도 중시는 결국 쿼드(Quad)로 발전하는 계기가 되었다.

Quad는 4자 안보 대화 또는 4개국 안보 회담(Quadrilateral Security Dialogue)의 약칭이다. 형성 초기에는 미국·일본·호주·인도 4개국 외교장관급 회담이었으나 정상급 회담으로 격상되었다.

2006년 아베 신조 일본 총리가 처음 제안했다. 아베 총리가 중국의 급부상에 대항할 경제·군사적 연대의 필요성을 역설하면서 미국의 딕 체니 부통령, 호주의 존 하워드 총리, 인도의 만모한 싱 총리가 참여하는 비공식적인 전략 안보 대화 모임으로 격상되었으나, 공교롭게도 네 나라 모두 정권이 교체되면서 이듬해인 2008년의 모임을 끝으로 얼마간 모임이 중단되었다. 그러다가 2010년대 중반부터 남중국해를 둘러싸고 미·중 간 분쟁이 격화하자, 미국·일본·인도·호주 각국의 지도자들은 2017년 필리핀의 마닐라에서 열린 아세안정상회의에서 4개국 간 협의체의 부활에 원론적으로 동의했다. 이러한 인식 아래 2020년 8월 31일 도널드 트럼프 행정부는 인도-태평양판 나토를 선언하면서, 미국·인도·일본·호주 4개국을 통합한 국제기구인 쿼드를 출범할 뜻을 밝혔다. [나무위키 https://namu.wiki/w/Quad (역주 88) 참조]

2021년 3월 발표된 공동성명 '쿼드의 정신'에서 쿼드 회원국들은 '자유롭고 개방적인 인도 태평양(Free and Open India-Pacific)에 대한 공유 비전'과 '동중국해 및 남중국해 규칙에 기반한 해양 질서'를 설명하고 쿼드 회원국들은 중국의 해양 주장에 맞서기 위해 쿼드가 필요하다고 말했다. 쿼드는 뉴질랜드, 베트남, 한국 대표들을 포함한 최초의 쿼드 플러스 회의를 개최했다. [일본 위키피디아, https://ja.wikipedia.org/wiki/日米豪印戦略対話]

82) Selat Melaka. 영어 표기는 the Strait of Malacca(말라카해협). 동남아시아 말레이반도 남부 서해안과 인도네시아 수마트라섬의 동해안 사이에 위치한 국제해협이다. 역사적으로 극동아시아와 중동, 유럽을 연결하는 중요한 통로 역할을 담당해왔다. 믈라카 해협의 길이는 약 900km로, 최대 폭은 100km이며 최소 폭은 40km 정도에 불과하다. 그럼에도 인도양과 태평양을 연결하는 무역항로로서, 유조선을 포함하여 매년 7만 5,000여 척의 각종 선박들이 통과하는 등 세계에서 가장 번잡한 해협 가운데 하나다. 특히 전 세계 해상 물동량의 총 24%에 해당하는 연간 5만 척 이상의 각국 상선들이 통과하는 요충지역이다. [네이버 지식백과, 믈라카 해협]

83) 아시아 해적대책 지역협력협정(ReCAAP: Regional Cooperation Agreement on Combating Piracy and Armed Robbery against Ships in Asia). 2001년 11월 고이즈미 당시 일본 총리가 아시아의 해적 문제에 효과적으로 대처하기 위해 지역협력 촉진을 위한 법적 틀 작성을 제안, 일본 주도 아래 협정 작성 교섭이 개시되어 2004년 11월에 채택되고 2006년 9월 발효되었다. 현재 교섭 참가국은 16개국(아세안 10국, 일본, 중국, 한국, 인도, 스리랑카, 방글라데시), 체약국은 21개국(일본, 싱가포르, 라오스, 태국, 필리핀, 미얀마, 한국, 캄보디아, 베트남, 인도, 스리랑카, 중국, 브루나이, 방글라데시, 노르웨이, 네덜란드, 덴마크, 영국, 호주, 미국, 독일)이다. 말레이시아와 인도네시아는 2023년 현재 협정을 비준하지 않고 있다.

협정의 골자는 ①정보공유센터(ISC: Information Sharing Centre)를 싱가포르에 설립(2006년 11월), ②ISC를 통한 정보공유 및 협력체제(용의자, 피해자 및 피해 선박 발견, 용의자 체포, 용의 선박 나포, 피해자 구조 등의 요청 등) 구축, ③ISC를 경유하지 않는 체약국끼리의 양자협력 촉진(범죄인 인도 및 법률상 상호원조의 원활화 및 능력 개발 등)이다.

ReCAAP 제17회 총무회 및 공개 세션이 2023년 3월 15일부터 17일까지 싱가포르에서 개최되어, 2022년도 아시아지역 해적·해상무장강도 상황 보고와 함께 지역 비체약국과의 협력을 촉진하는 데 합의했다. 공개 세션에는 프랑스, EU, 유엔 약물·범죄사무소(UNODC), 해운업계, 연구기관 등이 참가했다. 일본에서는 외무성과 해상보안청 관계자가 참가, ReCAAP의 역할을 평가하고 있는 점, 자유롭고 열린 인도태평양(FOIP) 실현의 일환으로서 ReCAAP에서의 협력을 중시하고 있으며, 해양안전보장 분야에서 관계국과 협력을 강화하고 있는 점 등을 발언했다. [일본 외무성 홈페이지,「アジア海賊対策地域協力協定(ReCAAP)概要」 https://www.mofa.go.jp/mofaj/gaiko/kaiyo/kaizoku_gai.html]

84) 이시바 시게루(1957~)는 자민당 소속 중의원 의원(12선). 방위청장, 방위장관, 농림수산장관, 자민당 정무조사회장과 간사장 등을 역임. 2012년 9월 26일 실시된 자민당 총재 선거에서, 1차 투표에서 입후보자 5명 중 가장 많은 199표(지방표 165표, 국회의원표 34표)를 획득하였으나 과반수 확보에는 이르지 못했다. 국회의원만으로 실시된 2차 투표에서는 89표를 얻었지만 108표를 얻은 아베 신조 전 총리에게 패했다. 2018년 9월 실시된 총재 선거에서도 3선을 내건 아베와 일대일 대결하여 지방표에서는 건투했지만 미치지 못하고 패했다. 아베가 병으로 퇴임한 2020년 9월 총재 선거에서는 최하위로 패하고, 2021년 총재 선거에서는 출마를 접고 고노 다로를 지원하였으나 고노의 패배로 뜻을 이루지 못했다. 2021년 10월, 중의원 총선에서 전국 최다득표율(84.07%)로 12선. [일본 위키피디아]

85) '중·미얀마 석유·가스 파이프라인(Sino-Myanmar pipelines)'은 믈라카 해협을 경유하지 않고 에너지를 동남아시아에서 중국 서부로 수송하는 석유·가스 파이프라인이다. 석유 파이프라인은 미얀마의 챠우퓨항(Kyaukpyu Port) 남동의 람리섬(Ramree Island)을 기점으로 하고, 천연가스 파이프라인은 챠우퓨항을 기점으로 한다. 중·미얀마 석유천연가스 파이프라인은 석유 파이프라인 총연장이 771km, 천연가스 파이프라인 총연장이 793km로 모두 병행해서 건설·부설됐다. 미얀마 측 천연가스 파이프라인은 2013년 6월 12일에 완성, 석유 파이프라인은 2014년 8월에 완성되었다.

챠우퓨항(Kyaukpyu Port)은 미얀마 서부 야카인주(Rakhine State)에 위치한 수출항. 중국과 공동개발(중국 측이 70%, 미얀마 측이 30%)로 '심해항', '챠우퓨 경제특별구(공업단지)', '중·미얀마 석유·가스 파이프라인 부설' 등의 정비사업이 2009년부터 실시되고 있다. 약 17.4㎢의 부지에 공단과 심해항을 개발하는 차우퓨 경제특구의 일부로. 챠우퓨 경제특구는 중국의 거대 경제권 구상 '일대일로'에 따른 '중국·미얀마 경제회랑'의 주요 사업이다. 챠우퓨 심해항의 총공사비는 13억 달러로 30만 톤급 2선석을 건설하는 계획이다.

2013년 7월 28일 천연가스 파이프라인이 공용 개시되었다(수송능력: 1,600만㎥/일). 2019년 1년간의 천연가스 총 수송량은 50억㎥로, 2013년의 공용·수송 개시부터 2020년 5월 25일까지 미얀마에서 중국으로 수송된 천연가스 총 수송량은 265억㎥였다. 2017년 5월 석유 파이프라인이 공용 개시되었다(능력: 2,200만 톤/년). 공용 개시부터 2020년 5월 25일까지의 총 수송량은 3,000만 톤. 중국으로 수송되는 원유는 윈난성의 정유소에서 정유되어 중국 북서부로 공급되고 있다. [『미얀마 및 근접국 물류·인프라사정 조사보고서』「중국·윈난성 및 미얀마국간의 국경무역과 관련된 물류·인프라 사정조사」(일반사단법인 일본해사검정협회, 2021년 3월 31일) 33-42쪽]

86) 중국이 미얀마령 코코제도(Coco Islands)에 설치한 전파감청시설 재건에 착수했다. 시설은 2004년 말 발생한 인도양 대쓰나미로 약간의 피해를 입어 열흘간 폐쇄되었다. 코코제도는 인도령 안다만니코바르제도(Andaman and Nicobar Islands) 북쪽에 위치해 있고, 대소 2개의 코코 섬으로 이루어진 미얀마의 영토. 중국은 1994년 미얀마와 조차 계약을 체결. 두 개 섬 모두에 실효 지배를 계속해왔으며, 러시아제의 강력한 레이더와 전파감청시설을 설치하고 있다. 뿐만 아니라 중국은 인근의 만안(Manan), 하인지(Hainggyi), 자데트치(Zadetkyi)의 각 섬에도 무선감청을 위한 통신설비를 보유. 소식통에 따르면 소코코 섬에 소규모 활주로를 건설하는 특별협정까지 맺은 것으로 알려졌다. [『Foresight』(新潮社, 2005년 3월호, https://www.fsight.jp/1738)]

87) 일대일로 아래에서 진행되는 항만 개발은 언뜻 보면 개발도상국 측의 필요에 따라 정비된 것으로 보이지만, 사실 그 대부분은 중국의 군사상의 필요에 따라 선정된 것이다. 이에 해당하는 항만은 '아프리카의 뿔'에 설치된 지부티항(Port De Djibouti), 파키스탄의 과다르항(Gwadar Port), 스리랑카의 함반토타항(Port of Hambantota), 미얀마의 챠우퓨항((Kyaukpyu Port), 캄보디아의 코콩항(Koh Kong Port)이다.

이들 항만은 모두 국제 해운상의 요충지(choke points)에 위치하며 구체적으로는 중국 남부의 항만과 아프리카의 선단을 연결하는 시레인, 이른바 진주목걸이(String of pearls)를 따라 건설되고 있다. 이들 항만은 표면상 상업항으로 여겨지지만, 그것은 필요에 따라 해군기지로 전용할 수 있는 군민병용항이다. 중국은 이들 항만의 운영을 전적으로 상대국 항만당국에 맡기지 않고 필요할 때는 언제든지 군항으로 사용할 수 있도록 중국 국영기업에 운영을 맡기고 있다.

미얀마 챠우퓨항의 경우 中信資本(CITIC)이 이 항만의 70%를 소유하고 항만당국과 50년간 리스계약을 맺었으며, 캄보디아 코콩항의 경우 중국 기업이 출자해 설치된 UDG가 항만의 70%를 소유하고 항만 당국과 99년간 리스계약을 맺고 있다. 지부티항은 중국과의 안전보장방위조약에 의거 건설되었으며 중국군이 소유하고 중국 해군이 운영하고 있다.

이처럼 중국은 그 해군기지를 진주목걸이의 장식물로 차근차근 정비해 왔으나 그것이 일단락된 지금 다음으로 겨냥하고 있는 것이 대미 전략상의 첨단방위선인 제2열도선이나 제3열도선이 있는 태평양제도 지역이다. [『일대일로 아래 정비된 도상국의 항만시설은 '중국 군사기지'의 가면』, 츠카다 슌소塚田俊三, 2022.4.12.) https://jbpress.ismedia.jp/articles/-/69647]

88) 이런 움직임은 현재 쿼드(Quad)로 이어지고 있다. 쿼드는 미국·일본·호주·인도 4개국 외교장관 협의체로 '자유롭고 열린 인도 태평양(Free and Open Indo-Pacific, FOIP)'을 기치로 내걸고 있으며, '일대일로一帶一路'로 대표되는 중국의 패권주의를 견제하기 위한 성격이 짙다. [나무위키]

2004년 수마트라 지진과 쓰나미 피해(2004년 남아시아 대지진)가 발생했을 때 4개국이 팀을 이뤄 국제사회의 지원을 주도한 바 있다. 쿼드 구상은 2006년 아베 신조 일본 총리가 4개국 전략대화를 제안한 것이 계기다. 2012년 아베가 총리로 복귀하면서 계획이 재부상했다. 2017년 11월에 국장급 회동이 시작되어 2019년 9월 뉴욕에서 첫 4개국 외무장관 회담이 개최되었다. [일본경제신문, 「쿼드(Quad)는 일본의 제창이 계기」, 2021.3.13.]

89) 유엔대륙붕한계위원회는 2012년 4월 27일, 일본 국토면적의 약 80퍼센트에 상당하는 약 31만㎢의 대륙붕을 일본에 추가로 인정했다. 일본은 이것이 오키노토리시마가 유엔으로부터 섬으로 인정된 것이라고 주장한다. 일본의 주장을 한국과 중국은 부인하는 입장이다. [『국토상생론』 역주 67 참조]

90) 독립행정법인 석유천연가스·금속광물자원기구(JOGMEC)가 건조한 새로운 해양자원조사선 '하쿠레이白嶺'가 완성되어 2012년 1월 31일 미쓰비시중공업 시모노세키조선소에서 인도되었다. 이 새로운 해양자원조사선은 일본 주변 해역 해양자원 탐사, 개발을 추진하기 위해 건조된 조사선으로, 2010년 7월 기공, 2011년 3월 '하쿠레이'로 명명(기존에 활동하던 조사선 '白嶺, 제2白嶺'의 명칭 계승)되었다. 총톤수 6,283톤, 길이 118.3m, 폭 19.0m의 조사선으로, 2종류의 대

형 굴착장치와 각종 최신 조사기기를 탑재하고 있다. '하쿠레이'는 2월부터 오키나와 해역 등에서 굴착장치 등 대형 조사기기를 이용한 해저광물자원 부존량 조사와 해양환경 기초조사 등을 실시하게 되었다. [JOGMEC 보도자료, https://www.jogmec.go.jp/news/release/release0384.html, 2012.1.31.]

91) 국토교통성은 '저조선 보전기본계획'에 입각하여, 해양자원의 개발·이용, 해양조사 등에 관한 해양 활동과 이들 활동을 지원하는 각종 시설 유지관리 등의 활동이, 본토로부터 멀리 떨어진 해역에서도 안전하고 안정적으로 이루어지도록 오키노토리시마에서 수송과 보급 등이 가능한 활동거점을 정비하는 '오키노토리시마 활동거점 정비사업'을 추진하고 있다. 사업 내역은 다음과 같다.
정비시설 : 안벽(연장160m, 수심 -8m), 박지(수심 -8m), 임항도로(부대시설 포함)
정비기간 : 2011년도~2027년도 사업비 : 1,600억 엔 [2021.9.15. 일본 국토교통성 관동지방정비국]

92) 일본 해상보안청이 일본 최남단 오키노토리시마에 설치한 '오키노토리시마등대'가 2007년 3월 16일 운영을 개시했다. 높이 3m, 해면 높이 26m, 전원은 태양전지 패널 채용, 12해리(약 22㎞) 앞까지 보이는 발광다이오드(LED)를 사용하여 8초에 1회의 빈도로 백색광을 발한다. 주변해역을 항행하는 선박과 조업 어선의 안전과 운항능률 증진을 꾀하게 된다. [일본 해상보안청 보도자료, 2007.3.16.]

93) 해수온도차 발전의 일본 국내 연구개발 사례는 오키나와현 산업정책과가 구메지마久米島에서 실시하고 있는 것이다. 구메지마정에 있는 해양심층수연구소에서 2013년 초부터 시험 운전이 이루어지고 있다. 실용실증설비는 건설 초기 폭 8m, 깊이 8m, 높이 9m로 최대출력 50kW의 발전이 가능했다. 이후 50kW 터빈이 추가로 건설되어 현재는 최대 출력 100kW의 발전이 가능하다.
이 구메지마의 실증 설비를 중심으로 행해져 온 일본 국내 연구 개발을 발전시키려는 것이 쇼센미츠이(MOL)의 움직임이다. MOL은 2022년 4월부터 구메지마의 실증 설비 운영에 참가하고 있어, 향후 조기에 해양 온도차 발전의 실용화로 연결시킬 생각이다. [Energy Frontline, 海のエネルギーを活用「海洋温度差発電」, https://ene-fro.com/article/ef269_a1/, 2022.10. 25.]

94) 2022년 6월 4일 정오경 이시가키지마石垣島 북쪽 약 73킬로미터 일본의 배타적 경제수역에서 중국 해양조사선 '東方紅3'호가 크레인으로 관측기기로 보이는 것을 해중에 투하하고 있는 것이 확인되었다. 활동 개시 후 약 7시간 후에 관측기기로 보이는 것을 해중에서 인양했는데, 해상보안본부가 중지를 요청했으나,

이 활동은 5일에도 계속되었다. 이곳에서 해양조사를 실시할 경우에는 사전에 상대국의 동의가 필요하지만, 중국 측의 신청은 없었다. 중국 해양조사선이 동의를 얻지 않고 조사활동을 실시한 것은 제11해상보안관구 관구 내에서는 2021년 5월 하테라마지마波照間島 앞바다 해역에서의 활동 이후 처음이다. [RBC琉球放送, 2022.6.5. 11:09 配信, https://news.yahoo.co.jp/articles/de36add434481d044ff48c8d419d1ebb8dfb5736]

동중국해 일중 지리적 중간선 중국 측에서 중국이 새로운 구조물의 토대를 운반하는 모습을 해상자위대가 확인했다. 가스전의 개발을 향한 움직임으로 보인다. 중국 측은 이 해역에서 해상시설을 지금까지 17기 건설하는 등 일방적인 자원개발 움직임을 활발히 하고 있다. 외무성은 "매우 유감이다"며 즉각 중국 측에 항의했다. 일본과 중국 간에는 동중국해의 배타적경제수역(EEZ)과 대륙붕의 경계가 미획정 상태이다. [ANN뉴스, 2022.6.18. 8:57 配信, https://news.yahoo.co.jp/articles/e012346214e7032ce46b5f1eec695224c5b89d9f]

95) 동중국해의 가스전 개발을 둘러싸고, 2008년에 중일 양 정부가 공동 개발하기로 합의했지만, 관련 조약 체결 교섭은 중단된 채, 중국 측이 해역의 중간선 부근에 구조물을 건설하는 등 일방적인 개발을 진행시키고 있다.

최근 중국은 동중국해에서 자원개발을 활성화하고 있어, 일본 정부는 일중 지리적 중간선 서쪽에서 지금까지 총 17기의 구조물을 확인하고 있다.

동중국해의 배타적경제수역 및 대륙붕은 경계가 미획정이며, 일본은 중일 중간선을 기초로 한 경계획정을 해야 한다는 입장이다. 이와 같이 아직 경계가 획정되지 않은 상황에서 일중 중간선 서측이라고는 하지만, 중국 측이 일방적인 개발행위를 진행하고 있는 것은 지극히 유감이다. 정부로서는, 중국 측에 대해, 일방적인 개발행위를 중지함과 동시에, 동중국해의 자원개발에 관한 일중 간 협력에 대해 일치한 「2008년 6월 합의」의 실시에 관한 교섭 재개에 조기에 응하도록 재차 강하게 요구하고 있다. [일본 외무성, 2022.5.20. https://www.mofa.go.jp/mofaj/area/china/higashi_shina/tachiba.html], [NHK 뉴스, 2022년 5월 21일 4시32분. https://www3.nhk.or.jp/news/html/20220521/k10013636341000.html]

96) 「한일대륙붕협정」은 1974년 1월 30일 한일 간에 체결되고 1978년 6월 22일 발효된 대륙붕에 관한 2개의 협정 및 부속문서로 협정종료 시점은 2028년이다. [한국민족문화대백과사전]

"대륙붕경계획정에 관한 최초의 국제법 원칙은 1958년 대륙붕협약에서 규정한 대륙붕 자연연장설과 중간선원칙 및 등거리선 원칙이었다. 그러나 1969년 북해대륙붕 경계획정사건 이후 '1977년 영·불 대륙붕 경계획정사건'과 '1982년

리비아·튀니지 대륙붕 경계획정사건'에선 형평의 원칙을 강조했고, 1982년에 타결된 제3차 유엔해양법협약도 이를 수용하게 된다." [『주간한국』「홍승용의 해양책략 32-'한·일 대륙붕 협정' 8년 후 만료…다가올 '바다의 한·일전' 제7광구 협상 준비해야」(2020.10.12. 11:26) http://weekly.hankooki.com/news/articleView.html?idxno=6802477]

97) 중국은 에너지 수요의 대폭적인 확대에 대비해 증식로인 고속로 조기 실용화를 목표로 하고 있다. 2020년 중국의 청정에너지 목표(GDP당 CO2 배출량을 2005년 대비 40~45% 삭감)를 달성하기 위해 원자력을 58GWe로 하고, 2050년경에는 약 400GWe(전체 전력의 15%)로 확대할 필요가 있으며, 그 중 약 50%를 고속로로 충당한다는 방침이다. [佐賀山豊,「일본 고속로 개발 상황」, 2019.12.9.]

중국은 실험로 CEFR(20MWe)이 2011년 7월 첫 송전, 원형로를 건너뛰고 CFR600 개발에 착수하였다. 현재 2기의 실증용 '고속증식로(FBR)'(CFR600)를 건설 중이다. 실증로 CFR600 1호기는 60만kW로 2017년 건설이 시작됐다. 2020년 1월까지 토목공사가 끝나고 기기 설치 단계에 들어갔다. 2023년에 운전 개시 예정이다. CFR600 2호기는 2020년 12월 착공하였으며, 2026년까지 운전 개시될 예정이다. 2030년대 후반에 상용로를 도입할 계획이다. [Hui Zhang,「중국의 플루토늄 리사이클 계획-현상과 문제점」,『ND Policy Brief』(Vol.15 2022.4.), https://www.nd-initiative.org/wordpress/wp-content/uploads/2022/04/1a34c7a22d2f0176185c14aa2ec27c49.pdf]

98) 몬쥬는 전기 출력 28만kW의 플루토늄·우라늄 혼합 산화물 연료를 이용하는 루프형 나트륨 냉각 고속 증식로의 원형로이다. 1994년에 처음 임계점에 도달했지만, 1995년에 40% 출력 운전 중에 2차계二次系 나트륨 누출 사고가 발생했다. 이후 약 14년간 운전을 정지했지만 2010년에 제로 출력 성능 시험을 재개했다. 그 후, 운전 재개를 목표로 도쿄전력 후쿠시마 제1원자력발전소 사고를 반영한 안전평가·안전대책 등의 조치를 취했지만, 2016년 12월에 '몬쥬' 취급에 관한 정부 방침이 결정되어, 이에 따라 폐지조치에 관한 작업에 착수했다. [일본원자력연구개발기구 홈페이지(2022.6.20.) https://www.jaea.go.jp/04/monju/history/]

99) 정식명칭은「대한민국과 일본국 간의 양국에 인접한 대륙붕 북부구역경계획정에 관한 협정」과「대한민국과 일본국 간의 양국에 인접한 대륙붕 남부구역공동개발에 관한 협정」. 1974년 1월 30일 체결되어 1978년 6월 22일 발효되었다. '남부협정'은 협정 발효 후 최저 50년(2028년)까지 유효하며, 3년 전 일방 당사국이 서면통고하면 최초 50년 기간의 종료 시에 또는 그 후 언제라도 종료된다. [위키피디아, 일본 위키피디아]

제4장 안전대국의 환상

100) P4시설은 현재의 BSL-4 시설과 동등한 병원체 봉쇄가 가능한 시설이다. BSL은 'biosafety level(바이오 세이프티 레벨)'의 약자이며, 4단계로 분류된다. BSL 시설 중 BSL-4 시설은 가장 위험성이 높은 병원체를 취급할 수 있는 설비다. 이전에는 이러한 병원체를 취급하는 시설을 'P4시설'이라고 칭했지만, P가 'pathogen(병원체)'이나 'protection level(방어수준)'의 약자로 여겨지는 등 혼란스러운 경우가 있었기 때문에 현재는 BSL-4 시설이라는 명칭을 사용하게 되었다. [일본대백과사전 'BSL-4 시설' 해설]

현재 BSL-4 시설은 세계 24개국과 지역에서 59개소 이상이 설치되어 있다(2017년 12월 나가사키대학 조사). 아시아에서도 인도, 대만, 싱가포르, 중국, 한국에 있다. 또한 미국, 스웨덴, 독일, 프랑스, 이탈리아 등에서는 대학 캠퍼스 내에 설치되어 있는 시설도 있다. [나가사키대학 고도감염증연구센터 CCPID, https://www.ccpid.nagasaki-u.ac.jp/bsl4/faq/q1/]

BSL-4 시설의 목적으로는 다음의 3가지를 생각할 수 있다. 우선 국내에서 BSL-4 병원체에 의한 감염병 발생 시의 진단이다. 다음으로 BSL-4 병원체와 그로 인한 감염증 기초연구 및 진단법이나 백신·치료제 개발 등의 응용연구다. 세 번째로 BSL-4 병원체를 다룰 수 있는 감염병 연구자 및 BSL-4 시설의 운영·관리 및 긴급 시 대응을 위한 인력 육성이다. 특히 인재육성에는 장기간에 걸친 BSL-4 시설에서의 현장훈련이 필요하며 평시부터의 교육훈련체제 확립은 매우 중요한 과제이다. [일본학술회의, 「제언 - 우리나라 바이오 세이프티 레벨4(BSL-4) 시설의 필요성에 대해」(2014.3.20.)]

101) 중국과학원 우한(武漢)바이러스연구소가 2018년 1월 4일 발표한 정보에 따르면, 중국 최초의 바이오 세이프티 레벨4 실험실(P4 실험실)이 국가위생·계획출산위원회 고병원성병원 미생물 실험활동 현장평가에 합격해 정식 가동에 들어갔다. 이로써 중국은 고준위 고병원성병원 미생물 실험활동을 펼칠 능력과 조건을 얻었다. 과기일보가 전했다.

우한 P4 실험실은 국가가 투자하는 대과학 프로젝트로 중국과학원과 우한시 인민정부가 공동 설립했다. 이 실험실에는 ▽중국의 돌발적 급성 전염병 방지·제어과학 연구거점 ▽병원체 보관센터, 세계보건기구 감염병 참고실험실 ▽중국 생물안전 실험실 플랫폼의 중요지역센터 등 3가지 기능이 있다.

이 실험실은 또한 '중·프랑스 신종 전염병 방지 협력 프로젝트'의 중요한 콘텐츠 중 하나이다. 실험실 설계는 프랑스 리옹의 '상자 안의 상자'라는 이념을 채택했다. 실험실 전체가 매달리는 구조로 총 4층으로 나뉘어 있다. 1층은 오수처리·

생명유지시스템, 2층은 메인 실험실. 2층과 3층 사이에는 파이프 시스템이 들어 있다. 3층은 여과 장치 시스템, 최상층은 공조 시스템. 모든 공기가 2단계 고효율 여과기 처리 후 배출된다. 고형오염물질은 고압·살균보일러로 처리하고, 액체오염물질은 오수처리설비에서 처리한다. 병원체를 철저히 살균함으로써 실험실 내 병원체 누설을 방지한다. [Science Portal China, 'P4 실험실이 가동 개시, 위험 바이러스의 연구 조건이 갖추어지다'(2018. 1. 5.), https://spc.jst.go.jp/news/180101/topic_4_04.html (2022. 6. 5.)]

102) 타이완은 예방의학연구소(타이페이 교외)에 BSL-4 시설 1개를 갖고 있다. 국방부 산하 국립방위의학센터 내에 설치되어 있는 군 연구소이다. [일본학술회의,「제언 - 우리나라 바이오 세이프티 레벨4(BSL-4) 시설의 필요성에 대해」(2014. 3. 20.)]

남아공 국립전염병연구소는 2002년 기존 국립바이러스학연구소 및 남아프리카의학연구소의 미생물 부문 등을 통합하여 설립되었으며, 남아프리카공화국의 국립위생연구국에 소속되어 있다. 본 연구소는 동국 최대 도시인 요하네스버그 근교에 있으며 주변에는 주택지, 학교, 쇼핑몰 등이 있다.

이 연구소의 BSL-4 연구시설은 1979년부터 건설되기 시작해 1981년부터 가동됐으며 2009년에는 대규모 개보수되고 2010년부터 가동돼 현재에 이르고 있다. 아프리카에서 라사와 에볼라, 마르부르크 등 바이러스성 출혈열 및 알보바이러스 질환 조사와 검사, 인수공통감염병, 신흥·재흥 감염병의 유효한 치료법 개발 연구, WHO 협력 등도 진행하고 있다. 연구자·직원은 약 300명이 재적하고 있다. [나가사키대학 고도감염증연구센터 CCPID, https://www.ccpid.nagasaki-u.ac.jp/bsl4/world/]

103)「IP 주소 2023 리포트」(https://www.ip2location.com/reports/internet-ip-address-2023-report)에 따르면 우리나라가 보유한 IP 주소는 약 1억 1,400만 개로 세계에서 미국, 중국, 일본, 독일, 영국에 이어 여섯 번째로 많은 IP 주소를 보유하고 있다. [동아일보, 2023. 6. 23. https://www.donga.com/news/Society/article/all/20230623/119901967/1]

그러나 IPv6 보급률은 매우 낮다. 1위인 인도가 79%이고, 세계 평균은 35%인데, 한국은 20%이다. 아시아 주요 국가의 IPv6 가능 비율은 아래와 같다. 인도 78.76%(107백만), 베트남 58.57%(9백만), 타이완 55.29%(5백만), 일본 52.66%(14백만), 미얀마 34.74%(0.9백만), 중국 29.94%(55백만), 한국 20.43%(4백만). 아시아태평양지역 IP 주소 관리 기관인 APNIC에서 제공하는 사이트(https://stats.labs.apnic.net/ipv6)에서 국가별 IPv6 가능 비율을 확인할 수 있다. [https://stats.labs.apnic.net/ipv6/]

104) IPv6(Internet Protocolversion 6)은 IPv4(Internet Protocolversion 4)의 후계가 되는 IP주소의 규격이다. IPv4 주소가 약 43억 개인 데 비해 IPv6 주소는 약 340간(1간=1조×1조×1조)개의 IP 주소가 이용 가능하다.

미국은 2003년에 국방성이 구입 기기의 IPv6 대응을 의무화했다. 2008년에는 국립표준기술연구소(NIST)가 정부조달 사양으로 IPv6 대응을 필수화했다. 2010년에는 연방정부 CIO 발행 각서를 통해 2012년도 말까지 외부용 시스템, 2014년도 말까지 내부 시스템의 IPv6 대응을 의무화했다. 2020년 3월 2일에는 2025년 말까지 미국 정부의 네트워크나 서비스의 최저 80%를 IPv6 싱글 스택으로 하는 목표를 공표했다. 「IPv6 대응 가이드라인(전편) PDF」 (2022 3월, 일본 총무성) https://www.soumu.go.jp/menu_seisaku/ictseisaku/ipv6/index.html]

105) 구글은 동사 서비스에 대한 IPv6를 이용한 접속에 관한 통계 정보를 공개하고 있다. 이곳에서 공개되고 있는 정보는 실제로 동사 서비스에 대해서 IPv6로 통신이 이루어진 비율이다. 이 정보를 통해 각국의 대략적인 IPv6 보급률을 추측할 수 있다. Google의 통계 정보에 의하면 IPv6를 이용한 접속은 서서히 증가하고 있다. 2022년 3월 12일 시점에 세계 전체의 IPv6 보급률은 약 35%, 일본의 보급률은 약 45.27%으로, 2021년 3월 시점(약 38%)과 비교하면 약 7% 증가해 세계적으로 보아도 빠르게 보급이 진행되고 있다. 세계 전체에서 가장 IPv6 보급률이 높은 곳은 인도로 약 65%이다.

일본 국내적으로는 2017년도부터 모바일 통신사인 NTT 도코모, KDDI, 소프트뱅크는 스마트폰의 IPv6 대응을 개시했다. 모바일 통신사로부터 2018년도 이후에 발매되는 스마트폰 전 기종이 원칙적으로 IPv6 대응 제품이다. 또한 2022년 2월부터 NTT도코모로부터 IPv6 싱글택 방식에 의한 서비스 제공을 개시하고 있다. IIJ8은 2012년부터 개인용 MVNO 서비스에서 IPv6의 제공을 실시하고 있는데 2017년 9월 이후부터 보급률이 증가해 같은 해 10월에는 보급률이 25%에 달했다. NTT NGN10에 있어서의 IPv6 IPoE 보급률은 2019년 12월 시점에서 약 56%로 가파르게 증가하고 있다. 또, NTT NGN에서의 IPv6 트래픽도 급격하게 증가하고 있어 동 시점에서 전체 트래픽의 약 49%가 IPv6 IPoE에 의한 것이었다. 2021년 3월에는 플레츠 광넥스트 12의 IPv6 보급률이 80%에 도달하고 있다. 「IPv6 대응 가이드라인(전편) PDF」 (2022 3월, 일본 총무성) https://www.soumu.go.jp/menu_seisaku/ictseisaku/ipv6/index.html]

106) 후생노동행정 추진조사사업비 보조금 신흥·재흥 감염증 및 예방접종정책 추진연구사업으로 「일본의 감염증 대책 센터 기능 강화를 위한 구체적 방책에 대한 연구」가 2006년도부터 2008년도까지 행해졌다(후생노동성 자료, 대표연구자 倉根一郎 국립감염증연구소 명예소원). [https://www.mhlw.go.jp/

content/10601000/000689638.pdf (2020.3.)

107) 세계핵안전보장기구(가칭)에 대한 실체는 없다. 참고로 일본은 2010년 아시아지역의 핵시큐리티 강화를 목적으로 이바라키현에 있는 일본원자력안전기반기구 안에 '핵불확산·핵시큐리티 종합지원 센터'(ISCN)를 설립하는 등 원자력 설비에 있어서의 물리적 방호시스템과 핵물질과 기타 방사성 물질에 관한 수송 등 다양한 분야에서 각국 관계자의 능력강화를 위한 지원을 하고 있다. [https://www.gov-online.go.jp/eng/publicity/book/hlj/html/201612/201612_07_jp.html]

108) 「특정비밀 보호에 관한 법률」(약칭 「특정비밀보호법」)은 일본의 안전보장에 관한 정보 중 특히 은닉할 필요가 있는 것을 '특정비밀'로 지정하고 취급자 적성평가 실시나 누설된 경우의 벌칙 등을 규정한 법률이다. 2013년 12월 6일 성립하고, 같은 해 12월 13일에 공포되어, 2014년 12월 10일 시행되었다.

특정비밀보호법은 특히 은닉이 필요한 안전보장에 관한 정보를 특정비밀로 지정하고 취급업무에 종사하는 공무원들이 누설한 경우에는 최고 징역 10년에 처하도록 하고 있다. 이미 국가공무원법 등에서 규정된 광범위한 수비의무를 전제로 한 뒤 특정비밀보호법에서 직무상 알게 된 비밀 가운데 특정비밀이라는 유형을 만들어 압축하고 유출에 대한 최고형을 국가공무원법의 징역 1년에서 대폭 상향한 것이다. 또 국가공무원법과 달리 특정비밀보호법은 과실에 의한 누설행위도 처벌 대상으로 삼고 있다. 특정비밀은 ①방위, ②외교, ③간첩활동방지 및 ④테러방지라는 4가지 분야에 관한 정보로 한정된다. 시행 후 7년간 특정비밀보호법 위반에 따른 입건자가 없었다. [일본 위키피디아, 마에다 츠네히코, https://news.yahoo.co.jp/byline/maedatsunehiko/20191210-00154186 (2019.12.10.)]

제5장 흔들리는 지력의 기반

109) 국제통화기금(IMF) 데이터베이스(World Economic Outlook Database, April 2021)에 따르면 환율(미국 달러)로 환산한 일본의 명목 GDP 규모는 2010년 중국에 추월당한 이후 미국, 중국에 이어 3위이다. [https://www.nissay.co.jp/enjoy/keizai/135.html, 2023.9.9. 검색]

일본이 유지해 온 국내총생산(GDP)에서 세계 3위의 위상이 위태로워지고 있다. 계속되는 디플레이션에 발등의 급격한 엔저·달러 강세가 더해져 달러 환산 명목 GDP에서 세계 4위인 독일과의 차이가 급속히 좁혀지고 있다. 세계 최대의 인구 대국이 된 인도도 맹추격하고 있어 세계 경제에서 일본의 존재감은 오그라들고 있다. [일본경제신문 2023.2.19. https://www.nikkei.com/article/DGXZQOUA16D2R0W3A210C2000000/]

2022년도 명목GDP(IMF 통계)는 1위부터 5위까지 미국 25,464,475(백만US$), 중국 18,100,044, 일본 4,233,538, 독일 4,075, 395, 인도 3,386,403이다. 6~10위는 영국, 프랑스, 러시아, 캐나다, 이탈리아. 한국(1,665,246)은 브라질(1,924,134), 호주(1,701,893)에 이어 13위이이며, 멕시코(1,414,101), 스페인(1,400,520)이 뒤를 바짝 좇는다. [https://www.globalnote.jp/post-1409.html, 2023.4.14.]

110) 우리나라에서는『짱구는 못말려』로 소개되었다.

111) 2023 세계경쟁력 랭킹(World Competitiveness Ranking 2023). 1위 덴마크(2022년 1위), 2위 아일랜드(11위), 3위 스위스(2위). 아시아 국가는, 4위 싱가포르(3위), 6위 타이완(7위), 7위 홍콩(5위), 21위 중국(17위), 28위 한국(27위), 35위 일본(34위). 한국과 일본은 전년에 비해 한 계단씩 하락했다. [https://www.imd.org/centers/wcc/world-competitiveness-center/rankings/world-competitiveness-ranking/2023/]

112) TLO란 Technology Licensing Organization(기술이전기관)의 약칭이다. 대학 연구자의 연구 성과를 특허화하고, 그것을 기업에 기술이전하는 법인이며, 산과 학의 '중개역'의 역할을 수행하는 조직이다. 대학발 신규 산업을 창출하고, 그것으로 얻어진 수익의 일부를 연구자에게 되돌림으로써 연구 자금을 창출해, 대학 연구를 가일층 활성화하는 '지적 창조 사이클'의 원동력으로서 산학제휴의 핵심을 이루는 조직이다. [경제산업성 https://www.meti.go.jp/policy/innovation_corp/tlo.html]. 2023년 5월 1일 현재 승인 TLO는 32개 기관(내부형 10, 외부형 22) 이다. [문부과학성 https://www.mext.go.jp/a_menu/shinkou/sangaku/sangakub/sangakub5.htm]

113) 일반사단법인 일본경제단체연합회(Japan Business Federation)는 일본의 대기업을 중심으로 구성된 경제단체(이익단체)이다. 약칭은 '경단련'으로 '재계 총본산'이라고도 불린다. 경단련은 2002년 5월 28일 경제단체연합회(1946년 8월 16일 발족)가 일본경영자단체연맹(이하 '일경련'. 1948년 4월 12일 발족)을 통합해서 출범한 단체이다.

일본상공회의소, 경제동우회와 함께 '경제 3단체' 중 하나로, 그 중에서도 영향력이 가장 커서 회장은 '재계총리'로 불린다. 과거에는 경제산업성 소관 사단법인이었으나 공익법인제도 개혁에 따라 내각부 소관의 일반사단법인으로 바뀌었다.

114) 국민대학교 비즈니스IT전문대학원을 말한다. 국민대학교 비즈니스IT전문대학원은 비즈니스와 IT의 융합 분야에 있어서 한국 최고를 지향할 뿐만 아니라 궁극적으로는 세계적 수준의 교육과 연구의 산실이 되는 것을 목표로 하고 있다. 1984년 한국 최초의 경영정보학 교육기관으로 출범한 정보관리학과를 모태로 설립(2001.8. 비즈니스IT전문대학원 인가)되었으며, 개원 이래 정보통신부, 산업자원부, 교육과학기술부 등으로부터 전문인력 양성을 위한 정책자금을 지원받아 왔다. 경영정보학 분야의 오랜 지식의 축적과 산학연계를 바탕으로 전문인력들이 갖추어야 할 전공별 특화 지식 및 스킬 포트폴리오를 제공하고 있다. [국민대학교 비즈니스IT전문대학원 홈페이지 https://bit.kookmin.ac.kr/ko/intro01.html]

115) 2023년 9월 27일, Times Higher Education사(THE)가 세계의 대학 중 108개국·지역의 1,904개 교를 연구력과 국제성 등의 기준으로 순위를 매긴「세계 대학 랭킹」2024년판을 공개했다. 1위는 8년 연속으로 영국 옥스퍼드대, 2위는 스탠포드대(전년 3위), 3위는 매사추세츠공과대(동 5위), 4위는 하버드대(동 2위), 5위는 케임브리지대(동 3위)로 10위 이내에는 미국과 영국의 대학이 독점했다. 중국 칭화대 12위(동 16위), 베이징대 14위((동 17위), 싱가포르국립대 19위(동 19위)로 아시아권에서 3개 대학이 톱 20에 들었다. 도쿄대 29위(동 39위), 교토대 55위(동 68위)이다. 서울대 62위(동 56위), 연세대 76위(동 78위), 한국과학기술원(KAIST) 83위(동 91위)이다. [World University Rankings 2024 (THE) | Times Higher Education (THE)]

한편 또 다른 대학랭킹 발표기관인 QS사가 2023년 6월 27일, 세계 대학 순위 2024년판을 공개했다. 1위는 미국 매사추세츠공과대(전년 1위), 2위는 영국 케임브리지대(동 2위), 3위는 영국 옥스포드대(동 4위)였다. 일본에서는 도쿄대 28위(동 23위), 교토대 46위(동 36위), 오사카대 80위(동 68위), 도쿄공업대 91위(동 55위)로 4개 대학이 100대 대학 랭킹에 들었다. 도호쿠대는 113위(동 79위)로 밀렸다. 서울대 41위(동 29위), KAIST 56위(동 42위), 연세대 76위(동 73위), 고려대 79위(동 74위), 포항공대 100위(동 71위), 성균관대 145위(동 99위)이다. 베이징대는 17위(동 12위), 칭화대는 25위(동 14위)였다. 이 랭킹은 세계의 연구자를 대상으로 하는 조사와 소속 연구자의 과거 5년분의 논문 인용 분석 결과 등에 근거해 산출되는 것이다. [https://www.topuniversities.com/qs-top-uni-wur]

학술 출판 대기업 슈프링거 네이처((Springer Nature)는 2023년 6월 15일, 전 세계 대학과 연구소의 '연구력' 최신 랭킹(2023 Nature Index Annual Tables)을 발표했다. 국가별로는 자연과학 분야에서 중국이 미국을 제치고 처음으로 정상에 올랐다. 연구기관별로도 상위 10개 기관 중 6개 기관을 중국이 차지했다. 중국의 약진은 과학 연구에 대한 거액 투자가 배경으로 보인다.

랭킹은 과학지『네이처』등을 발행하는 동사가, 주요 과학지에 게재된 논문수 등에 근거해 매년 공표하고 있다. 이번에는 2022년 자연과학계 82개 잡지에서 발표된 논문에 대해 각 연구기관의 기여도를 집계했다. 국가별로는 중국이 전년의 2위에서 1위로 올랐고, 1위였던 미국은 2위로 전락했다. 3위는 독일, 4위는 영국이 뒤를 이었고 일본은 전년과 같은 5위다. 프랑스, 캐나다, 한국, 스위스, 호주가 뒤를 잇는다.

연구기관별로는 전년과 마찬가지로 선두는 중국과학원, 2위는 미국 하버드대, 3위는 독일 막스플랑크연구소다. 일본세는 도쿄대의 18위(전년 14위)가 최고로, 2년 연속 톱 10권 밖이다. 100위 이내에는 그밖에 교토대 44위(동 37위), 오사카대 74위(동 64위), 도호쿠대 99위(동 103위)가 들었다. 이화학연구소는 117위(동 87위)로 밀렸다. 서울대는 60위(동 60위)다.

이번부터 의학계 64개 잡지도 분석 대상이 되었다. 건강과학 분야에서는 미국이 1위를 차지했고 일본은 9위다.

랭킹 창설자 데이비드 수인뱅크스 씨는 중국이 자연과학 분야에서 미국을 앞지르는 것은 시간문제였지만 중국의 강점은 아직 건강과학 분야에 미치지 못했다고 지적했다. [2023 Nature Index Annual Tables, 요미우리신문 2023.6.19. https://www.yomiuri.co.jp/science/20230619-OYT1T50200/]

116) 도쿄대학의 외국인 교수(조교, 특임조교 이상)는 2014년도 215명, 2020년도 326명, 2023년도 362명이다. 2023년 5월 1일 현재 도쿄대학의 교수(조교, 특임조교 이상)는 4,885명이다. [도쿄대학 https://www.u-tokyo.ac.jp/focus/ja/features/z1304_00113.html, 2023.6.13.,]

117) Okinawa Institute of Science and Technology Graduate University(OIST). 과학분야의 5년 일관제 박사과정을 둔 학제적인 대학원대학. OIST는 국내외의 뛰어난 연구자를 모집하여 질 높은 연구를 수행하며, 세계 수준의 연구거점 형성을 추진하고, 오키나와에서의 기술이전 및 이노베이션을 촉진하는 지적 클러스터의 핵이 되는 것을 통해, 세계 과학기술에 기여하기 위해 일본 정부 주도로 창설되었다. 오키나와과학기술대학원대학 학원법學園法에 입각한 학교법인 오키나와과학기술대학원대학 학원(學園, 사립)이 운영하며, 예산의 거의 전액을 정부 보조금에 의존하고 있다. 2023년도 예산액 212.4억 엔.

2011년 11월 1일 설립. 학장은 Karin Markides(3대, 2023.6.1. 취임. 이사장 겸임). 연구분야는 화학, 공학·응용과학, 수학, 해양학, 물리학, 생태학·진화생물학, 생물학, 신경과학, 계산기과학 등 9개 분야. 연구 유닛 89(2023년 5월 현재).

2023년 5월 현재, 박사과정 학생 255명(외국인 80%, 여성 37%. 52개국·지역, 일본 50명, 중국 14, 한국 3명). 2023년 5월 현재, 교원수 87명(외국인 62%, 여성 18%), 교원을 포함한 전체 교직원 1,067명(외국인 45%, 여성 50%). 최근 입학자 수(2012년 34명, 2017년 37명, 2018년 34명, 2019년 52명, 2020년 62명, 2021년 44명, 2022년 50명-이 중 외국인 82%, 여성 30%)

2019년, 질 높은 논문 수로 세계의 연구기관 랭킹을 정하는 Nature Index의 정규화 랭킹에서 세계 9위의 평가를 받았다(같은 랭킹에서 도쿄대학은 40위). [OIST 홈페이지 등. https://www.oist.jp/ja/about/facts-and-figures, 『국토상생론』 역주98 참조]

118) 일본중국인교수회의(The Society of Chinese Professors in Japan. 약칭 SCPJ)는 2003년에 창립되었다. 회원은 주로 일본 전국의 국공사립대학, 연구기관 혹은 다국적 기업에서 교직 혹은 연구에 종사하는 현직 혹은 퇴직한 중국인 교수와 중국인 고급 연구자이다. 회원의 전공은 理工農医, 인문사회과학 각 분야를 망라하고 있으며 회원 수는110명 정도(2020년 12월 현재)이다.

일본중국인교수회의는 세계의 평화와 인권을 지키는 것을 취지로 하여 자유, 평등, 과학, 공정을 기본 정신으로 하고, 일본의 법률을 엄수하고, 다양한 학술 문화 활동, 사회 교류 활동을 전개해 일본 사회와 중일 양국의 수많은 국민으로부터 높은 평가를 받고 있다. 활동에는 주로 다음의 5가지 측면이 포함되어 있다. ①재일 화교, 중국인 교수, 학자 간의 학제 교류를 촉진하는 것, ②재일 화교, 중국인의 명예와 사회적 지위를 지키는 것, ③해협 양안의 상호 이해 촉진과 최종적인 통일 실현에 기여하는 것, ④중일 우호를 촉진하고 양국 민중의 상호 이해와 신뢰를 증진하는 것, ⑤각 지역, 각국의 지식인과 적극적으로 대화와 교류를 하는 것. [일본중국인교수회의 간사회 대표 熊達雲(야마나시학원대학 교수) 인사(2020.12.18.)]

119) 네기시 마사미츠의 연구에 의하면 1994년부터 2009년까지 시계열로 데이터를 분석한 결과, 일본 논문의 해외잡지 게재율(해외유출률)은 2001년의 80.6%를 정점으로 하락경향으로 전환, 2009년에는 1998년과 1999년 수준으로 회귀한 것이 판명되었다.

2009년도 일본인 연구자의 논문은 73,247건. 이중 국내지에 게재된 것은 15,289건. 나머지 57,958건, 전체의 79.1%는 해외지에 게재되었다. 세계전체 논문 수는 902,221건. 일본지에 게재된 논문 수는 22,616건이었다.

참고로 2009년도 일본논문과 일본지의 국제적 지위 및 연성장률 추이(1994~2009)를 보면 다음과 같다.

①일본인 논문의 해외유출률 79.1%(연성장률 0.4%)

②일본인 논문의 세계논문 점유율 8.1%(연성장률 -2.0%)
③일본인 논문의 해외지 점유율 6.6%(연성장률 -1.7%)
④일본발행지 게재논문 수의 세계 점유율 2.5%(연성장률 -1.7%)
⑤일본발행지 게재 외국인 논문 비율 32.4%(연성장률 7.0%)
⑥일본발행지 종류 수의 세계 점유율 3.8%(연성장률 -0.9%)

[根岸正光. "日本の学術論文と学術雑誌の位置付けに関する計量的調査分析 - 日本の論文の『海外流出率』の動向を中心として. 第8回 SPARC Japanセミナー 2010「世界における "日本の論文/日本の学術誌" のインパクト」". 国立情報学研究所. 2011, 17p. http://www.nii.ac.jp/sparc/event/2010/pdf/8/doc2_negishi_20110203.pdf, (accessed 2011-06-01)]

120) 약 1,000조 원, 1조 1천억 달러(2010년 당시 환율 기준).

121)『프레이(원제: Prey)』는 댄 트랙텐버그(Dan Trachtenberg)가 감독한 SF 액션 공포영화.『프리데이터(Predator, 영어판)』시리즈의 제5탄이다. 시리즈 다른 작품의 전일담으로 프리데이터의 지구 첫 수렵이 그려진다. 이 작품은 미국에서는 2022년 8월 5일 Hulu에서, 중남미에서는 Star+에서, 그 밖의 해외 지역에서는 Disney+에서 상영되었다. [일본 위키피디아]

122) 일본 왕위의 상징인 세 가지 진기한 물건. 즉 검, 거울, 곡옥.

123) 구직 활동조차 없는 청년실업자들. NEET/Not in Employment, Education or Training.

124) 일정한 직업 없이 아르바이트를 하면서 생활하는 사람. free+Arbeiter.

125) イチロー. 본명은 스즈키 이치로鈴木 一朗. 미국 프로야구 메이저리그에서 활약했던 일본의 유명 야구선수.

126) 유럽리그에서 뛰었던 일본의 유명 축구선수.

127) 탈여유교육이란 일본에서 여유교육에 의한 학습량 감소에서 일전하여 학습량 증가 방향으로 나아간 교육을 말한다.

고이즈미小泉 내각에서, 고사카 겐지小坂憲次 문부과학장관은 중앙교육심의회에 학습지도요령 재검토를 요청했고, 아베 정권이 계승하는 형태로 교육재생(여유교육 재검토)에 착수했다. 2007년 6월 아베 정권 하의 교육재생회의가 수업시간 증가를 제언하면서 '아베 내각 주요 방침 2007'에 수업시간 수 10% 증가를 명기했다. 2008년, 새로운 학습지도요령이 개정되어 여유교육에서 탈피했다는 점에서 '탈여유(교육)'라 칭해지며, 초등학교에서는 2011년도, 중학교에서는 2012년도, 고등학교에서는 2013년도부터 완전 실시되었다. 이 교육은 문부과학성에 의하면 여유 교육도 주입식 교육도 아니고, 삶의 힘을 기르는 교육이라고 설명하고 있다.

이와 함께 문부과학성은 1학급당 학생 수의 감축을 목표로 하고 있어 탈여유 교육이 시작되는 2011년도부터 초등학교 1학년이 40명 학급에서 35명 학급이 되었다.

또 2020학년도 이후(초등학교가 2020학년도 이후, 중학교가 2021학년도 이후, 고등학교가 2022학년도 입학생 이후)는 새로운 학습지도요령이 시행된다. 문부과학장관 메시지로, 여유교육이냐 주입식교육이냐 하는 이항대립적인 논의는 하지 않는다고 강조하고 있지만, 기자회견에서 '여유교육과 결별'이라고 표현하여, 이것이 탈여유교육선언이라고 해석되었기 때문에, 2020년도 이후에 실시되는 교육에 대해서도 '탈여유(교육)'라고 칭하고 있다.

2020년도 시행 학습지도요령은 주체적·대화적으로 심화학습(액티브러닝)과 커리큘럼 매니지먼트 관점에서 교육개선과 학습효과의 극대화를 도모하고, ①배움을 향한 힘, 인간성 등, ②지식 및 기능, ③사고력, 판단력, 표현력 등 세 가지 힘을 균형 있게 육성하는 것을 목표로 하고 있다. 2011년도 시행 초등학교, 2012년 시행 중학교의 이행 조치는 2009년도부터 시작되고, 2013년도 시행 고등학교에서는 2012년도부터 수학과 이과만 선행 실시되었다. 2020학년도 시행 초등학교, 2021학년도 시행 중학교의 이행기간은 2018학년도부터이며, 2022학년도 시행 고등학교의 이행기간은 2019학년도부터다. [일본 위키피디아 https://ja.wikipedia.org/wiki/脱ゆとり教育]

128) 이 의식조사는 일본청소년연구소가 2002년 5월 실시한 '고교생의 미래의식에 관한 조사'(일·미·중)이다. 일·미·중 고교생 의식조사는 2004년 2월에는 한국을 추가하여 '고교생의 생활과 의식에 관한 조사'(일·미·중·한)를 실시한 후 2013년까지 4개국을 대상으로 매년 실시하였다. 일·미·중·한 4개국 청소년 의식조사는 2014년부터 국립청소년교육진흥기구가 계승해서 실시하고 있다. [http://www1.odn.ne.jp/youth-study/]

2023년 6월 발표한 '고교생의 진로와 직업의식에 관한 조사'(일·미·중·한) 결과는 다음 사이트를 참고하기 바란다. [https://koueki.net/user/niye/110373404-1zentai.pdf (2023.6.)]

일본 문부과학성이 2012년 8월 10일 공표한 바에 의하면 일본 고교생은 미국이나 중국, 한국에 비해 자기긍정감이 낮고, 사회에 미치는 영향력이 낮다고 느

끼고 있는 것으로 나타났다. [https://resemom.jp/article/2012/08/22/9402.html]

129)「경제시책의 일체적 강구를 통한 안전보장 확보 추진에 관한 법률」(경제안보법, 경제안보추진법, 경제안전보장법, 2022년 법률 제43호)은 일본 기시다 내각의 간판정책 중 하나이다. 위반한 기업 등에게는 '2년 이하의 징역' 또는 '100만 엔 이하의 벌금'이 부과된다. 미국과 중국의 패권 경쟁을 의식하며, 국민 생활과 사회 경제 활동에 큰 영향이 있는 '특정 중요 물자'의 안정 공급을 목표로 하는 동시에, 사이버 공격에 대한 대비나 첨단 기술의 유출을 방지하는 것 등이 목적이다.

일본 정부는 본법을 경제안전보장 강화를 위한 법 정비의 '제1탄'으로 규정하고 있으며, 본법의 골자는 다음 4가지다. ①반도체 등을 안정적으로 확보하는 서플라이 체인(공급망)의 강화 ②사이버 공격에 대비한 기간 인프라 사전 심사 ③민·관 협력을 통한 첨단기술 개발 ④원자력과 고급 무기에 관한 기술의 특허 비공개

2022년 5월 11일에 제정되고, 5월 18일 공포되어, 2022년 8월 1일 시행되었다. [일본 위키피디아 https://ja.wikipedia.org/wiki/経済施策を一体的に講ずることによる安全保障の確保の推進に関する法律]

130)「산업스파이 방지 등 영업비밀 보호 강화를 위한 부정경쟁방지법」 개정은 2015년 7월 3일 성립(7월 10일 공포)되어 2016년 1월 4일 시행되었다. 2015년 부정경쟁방지법 개정 내용은 다음과 같다.

개인에 대한 벌금액의 상한을 종전 1천만 엔에서 2천만 엔으로 올리고, 해외 유출 사건에서는 상한을 3천만 엔으로 한다. 법인에 대한 벌금은 종전 3억 엔에서 5억 엔으로 인상하고, 해외 사건은 10억 엔으로 했다. 훔친 정보를 이용해 얻은 수익을 몰수하는 규정도 새로 마련한다. 영업비밀 유출을 피해자의 고소 없이도 기소할 수 있는 '비친고죄'로 하고, 미수도 수사를 할 수 있도록 단속 대상을 넓혔다. 일본 기업이 해외에 보유하고 있는 서버의 정보를 훔치는 행위도 처벌할 수 있도록 해, 최근의 IT사정에 부응한 법제도로 고쳤다. 또 정보 유출 피해를 본 기업이 훔친 기업을 상대로 제기하는 민사소송에서는 설계도 등 물건의 생산방법을 둘러싼 정보 유출의 경우 피해기업의 입증책임을 가볍게 했다. [산케이신문, 2015.3.13. https://www.sankeibiz.jp/macro/news/150313/mca1503131616010-n1.htm, 일본경제신문, 2016.1.4. https://www.nikkei.com/article/DGKKZO95684930R31C15A2TCJ000/]

이밖에 2009년 개정(영업비밀 침해죄 처벌대상범위 확대-영업비밀 침해죄의 목적요건이 변경되고 영업비밀 영득 자체에 대한 형사처벌 도입), 2018년 개정(한정제공 데이터의 부정취득 등을 부정경쟁행위로 추가)을 통해서도 영업비밀

보호를 위한 조치가 도입되었다. [경제산업성, https://www.meti.go.jp/policy/economy/chizai/chiteki/kaisei_archive.html]

131) 일본 정부는 2008년 외국인 유학생을 2020년까지 30만 명으로 늘리는 계획을 세워 2019년에는 역대 최다인 31만 명을 기록했다. 하지만 코로나19 사태로 2020년 2월 이후에는 외국인의 입국을 제한, 외국인 유학생은 2021년 5월 시점에서 24만 2,444명으로 피크 시보다 20% 줄었다. 이 중에는 해외에서 원격수업을 받는 약 2만 명을 포함해 실제로 일본에서 배우는 유학생은 더 적었다. 내역은 대학과 대학원 등이 약 20만 명, 일본어학교가 약 4만 명이었다. 문부과학성은 6월 21일 유학생 지원강화책을 발표하고, 코로나19 여파로 감소한 외국인 유학생 수용과 일본인 학생의 해외유학을 2027년까지 코로나19 사태 이전 수준으로 회복시키기로 했다. 외국인 유학생은 약 31만 명, 일본인 해외 유학은 약 12만 명이 기준이다. 유학처로서의 일본의 매력 발신이나, 외국인 학생에 대한 취직 지원 등 유학생 확보 강화가 회복책의 골자다. [요미우리신문, 2022.6.21. https://www.yomiuri.co.jp/national/20220621-OYT1T50118/]

『검증 국가전략 없는 일본』 역자 후기(2007)

이 책은 일본 요미우리신문 정치부가 지난해 11월말 신초사新潮社를 통해 발간한 『검증 국가전략 없는 일본検証 国家戦略なき日本』을 번역 출판한 것이다.

1년 전인 작년 6월 25일 요미우리신문은 「제5부 표류하는 해양일본」을 마지막으로 장장 1년 6개월에 걸친 대형 기획시리즈 『국가전략을 생각한다』의 연재를 마쳤다. 『검증 국가전략 없는 일본』은 이 기획시리즈를 추가 취재하고 보완하여 제목을 바꾸어 단행본으로 발간한 것이다.

역자는 요미우리신문 취재진이 우리나라의 해양수산정책을 취재하는 과정에서 잠시 통역을 한 것이 인연이 되어 이 책을 번역하게 되었다.

지난해 5월 23일부터 24회에 걸쳐 연재된 「제5부 표류하는 해양일본」 시리즈는 매우 흥미진진하고 유익했다. 독도 주변 해양조사를 둘러싼 한·일 양국 간의 최신 현안을 비롯하여 EEZ 주변에서의 불법조업 문제, 좌초 위기에 직면한 선원 문제, 외국인에 의존하는 에너지 수송, LNG선 테러 대책, 믈라카해협의 해적 문제, 항만의 국제경쟁력 저하 문제, 어업관리에 대한 국제적 조류, 해저 광물자원 개발, 동중국해의 해양오염 문제, 중국의 등장으로 인한 국제 수산물 시장의 판도 변화 등이 현장 취재를 통해 생생하게 전달되었다.

이러한 문제들은 일본만의 문제가 아니었다. 일본과 좁은 대한해협을 사이에 두고 있는 바로 우리나라의 일이었다. 나아가 이 문제들은 일의대수一衣帶水의 관계에 있는 한·중·일 3국의 공통된 관심사이기도 했다.

역자는 연재가 되는대로 기사를 번역하여 직원들과 공유하는 기회를 가졌다. 이것이 작년 9월 14일 서울에서 개최된 「미래 국가해양전략 국제포럼」에 취재진의 한 사람인 다나카 다카유키田中隆之 정치부 차장을 초청하여 일본의 해양정책에 대해 들을 수 있는 기회로 이어졌다.

이 연재를 계기로 일본에서는 전부터 거론되던 해양기본법 제정 분위기가 일거에 힘을 얻어 마침내 지난 4월 27일 해양기본법이 제정되었고, 바다의 날과 인연이 깊은 7월 20일부터 시행되게 되었다

이 책은 해양문제 이외에도 과학기술, 자원·에너지, 지적기반, 안전문제를 다루고 있다. 이 모든 문제들은 국가가 존속하고 경쟁력을 갖는 데 있어서 소홀히 해서는 안 될 중요한 과제들이다.

다나카 차장은 서울에서 열린 포럼에 참석하여 한국은 이미 통합해양행정 체제를 갖추고 있어 해양수산정책이 성과를 거두는 데 이점을 갖고 있다고 말했다. 오다小田 정치부장은 후기에서 "해양정책은 오히려 한국에게서 배울 점이 많다"고 했다. 그러나 그들이 생각하는 것처럼 우리의 해양정책이 그렇게 많은 성과를 거두고 앞서가고 있는지는 다시 생각해볼 일인 것 같다.

중국의 해양굴기海洋崛起 : 바다에서 일어선다가 왕성하다. 후진타오 국가주석은 지난해 12월 '중국은 해양대국'이라고 선언했다. 이를 뒷받침이라도 하듯이 중국은 지난 4월 영해권을 지키기 위해 자체개발한 해양위성 '하이양海洋-1호B' 발사에 성공하고 앞으로 5기를 추가로 발사할 것이라고 밝혔다. 2010년에는 자체기술로 항공모함을 만들고, 해양업무 전담부처 설립도 추진하고 있다. 전국인민정치협상

회의(정협) 상임위원회 우밍시吳明熹 부비서장은 최근, 국가의 장기 전략과 이익, 그리고 안전을 위해 해양업무를 총괄하는 부처를 신설할 것을 정협 회의에 제안했다. "현재 해양업무가 20여개 부처에 분산되어 있어 300만㎢에 이르는 방대한 해양관리 업무에 혼란을 일으키고 있다"며 "군을 포함, 해양업무를 총괄하는 특별기구를 만들어 총리 직속으로 두고 부처에 흩어져 있는 해양업무를 총괄토록 해야한다"고 주장했다. 정협은 이 문제를 국가장기전략 차원에서 심도 있게 논의 중이라고 한다.

일본은 해양기본법 제정이 늦어지고 통합 해양행정 체제가 갖추어지지 않았을 뿐 세계 최고 수준의 해양과학기술 대국인 것은 누구도 부인하지 않는다. 우리나라가 2005년말 6,000m급 심해무인 잠수정 '해미래'를 개발한 데 비해, 일본은 심해 6,500m까지 잠수할 수 있는 현존 최고 수준의 유인심해잠수정 '신카이深海6500'을 이미 1989년에 개발했다. 해양기본법이 시행되면 일본의 해양정책은 더욱 힘을 얻고 해양과학기술은 더욱 기반을 공고히 하게 될 것이다.

우리나라는 5,000m 심해저 광물자원 개발 경쟁에서 이미 중국에 추월당했다. 1990년대 말만 해도 우리나라의 심해저 채광기술이 중국보다 8년 가량 앞섰지만, 지금은 오히려 중국보다 8년 가량 뒤처져있다고 전문가들은 분석한다. 심해저개발에 투입되는 예산이 중국의 10분의 1에 불과하기 때문이다. 우리나라에는 단 한 척도 없는 3,000톤급 이상 조사선을 일본은 7척, 중국은 10척 이상 보유하고 있다. 일본은 심지어 수심 2,500m의 해저를 7,000m까지 굴착할 수 있는 5만7,000톤급 지구심부탐사선 '치큐호'를 보유하는 등 막강 해양력을 자랑하고 있다. 우리나라의 가장 큰 해양조사선인 '해양2000호'는 2,500톤급이다. 우리나라는 금년에야 겨우 극지 조사용

쇄빙선 건조에 착수했다.[1)]

통합해양행정을 추진하기 위해 해양수산부가 설립된 지 벌써 10년이 지났지만, 해양수산부가 가야할 길은 아직 멀고 험난하다. 주변 해양 강국과의 경쟁에서 살아남기 위해서 해양수산부는 무엇을 어떻게 해야 할 것인가?

앞서가는 일본과 쫓아오는 중국 사이에서 고민하는 것은 해양분야뿐만이 아닐 것이다. 과학기술, 자원·에너지, 지적기반, 안전문제에 있어서도 똑같은 고민을 해야할 것으로 생각된다.

일본열도의 표류는 끝났다.

지난달 방문했던 지방 중소항만 히타치나카항常陸那珂港에서 그것을 느낄 수 있었다. 금년 1월 건설중장비 제조업체 고마츠제작소小松製作所가 200억 엔을 투자하여 항만 배후지에 새로운 공장을 건설했다. 내년 4월에는 경쟁업체인 히타치건기日立建機의 공장도 입주한다고 한다. 내륙지역보다 항만 주변 지역에 입주하는 것이 운송비를 절감할 수 있고, 부동산 취득세 면제 등 입주에 따른 혜택을 받기 때문이다. 부두 옆에 있는 화력발전소는 있는 듯 없는 듯 조용히 돌아가고 있었다. 이곳이 지역구인 가지야마 히로시梶山弘志, 자민당 중의원 의원 국토교통대신정무관도 항만 활성화에 열의를 갖고 있었다. 혼마 모토키本間源基 시장은 재정자립에 자신감을 보였다.

일본은 이제 '잃어버린 10년'을 끝내고 새로운 항해를 시작했다.

---

1) 최초의 쇄빙연구선 아라온호(7,487톤)는 2006년 건조를 시작하여 2009년 투입되었다. 차세대 쇄빙선은 2022년 설계를 시작하여 2027년부터 운항, 북극 연구를 전담하게 될 예정이다. 총톤수는 15,450톤으로 아라온호보다 2배의 크기이고, 1.5m 두께 얼음을 3노트(약 5.6㎞/h) 속도로 쇄빙할 수 있게 된다. 아라온호는 1m 두께의 얼음을 5㎞/h 속도로 쇄빙할 수 있다. 총사업비 2,774억 원.

'잃어버린 10년'은 '준비된 10년'이었다고들 한다.[2]

금년은 우리나라가 IMF 체제를 겪은 지 10년째이다. 우리나라는 일본에 견제당하고 중국에 쫓기는 '샌드위치' 신세라고 한다.

우리는 지금 표류하고 있는가? 항해하고 있는가? 현재의 정확한 좌표를 설정하는 것이 중요하다.

독도에는 조그만 표석이 하나 있다. 그 표석에는 이렇게 씌어 있다. '대한민국 동쪽 땅 끝'

"동쪽 먼 심해선深海線 밖의 한 점 섬 울릉도로 갈거나/ 금수로 굽이쳐 내리던 장백의 멧뿌리 방울 튀어/ 애닯은 국토의 막내/ 너의 호젓한 모습 되었으리니… ." 이렇게 시작되는 청마 유치환의 시 「울릉도」에서 연유하여 '국토의 막내'라고도 부른다.

그러나 나는 여기에 동의하고 싶지 않다. 왜 독도가 '대한민국 동쪽 땅 끝'인가? 왜 독도가 '국토의 막내'인가?

독도는 우리나라에서 가장 해가 먼저 뜨는 곳이다. 울릉도보다 4분이나 먼저 뜬다. 독도는 지질학적으로도 울릉도와 제주도보다 먼저 형성된 섬이다. 울릉도보다 약 200만 년이나 빠르다. 독도는 한갓 섬이 아니다. 자체적으로 약 1,600㎢의 영해를 갖고 있다. 제주도(1,847㎢)보다 약간 작은 면적이다. 배타적경제수역(EEZ)을 따지면 그 면적은 더욱 넓어진다. 그 주변의 바다 속에는 무궁무진한 자원이 감추어져 있다. 수산자원, 가스 하이드레이트,[3] 해저열수광상

---

2) 역자의 섣부른 판단과 달리 지금은 버블 붕괴 직후인 1990년대부터 이어지는 '잃어버린 30년(失われた30年)'으로 불린다. [https://business.nikkei.com/atcl/gen/19/00081/121400478/]

3) Gas Hydrate. 천연가스가 영구 동토나 깊은 바다 속 저온 혹은 고압상태에서 물과 결합해 생긴 고체 덩어리. 일명 '불타는 얼음'이라고 한다. 2007년 6월 19일 동해 심해에서 채취에 성공. 미국, 일본, 인도, 중국에 이어 세계에서 다섯 번째.

등……. 그런데도 불구하고 독도를 대한민국의 동쪽 땅 끝으로만 볼 것인가? 국토의 막내로만 볼 것인가?

독도를 대한민국의 동쪽 땅 끝으로 보는 것은 서울을 중심으로 한 육지적 사고에 불과하다. 독도를 국토의 막내로 보는 것은 가슴 저린 시심에서 우러나는 것일 뿐이다.

독도를 동쪽 땅 끝으로 보는 시각은 바다를 경시하는 큰 오류를 범하기 쉽다. 독도를 하찮은 것으로 생각하고 평상시에는 잊어버리고 여의치 않으면 버려도 되는 것으로 생각하기 쉽다.

독도를 국토의 막내로 보는 시각은 감성에 치우치기 쉽다. 국민적 관심사가 생기면 금방 달아올랐다가 일이 끝나면 금방 식어버리기 쉽다. 방문해서 사진 한 장 찍고, 머리띠 두르고 구호를 외치는 것으로 독도를 사랑하고 애국하는 것 같은 착각에 빠지기 쉽다.

나는 독도를 '대한민국의 시작'으로 부르고 싶다. '국토의 맏형'으로 부르고 싶다.

독도를 땅 끝으로 보는 시각과 시작으로 보는 시각은 너무 다르다. 이런 생각은 비단 독도나 해양정책을 바라보는 관점에서 뿐만 아니라 과학기술, 자원·에너지, 지적기반, 안전문제를 바라보는 시각에서도 동일하다고 할 것이다.

독도를 '대한민국의 시작'으로 보는 발상의 전환이 필요하다. 그런 혁신적 사고, 바로 창신創新이 필요한 때다.

예전 초등학교 국어교과서에 실렸던 「펜의 힘」이라는 글이 생각난다. 벌써 40년 가까운 일이라 기억이 희미하지만 대개 이런 내용이었던 것 같다.

제1차 세계대전이 한창이던 때였다. 영국 런던에서 한 청년이 신문다발을 가지고 나와서 외쳤다. "매국신문을 불사르자!"

이유는 이 신문이 영국이 전쟁에서 지고 있다고 보도한 때문이었다. 이 신문은 영국이 전쟁에서 지고 있으며, 그 원인은 낡은 대포와 불발탄이 많기 때문이라고 보도했다. 정부에서는 영국에 불리한 전황은 일절 보도하지 못하도록 하고 있었다. 신문은 약탈되거나 불태워지기 일쑤였고 다른 신문들도 이 신문을 비난했다. 그래도 이 신문은 사실대로 보도를 계속했다.

전선에서 돌아온 부상병들의 입을 통해 영국이 전쟁에서 지고 있는 것이 사실이며, 그 원인도 대포가 낡고 불발탄이 많기 때문이라는 것이 점점 알려지게 되었다. 국민들은 이제 이 신문을 믿게 되었으며, 정부도 대포를 개선하는 데 힘을 쏟았다. 그 결과 마침내 전쟁에서 승리하게 되었다.

전쟁이 끝난 뒤 독일 황제 빌헬름 2세(재위 1888~1918)는 이렇게 말했다. "나는 신문 때문에 졌다. 한 장의 신문 때문에…."

그 신문은 『데일리 메일(Daily Mail)』이었다.

이 책을 번역하면서 내내 『데일리 메일』을 생각했다.

이 책을 번역하는 데 도움을 주시고, 출간하는 데 용기를 주신 많은 분들께 지면을 빌어 감사의 말씀을 드린다.

2007년 6월

김연빈

정치가와 공무원이 꼭 읽어야 할 책 『검증 국가전략 없는 일본』

1. 국가전략은 없고 정쟁과 맹목적 추종만 가득한 국정 현장

국가정책은 없고 이념만 무성하다

국가전략을 논의해야 할 국회는 정쟁만이 난무한다. 많은 언론 매체와 사람들이 그렇게 말하고 있다. 한 언론인은 "저출산·고령화 문제는 전 국민이 각성해도 그 효과는 20년 30년 뒤에나 나오는데, 우리 정치판은 내전 상태"라고 말한다(김대중, 「저출산·고령화로 '소멸'하는 나라」, 조선일보, 2023.9.19.). 한 교수는 "국가가 양쪽으로 쪼개져 아무리 좋은 정책이라도 진영논리에 막혀있어 국가위기대응 정책은 실종되고 있다"고 경고한다(강태진 서울대 재료공학부 명예교수, 국가교육위원회 미래과학인재양성 특별위원회 위원장,

1) 이 후기는 2008년 10월 실시한 '국토해양부 독후감 경진대회'에서 입선한 역자의 글 「정치가와 공무원이 꼭 읽어야 할 책 『검증 국가전략 없는 일본』」(『독후감 사례집』, 국토해양부, 2008.12.)을 바탕으로 최신의 시사문제와 사회상을 반영하여 수정·보완한 것이다. 당시 독후감 출품작은 모두 2,248편이었다.

사단법인 한국ESG학회 제13회 학술대회 기조강연, 2023.9.10.). 다른 교수는 우리 경제성장률이 25년 만에 일본에 역전되는 초유의 일이 벌어지고 있다면서, 그 원인은 민생보다 이념을 중시한 결과라고 하고, 이 위기의 본질을 '정부 발 위기', '이념 발 위기'라고 했다(김현철 서울대 국제대학원장, 민주당 정책토론회, 2023.11.1.).

한동안 서울~양평고속도로 종점변경 문제가 시끄럽더니 이를 덮기라도 하듯이 '김포시 서울 편입' 주장을 계기로 분출된 '메가시티 서울론'이 정가를 뜨겁게 하고 있다. 11월 2일, 대통령은 4대 특구를 중심으로 지역을 '살기 좋은 곳'으로 만들겠다며 「제1차 지방시대 종합계획」을 발표했다. 같은 날 여당은 서울에 김포시를 편입하는 방안을 당론으로 정했다. 김포와 유사한 도시도 대상으로 하겠다고 한다. 당정이 심각한 엇박자를 내고 있다. 지방시대·지방분권과도 대립된다. 국토균형발전 차원에서 진지하게 검토해야 할 것을 속전속결로 특별법률안까지 발의하니 총선전략이라는 비판을 피하기 어렵게 됐다. 묵인인지 일탈인지, 무시인지 확신인지 평범한 시민은 감을 잡기 어렵다.

메가시티와 메가리전, 초광역도시권에 대해서는 앞에서 소개한 『바다로 열린 나라 국토상생론』(2022)에서 도쿄권, 맨체스터 도시권, 그레이터 워싱턴, 그레이터 나고야, 오사카·고베·효고를 중심으로 한 KANSAI關西의 사례를 통해 방향을 제시(제2장 「도시 경쟁력 강화, 광역권 구축」)하고 있으니 우선 참고하고 속도를 조절했으면 한다.

견마지로와 손타쿠가 눈에 띄게 늘고 있다

1970년대 중반에 한 지방 국립대학교 총장이 문교부장관으로 발탁되자 대통령께 견마지로를 다하겠다고 해서 세간에 회자된 일이 있다. 어느 정권을 가릴 것 없이 견마지로를 다하는 권력기관들이 있다. 맹종과 견강부회, 용비어천가가 가득하다.

아베 전 일본 수상 재임 시에 손타쿠忖度, そんたく란 말이 유행했다. '손타쿠'는 상대방의 마음을 헤아리는 것을 뜻하는 말로 원래는 긍정적인 의미이다. 하지만 최근에는 윗사람의 뜻을 헤아려 과도한 배려를 하는 것처럼 부정적인 의미로 사용되는 경우가 늘고 있다. 2017년 일본 '유행어대상'에 선정되었다. 모리토모학원문제森友学園問題나 가케이학원문제加計学園問題에서 이 손타쿠가 자주 사용되었다.

모리토모학원문제는 재무성의 지방기관인 긴키재무국近畿財務局이 아베 수상의 부인 아키에昭恵 여사가 명예교장을 맡고 있는 모리토모학원에 대해 국유지를 감정가격 9억 5,600만 엔보다 현저하게 낮은 1억 3,400만 엔에 불하한 것이 문제가 된 것이다. 모리토모학원의 당시 이사장이 긴키재무국과 교섭 시에 아키에 부인과의 교류를 강조했다는 것이 판명되어, 수상 부부의 영향으로 토지 가격이 부당하게 낮아진 것이 아닌가 하는 견해이다. 이사장은 이 소학교를 '아베신조기념 소학교'로 교명을 바꿀 계획이었다. 교섭 경위를 잘 아는 재무성의 사가와 노부히사佐川宣寿 이재국장은 국회 심의에서 정권에 대해 배려한 것이 아니라고 답변, 수상관저의 높은 평가를 받아 2016년 6월 국세청장으로 승진했다. 그 후, "폐기했다"고 했던 교섭 관련 문서가 발각되고, 결재 문서가 조작된 것도 판명되었다. 이로써 사가와 국세청장은 2018년 3월 사임하게 되었는데, 교도통신 여론조사에서 문서 조작 책임은 '총리에게 있다'라는 회답이 66%였다(도쿄신문, 2020.9.7.).

가케이학원문제는 문부과학성이 52년 동안 어느 대학에도 인가하지 않았던 수의학부 신설을 국가전략특구사업으로서 가케이학원 산하 오카야마岡山이과대학에 인가한 것이 의혹으로 부상한 것이다. 가케이학원 이사장과 아베 수상이 '오랜 친구'였기 때문에 '특별한 편의'를 준 것이 아닌가 하는 의심을 받았다. 오카야마이과대학이 있는 에히메현이 국회에 제출한 문서에는, 수상이 가케이학원 이사장의 수의학부 구상을 듣고 "좋다"고 했다고 기록되어 있다. 수상은 직후에 가케이학원 이사장과의 면회를 부정했다(닛케이, 2020.5.18.).

이 두 문제, 즉 '모리카케문제モリカケ問題'에 아베 수상이 관여했다는 의혹이 짙다. 아베 수상은 2020년 8월 28일 퇴임 표명 기자회견에서 이를 부인했으나 근거를 대지는 못했다(2020.8.29. 도쿄신문 등 종합).

손바닥으로 하늘을 가릴 수 없다. 하늘이 알고, 땅이 알고, 내가 알고, 네가 안다(四知).

우리 사회에도 달갑지 않은 손타쿠 현상이 눈에 띄게 늘고 있다.

지록위마가 횡행한다

교수신문이 한해를 되돌아보는 사자성어로 '지록위마'指鹿爲馬를 꼽은 적이 있다. 2014년이다. 지록위마는 사슴을 가리켜 말이라고 부른다는 뜻으로『사기』「진시황본기」에 나오는 고사성어이다. 진시황이 죽자 환관 조고가 태자를 죽이고 어린 호해를 황제로 세워 조정의 실권을 장악한 뒤 2세 황제 호해에게 사슴을 바치며 "좋은 말 한 마리를 바칩니다"하고 거짓말을 했다. 호해는 "어찌 사슴을 가리켜 말이라 하오"라며 신하들에게 의견을 물었으나, 신하들은 대부분 조고가 두려워 "그렇다"고 긍정했다. 조고는 사슴이라고 말한 사람을 기억해 두었다가 죄를 씌워 죽였다. 처음에는 윗사람을 농락하는 것을 일컫는 뜻이었으나, 지금은 흑백이 뒤바뀌고 사실이 호도되는 것을 일컫는 말로 쓰인다. 이 사자성어를 추천한 한 교수는 "세월호 참사 등을 보면 정부가 사건 본질을 호도하고 있다"고 지적했다. 또 한 교수는 "정치계의 온갖 갈등이 대통령의 눈과 귀를 가리고 대통령 스스로 사슴을 가리켜 말이라고 일컫는 형국"이라고 비판했다(연합뉴스, 2014.12.21.).

지금 대한민국에 지록위마가 횡행하고 있다.

2. 정치가와 공무원이 꼭 읽어야 할 책『검증 국가전략 없는 일본』

1) 주마가편-경제대국 일본의 자기성찰

"국가정책도 없이 침체에 빠진 과학기술력, 인재와 기술 유출로 열세에 놓인 지적재산권 전쟁, 중국과 한국에 빼앗긴 해양자원…. 국가의 부침을 좌우하는 수많은 문제들이 정치 무대에 오르지도 못하고 그냥 방치되고 있다. 이 나라는 쇠퇴하여 이제 선진국으로부터 몰락할 수밖에 없는 것일까? 전에 없는 기로에 직면한 일본의 현상을 검증한다."

이것은『검증 국가전략 없는 일본』의 내용을 한 문단으로 요약한 것이다.

『검증 국가전략 없는 일본』은 역자 서문에서 소개한 바와 같이 요미우리신문 정치부가 2005년 1월 1일부터 2006년 6월 25일까지 무려 1년 6개월에 걸쳐 같은 신문에 연재한 5부작「국가전략을 생각한다」를 2006년 11월, 제목을 바꾸고 추가 취재·보완하여 단행본으로 간행한 책이다. 국가의 성쇠와 직접 관련이 있으면서도 정치권의 관심에서 멀어진 과학기술, 에너지·자원, 지적 기반, 안전관리, 해양문제 등 5개 분야를 테마로 일본의 국가전략 부재를 비판하며 정치가와 관료, 그리고 국민의 관심과 각성을 촉구하고 있다. 간행 2년 후에는 이를 다시 재검증하여 같은 이름의 문고판이 발간되었다.

특히 정치부 기자들이 전문분야도 아닌 테마를 색다른 시각에서 다루고 있는데, 이에 대해서는 "많은 정책이 관료 주도로 형성되어 가지만, 정치적으로 큰 문제가 되면 정치가가 '등장'하고, 바로 정치적인 판단으로 국가의 방침이 결정된다"고 하면서, "하나의 정책이 국가전략으로서 확립되기 위해서는, 전제가 되는 과제의 존재를 깨닫고, 그것을 정책적으로 채택하여 매진하는 정치가가 나타나는 것이 불가결하다"고 말하고 있다. 또한 "정치를 움직이는 것은 정치가만이 아니다. 국민이 관심을 갖고 작더라도 계속해서 목소리를 내는 문제는 언젠가 정치를 움직일 때가 있다. 무엇보다도 국민여론이 이러한 전략이나 정책을 찾아내어서 긴 안목으로 지원해 나가는 것이 필요하다"고 말하고 있다.

고바야시 요시아키 게이오대 교수(당시)는 "자원이 없는 일본이 살아남기 위해서는 과학기술과 그 제품화를 위한 산학연계가 불가결한데, 그런 것에 대해 놀라울 정도로 무관심한 정치가가 많다. 이 책은 신문사 '정치부'의 시선으로 일본의 기술전략과 해양전략 등의 문제점을 파헤치고, 장래 아시아의 경쟁 국가들에 뒤지지 않도록 현실에 경종을 울린 역작"이라고 평하였다(아사히신문 서평, 2006. 12. 24.).

"일본 우익의 뿌리는 과장된 위기감"이라는 주장이 제기된 적이 있다(『일본 우익의 어제와 오늘』, 동북아역사재단, 2008). 즉, "일본의 초기 국가주의는 위기의식의 과장으로 내부를 긴장시키고 이를 이용해 체제를 변혁시키려는 경향과 관계가 있다"고 하면서, 이것이 청일전쟁과 러일전쟁을 거쳐 아시아주의로 성장하고 마침내는 태평양전쟁으로 이어졌다는 것이다. 또한, 보수연정체제인 '55년 체제'의 붕괴(1993년 호소카와 모리히로 총리의 일본신당 연립정권 탄생)는 역설적으로 일본사회의 우경화가 본격적으로 시작되었음을 알리는 신호탄이었다고 한다.[2)]

요미우리신문은 1일 발행부수 약 792만 부(조·석간 포함)를 자랑하는 일본 최대의 일간신문으로 우익 성향을 띠고 있다. 이런 요미우리신문이 자국의 국가전략 부재를 질타하면서 국가적인 개선을 촉구하는 것은 예삿일이 아니다. 이는 다분히 일본의 국가이익을 추구하면서 주마가편走馬加鞭, 즉 달리는 말에 채찍을 가하는 것이라고 이해할 수 있을 것이다. 이 책의 의도는 그런 연장선 상에서 경제대국 일본의 자기성찰이라고 해도 과언이 아니다.

실제로 요미우리의 기획시리즈 연재를 계기로 여러 분야에서 새로운 개선 움직임이 나타났다. 그 구체적인 예로서 2007년 4월 제정되어 같은 해 7월 20일 시행된 해양기본법을 들 수 있다. 요미우리신문은 일본이 해양을 둘러싼 국제 정세에 제대로 대응하고 있지 않았음을 꾸준히 지적해왔으나, 실제로 해양기본법 제정 논의는 오랫동안 지지부진했다. 그러던 것이 요미우리신문의 연재를 계기로 해양기본법 제정 분위기가 일거에 힘을 얻어 마침내 여야 합의로 해양기본법이 제정된 것이다. 그래서 이 시리즈의 해양부문 취재자인 가와사키川崎, 하시모토橋本 두 기자는 해양기본법 제정에 기여한 공로로 요미우리신문 특별상을 수상(2007.6.)하기도 했다. 해양기본법 제정은 일본 우경화의 한 모습으로, 일본과 바다를 접하고 있는 우리나라와 중국 등 주변 국가를 긴장하게 만드는 것이다. 우리는 일본의 해양기본법 운용 동향을 잘 지켜보아야 한다.

2) 「과장된 위기감이 日 우익의 뿌리」, 경향신문 온라인 2008.4.17. 손제민 기자

2) 타산지석-일본이 고생하며 걸어온 길은 한국에도 참고가 될 것

일본의 국가전략 부재는 정치적 매력을 끌지 못하는 특정 분야에 대한 정치가의 관심 부족, 정부 부처 간의 할거주의, 전체를 보지 못하고 부분에만 집착하는 국지주의, 지역주의 등의 모습으로 나타난다. 그럼 이 책에서 지적하고 있는 것 중에서 국토교통과 해양 분야 국가전략 부재의 모습을 두 가지만 들어보자.

우선, 로켓 발사장인 다네가시마 우주센터가 안고 있는 활주로 문제이다. 인공위성을 실은 대형수송기가 이착륙하는 데는 2,500m의 활주로가 필요한데, 다네가시마공항의 활주로는 1,500m이다. 그래서 위성을 가고시마공항까지 수송기로 운반한 후에 다네가시마까지는 배로 운반한다. 초정밀기기가 집적된 위성을 요동이 심한 선박으로 운반하는 것이다. 다네가시마에서는 2006년 3월 개항 목표로 신다네가시마공항을 건설하고 있었다. 그런데 신공항 활주로도 2,000m로 대형항공기가 이착륙할 수 없다. 경제산업성은 2002년 활주로 추가 연장을 국토교통성에 요구했으나 명확한 답변이 없어 연장을 포기했다. 신공항에서 우주센터로 위성을 운반하는 최단경로에는 터널이 있는데, 이것도 천정이 낮아 위성을 실은 차량이 통과할 수 없다. 가령 신공항 활주로가 연장되어도 터널을 정비하지 않으면 먼 길을 돌아가지 않을 수 없다.

다음은, 난립하는 지방항만 문제이다. 일본의 60여 개 국제항만 중 대형 해운회사가 '이용가치가 있다'고 인정하는 것은 컨테이너 취급량 14위인 센다이항(현 센다이시오가마항) 정도까지라고 한다. 중국과 한국이 대형 항만을 속속 건설하는 동안에 일본은 오랫동안 중소규모의 국제항만을 계속 건설해서 동북아시아 지역의 국제항만 경쟁에서 탈락했다. 왜, 국제경쟁력이 없는 항만을 계속 만들어 왔는가? 한 해운회사 간부는 "구 운수성과 정치가가 예산을 마구뿌리면서 지방항을 건설함으로써 참담한 현상을 초래했다"고 지적했다. 국토교통성 관계자도, "국토교통성 항만국은 항만의 신규 건설밖에 흥미가 없다, 선박이 오든 말든 관계없다"고 말했다. 항만의 관리를 지자체가 맡고 있는 점에도 큰 문제점이 잠재해 있다. 일본의 항만정책은 국내지향적으로 밖을 보고 있지 않다며, 국가가 확실히 관여할 수 있도록 항만법을 전면 개정해야 한다는 주장도 있다.

이런 사례는 우리나라에서도 그대로 나타나고 있다. 우리나라는 부산항과 광양항을 중심으로 하는 양항체제(투포트 시스템)를 항만정책의 근간으로 해왔다. 그런데 최근에는 인천항이 추가되는 다극화 경향을 보이고 있고, 여기에 새만금항까지 가세할 움직임이다. 항만정책은 교량에도 영향을 미친다. 근래에 인천대교, 부산 북항대교, 여수·광양 이순신대교 등 항로를 가로지르는 대형 교량이 속속 건설되었다. 이들 교량들은 장래 출현할 15,000TEU급 초대형 컨테이너선이 통항할 수 있도록 교량높이와 교각의 경간을 다투어 늘렸다. 교량을 높이고 경간을 넓히면 그만큼 교량 건설비용이 증가된다. 현재 24,000TEU급 컨테이너선이 취항하고 있으나 부산북항, 인천항, 광양항에 이런 대형 컨테이너선이 기항할 가능성은 거의 없다. 공항도 마찬가지다. 2002년 문을 연 양양국제공항은 2023년 5월 현재 국제선 취항이 중단되었고, 1,320억 원을 들인 울진공항은 항공사 수요가 없어 문도 못 열고 비행훈련원으로 사용되고 있다. 울진공항은 하루 이용객이 50명에 불과할 것으로 예측되었는데, 그래도 공사가 강행된 것은 당시 실세 정치인의 입김 때문이었다는 소문이 있었다고 한다(중앙일보, 2008.11.1.). 2007년 개항한 무안국제공항의 국제선 이용객이 2022년 3만 명에 머물고 있는데, 인근 새만금에 새로운 국제공항 건설이 추진되고 있다.

전략부재의 모습은 국제행사 유치에도 있다. 최근 새만금에서 개최된 세계잼버리대회의 파행은 세계로 비상하고 있는 한국의 국격을 크게 무너뜨렸다. '2019 광주세계수영선수권대회'에서는 주최 도시 광주와 주관 단체인 대한수영연맹의 손발이 맞지 않아 개최 의미가 퇴색되었다. 당연히 출전하는 주최국의 오픈워터스위밍(OWS) 선수는 대회 1개월 전에야 겨우 선발되고, 선수들은 매직펜으로 'KOREA'라고 쓴 수영모를 쓰고 경기에 참가하는 해프닝도 있었다. 각 지방자치단체가 다투듯이 각종 국제행사를 유치한 가운데 부산시가 국가 차원에서 '2030 세계박람회(엑스포)' 유치에 나섰으나 실패했다. 사우디 리야드 119, 부산 29. 역부족이었다. 부산시는 2035년 엑스포 유치에 다시 한번 나서는 방안을 적극적으로 검토하기로 했다(연합뉴스, 2023.11.29.). 이제 서울시가 2036년 하계올림픽 유치에 나서겠다고 한다('2023 손기정평화마라톤대회'에서 오세훈 서울시장 축사, 2023.11.19.).

이웃나라 일본이 보여주고 있는 국가전략 부재의 모습은 같은 처지에 있는 우리에게 타산지석他山之石이 아닐 수 없다. 그래서 다나카 차장도 "일본이 고생하며 걸어온 길은 한국에도 참고가 될 것"이라고 말하고 있는 것이다.

3) 법고창신-우리가 적용 가능한 창의·실용 아이디어

국가의 흥망성쇠를 좌우할 만큼 중요하면서도 정치권의 관심에서 멀어져 있다고 하면서 다루고 있는 과학기술, 에너지·자원, 지적기반, 안전관리, 해양문제 등 5개 분야의 테마가 흥미롭다. 이 모든 분야가 우리 생활과 직·간접적으로 밀접한 관련이 있어 더욱 관심이 간다.

법고창신法古創新, 즉 옛것을 바탕으로 새로운 것을 창조하듯이, 일본의 실패에서 교훈을 찾아 정책 과제를 창의적이고 실용적으로 수행할 수 있으면 그보다 더 나을 것이 없다. 이 책은 그런 아이디어를 우리에게 충분히 제공해주고 있다.

(1) 각 분야의 국가전략을 찾아서 정책화해야

각 분야의 국가전략을 찾아서 정책화한다. 각 중앙부처는 전문팀을 구성해서 현재 추진하고 있는 일을 국가적 차원에서 원점에서 재점검한다. 과도한 사업은 없는지, 과잉투자는 없는지, 과대포장된 것은 없는지 점검하고, 새로운 아이디어를 발굴한다. 정책화를 위해 끊임없이 접촉하여 정치권을 움직이고, 국민을 지속적으로 설득하여 목소리를 내도록 한다.

국민 해양사상 고취를 주된 사명으로 여기고 있는 역자가 개인적으로 새로운 정책과제로 제안하고 싶은 것은 해양영토의 중요성과 해양사상 홍보를 위해 '4극極 바다수영' 행사를 개최하는 것이다. 즉, 동쪽 끝의 독도, 남쪽 끝의 마라도, 서쪽 끝의 신안 가거도, 북쪽 끝의 백령도(또는 백령도에서 황해도 장산곶까지)에서 수영 이벤트를 하는 것이다. 독도 일주 수영은 이미 조오련 선수가 2008년 7월 한 달 동안 33바퀴를 돌아 가능성이 입증되었다. 백령도~장산곶 횡단 수영(약 15㎞)은 남북협력사업으로 추진하면 정주영 회장의 '소떼 방북' 이상으로 세계의 이목이 집중되어 남북화해에 이바지하고 세계평화에 기여할 것이다. 지금은 남북관계가 경색되어 제안조차 힘들지만 언젠가는 자연스럽게 추진할 기회가 올 것이다. 이런 장거리 수영은 올림픽과 세계선수권대회에서도 열리고 있고 세계 각지에서 매년 다양한 이벤트 수영대회가 열리고 있어 실현에는 큰 문제가 없다. 한·일 양국의 남녀노소가 함께 참가하는 '한·일 해협 횡단 릴레이 수영'도 꿈이 아니다.

⑵ '독도, 국토의 시작' 국민운동을 전개해야

'독도, 국토의 시작' 국민운동을 전개한다. 일본의 독도 영유권 주장이 노골화되고 상습화됨에 따라 독도에 대한 국민의 관심이 폭증하여, 해병대를 주둔시키자는 등 각계에서 독도 영유권을 공고히 하는 방안이 난무하고 있다. 그러나 이런 방안은 대부분 즉흥적 제안으로 실효성이 의문스럽다. 이런 충동적 대응은 독도를 대한민국의 변방 땅끝으로 생각하는 평소 우리 국민의 잘못된 태도에서 비롯되었다.

따라서 독도를 대한민국의 시작으로 보는 발상의 대전환이 필요하다. '독도, 국토의 시작' 국민운동을 대대적으로 전개하고, 독도수호 주무부처인 해양수산부가 정체성을 살린 메인 캠페인으로 설정한다. 또, 그 상징적 사업으로서 독도에 있는 '대한민국 동쪽 땅 끝' 표지석과 함께 '대한민국의 시작, 독도' 표지석을 설치한다.

⑶ 안전문제에 더욱 정책의 중심을 두어야

지난 1990년 이후 우리나라에는 수없이 많은 안전사고가 일어났다. 생각나는 큰 사고만 해도 부산 구포역 무궁화호 열차 전복(1993), 목포 아시아나항공 733편 추락(1993), 격포 서해훼리호 침몰(1993), 성수대교 붕괴(1994), 대구 지하철 공사장 가스 폭발(1995), 삼풍백화점 붕괴(1995), 유조선 씨 프린스호 좌초(1995), 대구 지하철 화재 참사(2003), 허베이 스피릿호 원유 유출(2007) 등 손으로 꼽기도 힘들 정도다. 최근에는 세월호 침몰 사고(2014)에 물류창고나 다중이용시설의 화재사고, 이태원 참사(2022)와 청주시 궁평2지하차도 침수 사고(2023)에서 보듯이 후진국형 안전사

3) 위키백과 https://ko.wikipedia.org/wiki/이태원_참사

고도 빈번히 발생하고 있다. 2022년 10월 29일 발생한 이태원 참사에서는 159명이 사망하고 197명이 부상을 입었으며,[3] 2023년 7월 15일 발생한 궁평2지하차도 침수사고에서는 14명이 사망하고 11명이 다쳤으나,[4] 정부와 지자체에서는 책임 회피에 급급한 모양새다. 2023년 11월 2일 대법원은 세월호 참사 초동 조치를 제대로 하지 않아 승객들을 숨지게 한 혐의로 재판에 넘겨진 해양경찰청 지휘부에 대해 무죄를 선고했다. "국가는 책임지지 않았다"는 탄식과 함께 이태원 참사 책임 규명에도 영향을 미칠 가능성이 우려되고 있다.[5]

안전사고에 효과적으로 대응하기 위해 2017년 소방청이 독립외청으로 설립되고, 2020년 소방직 공무원이 모두 국가직으로 전환되었다. 이와 함께 「중대재해 처벌 등에 관한 법률」(약칭 중대재해처벌법)이 2021년 제정되어 2022년 1월 27일부터 시행되었다. 중대재해처벌법은 사업주나 경영책임자가 안전확보의무 등 조치를 소홀히 하여 중대한 산업재해나 시민재해가 일어나 인명 피해가 발생할 경우, 사업주나 경영책임자를 처벌하는 법률로, 기업의 안전보건조치를 강화하고, 안전에 대한 투자를 확대하여 중대산업재해를 예방, 종사자의 생명과 신체를 보호하는 것을 목적으로 하고 있다(국가법령정보센터).

안전사고는 귀중한 인명피해와 함께 막대한 경제적 손실을 초래하고, 나아가서는 국가 이미지를 크게 훼손하는 결과를 낳게 된다.

안전관리 업무는 별로 매력적인 일이 아니다. 잘해야 본전이기 때문이다. 따라서 안전관리 분야에 우수한 공무원들을 배치시키고,

---

4) 위키백과 https://ko.wikipedia.org/wiki/궁평2지하차도_침수_사고

5) 「세월호 참사 해경 지휘부 무죄 확정…국가는 책임지지 않았다」(한겨레신문, 2023.11.2.).

그들이 자긍심을 가질 수 있도록 각종 인센티브를 제공하는 등의 시책이 필요하다. 예를 들어, 감사담당 공무원에게 주는 가점제도를 안전관리 담당 공무원에게 도입하는 것도 한 방법일 것이다.

무엇보다 중요한 것은 안전에 대한 국민의 의식을 높이는 것이다. 이를 위해 정부나 기업 등에서는 끊임없이 노력해야 하고, 국민 스스로도 이를 생활화해야 한다.

이태원 참사는 좁은 골목에 많은 사람이 쇄도하여 발생한 인재의 성격이 짙다. 이 사고를 미리 예측하고 예방할 수 없었을까? 이에 대한 해답을 이 『국가전략이 없다』가 제공하고 있다. 바로 '상호의존성 해석'이다(206~208쪽 참조).

> 《"PC화면에 건물이 밀집한 도시의 3차원 지도가 펼쳐진다. 건물이 일제히 흔들리기 시작하고, 무수한 '점'이 건물로부터 뛰쳐나왔다. 피난하는 사람들이다. 화면을 바꿔서 지하상가를 보면, 사람들이 계단과 에스컬레이터로 탈출을 시도하고 있다. (중략) 이 시뮬레이션이 목표로 하는 것은 지진피해의 전체상을 예측하는 것이다. 사람들이 쇄도할 것 같은 도로인데 폭이 너무 좁은 문제점을 발견할 수 있게 된다. 도로 이용 상황과 구원물자 수송 경로 등의 정보를 조합하면, 복구를 서두르기 위해서는 어느 도로의 복구를 우선해야만 하는가 하는 것도 알 수 있다."》

사회의 약점을 발견해내기 위해 서로의 요소가 어떻게 관련되는가를 조사하는 연구를 상호의존성 해석이라고 한다. 미국은 2001년 발생한 9·11 동시 테러를 계기로 중점과제로서 상호의존성 해석에 몰두하게 되었다. 일본은 미국의 제안으로 이 연구에 손을 대게 되었다.

한국에서는 '상호의존성 해석'이라는 용어도 찾아보기 힘들다.

4) 반면교사-국가의 책무를 생각하며, '해경 72정'의 조속한 인양과 '순직 해경 유해'의 조기 수습을 촉구한다.

『검증 국가전략 없는 일본』은 세계 제3위의 경제대국 일본이 자기의 치부를 있는 그대로 드러내 놓고 그 치유방안을 찾고자 하는 것이다. 우리는 일본의 약점을 보고 속으로 웃을 것이 아니라, 치부를 과감하게 드러낼 수 있는 일본의 용기를 반면교사反面教師로 삼아 같은 전철을 밟지 않도록 해야 할 것이다.

최근 일본에서 발생한 두 가지 사건은 국가의 책무에 대해 많은 것을 시사한다. 이런 점에서 숭고한 국가의 책무를 생각하면서 1980년 동해안 거진 앞바다에서 침몰한 해경 72정과 순직 해경의 유해를 조속히 인양해줄 것을 대한민국 정부와 국회에 촉구한다.

일본 정부는 국제적 관심사인 후쿠시마 원전 오염수 방류에 대해 수십 년의 시간이 걸리더라도 오염수 처분이 완료될 때까지 정부가 책임을 지겠다고 밝혔다.[6] 한 일본 국민은 정부 기관의 검사 소홀로 관광선이 침몰하고 승조원이 사망하였다고 하여 일본 정부를 대상으로 국가배상 청구소송을 제기했다.[7] 원전 오염수 해양 방류에 대해서는 국제적으로 논란이 많지만 처분이 완료될 때까지 책임을 지

6) 일본 정부는 2023년 8월 22일 관계 각료회의를 열고 후쿠시마 제1원자력발전소 오염수(일본 정부 명칭 '처리수')의 해양 방류를 8월 24일 개시하기로 공식 결정했다. 기시다 수상은 이와 관련해 "가령 향후 수십 년의 장기간이 걸리더라도, 오염수 처분이 완료될 때까지 정부가 책임감을 갖고 임할 것(たとえ今後数十年の長期にわたろうとも、処理水の処分が完了するまで政府として責任を持って取り組んでいく)"이라고 강조했다(時事通信, 연합뉴스, 2023.8.22.). 후쿠시마 오염수는 1차 방류(2023.8.24.~9.11, 총 7,788t)와 2차 방류(10.5~10.23, 총 7,800t), 3차 방류(11.2~11.20, 총 7,800t)에 이어 2024년 3월까지 총 3만 1,200t이 방류될 예정이다. 이는 전체의 약 2.3%에 해당한다(연합뉴스, 2023.11.2.).

겠다는 일본 정부의 태도는 긍정적 평가를 받을 만하다. 이태원 참사, 궁평2지하차도 침수 사고에서 보듯이 정부와 지자체가 '책임' 회피에 급급하고 있는 가운데 한 나라 정부가 '책임'이란 말을 꺼낸 것만으로 눈이 다시 뜨이는 느낌이다.

1980년 1월 23일 오전 5시 20분경 강원도 고성군 거진항 동방 2.5마일(약 4.6㎞) 해상에서 어로보호 경비임무를 수행 중이던 속초해경 경비정 207함과 60톤급 72정이 충돌하여, 72정이 침몰하고 경찰관 9명과 전경 8명 등 승조원 17명 전원이 실종되었다. 당시 신군부에 의해 보도가 통제된 가운데 1주일도 안 돼 시신 하나 없는 영결식이 속초해경에서 거행되었다. 그날 속초에는 진눈깨비가 흩날렸고 사고는 진눈깨비처럼 잊혀졌다.

그러던 것이 수년 전 KBS가 사고의 진상을 보도하고, 2017년 세월호 인양을 계기로 선체 인양요구가 공론화되었다. 해경은 2019년 4월 2일 한국해양과학기술원(KIOST)의 지원을 받아 연안에서 약 5㎞ 떨어진 침몰 해역 수심 105m 해저에서 72정을 찾아냈다. 국회

---

7) 2022년 4월 23일 홋카이도 시레토코반도 앞바다(知床半島沖)에서 발생한 관광선 'KAZU I(카즈원)' 침몰 사고(승조원과 여객 전원 중 20명이 숨지고 6명 실종)와 관련하여, 국가의 불충분한 선체검사로 사고가 일어났다며, 사망한 이 배 갑판원 소야마 아키라(曽山聖, 당시 27세) 씨 부모가 국가에 약 1억 800만 엔의 지불을 요구하는 국가배상 청구소송을 9월 4일 도쿄지방법원에 제기했다. 국가의 책임을 묻는 소송이 제기된 것은 처음이다. 국가 운수안전위원회는 지금까지의 조사에서 선수 갑판 햇치가 밀폐되지 않아 바닷물이 유입된 것이 침몰의 직접적 요인이었다고 분석했다. 국토교통성 소관 특별민간법인 일본소형선박검사기구(JCI)는 사고 3일 전에 실시한 검사에서 햇치 개폐시험을 생략한 채 카즈원을 통과시켰다.

부모 측은 2023년 9월 4일자 소장에서, 운항사 측이 오판으로 배를 출항시켰다 하더라도, 햇치의 밀폐성이 유지됐다면 배는 가라앉지 않았다고 주장. 선박안전법에 따라 국가를 대행해 검사 사무를 수행하는 JCI 검사원이 햇치의 밀폐성을 육안으로만 확인했기 때문에 결함을 간과했다며, 국가에는 안전하게 항행할 능력이 없었던 카즈원을 검사에 합격시킨 책임이 있다고 주장했다. 대리인 변호사는 "검사가 제대로 행해졌다면 안타까운 사고는 일어나지 않았다. 사고 재발을 막기 위해서라도 진상을 규명해 국가의 책임을 밝히겠다"고 말했다(2023. 9. 6. 요미우리신문 온라인).

농림축산식품해양수산위원회가 2021년도 해양경찰청 예산안에 72정 인양예산 205억 원을 반영했지만 국회 본회의 의결 과정에서 전액 삭감되었다. 해양경찰청은 2022년도 예산안에서 다시 선체 정밀 탐색 등을 위한 현장조사 예산 45억 원을 요구했지만 정부 예산안에 최종 편성되지 않아 국회로 넘어가지도 못하고 좌초되었다. 유가족들은 해경이 과연 의지가 있는지 의문이라며, 순직자 유해를 찾는 것은 돈 문제가 아니라 국가의 책무라고 강조했다.

임종석 대통령 비서실장(당시)도 2018년 11월 7일 국회 운영위 청와대 국정감사에서 이양수 위원(당시 자유한국당 의원)이 "수색은 충분히 가능한데 해경이 나서지 않고 있다"는 질의에 "침몰한 해경 72정 선체를 찾는 일은 국가 책무라고 생각한다"고 하면서 국가의 책무를 인정했다. 이 자리에서 같은 당 이철규 위원(동)은 "이런 희생자들은 우리 국가가 책임을 지고 유해라도 가족의 품으로 돌아갈 수 있도록 해주는 게 (도리)" 라며 국가가 끝까지 책임을 져야 한다고 주장했다(KBS 춘천 정면구 기자, 2018.11.07.).

6·25 전쟁 전사자 유해 발굴 작업이 지속적으로 이뤄지고 있지만 72정 실종자들의 유해 인양에 대해서는 정부의 대책도 없고 정치권의 관심도 냉담하다. 최근에는 유가족협의회에서 해양경찰청장(2023.4.)과 국민의힘 김기현 대표(2023.5.)에게 인양 예산을 배정해달라는 2차례의 서면 청원이 제기되었다. 그 성과인지 국회 농림축산식품해양수산위원회는 11월 13일 전체회의를 열어, 72정 인양 관련 현장조사 연구를 위한 수색구조역량 강화 사업 명목으로 45억 원을 증액했다. 유족들의 힘은 너무 미약하다. 조속히 예산을 최종 확보하여 조사를 실시하고 인양해야 한다. 침몰된 해경 72정을 인양하는 것은 우리나라의 해양과학기술 수준을 살펴보는 가늠자이기도 하다. 일본은 2022년 4월 23일 홋카이도 시

레토코반도 앞 120미터 해저에 침몰한 관광선을 1개월 후인 5월 26일 인양했다.[8] 최근에는 태평양전쟁 중 침몰한 함선에 수장된 유골 수집에도 적극 나서고 있다.[9]

시인 모윤숙은 "국군은 죽어서 말한다"고 했는데 우리 사회는 이렇게 말하고 있다. '해경은 죽어서도 말하지 못한다.'

1980년 1월 강원도 고성군 거진 앞바다에서 침몰한 해경 72정과 순직 해경의 유해 17구를 조속히 인양해야 한다. 그것이 오랫동안 방임해 온 국가의 책무를 다하는 것이다. 윤석열정부가 문재인정부와 다르다는 것을 확실하게 보여주는 것이기도 하다.

새로운 한글판 발간에 용기를 주신 주위의 모든 분들에게 감사드립니다. 이것이 가장 큰 벽이었고 가장 큰 힘이었습니다. 제가 근무했던 주일한국대사관의 특명전권대사로서 축사를 해주신 신각수 전 대사님과 가슴 울리는 서평을 남겨주신 정필수 박사님을 비롯한 서평진 여러분께 감사드립니다. 작명에서부터 전체적 기획에 이르

---

8) 침몰 관광선 카즈원은 선박 규모(총톤수 19톤, 전장 12.14m, 폭 4.15m), 침몰 해역(연안 약 1㎞, 수심 120~182m) 등이 침몰된 해경 72정과 비슷하다. 침몰 해역은 유속이 매우 빠른 곳이어서 해경 72정보다는 열악한 조건이었던 것으로 추정된다(일본 위키피디아).

9) 일본 후생노동성은 2023년 10월 21일부터 26일까지 태평양전쟁 중 트럭섬(현 미크로네시아 연방 축주) 앞바다에서 격침된 일본군 함선에서 유골조사를 실시하고 발견된 유골을 인양했다. 연합함대 거점이 있던 이 제도에서는 1944년 2월 17~18일 미 항모부대의 공격으로 40여 척의 함선이 격침되었다. 10월 26일 수심 38m 해저에 가라앉은 급유선 '신코쿠마루(神國丸)' 선내에 잠수사들이 들어가 대퇴골 등 4구의 유골을 인양했다. 특설 순양함 '기요스미마루(清澄丸)'에서도 유골을 수습했다. 제2차 세계대전 중 총 240만 명의 일본인이 해외에서 사망했고 미수습 유골은 112만 구에 이른다. 후생노동성에 따르면 바닷속 함선에서 수습된 것은 670여 구에 불과하고, 지금도 30만 구가 바다에 잠들어 있다. 후생노동성은 침몰선에 남겨진 유골이 다이버의 눈에 띄는 등 존엄성이 손상된 경우에 수습해 왔다. 최근에는 외국인 다이버들이 유골 사진을 촬영해 SNS로 확산하는 사례가 확인되고 있어 다이빙 사업자들을 대상으로 한 정보 수집을 강화하는 등의 대응을 하고 있다(요미우리신문 2023.10.23. / 2023.10.26.).

기까지 고견을 아끼지 않으신 궁인창 생활문화아카데미 대표님과 한 문장 한 단어에 이르기까지 정교하게 살펴주신 '교정의 신' 전춘호 전 국회사무처 감사관님을 비롯한 자문진과 교정진 여러분께도 감사드립니다. 월간지 발행으로 바쁜 중에도 기꺼이 편집과 디자인을 맡아주신 『현대해양』 송영택 대표님과 박종면 편집국장님께 감사드립니다.

공직에서 퇴직한 저에게 활동 무대를 만들어준 '바다, 저자·전문가와의 대화'(운영대표 김인현, 고려대 법학전문대학원 교수), 사단법인 한국ESG학회(회장 고문현, 숭실대학교 교수), 사단법인 한국해양정책학회(회장 권문상), 사단법인 스마트해양학회(회장 임현택), 사단법인 한국항만협회(회장 윤병구)와 공익사단법인 일본항만협회(회장 進藤孝生), 사단법인 KPO명강사협회(회장 최덕호), 한국디지털문인협회(회장 김종회, 황순원 소나기마을 촌장)와 디지털책쓰기협회(회장 가재산), 한국산문(종로반 교수 김창식), 동양고전 강의(김영환 남서울대학교 명예교수), 고려대 바다최고위 과정(ESEL) 2기(회장 김현, 전 대한변호사협회 회장), 이어도 지키기 국민운동(회장 양태용) 등 여러 단체·학회의 임직원과 회원 동료 여러분께 감사드립니다. 보이지 않는 곳에서 마음속으로 함께 응원해주신 모든 분들에게 감사드립니다. 감사합니다.

2023년 12월
역자 겸 발행인
도서출판 귀거래사 대표
팔마八馬 김연빈

흔히 일본을 '가깝지만 먼 나라'라고 한다. 하지만 이 한 권의 책을 읽고 나면 '알고 있다고 생각하지만 잘 모르는 나라'라는 수식어가 더 어울린다는 생각이 들지도 모른다. 본서를 통해 일본의 과학기술, 해양, 자원과 안전관리의 현주소와 실체를 비로소 가늠해 볼 수 있기 때문이다.

그런데 정작 충격으로 다가오는 것은 이제껏 일본의 국가적인 문제와 전략에 대해 잘 모르고 지내왔다는 점이 아니라 일본의 국가적인 어젠다들이 우리나라가 겪고 있는 문제들과 너무나도 유사하며, 2005년을 전후로 하는 어젠다 중에 현재도 여전히 유효한 것들이 많다는 점이다. 본서에서 '일본'이라는 글자를 '한국'으로 바꾸고, 2005년을 2023년으로 바꾸어 읽어도 위화감이 없을 정도이다. 그만큼 일본이 먼저 겪은 문제를 우리가 겪고 있다는 의미이기도 하고, 해양·어업정책과 같이 같은 문제를 두고 두 나라가 갈등과 협력을 반복하는 문제도 많다는 의미이기도 할 것이다.

『국가전략이 없다 - 요미우리가 공개한 충격의 일본 위기보고서』는 곧 『한국 위기보고서』이기도 하다. 또한 2024년을 맞이하는 '현재의 위기'이기도 하다. 지금 바로 일독을 권한다.

윤상훈

해양수산부 어선안전정책과장, 전 주일한국대사관 해양수산관

지도를 거꾸로 놓고 보니 대양을 향한 활동무대는 바로 우리의 터전이고 미래로 가는 외길임을 한눈에 느끼게 된다. 이제 우리는 반쪽만 섬나라가 아니고 삶의 터전이 바로 바다에 널려 있음을 생동하게 인식하게 된다. 바다에는 해야 할 일이 무궁히 널려 있어 분야별로 크고 작은 정책을 가림막하여 힘차게 정진해야 해양선진국이 될 수 있을 것이다.

육상에서 겪었던 찬란한 발전의 역사와 정략을 이제 바다에서 펼쳐야 하는데 일본의 해양정책은 실천 가능한 정책으로 많은 점을 시사해 준다고 할 수 있다. 정책 수립 과정에서 보면 우선 멀리 내다보는 비전이 뚜렷하고 목표를 구체화할 수 있는 가용한 정책수단이 정비되어야 하며 정책수립자의 실천 의지가 뚜렷해야 성공할 수 있다. 평생을 바다 관련 정책 수립 및 집행에 바친 역자는 일본 근무를 통해 바다 관련 정책의 추진 과정을 살펴보며 많은 제도를 우리 바다 행정에 도입한 선험자라 할 수 있다.

변화하는 환경여건, 진보하는 과학기술, 경쟁적인 국제 여건의 조성, 바다 관련 산업의 수요 증대, 국정과제에서의 위상 증대 등 어느 한 부분도 안심할 수 없는 초긴장 속의 여건 속에서 우리의 위상을 드높일 미래지향적인 바다 관련 정책을 수립, 집행해야 할 일선 실무자와 국민에게 좋은 안내서가 될 것이다.

이렇게 탄탄한 바다 관련 정책의 실천을 통해 대양으로, 미래로, 선진국으로 가는 이정표가 튼실하게 마련되기 바란다.

정필수

한국종합물류연구원(GLORI) 원장, 경제학박사

해양과학기술이라는 잣대로 우리나라와 일본의 해양력을 비교하면 객관적으로 일본이 앞서 있다. 그럼에도 불구하고 일본은 정책 부재의 반성을 통해 해양강국의 입지를 구축하기 위해 더욱 노력하고 있다. 미국, 일본, 러시아, 중국 등 해양강국으로 둘러싸인 우리나라는 오히려 해양에 관한 관심이 덜하다. 역사를 통해 우리가 알고 있는 사실이지만, 섬 아닌 섬나라인 대한민국이 해양강국들 사이에서 생존하는 길은 해양력을 기르는 것이다. 이를 위해서는 적절한 국가 정책이 필요하다. 일본을 타산지석으로 삼아 대한민국이 해양강국이 될 수 있는 방법을 모색해야 한다.

공무원, 정치인, 언론인, 학자 그리고 모든 국민이 대한민국의 미래를 위해 같이 고민해야 하는 주제가 책 속에 듬뿍 들어있다. 책 곳곳에 녹아 있는 역자의 열정어린 목소리를 귀담아 들어야 한다. 대한민국의 해양력을 높이는 데 일조하는 분들의 노력을 응원한다.

김웅서

전 한국해양과학기술원(KIOST) 원장, 이학박사

미국 케네디 대통령이 "해양은 지구상에 남아 있는 최후의 프론티어(Frontier)이다"라고 주창한 이래 해양 선진국들은 새로운 관점에서 해양을 인식하기 시작했다. 이른바 바다를 무대로 한 대변혁의 물결에 편승하여 인류가 풀어야 할 숙명적 과제인 식량문제와 자원문제, 공간문제, 환경문제를 바다에서 해결하는 데 부단한 노력을 경주하고 있는 것이다.

미래 해양정책은 문제해결형 접근에서 탈피하여 목표설정형 접근으로 진행되어야 할 것이다. 인간과 해양의 상관관계에서 한·중·일은 물론 전 지구적으로 상생적 협력관계를 강화해야 한다는 것이다.

세계중심 선진국을 향한 꿈은 해양가치를 중요하게 생각하는 국민의식의 변화에서부터 출발한다고 생각된다. 자손만대에 물려줄 광활한 해양가치를 새롭게 인식할 수 있도록 일관성 있는 해양정책이 추진되는 데 이 책이 크게 기여하기를 염원한다.

김석구

한국혁신학회 부회장, 행정학박사

저자는 칠흑 같은 어둠 속에 한 줄기 빛을 갈구하는 일본의 현재를 고증하듯, 정치·경제·사회·과학기술 등 국가의 흥망성쇠에 대한 문제점을 냉정하게 일갈하고 있다. 한편, 역자는 '국가의 전략 부재'로 초래될 수 있는 선진국의 침몰에 빗대어, 문장 하나하나에 애정과 비장함을 담아 우리나라에 경각심을 상기시켜주고 있다. 기후위기, 감염병, 전쟁 등 과거 좀처럼 경험할 수 없었던 새로운 국면을 살아가고 있는 지금, 영원한 우방도 적군도 없는 혼돈의 세상에서 밝고 또렷한 등대의 불빛과도 같이 뚜렷한 국가의 방향과 전략이 필요할 때다. 역자가 전하고자 하는 반면교사反面教師에 대한 생생한 목소리를 일독을 통해 느껴보시길 권해본다.

박영진

행정안전부 국립재난안전연구원 시설연구관, 공학박사

일본은 가깝고도 먼 나라라고 인식되고 있지만 사실 우리에게는 벤치마킹할 것이 많은 가장 필요한 나라 중의 하나라고 볼 수 있다. 과거 해양계에서 통용되는 많은 법규와 규칙들, 특히 해양계 대학에서 교재로 사용되는 많은 책들이 일본서적을 인용한 것이라는 것은 부정할 수 없는 사실이다. 타산지석이라는 고사성어처럼 일본이 먼저 경험했던 것을 잘 분석하여 우리의 현재와 미래에 반영한다면 상당부분 시행착오를 줄일 수 있을 것이다.

이런 의미에서 이 책은 시의적절하고 선진국의 문턱에 이르고 있는 대한민국의 현실에 상당히 유용하다 하겠다.

역자는 실제로 주일한국대사관에서 해양수산과 국토교통 분야 담당자로서 직접 일본을 경험하였기에 이 책은 더더욱 피부에 와 닿는 현실감이 있을 것으로 본다. 어려운 때에 이런 귀한 책을 번역한 수고에 경의를 표하며 일독을 권한다.

권종호

이삭&신동디지텍 대표이사, 전 현대상선 1등항해사

저자가 "일본의 국가전략이 없다"고 우려한 것은 진정으로 일본의 국가전략이 없어서 한 말은 결코 아닐 것이다. 일본은 국토 전체가 해양으로 뻗은 해양강국이지만 더 치열한 국가전략을 가지고 세계 제일의 해양강국으로서 또한, 모든 부문에서 초일류 국가로 나아갈 수 있도록 국가전략과 비전을 가지고 힘차게 전진하고 있음을 역설하고 있다. 여기에 비해 우리나라는 해양부문 전체는 물론 해양과학기술면에서도 일본에 뒤쳐져 있을 뿐만 아니라, 다른 모든 부문에서 열세에 있음은 주지의 사실이다.

따라서 역자는 우리보다 더 훨씬 앞서 있는 일본조차도 초일류 국가로 나아나기 위해 국가전략을 다듬고 탄탄히 해야 한다고 역설하고 있음을 예리한 칼날 같은 이성으로 현미경처럼 바라보면서 우리나라의 해양정책 등 국가전략 부재를 반성하고, 태평양을 향해 뻗어나갈 수 있는 우리나라도 해양강국은 물론 초일류 국가로의 새로운 입지구축을 위해 국가전략을 보다 강화해야 함을 웅변적으로 설파하고 있다.

육정균

시인, 전 국토교통부, 부동산학박사

제1장은 전체적으로 일본의 과학기술정책 전반에 걸쳐 약간 비판적 시각에서 서술하였다고 생각된다. 역자는 우리나라의 국가 연구개발 예산 축소에 대해서도 언급함으로써 시사성을 대단히 높였다고 볼 수 있다.

개인적으로 국가 연구개발을 수행해 본 적도 있고 배분 조정해 본 적도 있어 현 정부의 국가 연구개발 예산의 대폭적인 조정에 대해서는 상당히 긍정적인 인식을 가지고 있는 편이다.

그동안 우리나라 과학기술계도 일본 못지않게 관료주의적이고 관행적인 예산 투입이 문제가 되어 왔던 것이 사실이다. 일부 예산들은 국가연구개발 취지에도 맞지 않게 연구개발 인프라라는 명목으로 육교를 건설한다든지 하는 경우 등 지역예산으로 전용되기 일쑤였다.

특히, 대부분의 연구개발 과제가 성공이라는 판정을 받아 연구개발 결과로부터 얻어야 할 '실패의 교훈'조차 얻지 못하는 관행적 투자가 이루어진 것도 사실이다. 연구개발은 어느 정도 시행착오를 겪는 것이 맞지만 이를 용납하는 한국 사회가 아니기 때문에 효율적인 투자가 불가능해져 유사한 연구개발 항목으로 중복 투자되는 경우도 없지 않았던 것으로 알고 있다. 뿐만 아니라 초기 연구개발 투자 목표를 지나치게 거대하게 잡아 홍보효과는 있겠지만 실제 꼭 했어야하는 디테일한 연구개발을 막아 버리는 결과도 가져온 것이 사실이다.

선 향
전 주일한국대사관 과학기술정보통신관, 공학박사

역서 『국가전략이 없다』는 국가의 흥망성쇠를 좌우할 만큼 중요한 과학기술, 해양문제, 에너지·자원, 지적 기반, 안전·안심 등에 관한 문제가 정치권의 무관심에서 국가전략 부재로 이어지고 있는 일본의 현실을 비판하고 있다.

역자는 지금 이 책을 다시 발간하는 이유를 "왜 우리나라에는 이런 유형의 책이 없는가?" 하는 아쉬움 때문이라고 말한다. 일본의 사례를 반면교사, 타산지석으로 삼아 우리 정부의 각성을 촉구하고, 정책 결정권자인 공무원과 국회의원의 책임을 강조하고, 국가

정책에 대한 국민의 관심을 불러일으키고, 정부를 감시하고 비판하는 언론의 기능과 사명감을 고취하기 위한 뜻이 함께 담겨 있다고 한다.

역자는 국가의 책무와 관련해서 1980년 동해 거진 앞바다에서 침몰하여 승조원 17명 모두가 수장된 '해경 72정' 인양을 정부와 국회에 요청하기도 한다. 국민의 생명과 재산을 보호해야 할 국가의 책무를 규정한 헌법 정신에 비추어볼 때 '해경 72정' 문제는 국가책무의 방기나 다름이 없다. 역자의 공론 제기를 계기로 '해경 72'정이 조속히 인양되기를 바란다.

고문현
숭실대학교 교수(헌법학), 사단법인 한국ESG학회 회장

팔마 김연빈이 또 다시 역작을 출간했다. 손기정 선수의 일대기 『손기정 평전』을 출간한 때가 엊그제 같은데 이번에 『국가전략이 없다』를 출간하였다. 국가 백년대계를 위하여 국가전략이 필요하다는 점에서는 어느 나라나 화두로 삼을 만한 주제다.

이번에 출간하는 『국가전략이 없다』는 지난번 역서 『바다로 열린 나라 국토상생론』과 더불어 역자의 가슴속 심연深淵의 의지가 엿보인다. 역자는 오랜 공직 생활과 전직 주일한국대사관 해양수산관으로서 국가발전과 애국심의 충정을 숨기지 않는다. 역자의 번역에 대한 열정과 출간에 대한 정성은 참으로 본받아야 한다. 또한 세미나나 강의 등에서 한 치의 틈도 없이 정진하는 팔마의

모습은, 이번에 다시 『국가전략이 없다』를 통하여 한반도를 깨어나게 한다.

아울러 침체된 국가 기관들이 있다면 이 책을 통하여 활력 있게 분발하기를 바란다.

이성철

법무법인 평산 대표변호사, 전 수석부장판사

2002년 2월 당시 세계 최고속도를 자랑하던 미국제보다 5배의 처리능력을 갖춘 슈퍼컴퓨터 지구시뮬레이터가 출현했다. 『뉴욕 타임즈』는 4월 20일자 1면에서 "일본의 슈퍼컴퓨터가 성취한 것은 1957년 구소련이 이룩한 스푸트니크 인공위성 발사 성공을 방불하게 할 정도의 성과이다 ……" 라며 미국의 충격을 전했다. 이후 미국은 거국적으로 반격에 나선다. 2004년 2월, 하워드 베이커 주일 미국대사는 지구시뮬레이터센터를 방문하고 센터장에게 2시간이나 온갖 질문을 하며 관심을 보였다. 센터장은 대사의 탐구심에 감동하며 "이 정도로 지구시뮬레이터에 관심을 가진 정치가는 일본에는 없다. 몇 명의 각료도 시찰하러 와서는 20분 정도 있었을 뿐"이라고 일본 정치권의 무관심을 지적했다. 슈퍼컴퓨터의 연산처리성능은 매년 2회 발표되는데, 2004년 11월 발표에서 지구시뮬레이터는 3위로 전락하고 미국제가 1위와 2위를 탈환했다. 2023년 11월 현재 1위는 미국제 'Frontier'이다. (『국가전략이 없다』에서)

국가의 흥망성쇠를 좌우할 미래의 핵심 과학기술은 일부 과학자들의 노력만으로는 지속적 성장발전이 이루어질 수 없다는 것을 이 실화가 말해 준다. 우리의 현실은 어떠한가? 해마다 많은 국회의원들이 외국 시찰을 하고 공무원들이 해외 연수를 하지만 무엇을 얻고 오는가? 진화 발전하는 글로벌 현황 문제 해결을 위한 목표 어젠다를 잘 파악하고 있는지, 대한민국의 강점인 선도하는 역동적 경쟁력을 실행하고 있는지, 미래산업혁명에 대비한 R&D 투자는 잘 계획하고 진행하고 있는지, 성찰해야 할 것이다.

박 범
아주대학교 공학대학원장, 산업공학과 교수

■ 역자 소개

옮긴이 김연빈(1958)

도서출판 귀거래사 대표
대한수영연맹 등록 수영클럽 마스토스 코리아(Mastows Korea) 대표
(사)KPO명강사협회 전문강사(강의 분야 : 해양인문학, 지방소멸, 국가전략 등)
국토해양부, 해양수산부, 외교부에서 41년간 봉직 후 2019년 6월 정년퇴직
전 주일한국대사관 1등서기관(해양수산관, 국토교통관)
순천고등학교, 한국방송통신대학교를 거쳐 일본 요코하마국립대학 대학원 졸업(국제경제법학 석사)

2006년 9월 서울에서 처음 열린 한중일 물류장관회의를 기획·실행하고 정례화의 기반을 마련했으며, 2014년 8월 요코하마에서 열린 제5차 회의를 현지에서 지원했다.
부산신항 민자유치사업 초기(1996~1997)에 사업자 선정과 협상 업무를 담당하고, 부산항과 광양항 등에 외국 물류기업을 유치하는 포트세일즈 활동을 하였다(2004~2007).
2005년 5월 고 조오련 선수와 함께 사단법인 한국바다수영협회(AKOWS, 회장 지봉규)를 설립하여 국내에 바다수영(OWS, 오픈워터스위밍)을 보급해 왔다.
2019년 8월 'FINA 광주 세계 마스터즈 수영선수권' 바다수영(3㎞)에서 완영하고, 2023년 8월 'World Aquatics 규슈 세계 마스터즈 수영선수권' 바다수영에 출전했다.
바다수영을 통한 해양사상 홍보와 국토사랑 운동의 일환으로 '올림픽 정식종목 바다수영을 전국체전 정식종목으로!' 지정하는 운동을 펼치고 있다. 청소년 해양교육과 함께 '독도, 국토의 시작' 운동, '여자만~순천만 종단 수영(고흥-여수-보성-순천 30㎞)', '국토사랑 독도 일주 수영', '백령도~

장산곶 국제평화 수영'을 구상 중이다. 1980년 1월 강원도 거진 앞바다에서 침몰한 '해경 72정' 인양에도 관심을 갖고 있다.

2020년 9월부터 매주 토요일(현재는 격주) 저녁에 개최되고 있는 해양수산인 화상 공부모임 '바다, 저자·전문가와의 대화' 운영진으로서 발표자료 출간 편집지원 등 재능기부를 하고 있으며, 이 활동을 통해 '바다로 열린 나라, 헌법 제3조 개정안'을 창출했다.

<저서, 편저>
『바다, 저자와의 대화 Ⅱ』(23인 공저, 법문사, 2022)
『2021 항만편람』(해양수산부, 2022) 편집(5년 주기 발간)
『재난안전강의』(9인 공저, (사)KPO명강사협회, 2020)

<역서>
『바다로 열린 나라 국토상생론』(요미우리신문 저, 도서출판 귀거래사, 2022)
『손기정 평전』(데라시마 젠이치 저, 김솔찬 공역, 도서출판 귀거래사, 2020)과 동 e-Book(2021)
『해양문제 입문』(일본 해양정책연구재단 편, 청어, 2010)
『검증 국가전략 없는 일본』(요미우리신문 저, 한국해양전략연구소, 2007)
『바다가 일본의 미래다』(무라타 료헤이 저, 이주하 역, 청어, 2008) 출간기획

<재능기부·사회공헌 활동>
(사)한국ESG학회 이사, (사)한국스마트해양학회 이사
(사)KPO명강사협회 회원, (사)한국바다수영협회 창립회원(발기인)
한국디지털문인협회 회원 및 디지털책쓰기협회 감사

■ 도움을 주신 분들

[2023년 번역판 『국가전략이 없다』(도서출판 귀거래사)]

〈축사·서평〉

- 신각수 법무법인 세종 고문, 전 주일한국대사
- 윤상훈 해양수산부 어선안전정책과장, 전 주일한국대사관 해양수산관
- 정필수 한국종합물류연구원(GLORI) 원장, 전 한국해양수산개발원(KMI) 부원장, 경제학박사
- 김웅서 전 한국해양과학기술원(KIOST) 원장, 이학박사
- 김석구 한국혁신학회 부회장, 행정학박사
- 박영진 행정안전부 국립재난안전연구원 시설연구관, 공학박사
- 권종호 이삭&신동디지텍 대표이사, 전 현대상선 1등항해사
- 육정균 시인, 전 국토교통부, 부동산학박사
- 선 향 전 주일한국대사관 과학기술정보통신관, 공학박사
- 고문현 숭실대학교 교수(헌법학), 한국ESG학회 회장, 전 한국헌법학회 회장
- 이성철 법무법인 평산 대표변호사, 전 수석부장판사
- 박 범 아주대학교 공학대학원장, 산업공학과 교수

(무순)

〈자문·교정〉

- 강윤구 한국항만협회 기준개발팀장, 전 일본 운수성 항만기술연구소, 공학박사
- 강정환 전 주일한국대사관 원자력관, 전 원자력안전위원회 월성원전 지역사무소장
- 고명석 부경대 해양생산시스템관리학부 교수, 전 해양경찰교육원장
- 공현동 전 국립해양측위정보원장, 공학박사
- 궁인창 생활문화아카데미 대표
- 김승진 서강대학교 경영연구소 책임연구원, 경영학박사
- 김준옥 해양수산부 중앙해양안전심판원 심판관
- 김태환 용인대학교 교수, (사)한국재난정보학회 회장, 공학박사
- 김현우 주일한국대사관 행정원
- 김현종 ㈜포렉스컴 CEO/회장, 전 해양환경공단 본부장(전 국토해양부 부이사관)
- 류민석 (사)한국수산발전연구원 원장, 전 주후쿠오카한국총영사관 영사
- 민선기 (사)KPO명강사협회 전문강사, 부산로봇코딩상록봉사단장, 전 부산신정초등학교장
- 박범진 경희대학교 경영대학원 겸임교수, 한국해양전략연구소 객원연구위원, 해군대령(예)
- 서한순 서민금융진흥원 본부장, 전 인사혁신처 인재채용국장, 와세다대 공공경영박사과정 수료
- 서현섭 전 주로마교황청 대사, 전 주후쿠오카총영사
- 손치근 공익사단법인 한국치매협회 사무총장, 전 알마티 총영사
- 송병현 에듀로이 원장, 환경교육사, 전 경기 시흥 함현고 교장
- 안해영 수필가, 한국산문작가협회 회원, 전 관세청 근무
- 양희원 해양경찰청 기획조정관 기획재정담당관(경사)
- 임한승 싱가포르 Eastern Pacific Shipping사 운항감독, 1급항해사

장만철 변리사, 전 주일한국대사관 특허관
장해기 (사)KPO명강사협회 전문강사, 전 대검찰청 검찰부이사관
전기태 K-의료관광협회 고문, 전 보건복지부 서기관, 이학박사
전영우 한국해기사협회 해기인력정책연구소장, 전 한국해양대학교 교수
전춘호 전 국회사무처 감사관, 전 주일한국대사관 입법관
정동근 서남구기저수협 상임이사, 전 주일한국대사관 해양수산관
정혜경 전 금융기관 전문지『새행원』기자, 세계 마스터즈 수영선수권 2023 규슈대회 OWS 참가
조건우 국제방사선방호위원회(ICRP) 위원, 전 한국원자력안전기술원 방사선안전본부장
조향래 (사)KPO명강사협회 전문강사, 대구 중구 골목문화해설사, 전 대구광역시
주철완 전 주고베총영사
최경삼 (사)한국김산업연합회 본부장, 전 주후쿠오카한국총영사관 영사
최명한 한국해양대학교 교수(전 군사대학장), 해군준장(예), 전 주일한국대사관 해군무관
최상진 동신대 교수, 전 국회 정보위원회 수석전문위원(차관보급), 전 주일한국대사관 입법관
최수범 국립인천대학교 북방물류 교육협력 및 인력양성 사업단 부단장, 물류학박사
데라시마 젠이치寺島善一 메이지대학 명예교수,『評伝孫基禎』(2019) 저자

(가나다순)

[2007년 번역판『검증 국가전략 없는 일본』(한국해양전략연구소)]

* 당시 직위·직책

- 공역자 박형구
  해양수산부 해운물류본부 국제기획관실 주무관
  일본 교토(京都)대학 대학원 졸업(국제법학 석사)
- 감수자 안희도
  한국해양연구원 책임연구원
  일본 도쿄(東京)대학 대학원 졸업(토목공학 박사)
- 자문
  김광재 외교통상부 경제안보과 서기관
  박진희 과학기술부 과학기술협력국 동북아기술협력과 행정사무관
  정석우 특허청 화학생명공학심사본부 무기화학심사팀 사무관(심사관), 공학박사
  정맹훈 해양경찰청 국제협력관실 경감
  이주하 한국해양수산개발원 독도연구센터 연구원
  조령래 한국컨테이너부두공단 대리
  야마시타 유지山下雄史 국토교통성 항공국 총무과 과장보좌(전 주한일본대사관 1등서기관)
  후쿠모토 다쿠야福本拓也 주한일본대사관 1등서기관, 영사(해상보안청)
  가와사키 히데키川崎英輝 요미우리신문 정치부 기자
- 인터뷰
  임광빈 국정방송 KTV 기자

『국가전략이 없다』 QR 코드 모음

QR코드	내 용
	『검증 국가전략 없는 일본』 역자 인터뷰 (국정방송 KTV, 2007.7.)
	『바다로 열린 나라 국토상생론』 (2022)
	『국제법으로 본 영토와 일본』 (2023.12. 출간 예정)
	『해양의 고리』 (The Oceanic Circle) (2024.1. 출간 예정)
	『조선징용공 2600』 -살아 있는 언론, 살아 있는 기금- (2024.2. 출간 예정)

QR코드	내 용
	여인협 변호사가 소개하는『손기정 평전』 (SK브로드밴드 TV 대구, 2021.1.19.)
	'2019 FINA 세계 마스터즈수영' OWS 완영, KBS순천 저녁 7시 뉴스(2019.8.9.)
	'세계 마스터즈 수영선수권 2023 규슈대회' 바다수영(3㎞, 2023.8.2.-3, 후쿠오카) 참가기
	'올림픽 정식종목 바다수영을 전국체전 정식 종목으로!' 언론 기고 모음
	해경 72정을 인양해주십시오. 순직 해경 17명을 애도해주십시오.

<귀거래사 도서 목록 >

바다로 열린 나라 국토상생론

원전 『日本列島再生論』(中央公論社, 2013년)
요미우리신문「列島再生」취재반 저. 김연빈 역
도서출판 귀거래사(2022년)

요미우리신문의 국내외 취재망을 최대한으로 활용하여 빈발하는 극단기상, 인구감소, 저출산 고령화 사회, 수도권 일극 집중 시대의 새로운 국토 형성과 지방소멸 억제, 지자체의 생존과 상생 전략 사례를 찾아 집대성하였다. 이와 함께 역자는 '입체도로제도'의 정수라 할 수 있는 도쿄 '토라노몬 힐즈'와 '복합건축물'의 상징 도쿄 도시마구 신청사 '도시마 에코뮤제타운'을 소개한다. 또 '바다로 열린 나라, 대한민국 헌법 제3조 개정안'을 제시하고, 수도권매립지 대책에 대한 구상도 공유한다.

국제법으로 본 영토와 일본

원전『国際法から見た領土と日本』, 東京大学出版会, 2022년)
柳原正治·兼原敦子 編, 김연빈 역
도서출판 귀거래사 2023년 12월 출간 예정

센카쿠제도와 독도를 둘러싼 정세 등 일본이 안고 있는 영토 문제를 전망하기 위해, 영역 개념의 역사적 변천과 영토 분쟁 해결 법리를 다각적으로 논한 학술 논집. 제일선에서 활약하는 국제법 연구자를 중심으로, 오랜 과제를 독자적인 시점에서 넓고 깊게 분석해, 더욱 복잡해지고 있는 영토 문제에 새로운 시사점을 도출한다. 일본 학자들이 독도문제를 어떻게 보고 있는지를 살펴볼 수 있다.

해양의 고리

원전『The Oceanic Circle』(유엔대학출판부, 1998년)
Elisabeth Mann Borgese 저, 김현종 역
도서출판 귀거래사 2024년 1월 출간 예정

지구 표면의 70퍼센트를 차지하는 '바다'의 존재와 인간사회와의 관계, 바다와 육지를 일체의 세계로 보는 글로벌한 관점을 공유하는 것의 중요성을 역설한다. 해양을 인류의 공동유산으로 다루기 위해서는 어떻게 해야 할까? 높은 이념과 풍부한 지식을 살려 자연과학적, 문화적, 경제적, 법적 그리고 제도적 시점에 서서 구체적으로 고찰하고, 그 방향성을 제시하는 장대한 '해양 거버넌스'의 지침서.

조선징용공 2600 (가제)

원전『記憶を拓く-信州半島世界』(信濃毎日新聞社, 2021년)
信濃毎日新聞社 저, 김연빈·김솔찬 공역
도서출판 귀거래사 2024년 2월 출간 예정

나가노현 나가노시長野市 마츠시로 대본영지하호 유적松代大本営地下壕跡은 '전쟁의 본질'을 우리들에게 말해주는 생생한 존재이다. 태평양전쟁 말기, 천황 피난처를 포함한 국가 중추기능을 나가노로 옮기려고 했던 비밀공사는 패전과 동시에 종료되었다. 여기에 일제강점기 조선반도에서 온 수많은 노동자가 동원되었다. 그 수 2,600명. 명부가 말해주는 조선징용공의 실상을 추적한다. 이밖에「금메달리스트 손기정」등 한일 민간 교류와 협력을 위한 과제가 담겨 있다.

손기정 평전

원전『評伝孫基禎』(社会評論社, 2019년)
데라시마 젠이치寺島善一 저, 김연빈·김솔찬 공역
도서출판 귀거래사(2020년)

"스포츠는 세계의 공통언어이며, 국경을 넘어 사람의 마음을 이어준다. 스포츠는 국제연대를 심화하고, 평화로운 세계를 만든다." 올림픽 정신을 몸소 실천한 손기정의 스포츠철학은 2024 파리올림픽을 앞둔 우리들에게 많은 것을 가르쳐준다.

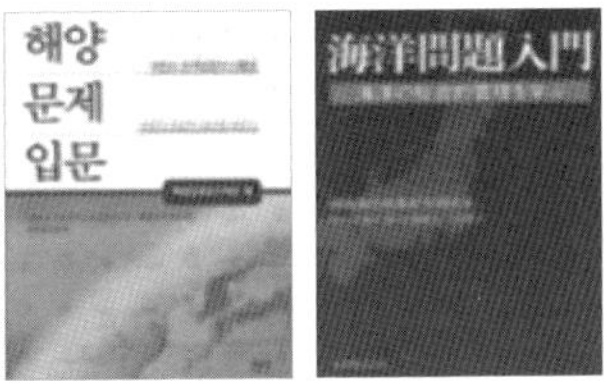

해양문제입문

원전『海洋問題入門』
일본 해양정책연구재단 편(丸善株式會社, 2007년)
김연빈 역
청어(2010년)

해양문제를 종합적으로 이해하고 교육하려는 새로운 해양교육이 퍼지기 시작함에 따라 그러한 커리큘럼에 대응하여 해양에 관한 자연과학, 산업활동, 정책과 법제도 등 해양의 종합적 관리를 위해 필요한 폭 넓은 기초지식을 한 권의 책으로 집약한 대학원생용 교과서.
지금 왜 해양관리의 필요성이 요구되는가….
이 책을 읽으면 해양의 종합적 관리에 관해 생각하는 법, 접근방법에 대해 그 단서를 잡을 수 있을 것이다. '해양의 종합적 관리'와 '지속가능한 발전'에 관심을 갖는 모든 학생 및 실무자 필독.

검증 국가전략 없는 일본

원전『検証国家戦略なき日本』
요미우리신문 정치부 저
(新潮社, 2006년)
김연빈·박형구 역
한국해양전략연구소(2007년)

국가정책도 없이 침체에 빠진 과학기술력, 인재와 기술 유출로 열세에 놓인 지적재산권 전쟁, 중국과 한국에 빼앗긴 해양자원…. 국가의 부침을 좌우하는 수많은 문제들이 정치 무대에 오르지도 못하고 그냥 방치되고 있다. 이 나라는 쇠퇴하여 이제 선진국에서 몰락할 수밖에 없는 것일까? 전에 없던 기로에 직면한 일본의 현실을 검증한다.
국가전략을 수립하는 공무원과 국회의원들이 꼭 읽어야 할 필독서. 2009년 2월 문고판으로 다시 발간新潮文庫. 수상에게도 필독을 권장. 2023년『국가전략이 없다』로 복간.

지속가능한 출판을 위한
도서출판 귀거래사 출판문화·독서진흥 운동

한 알의 밀이 땅에 떨어져 죽지 않으면 한 알 그대로 있고,
죽으면 많은 열매를 맺는다.
한 권의 책이 그냥 서가에 꽂히면 한 권 그대로 있고,
두루 읽히면 많은 과실을 얻는다.